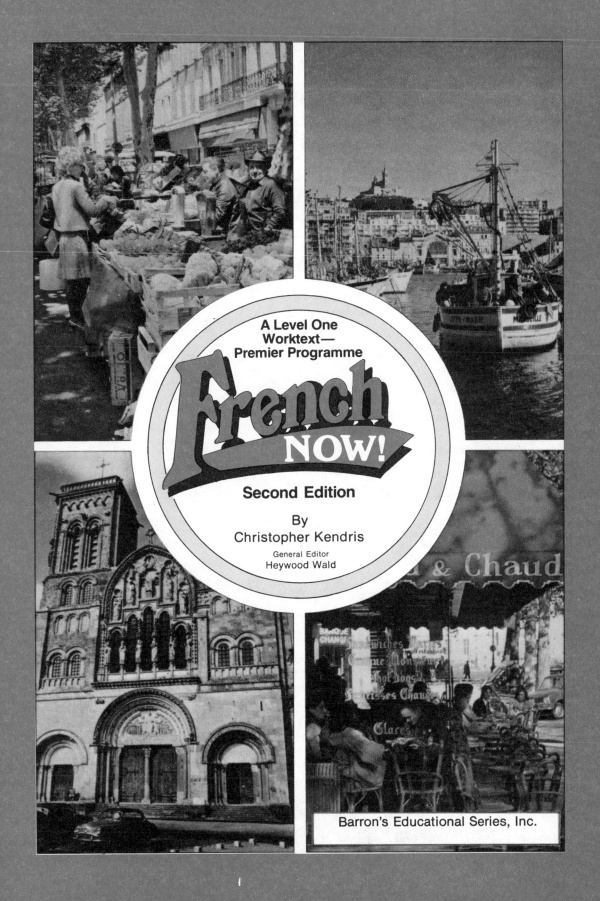

A Level One
Worktext—
Premier Programme

French NOW!

Second Edition

By
Christopher Kendris

General Editor
Heywood Wald

Barron's Educational Series, Inc.

For my family
with love

All inquiries should be addressed to:
Barron's Educational Series, Inc.
250 Wireless Boulevard
Hauppauge, New York 11788

Library of Congress Catalog Card No. 90-33500

International Standard Book No. 0-8120-4432-0

Library of Congress Cataloging-in-Publication Data

Kendris, Christopher.
    French now! : a level one worktext, premier programme /
by Christopher Kendris; general editor, Heywood Wald.—
2nd ed.
        p.   cm.
    ISBN 0-8120-4432-0
    1. French language—Textbooks for foreign speakers—
English. I. Wald, Heywood. II. Title.
PC2129.E5K429   1990
448.2'421—dc20   90-33500
                                                    CIP

PRINTED IN THE UNITED STATES OF AMERICA

23   100   9876543

Table of Contents

About the Author

Christopher Kendris has taught French at Northwestern University, at the College of the University of Chicago, at Rutgers University, at the State University of New York at Albany, and at Schenectady County Community College. For several years he also taught French and Spanish at Farmingdale High School, Farmingdale, New York, where he was chairman of the Department of Foreign Languages.

Dr. Kendris received his B.S. and M.S. degrees at Columbia University in the City of New York and his M.A. and Ph.D. degrees at Northwestern University in Evanston, Illinois. He also earned two certificates with *Mention très Honorable* at the École Supérieure de Préparation et de Perfectionnement des Professeurs de Français à l'Étranger, Faculté des Lettres, Université de Paris.

In 1986 he was one of ninety-five American high school teachers of foreign languages across the United States who was honored with a Rockefeller Foundation Fellowship in a competition that included about 1,000 candidates. The Fellowship gave him the opportunity to study new teaching methods and techniques at the Pedagogical Institute at the International School of French Language and Civilization at the Alliance Française in Paris. He was one of only four winners in New York State.

Dr. Christopher Kendris is listed in *Contemporary Authors* and *Directory of American Scholars.* He is the author of numerous modern language books and workbooks published by Barron's Educational Series, Inc., including *501 French Verbs, 501 Spanish Verbs, Spanish Now! Book II,* and *How to Prepare for the College Board Achievement Test: French* and *Spanish.*

General Editor

Heywood Wald is chairman of the Department of Foreign Languages and Bilingual Programs at Washington Irving High School, New York City. A foreign language specialist, he has taught Spanish, French, and Italian in both junior and senior high schools. Mr. Wald is coauthor of *Aventuras en la ciudad,* an extremely popular supplementary reader currently used in Spanish classes throughout the United States, as well as abroad.

Abbreviations used in this book

adj.   adjective
adv.   adverb
advl.   adverbial
art.   article
conj.   conjunction
def.   definite
dem.   demonstrative
dir.   direct
disj.   disjunctive
e.g.   for example
etc.   et cetera, and so on
exclam. exclamation
expr.   expression
f. or fem.   feminine

fam.   familiar
i.e.   that is, that is to say
illus.   illustration
indef.   indefinite
indic.   indicative
indir.   indirect
inf.   infinitive
interj.   interjection
interrog. interrogative
m. or masc.   masculine
n.   noun
no.   number
obj.   object
p.   page

par.   paragraph
part.   participle
per.   personal
pers.   person
pl.   plural
poss.   possessive
prep.   preposition
pres.   present
pron.   pronoun
refl.   reflexive
rel.   relative
s. or sing.   singular
subj.   subject
v.   verb

Centre Pompidou
Reprinted with permission of French Government Tourist Office, New York

Preface to the Second Edition

This revised edition of FRENCH NOW! contains many new types of exercises. Emphasis is placed on changes in the teaching, learning, and testing of the French language since the first edition of this book was published ten years ago. The assumption behind these changes is that anyone can learn a foreign language. All you have to do is glance through the pages and see for yourself the many varieties of exercises that will make the study of French easy and exciting.

FRENCH NOW! stimulates teachers and students to become involved in the language because the book includes entertaining stories, skits, and dialogues that center around practical, everyday situations. The exercises are imaginative, varied, and of the latest types with stress on basic vocabulary, idiomatic expressions, essential structures of the language, oral proficiency, listening and reading comprehension, skill in writing, and second language proficiency testing.

This new edition includes a simple guide to the basics of French pronunciation, a feature many teachers and students have requested. I hope you find it useful.

The book also contains evidence of French as a living language used throughout the world. It includes original drawings, interesting photographs and realia, the words and music of some popular French songs, crossword puzzles and other word games, simple riddles, proverbs, a recipe for a delicious stew, and much more.

The stories and dialogues tell of the adventures of an imaginary family: Claire and François Paquet and their two children, Janine and Pierre and their dog, Coco.

Using this second edition of FRENCH NOW! is fun.

I sincerely hope you enjoy the book as much as I enjoyed writing it for you.

CHRISTOPHER KENDRIS
B.S., M.S., M.A., Ph.D.
Formerly Assistant Professor
Department of French and Spanish
State University of New York at Albany

Introduction

Reprinted with permission of United Nations.

Bonjour ... **Bonjour** ... **Bonjour** ... **Bonjour** ... **Bonjour** ... **Bonjour**
Hello ... *Hello* ... *Hello* ... *Hello* ... *Hello* ... *Hello*

Did you know that the population of France today is over 51 million? Did you know that French is spoken in other places of the world besides France? Yes: in Belgium, Switzerland, Luxembourg, Canada, North Africa, former colonies of Western and Central Africa, Haiti, French West Indies, New Caledonia, French Guiana, Tahiti, Lebanon, Syria, Laos, Cambodia, Madagascar, Mauritius, Comoro Island, Djibouti . . . just to name a few!

Did you know that an estimated 200 million people speak French throughout the world? And that French is the second language in the United States for about 4 million people? Did you know that French is second only to English as an international means of communication?

Aren't you glad you are studying French? You are one of millions of students all over the world.

Simple Guide to the Basics of French Pronunciation

The purpose of this guide is to help you pronounce French words as correctly as possible so you can communicate effectively when speaking and to help you recognize French words when you hear them spoken. It is not intended to perfect your pronunciation of French; that is accomplished by imitating spoken French which you must hear from the lips of persons who pronounce French accurately.

The column headed *French single letters, doubles, and clusters* has an alphabetical list of vowels, semi-vowels, clusters or groups of semi-vowels and vowels, nasal vowels, and consonants. When you see a French word in this book, try to pronounce it aloud after you look up the French letters in the alphabetical listing. (There are some exceptions, but these will not matter significantly, as long as you pronounce the word accurately enough to make yourself understood. When in doubt, ask someone who speaks French well to pronounce the word or words for you.) In the column next to the French spellings there are English words that contain similar sounds. The letters in the English words are printed in *italics* to indicate that those sounds are something like the French sounds.

Here are a few tips to keep in mind:

1. Never pronounce the **t** in the word **et**, meaning *and*. Pronounce the word *ay*, as in the English word *may*.

2. If a word ends in a consonant, do not pronounce that consonant. There are many exceptions to this rule, but here are a few examples when you do pronounce the final consonant: **le parc, le chef, l'oeuf, le fils** (*feess*). Be aware that pronunciation affects meaning. Generally, when you encounter **est**, it is a verb form meaning *is*, and the three letters are pronounced like the *e* in the English word *egg*. If you pronounce the **st** in **est**, it means east.

3. If a word ends in **z**, pronounce it as **z** only if the word right after it begins with a vowel or silent **h**. Do the same if the word ends in **s** or **x**. The following sentence illustrates this.

z   z   z
Vous__avez__une classe à deux__heures.
(You have a class at two o'clock.)

4. When **e** is the last letter of a French word or verb form, it is pronounced ever so slightly with no stress, like the *e* in *the* when you say *the book*. That **e** is called a mute **e** because it is barely pronounced.

5. In French, there are several spellings for the same sound. Here is one typical example where the different spellings are all pronounced *ay*, as in the English word *may*.

et   (j')**ai**   (parl)**é**   (av)**ez**   (all)**er**   (l)**es**

6. When speaking French, stress is evenly distributed on the vowels, but you must raise your voice slightly on the last sound when more than one is in a given word or group of words; for example, in pronouncing **s'il vous plaît** (please), raise your voice a bit on **plaît**. Consult the alphabetical list for the sounds.

7. There are only four nasal vowel sounds in French. They are expressed in the following catchy phrase, which means *a good white wine*: **un bon vin blanc.** How do you nasalize a vowel in French? Instead of letting your breath (air) out your mouth, you must push it up your nose so that it does not come out your mouth. For the various spellings of nasal vowels, consult the alphabetical list.

8. In French there are only three accent marks that are written over certain vowels. They are: **accent aigu (´)**, **accent grave (`)**, and **accent circonflexe (ˆ)**. For the pronunciation of vowels with these accent marks, consult the alphabetical list.

9. Now study the following list of French single letters, doubles, and clusters found in French words. It is not exhaustive or encyclopedic. These are merely the sounds most commonly used in French words. Also study the second column of English words with similar sounds. Remember that the sounds represented by the *italicized* letters in the English words are only approximate. As long as you pronounce French well enough to make yourself understood when speaking, that is all that really matters. Improvement in French pronunciation comes with practice, experience, and imitation of people who pronounce French accurately. The best way to accomplish that is to take a trip to France. **Bon voyage!**

French single letters, doubles, clusters	English words with similar sounds	French single letters, doubles, clusters	English words with similar sounds
a, **à**	*a*t	**dj**	bri*dge*
â, **as**	*ah!*	**e**	th*e*
ai, **ay**, **aye**	m*ay*	**é**, **ée**, **ées**, **er**, **ey**, **ez**	m*ay*
ail, **aille**, **âille**	*eye*		
aile	*El*len	**è**, **ê**	*e*gg
aim, **ain**	s*ang* (nasal vowel)	**eau**, **eaux**	*oh!*
ais, **ait**, **aît**	*e*gg	**ei**, **eil**, **eille**	m*ay*
am, **an**	y*on*der (nasal vowel)	**eim**, **ein**	s*ang* (nasal vowel)
		elle, **elles**	*El*len
aou, **aoû**	t*oo*	**em**, **en**	y*on*der (nasal vowel)
au, **aud**, **ault**, **aut**, **aux**	*oh!*	**-ent**	As a verb ending, do not pronounce.
aude	*o*de	**ère**	*air*
aune	*ow*n	**est-ce**	bl*ess*
b	*b*un	**-et**	*e*gg (ending of a word)
c + **a**, **o**, **u**	*c*at, *c*op, *c*ut		
c + **e**, **i**, **y**	*c*ent, *c*ity, *c*ylinder	**eu**, **eue**	c*u*te
ç	*s*it	**-eu**, **-eue**, **eux**	p*u*dding (ending of a word)
ch	*sh*ip; rarely *k* as in echo		
d	*d*og	**euil**, **euille**	lo*y*al

xiii

eul	h*ull*
eur, eure	pu*rp*le
ey, ez	m*ay*
f	i*f*
g + a, o, u	*g*as, *g*o, *g*um
g + e, i, y	mea*s*ure
gn	ca*ny*on
gua	*Gu*am
gue	*gu*errilla
gui	*g*ee*s*e
h	Not pronounced as a single letter; see ph, sh, th in this list.
i, î, id, ie, ies, is, it, iz	*see*
ia	*y*ard
ied, ier, iers	*yea*
ieu	*yu*ppy, *yu*ppie
il, ils	*eel*
im, in	sa*ng* (nasal vowel)
ique	s*ee*k
j	mea*s*ure
k	*k*it
l	*l*et
ll	*l*et; at times, like *y* in *y*et, as in **fille**
m	*m*e
n	*n*o
o	*u*p; at times, *so*
ô, ot	*so*
oeil	l*oy*al
oeu, oeud, oeufs	p*u*dding
oeur	p*ur*ple
oi, oid, oids, oie, oigt, ois, oix, oua, oy	*wa*sh
oim, oin	*wang*le (nasal vowel)
om, on, ons, ont	s*ong* (nasal vowel)
ou, où, oud, oue, oup, ous, out, oût, oux	*too*
oué	*way*
oui	*we*
p	*p*ark; at times not pronounced, as in **sept** (*set*)
ph	philoso*ph*y
q, qu	*k*it
qua	*c*at
que	*k*erchief
qui	*k*ey
r	ga*r*gle
rr	pu*rr*
s	*s*it; at times ro*s*e
sc + a, o, u	*sc*andal, *sc*old, *sc*um
sc + e, i, y	*sc*ene, *sc*ience, *sc*ythe
sh	*sh*ampoo
squa	*squa*nder
ss	ki*ss*
t, tt	*t*o
tch	*ch*urch
th	*t*ea
u, û, ue	c*u*te
ueil, ueille	l*oy*al
ui, uie, uis, uit, uy	few *ea*t
um, un	su*ng* (nasal vowel)
v, w	*v*erb
x	e*x*cuse, e*x*ample, gee*s*e
y	*see*; at times, *y* as in *y*et
z	*z*ero

Eiffel Tower. Courtesy of Gakken Co., Ltd., Tokyo, Japan.

LEÇONS PRÉLIMINAIRES

I.   La famille Paquet: Présentation

Nous sommes la famille Paquet.

Je suis Claire Paquet. Je suis la mère. J'ai un bon mari.

Je suis François Paquet. Je suis le père. J'ai une bonne épouse.

Je suis Janine. Je suis la fille. J'ai un bon frère.

Je suis Pierre. Je suis le fils. J'ai une bonne soeur.

Je suis Coco. Je suis le chien. J'ai une bonne famille.

Present Tense		Present Tense	
être (to be)		**avoir** (to have)	
je suis	I am	j'ai	I have
tu es	you are	tu as	you have
il est	he *or* it is	il a	he *or* it has
elle est	she *or* it is	elle a	she *or* it has
nous sommes	we are	nous avons	we have
vous êtes	you are	vous avez	you have
ils sont	} they are	ils ont	} they have
elles sont		elles ont	

2

NOTE: Look up the French words that you do not know in the French-English section of the Vocabularies in the back of this book.

Exercises

I.   Fill in the missing French words on the blank lines. Refer to the preceding page if you have to.

1.   Je suis François Paquet. Je suis _____ _____. J'ai _____

_____ _____.

2.   Je suis Claire Paquet. Je _____ la _____. J'_____ un

_____ mari.

3.   Je suis Pierre. Je _____ le fils. J'ai _____ bonne _____.

4.   Je suis Janine. Je suis _____ _____. J'ai un _____ frère.

5.   Je suis Coco. Je _____ _____ chien. _____ une bonne

_____.

II.   Match the following.

1.   I am the daughter   _____   Je suis le fils.

2.   I am the father.   _____   Je suis la mère.

3.   I am the son.   _____   Je suis la fille.

4.   I am the mother.   _____   Je suis le chien.

5.   I am the dog.   _____   Je suis le père.

III.   Write five short sentences telling who's who in the Paquet family.

1.   _____

2.   _____

3.   _____

4.   _____

5.   _____

3

IV. **Lists.** In the spaces below, write a list of French words as directed in each situation.

A. Write two adjectives to describe a boy you know.

1. _____ 2. _____

B. Write two adjectives to describe a girl you know.

1. _____ 2. _____

V. **Qui est-ce?** (Who is it?) On the blank line write in French the name of the person described. **C'est . . .** (It's . . .)

1. Je suis la fille. J'ai un bon frère.

Qui est-ce? C'est _____.

2. Je suis la mère. J'ai un bon mari.

Qui est-ce? C'est _____.

3. Je suis le père. J'ai une bonne épouse.

Qui est-ce? C'est _____.

4. Je suis le chien. J'ai une bonne famille.

Qui est-ce? C'est _____.

5. Je suis le fils. J'ai une bonne soeur.

Qui est-ce? C'est _____.

VI. Choose the correct answer and write the letter on the blank line.

1. Janine est   (a) la mère.   (b) le père.   (c) la fille.   (d) le fils.   _____

2. Pierre est   (a) le père.   (b) la mère.   (c) la soeur.   (d) le frère.   _____

3. Claire Paquet est   (a) le père.   (b) la mère.   (c) la fille.   (d) le fils.   _____

4. Coco est   (a) le fils.   (b) la fille.   (c) la soeur.   (d) le chien.   _____

5. François Paquet est   (a) le frère.   (b) le fils.   (c) le père.
(d) la mère.   _____

II. Choses (Things)

The pictures are arranged alphabetically by word.

	L'arbre	Est-ce un arbre?	Oui, c'est un arbre. Il est grand.
	Le ballon	Est-ce un ballon?	Oui, c'est un ballon. Il est rond.
	La banane	Est-ce une orange? Est-ce une banane?	Non, ce n'est pas une orange. Oui, c'est une banane. Elle est bonne.
	La chaise	Est-ce une table? Est-ce une chaise?	Non, ce n'est pas une table. Oui, c'est une chaise. Elle est petite.

Exercises

I. Fill in the missing words (adjectives) in French. Refer to the statements above.

1. L'arbre est _____.   3. La banane est _____.

2. Le ballon est _____.   4. La chaise est _____.

II. Choose the correct adjective. Refer to the statements above.

1. La chaise est   (a) petite.   (b) ronde.   (c) grande.   (d) bonne.   _____

2. La banane est   (a) ronde.   (b) grande.   (c) petite.   (d) bonne.   _____

3. Le ballon est   (a) rond.   (b) grand.   (c) bon.   (d) petit.   _____

4. L'arbre est   (a) grand.   (b) petit.   (c) rond.   (d) bon.   _____

III. Match the following.

1. the chair   _____ la banane

2. the ball   _____ l'arbre

3. the tree   _____ la chaise

4. the banana   _____ le ballon

5

	Le chapeau	Est-ce un chapeau?	Oui, c'est un chapeau. Il est joli.
	La commode	Est-ce une chaise? Est-ce une commode?	Non, ce n'est pas une chaise. Oui, c'est une commode. Elle est belle.
	Le crayon	Est-ce un stylo? Est-ce un crayon?	Non, ce n'est pas un stylo. Oui, c'est un crayon. Il est long.
	La fleur	Est-ce une fleur?	Oui, c'est une fleur. Elle est jolie.

Exercises

I. Fill in the missing words (adjectives) in French. Refer to the statements above.

1. Le chapeau est _____.   3. Le crayon est _____.

2. La commode est _____.   4. La fleur est _____.

II. Match the following. Refer to the statements above.

1. the pencil   _____ la fleur

2. the hat   _____ le crayon

3. the flower   _____ la commode

4. the dresser   _____ le chapeau

III. Choose the correct adjective. Refer to the statements above.

1. Le chapeau est   (a) joli.   (b) long.   (c) bon.   (d) petit.   _____

2. La commode est   (a) belle.   (b) ronde.   (c) longue.   (d) bonne.   _____

3. Le crayon est   (a) joli.   (b) rond.   (c) bon.   (d) long.   _____

6   4. La fleur est   (a) jolie.   (b) ronde.   (c) grande.   (d) longue.   _____

	Le garage	Est-ce un garage?	Oui, c'est un garage. Il est grand.
	Le gâteau	Est-ce un chapeau?	Non, ce n'est pas un chapeau.
		Est-ce un gâteau?	Oui, c'est un gâteau. Il est délicieux.
	Le jambon	Est-ce un jambon?	Oui, c'est un jambon. Il est beau.
	Le journal	Est-ce un journal?	Oui, c'est un journal. Il est intéressant.

Exercices

I. Fill in the missing words (adjectives) in French. Refer to the statements above.

1. Le garage est _____.   3. Le jambon est _____.

2. Le gâteau est _____.   4. Le journal est _____.

II. Choose the correct adjective. Refer to the statements above.

1. Le garage est   (a) intéressant.   (b) délicieux.   (c) grand.   _____

2. Le gâteau est   (a) long.   (b) intéressant.   (c) délicieux.   _____

3. Le jambon est   (a) beau.   (b) grand.   (c) intéressant.   _____

4. Le journal est   (a) rond.   (b) intéressant.   (c) beau.   _____

III. Fill in the missing words in French. Refer to the statements next to the pictures.

1. Est-ce un garage? Oui, _____ _____ _____. Il _____ grand.

2. Est-ce un chapeau? Non, ce _____ _____ un chapeau. C'est ____ gâteau.

7

3. Est-ce un jambon? Oui, _____ un jambon. Il est _____ .

4. Est-ce un journal? Oui, _____ un journal. Il _____ intéressant.

	Une lampe	Est-ce une lampe?	Oui, c'est une lampe. Elle est splendide.
	Un lit	Est-ce une commode? Est-ce un lit?	Non, ce n'est pas une commode. Oui, c'est un lit. Il est confortable.
	Une maison	Est-ce un garage? Est-ce une maison?	Non, ce n'est pas un garage. Oui, c'est une maison. Elle est charmante.
	Un oeuf	Est-ce un ballon? Est-ce un oeuf?	Non, ce n'est pas un ballon. Oui, c'est un oeuf. Il est blanc.

Exercises

I. Choose the correct adjective. Refer to the statements next to the pictures above.

1. Le lit est (a) blanc. (b) délicieux. (c) intéressant.
(d) confortable.   _____

2. La lampe est (a) confortable. (b) splendide. (c) bonne.
(d) longue.   _____

3. La maison est (a) délicieuse. (b) bonne. (c) charmante.
(d) ronde.   _____

4. L'oeuf est (a) blanc. (b) charmant. (c) confortable. (d) beau. _____

II. Match the following.

1. a house   _____ un oeuf

2. a lamp   _____ un lit

3. a bed   _____ une maison

4. an egg   _____ une lampe

Un parapluie   Est-ce un parapluie?   Oui, c'est un parapluie. Il est
                                            ouvert.

Une pomme   Est-ce une banane?   Non, ce n'est pas une
                                            banane.
                    Est-ce une pomme?   Oui, c'est une pomme. Elle
                                            est magnifique.

Une robe   Est-ce un chapeau?   Non, ce n'est pas un
                                            chapeau.
                    Est-ce une robe?   Oui, c'est une robe. Elle est
                                            mignonne.

Un sandwich   Est-ce un gâteau?   Non, ce n'est pas un gâteau.
                    Est-ce un sandwich?   Oui, c'est un sandwich. Il est
                                            délicieux.

Exercises

I. Fill in the missing words (adjectives) in French. Refer to the sentences next to the pictures.

1. Le parapluie est _____.   3. La robe est _____.

2. La pomme est _____.   4. Le sandwich est _____.

II. Fill in the missing words in French. Refer to the sentences next to the pictures.

1. Est-ce un parapluie? Oui, c'est _____ _____. Il _____
    ouvert.

2. Est-ce une banane? Non, ce _____ _____ une banane. C' _____
    une pomme.

9

3. Est-ce un chapeau? Non, _____ _____ _____ un chapeau. C'est _____ robe.

4. Est-ce un sandwich? Oui, c'est _____ sandwich. Il est _____.

	Un stylo	Est-ce un crayon? Est-ce un stylo?	Non, ce n'est pas un crayon. Oui, c'est un stylo. Il est long.
	Un téléphone	Est-ce une radio? Est-ce un téléphone?	Non, ce n'est pas une radio. Oui, c'est un téléphone. Il est noir.
	Un téléviseur	Est-ce un téléviseur?	Oui, c'est un téléviseur. Il est beau.

Exercises

I. Choose the correct adjective. Refer to the sentences next to the pictures.

1. Le stylo est (a) blanc. (b) délicieux. (c) ouvert. (d) long. _____

2. Le téléphone est (a) confortable. (b) joli. (c) rond. (d) noir. _____

3. Le téléviseur est (a) délicieux. (b) beau. (c) charmant.
(d) confortable. _____

II. Match the following.

1. a television set   _____ un stylo

2. a chair   _____ un téléphone

3. a flower   _____ un téléviseur

4. a pen   _____ un oeuf

5. a telephone   _____ une chaise

10   6. an egg   _____ une fleur

III. Personnes (People)

Que fait-il?	Que fait-elle?	Que font-ils?
(What is he doing?)	(What is she doing?)	(What are they doing?)

 **Le garçon boit du lait.**   Que fait-il?   Il boit du lait.

 La jeune fille danse.   Que fait-elle?   Elle danse.

 **Le garçon lit un livre.**   Que fait-il?   Il lit un livre.

 **La jeune fille et le garçon courent.**   Que font-ils?   Ils courent.

Exercises

I. Fill in the missing words in French. Refer to the sentences next to the pictures above.

1. Le garçon boit du lait. Que fait-il? Il _____ du _____.

2. La jeune fille danse. Que fait-elle? Elle _____.

3. Le garçon lit un livre. Que fait-il? Il lit _____ _____.

4. La jeune fille et le garçon courent. Que font-ils? Ils _____.

II. The following sentences are scrambled. Write them in the correct word order. Refer to the sentences next to the pictures above.

1. Le / lait / du / garçon / boit / _____.

11

2. La / danse / jeune / fille / _____.

3. Le / livre / un / garçon / lit / _____.

4. La / fille / jeune / et / garçon / le / courent / _____

    _____.

La jeune femme chante.
C'est une chanteuse.   Que fait-elle?   Elle chante.

La femme écrit une
lettre.   Que fait-elle?   Elle écrit une lettre.

L'agent de police arrête
les autos.   Que fait-il?   Il arrête les autos.

I. Fill in the missing words in French. Refer to the sentences next to the pictures above.

1. La jeune femme chante. Que fait-elle? Elle _____.

2. La femme écrit une lettre. Que fait-elle? Elle _____ une lettre.

3. L'agent de police arrête les autos. Que fait-il? Il _____ les _____.

II. Choose the correct answer. Refer to the sentences next to the pictures above.

1. La jeune femme   (a) arrête les autos.   (b) chante.   (c) écrit
    une lettre.   _____

2. La femme   (a) écrit une lettre.   (b) arrête les autos.   (c) danse.   _____

3. L'agent de police   (a) boit du lait.   (b) lit un livre.   (c) arrête
    les autos.   _____

IV. L'École: la salle de classe (The School: the classroom)

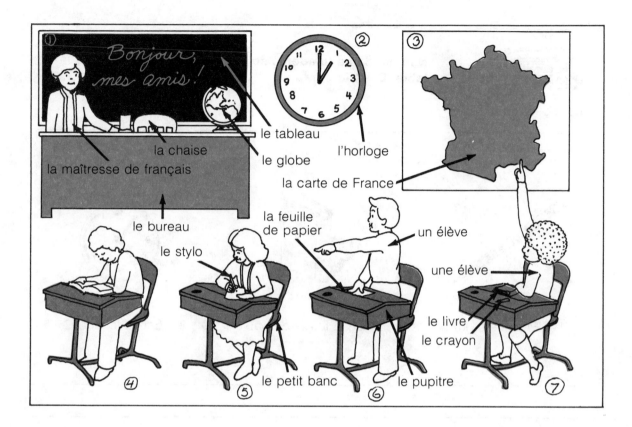

Exercises

I. Choose the sentence in Column A that corresponds to the picture and write it on the line next to the number of the picture in Column B. If you have to, look up the French words in the vocabulary at the end of the book.

Column A	Column B
Le garçon est debout.	1. _____
Le garçon lit un livre.	2. _____
Il y a une carte de France sur le mur.	3. _____
Madame Duval est derrière le bureau.	4. _____
La jeune fille lève la main.	5. _____
La jeune fille écrit une composition.	6. _____
Il est une heure.	7. _____

13

II. Answer each question following the example in the box.

Est-ce la table?

Non, madame (mademoiselle, monsieur), ce n'est pas la table. C'est le bureau.

1. Est-ce le stylo?   2. Est-ce la feuille de papier?   3. Est-ce le globe?

1. _____

2. _____

3. _____

4. Est-ce un élève?   5. Est-ce la chaise?   6. Est-ce une élève?

4. _____

5. _____

14 6. _____

7. Est-ce le petit banc?   8. Est-ce l'horloge?   9. Est-ce le tableau?

7. _____

8. _____

9. _____

The Louvre Museum with its façades by Francis I and Louis XIII contrasts with the new crystal Pyramid entry by the celebrated architect I. M. Pei. This view juxtaposes the old and new faces of Paris.
Reprinted with permission of French Government Tourist Office, New York.

15

V. La Maison: la salle à manger
(The House: the dining room)

Exercises

I. Answer each question following the example in the box.

C'est une table.

C'est un vase.

Qu'est-ce que c'est?

Qu'est-ce que c'est?

1. Qu'est-ce que c'est?

2. Qu'est-ce que c'est?

3. Qu'est-ce que c'est?

4. Qu'est-ce que c'est?

5. Qu'est-ce que c'est?

6. Qu'est-ce que c'est?

1. _____

2. _____

3. _____

4. _____

5. _____

6. _____

II. Fill in the missing letters of these French words.

1. UNE CHA__SE

2. UNE AS__IET__E

3. UN TAPI__

4. UNE FO__RCHET__E

5. UN COU__EAU

6. UNE NAP__E

7. UN VER__E

8. UN__ TAS__E

9. UNE CU__LLER

10. UN__ FL__U__

VI. La Ville: dans la rue (The City: in the street)

un immeuble
un autobus
un agent de police
une voiture
un feu
une petite fille
un garçon
le trottoir
le passage clouté
une dame
un homme
une valise
un petit garçon
un petit chien
le trottoir
— la rue —
MÉTRO
ENTRÉE

Exercises

I. Answer each question following the example in the box.

C'est une dame.

C'est un homme.

Qui est-ce?

Qui est-ce?

1. Qui est-ce?   2. Qui est-ce?   3. Qui est-ce?   4. Qui est-ce?   5. Qui est-ce?

1. _____

2. _____

3. _____

4. _____

5. _____

6. Qu'est-ce que c'est?   7. Qu'est-ce que c'est?   8. Qu'est-ce que c'est?

6. _____

7. _____

8. _____

II. Fill in the missing letters of these French words.

1. UN__ VA__IS__   3. L__ TROT__OI__

2. UN PETI__ CH__EN   4. LE MÉT__O

VII. Summary of two very common irregular verbs: **avoir** and **être** in the present tense, affirmative and negative.

avoir (to have)

affirmative

j'ai	I have	
tu as	you have *(familiar)*	
il a	he *or* it has	
elle a	she *or* it has	
nous avons	we have	
vous avez	you have	
ils ont	they have	
elles ont		

negative

je n'ai pas	I don't have
tu n'as pas	you don't have
il n'a pas	he *or* it doesn't have
elle n'a pas	she *or* it doesn't have
nous n'avons pas	we don't have
vous n'avez pas	you don't have
ils n'ont pas	they don't have
elles n'ont pas	

être (to be)

affirmative

je suis	I am
tu es	you are *(familiar)*
il est	he *or* it is
elle est	she *or* it is
nous sommes	we are
vous êtes	you are
ils sont	they are
elles sont	

negative

je ne suis pas	I am not
tu n'es pas	you are not
il n'est pas	he *or* it isn't
elle n'est pas	she *or* it isn't
nous ne sommes pas	we are not
vous n'êtes pas	you are not
ils ne sont pas	they are not
elles ne sont pas	

VIII. **Lists.** In the spaces below, write a list of words in French as directed in each situation.

A. Write the French words for five things you would take on a picnic.

1. _____ 2. _____ 3. _____ 4. _____ 5. _____

B. Write the French words for six things usually placed on a table during a meal.

1. _____ 2. _____ 3. _____

4. _____ 5. _____ 6. _____

C. Write eight French verbs that indicate what a person is doing.

1. _____ 2. _____ 3. _____ 4. _____

5. _____ 6. _____ 7. _____ 8. _____

PART ONE
STRUCTURES AND VERBS

Concorde Takes Off. The world's first supersonic passenger aircraft cuts the flying time between New York and Paris to 3½ hours. Reprinted with permission of Air France.

Madame Paquet cherche dans l'armoire, Janine cherche dans la commode, et Pierre cherche sous le lit.

The Noun and the Definite and Indefinite Articles (Singular)

*Have you ever looked high and low
for something you lost?*

Le chapeau échappé

Monsieur Paquet cherche son chapeau. Madame Paquet cherche le chapeau dans l'armoire, Janine cherche dans la commode, et Pierre cherche sous le lit. Le chien est sous la commode.

Monsieur Paquet:	Où est mon chapeau?
Janine:	Je cherche dans la commode, papa.
Pierre:	Nous cherchons partout, papa. Je cherche sous le lit maintenant.
Madame Paquet:	Je cherche aussi, François. Je cherche dans l'armoire. Oh! Je suis fatiguée de chercher le chapeau!
Monsieur Paquet:	Je cherche sous la chaise maintenant. Cherchons dans la cuisine, dans le salon, dans la salle de bains, dans la cave, sous le lit, sous la commode, dans l'armoire, dans le garage. Partout dans la maison!
Janine:	Tiens! Papa! Coco mange le chapeau. Il est sous la commode!
Monsieur Paquet:	Ah, non! Quelle horreur!
	(Monsieur Paquet quitte la chambre vite.)
Madame Paquet:	Où vas-tu, François?
Monsieur Paquet:	Je vais en ville acheter un nouveau chapeau. Zut, alors!
Madame Paquet:	Attends, attends! Je vais avec toi. J'aimerais acheter une nouvelle robe.

Vocabulaire

acheter *v.*, to buy
aimer *v.*, to like, to love
l'armoire *n. f.*, the closet
aussi *adv.*, also, too
avec *prep.*, with
la cave *n.*, the cellar
la chaise *n.*, the chair
la chambre *n.*, the room
le chapeau *n.*, the hat
chercher *v.*, to look for, to search for
le chien *m.*, **la chienne** *f.*, *n.*, the dog
la commode *n.*, the dresser, the chest of drawers
la cuisine *n.*, *the kitchen*
dans *prep.*, in
de *prep.*, of
échappé *m.*, **échappée** *f.*, *adj.*, escaped
elle *pron.*, she, it
en *prep.*, in, into
et *conj.*, and
être *v.*, to be
la famille *n.*, the family
fatigué *m.*, **fatiguée** *f.*, *adj.*, tired
la fille *n.*, the daughter
le fils *n.*, the son
le garage *n.*, the garage
l'horreur *n. f.*, the horror
il *pron.*, he, it
je *pron.*, I
le *m.*, **la** *f.*, *def. art.*, the
le lit *n.*, the bed
madame *n.*, Mrs., madam
maintenant *adv.*, now
la maison *n.*, the house
manger *v.*, to eat
la mère *n.*, the mother
mon *m.*, **ma** *f.*, *poss. adj.*, my
monsieur *n.*, Mr., sir

nous *pron.*, we, us
nouveau *m.*, **nouvelle** *f.*, *adj.*, new
où *adv.*, where
partout *adv.*, everywhere
le père *n.*, the father
petit *m.*, **petite** *f.*, *adj.*, small
quel *m.*, **quelle** *f.*, *adj.*, what
qui *pron.*, who
quitter *v.*, to leave
la robe *n.*, the dress
la salle de bains *n.*, the bathroom
le salon *n.*, the living room
son *m.*, **sa** *f.*, *poss. adj.*, his, her
sous *prep.*, under

tiens! *exclam.*, look!
toi *pron.*, you
un *m.*, **une** *f.*, *indef. art.*, a, an
la ville *n.*, the town, the city
vite *adv.*, quickly
le vocabulaire *n.*, the vocabulary
zut alors! *exclam.*, gosh darn it!

Verb forms used in this dialogue:

j'aimerais, I'd like, I'd love
attends, wait
je cherche, I look (for), I am looking (for)

il cherche, elle cherche, he is looking (for), she is looking (for)
qui cherche, who is looking (for)
nous cherchons, we are looking (for)
cherchons, let's look (for)
est, is
il est, he is, it is
il mange, he eats, he is eating
il quitte, he leaves, he is leaving
je suis, I am
je vais, I am going
vas-tu?, are you going?

Exercises

Review the dialogue and vocabulary before starting these exercises.

I. **Choose the correct answer based on the dialogue in this unit.**

1. Monsieur Paquet cherche   (a) dans la commode.   (b) sous le lit. (c) le chapeau.   (d) dans l'armoire.   _____

2. Janine cherche   (a) sous le lit.   (b) dans le salon.   (c) sous la commode.   (d) dans la commode.   _____

3. Pierre cherche   (a) sous la chaise   (b) dans le garage.   (c) dans la salle de bains.   (d) sous le lit.   _____

4. Le chapeau est   (a) dans la commode.   (b) sous la commode (c) sous le lit.   (d) dans la cuisine.   _____

5. Coco mange le chapeau sous   (a) le lit.   (b) la chaise.   (c) l'armoire.   (d) la commode.   _____

II. **Answer the following questions in French in complete sentences.**

Model: **Qui cherche sous le lit?**   **Answer:** **Pierre cherche sous le lit.**
(Who is searching under the bed?)   (Pierre is searching under the bed.)

1. Qui cherche dans la commode? _____

2. Qui cherche dans l'armoire? _____

24   3. Qui cherche sous la chaise? _____

III. Roleplaying. You and Janine are talking about something you are looking for. Complete the dialogue by writing what you would say.

1. Janine dit: Tu as la lettre?

2. Tu dis: _____

3. Janine dit: Où cherches-tu?

4. Tu dis: _____

5. Janine dit: Je vais chercher sous le lit.

IV. Un acrostiche (an acrostic). Complete the French words in the squares across.

1. definite article, feminine singular.	1. L
2. and	2. E
3. to search, to look for	3. C
4. horror	4. H
5. closet	5. A
6. father	6. P
7. she	7. E
8. to love, to like	8. A
9. indefinite article, masculine singular.	9. U

Structures de la Langue

A. The definite articles

MASCULINE NOUNS			
le père	the father	**l'homme**	the man
le garçon	the boy	**l'ami**	the friend (boy)
le frère	the brother	**le fils**	the son

25

FEMININE NOUNS			
la mère	the mother	**la femme**	the woman, wife
la jeune fille	the girl	**l'amie**	the friend (girl)
la soeur	the sister	**la fille**	the daughter

Rules and observations:

1. Nouns are classified by gender, which means that they are either masculine or feminine. A noun is a word that refers to a person, thing, place, or quality; *e.g.,* **la mère**, **la chaise**, **le salon**, **la beauté** (beauty).

2. Nouns denoting persons of the male sex are naturally of the masculine gender.

3. Nouns denoting persons of the female sex are naturally of the feminine gender.

4. Animals that are male or female are naturally of the masculine or feminine gender; *e.g.,* **le chat**, **la chatte** (the cat).

5. Things are also either masculine or feminine, but there is no easy way to determine their gender. You must learn the gender of a noun when you learn the noun by putting **le** or **la** in front of it! **Le** is masculine, **la** is feminine.

6. Some nouns, whether masculine or feminine, take **l'** in front, if they begin with a vowel or a silent **h**. The **e** in **le** drops and the **a** in **la** drops. You're left with **l'**.

7. Some nouns are sometimes masculine, sometimes feminine, in which case the meaning changes; *e.g.,* **le livre** (the book), **la livre** (the pound).

8. To sum it up, French has three forms for the definite article in the singular: **le, la, l'** — they all mean **the**.

A FEW MORE COMMON MASCULINE NOUNS			
l'arbre the tree		**l'enfant** the child (boy)	
le beurre the butter		**le fils** the son	
le café the coffee, the café		**le garage** the garage	
le chapeau the hat		**le mari** the husband	
le chef the chief, the chef		**le nom** the name	

A FEW MORE COMMON FEMININE NOUNS	
la bouche the mouth	**l'heure** the hour
la campagne the countryside	**la maison** the house
la chaise the chair	**la montre** the watch
l'enfant the child (girl)	**la porte** the door
la famille the family	**la table** the table

Exercises

Review the preceding material before starting these exercises.

I. Use the appropriate definite article in the singular: **le, la** or **l'**.

1. _____ garçon

2. _____ mère

3. _____ père

4. _____ jeune fille

5. _____ ami

6. _____ homme

7. _____ café

8. _____ chapeau

9. _____ enfant

10. _____ commode

11. _____ nom

12. _____ arbre

13. _____ lit

14. _____ porte

15. _____ amie

II. Word Hunt. Can you find these 10 words in French in this puzzle?

1. the woman

2. the man

3. the boy

4. the girl

5. the sister

6. the tree

7. the child

8. the brother

9. the book

10. the mother

L	A	M	L	E	L	I	V	R	E	P	L
O	L	E	G	A	R	Ç	O	N	F	G	A
J	H	I	L	A	M	E	R	E	A	E	S
A	U	O	I	L	H	O	M	M	E	E	O
L	A	J	E	U	N	E	F	I	L	L	E
E	B	L	E	F	R	E	R	E	A	E	U
L	E	J	O	U	R	L	A	I	R	O	R
A	L	A	F	E	M	M	E	M	B	O	Y
L	E	L	E	N	F	A	N	T	R	U	E
Z	Y	L	E	L	A	M	O	I	E	N	A

27

III. **Roleplaying.** Complete the following dialogues according to the situation given for each. Review the previous pages in this work unit and the preliminary lessons for words you need to use. You do not have to respond in complete sentences. A few words or phrases are sufficient to communicate effectively.

A. You are in a furniture store talking with the salesman **(le vendeur)** about some furniture for your room.

1. Le vendeur dit: Bonjour! Vous désirez?

2. Vous dites: _____

3. Le vendeur dit: Ah! Vous aimeriez acheter un lit.

4. Vous dites: _____

5. Le vendeur dit: Et avec la commode? Une chaise?

6. Vous dites: _____

"La Grande Cascade," a restaurant in the Bois de Boulogne.
Courtesy of DuMont Buchverlag, Köln.

B. You are in a restaurant and the waitress **(la serveuse)** is talking with you about what you would like.

   1.   La serveuse dit: Bonjour! Vous désirez?

   2.   Vous dites: _____

   3.   La serveuse dit: Ah! Vous aimeriez un sandwich! Jambon? Oeuf?

   4.   Vous dites: _____

   5.   La serveuse dit: Oui, il est délicieux. Et avec le sandwich?

   6.   Vous dites: _____

IV. Write the answers to the question in complete French sentences. Use the noun in parentheses with the appropriate definite article: **le**, **la**, **l'**.

   Question: **Où est le chapeau?**   **Model answer:** **(salon) Le chapeau est**
   (Where is the hat?)   **dans le salon.** (The hat
                                                                    is in the living room.)

   1.   (cuisine) _____

   2.   (armoire) _____

   3.   (maison) _____

   4.   (commode) _____

   5.   (garage) _____

B. The indefinite articles

MASCULINE NOUNS		FEMININE NOUNS	
un père	a father	**une mère**	a mother
un garçon	a boy	**une jeune fille**	a girl
un frère	a brother	**une soeur**	a sister
un homme	a man	**une femme**	a woman
un ami	a friend (boy)	**une amie**	a friend (girl)
un parapluie	an umbrella	**une orange**	an orange

29

Rules and observations:

1. The indefinite article has two forms: **un** and **une**. The first is masculine and the second is feminine. Each means **a** or **an**; *e.g.,* **un père, une mère**.

2. **Un** is used with a masculine noun whether it begins with a consonant, a vowel, or a silent **h**; *e.g.,* **un garçon, un ami, un homme**.

3. **Une** is used with a feminine noun whether it begins with a consonant, a vowel, or a silent **h**; *e.g.,* **une femme, une orange, une horreur**.

Exercises

Review the preceding material before starting these exercises.

I. Use the appropriate indefinite article in the singular: **un** or **une**.

1. _____ garçon	6. _____ homme	11. _____ arbre
2. _____ mère	7. _____ café	12. _____ orange
3. _____ père	8. _____ chat	13. _____ porte
4. _____ ami	9. _____ chatte	14. _____ famille
5. _____ amie	10. _____ nom	15. _____ parapluie

II. Word Hunt. Can you find these 5 words in French in this puzzle?

1. a tree

2. an orange

3. a boy

4. an umbrella

5. a girl

U	N	E	J	E	U	N	E	F	I	L	L	E	A
N	E	F	I	L	M	O	A	U	V	O	U	S	S
A	R	B	E	A	U	N	G	A	R	Ç	O	N	S
R	O	U	G	E	P	L	U	S	E	R	S	T	U
B	L	U	N	P	A	R	A	P	L	U	I	E	R
R	J	O	I	N	D	R	E	E	T	R	E	S	E
E	U	N	E	O	R	A	N	G	E	U	N	A	N

III. **Speaking and writing proficiency.** Study the picture below and complete the dialogue. You are talking with a friend about what the woman in the picture is doing. Review the vocabulary in this work unit and the preliminary lessons. You may use words of your own or any of the following: **la femme, ma mère** (my mother), **une nouvelle robe, pourquoi** (why), **elle va** (she is going).

1. Richard dit: Qui est la femme?

2. Vous dites: _____

3. Richard dit: Que fait-elle?

4. Vous dites: _____

5. Richard dit: Que cherche-t-elle?

6. Vous dites: _____

7. Richard dit: Pourquoi?

8. Vous dites: _____

IV. Comment dit-on en français . . . ? (How do you say in French . . . ?)

Find the following statements in the dialogue at the beginning of this work unit and write them in French.

1. Mr. Paquet is looking for his hat. _____

2. The dog is under the dresser. _____

3. We are searching everywhere. _____

4. I'm going downtown to buy a new hat. _____

5. Coco is eating the hat. _____

V. Fill in the blanks with an appropriate singular definite or indefinite article.

Coco, _____ chien, est sous _____ commode. Madame Paquet, _____ mère, cherche
    1   2   3

dans _____ armoire. Janine cherche dans _____ commode, et Pierre cherche sous
       4   5

_____ lit. Madame Paquet est fatiguée de chercher _____ chapeau. Monsieur Paquet,
   6   7

_____ père, va en ville acheter _____ nouveau chapeau et Madame Paquet va acheter
   8   9

_____ nouvelle robe.
   10

VI. Oral Proficiency. Respond orally in French to the situation described. (Later, you may write your responses for intensive practice.)

Situation: You have lost something. Your brother or sister asks you what you're looking for: **Qu'est-ce que tu cherches?** In three or four sentences, explain what you are looking for and where you are looking for it. You may use your own ideas or ideas suggested by the following: **chercher, mon livre, mon stylo, mon chapeau, sous la chaise, sous le lit, sur la table, partout.**

AU CLAIR DE LA LUNE

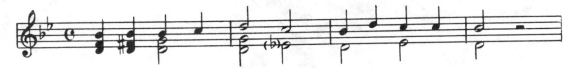

Au clair de la lu _ ne Mon a _ mi Pier _ rot

Prê _ te _ moi ta plu _ me Pour é _ crir' un mot

Ma chan _ dell' est mor _ te, Je n'ai plus de feu;

Ou _ vre moi ta por _ te Pour l'a _ mour de Dieu.

Au clair de la lune.
Pierrot répondit :
Je n'ai pas de plume,
Je suis dans mon lit.

Va chez la voisine,
Je crois qu'elle y est,
Car, dans sa cuisine,
On bat le briquet.

Au clair de la lune,
On n'y voit qu'un peu.
On cherca la plume.
On cherca le feu.

En cherchant d' la sorte,
Je n' sais ce qu'on trouva.
Mais je sais qu' la porte,
Sur eux se ferma

Quel déjeuner!

The Noun and the Definite and Indefinite Articles (Plural)

In this scene, Claire and François Paquet are with their friends from Martinique, Joséphine and Alphonse Banluc, who are living in Paris. They are all with their children at the Bois de Boulogne, a park near Paris, to celebrate Bastille Day on the 14th of July.

Vive le quatorze juillet!

Claire Paquet:	Venez, tout le monde. Venez! Nous pouvons déjeuner sur l'herbe maintenant. Nous allons commencer avec les viandes. Janine, as-tu les sandwichs?
Janine:	Les sandwichs? Quels sandwichs? Je n'ai pas les sandwichs. J'ai seulement les gâteaux et les petits fours glacés. C'est pour le dessert.
Claire Paquet:	Tu n'as pas les sandwichs? Bon, bon. Pierre, tu as apporté les sandwichs, j'espère.
Pierre:	Mais non! J'ai seulement les éclairs.
Claire Paquet:	François, tu as sûrement apporté les viandes: le rosbif, le veau, le porc, le jambon, et le poulet.
François Paquet:	Mais non, ma chérie. J'ai apporté la glace.
Claire Paquet:	Joséphine, tu as sûrement apporté les viandes, j'espère.
Joséphine Banluc:	Mais non. J'ai apporté un gâteau!
Claire Paquet:	Alphonse, tu as les saucisses et les saucissons, j'espère.
Alphonse Banluc:	Mais non, Claire. J'ai apporté un grand gâteau et les petits fours glacés! C'est pour le dessert. J'ai apporté aussi une bouteille d'eau minérale pour la santé.
Claire Paquet:	Quel déjeuner!
Tous les enfants:	C'est merveilleux! Nous aimons mieux les desserts!
Claire Paquet:	Eh, bien! C'est le jour de la Bastille et, dans l'esprit de ce grand jour de fête, moi, je dis: mangeons les gâteaux!

35

Vocabulaire

l'an *n. m.*, the year
apporter *v.*, to bring
bien *adv.*, well
le bois *n.*, the woods
bon *m.*, **bonne** *f.*, *adj.*, good
la bouteille *n.*, the bottle
ce *dem. adj.*, this
chéri *m.*, **chérie** *f.*, *adj.*, darling
commencer *v.*, to begin
déjeuner *v.*, to have lunch
le déjeuner *n.*, the lunch
le dessert *n.*, the dessert
dire *v.*, to say
l'eau *n. f.*, the water; **l'eau minérale** *n.*, mineral water
l'éclair *n. m.*, the eclair
eh bien! *exclam.*, oh, well!
espérer *v.*, to hope
l'esprit *n. m.*, the spirit
la femme *n.*, the wife
la fête *n.*, the holiday
le gâteau *n.*, the cake
la glace *n.*, the ice cream
glacé *m.*, **glacée** *f.*, *adj.*, glazed, frosted
l'herbe *n. f.*, the grass
le jambon *n.*, the ham
le jour *n.*, the day
juillet *n. m.*, July
les *def. art., pl.*, the
mais non! *exclam.*, why no!
le mari *n.*, the husband
merveilleux *m.*, **merveilleuse** *f.*, *adj.*, marvelous, wonderful
mieux *adv.*, better
moi *pron.*, me
non *adv.*, no
ou *conj.*, or
oui *adv.*, yes
le parc *n.*, the park
la pâtisserie *n.*, the pastry
le petit four *n.*, the little cake
le porc *n.*, the pork
le poulet *n.*, the chicken
pour *prep.*, for
pouvoir *v.*, to be able
près (de) *adv.*, near (to)
quatorze *adj.*, fourteen
le quatorze juillet *n.*, the fourteenth of July, also known as Bastille Day, a French national holiday
quel *m.*, **quelle** *f.*, *adj.*, what; **quel déjeuner!** what a lunch!
le rosbif *n.*, the roast beef
le sandwich *n.*, the sandwich
la santé *n.*, health
la saucisse *n.*, the sausage
le saucisson *n.*, bologna
seulement *adv.*, only
sur *prep.*, on
sûrement *adv.*, surely
tous *m.*, **toutes** *f.*, *adj. pl.*, all, every
tous les enfants, all the children
tout *m.*, **toute** *f.*, *adj. sing.*, all, every
tout le monde, everybody
tu *per. pron.*, you
le veau *n.*, the veal
venir *v.*, to come
la viande *n.*, the meat
vivre *v.*, to live

Verb forms used in this dialogue:

j'ai, I have
je n'ai pas, I do not have
tu as, you have
tu n'as pas, you do not have
as-tu? have you?
nous aimons, we like, we love
nous allons, we are going
j'ai apporté, I brought
tu as apporté, you brought
il a apporté, elle a apporté, he brought, she brought
je dis, I say
j'espère, I hope
c'est, it is
mangeons! let us eat!
nous pouvons, we can, we are able
il va, elle va, he goes, she goes (is going)
venez! come!
ils viennent (de), they come (from)
vive —! long live —!

Exercises

Review the dialogue and vocabulary before starting these exercises.

I. **Choose the correct answer based on the dialogue in this unit.**

1. Le déjeuner dans le parc est sur   (a) les gâteaux: (b) le dessert.
   (c) les petits fours glacés.   (d) l'herbe.   _____

2. Joséphine et Alphonse Banluc viennent   (a) du Bois de Boulogne.
   (b) de la Bastille.   (c) de la Martinique.   (d) du parc.   _____

3. Le rosbif et le porc sont des   (a) viandes.   (b) gâteaux.   (c) desserts.
    (d) sandwichs.   _____

4. Tout le monde a apporté   (a) de la viande.   (b) des sandwichs.
    (c) de l'eau minérale.   (d) de la pâtisserie.   _____

5. Tout le monde mange   (a) du gâteau et de la glace.   (b) des
    saucisses.   (c) du veau.   (d) des sandwichs.   _____

II. Oral Proficiency. Respond orally in French to the situations described. (Later, you may
write your responses for intensive practice.) Review this work unit for ideas or words
to use.

A.   Situation: You and your friends are planning a picnic in the park. You call your friend to
discuss what you will each bring. In three sentences tell your friend what food you would
like to have at the picnic. Then ask your friend which of these he would like to bring. You
may use your own ideas or ideas suggested by the following: **avoir, apporter, les sandwichs, les desserts, les éclairs, la glace, le gâteau, le poulet, la viande, le veau, le
jambon, la saucisse.**

B.   Situation: You are at a restaurant and your friend asks you why you like mineral water:
Pourquoi aimes-tu l'eau minérale? Begin your response with: **Pour moi.** In three sentences tell why you like it. You may use your own ideas or ideas suggested by the following:
c'est bon, la santé, aimer mieux, le café.

III.   Compositions: Oral or written

A.   Look at the picture at the beginning of this work unit. Describe the scene to a friend.

B.   Tell how to prepare for a picnic in a park to celebrate a national holiday. You may use
your own ideas or words or the following: 1. What to bring or prepare in the kitchen. 2.
Who is going to bring what. 3. What everybody shouts: **Vive le quatorze juillet!**

IV. Mots croisés (crossword puzzle).   Give the French words for the English clues.

Horizontalement

1. I
4. good, *masc. sing.*
6. also
8. the, *pl.*
9. definite article, *fem. sing.*
11. the sandwiches
13. with
16. definite article, *masc. sing.*
17. to bring
18. you, *fam. sing.*
19. at, to
20. my, *fem. sing.*
21. and

Verticalement

2. the ice cream
3. is
5. only
7. the cakes
10. year
12. on
14. she
15. for

Structures de la Langue

A. Formation of regular plural of nouns

MASCULINE AND FEMININE NOUNS			
Singular		Plural	
la mère	the mother	**les mères**	the mothers
le père	the father	**les pères**	the fathers
la jeune fille	the girl	**les jeunes filles**	the girls
la fille	the daughter	**les filles**	the daughters
l'homme	the man	**les hommes**	the men
l'arbre	the tree	**les arbres**	the trees

Rules and observations:

1. To form the plural of a noun, whether masculine or feminine, ordinarily just add **s** to the singular form.

2. Change the definite article **the** from **le** to **les**, **la** to **les**, and **l'** to **les**.

3. In sum, French has only one form for the definite article in the plural: **les**.

B.   Formation of irregular plural of nouns

Rules and observations:

1. Nouns that end in **-s**, **-x**, **-z** in the singular, whether masculine or feminine, do not normally change in the plural. They remain the same. See examples in the box below. You can tell the noun is singular or plural from **le** or **la**, or **les**.

Singular		Plural	
le fils	the son	**les fils**	the sons
la voix	the voice	**les voix**	the voices
le nez	the nose	**les nez**	the noses

2. Nouns that end in **-au**, **-eu**, **-ou** in the singular, whether masculine or feminine, ordinarily add **-x** to form the plural. See examples in the box below.

Singular		Plural	
le gâteau	the cake	**les gâteaux**	the cakes
le jeu	the game	**les jeux**	the games
le genou	the knee	**les genoux**	the knees

3. Nouns that end in **-al** or **-ail** in the singular ordinarily drop that ending and add **-aux** to form the plural. See examples in the box below.

Singular		Plural	
le journal	the newspaper	**les journaux**	the newspapers
le travail	the work	**les travaux**	the works

4. There are other irregular plurals of nouns. Study the examples in the box below.

Singular		Plural	
le ciel	the sky, heaven	**les cieux**	the skies, heavens
l'oeil	the eye	**les yeux**	the eyes
madame	Mrs., madam	**mesdames**	ladies
mademoiselle	miss	**mesdemoiselles**	misses
monsieur	mister, sir, gentleman	**messieurs**	sirs, gentlemen

Exercises

Review the preceding material before starting these exercises.

I. Write the plural form in French for each noun.

1. le garçon _____
2. le fils _____
3. le chapeau _____
4. le journal _____
5. le ciel _____

6. l'oeil _____
7. le père _____
8. la voix _____
9. la mère _____
10. le chat _____

II. Write the singular form in French for each noun.

1. les tables _____
2. les nez _____
3. les genoux _____
4. les voix _____
5. les yeux _____

6. les messieurs _____
7. les hommes _____
8. les jeunes filles _____
9. les enfants _____
10. les arbres _____

III. Change to the singular or to the plural, depending on which is given.

1. les pères _____
2. les hommes _____
3. l'eau _____
4. le fils _____
5. la table _____

6. les journaux _____
7. le cheval _____
8. l'oiseau _____
9. les élèves _____
10. le pays _____

40

C.   Contraction of the definite article with **à** and **de**

à + **le** *changes to* **au**	**de** + **le** *changes to* **du**
à + **les** *changes to* **aux**	**de** + **les** *changes to* **des**

Rules and observations:

1.   When the preposition **à** (*at, to*) is in front of the definite article **le** or **les**, it changes to the forms given in the box above.

2.   When the preposition **de** (*from, of*) is in front of the definite article **le** or **les**, it changes to the forms given in the box above.

3.   There is no contraction of **à** followed by **l'** or **la**. It remains **à l'** or **à la**.

4.   There is no contraction of **de** followed by **l'** or **la**. It remains **de l'** or **de la**.

Janine va au café.

Madame Paquet va aux grands magasins.

Janine va à la gare.

Madame Paquet donne un bonbon
à l'enfant.

Pierre vient du restaurant.

Madame Paquet vient des grands
magasins.

Pierre vient de l'école.

Janine vient de la bibliothèque.

Exercises

Review the preceding material before starting these exercises.

I. Match the following.

1. Janine is going to the station.   _____ Janine va au café.

2. Pierre is coming from the restaurant.   _____ Madame Paquet va aux grands magasins.

3. Mr. Paquet is coming from the department stores.   _____ Pierre vient de l'école.

4. Janine is coming from the library.   _____ Monsieur Paquet vient des grands magasins.

5. Pierre is coming from the school.   _____ Madame Paquet donne un bonbon à l'enfant.

6. Mrs. Paquet is giving a candy to the child.   _____ Pierre vient du restaurant.

7. Janine is going to the café.   _____ Janine va à la gare.

8. Mrs. Paquet is going to the department stores.   _____ Janine vient de la bibliothèque.

II. Fill in the missing words in French. Choose either **au**, **aux**, **à l'**, or **à la**.

1. Janine va _____ café.

2. Pierre va _____ gare.

3. Madame Paquet va _____ grands magasins.

4. Hélène va _____ école.

III. Fill in the missing words in French. Choose either **du**, **de l'**, **de la**, or **des**.

1. Pierre vient _____ restaurant.

2. Janine vient _____ école.

3. Monique vient _____ bibliothèque.

4. Marie vient _____ grands magasins.

D. Use of the definite article with **de** for possession

le livre **du** maître	the teacher's book
le livre **de la** maîtresse	the teacher's book
les livres **des** garçons	the boys' books
le livre **de** Janine	Janine's book
le livre **de l'**élève	the pupil's book

Rules and observations:

1. The preposition **de** is used to express possession, as shown in the examples in the above box.

2. The preposition **de** changes to **du** or **des**, as shown in the examples in the above box.

Exercises

Review the preceding material before starting the exercises.

I. Match the following.

1. le parapluie de Pierre _____ the boy's hat

2. les robes des jeunes filles _____ the boys' dogs

3. les cheveux de Janine _____ the girl's skirt

4. le chapeau du garçon _____ the girls' dresses

5. le journal de Pierre _____ the pupil's pencil

6. les chiens des garçons _____ the pupils' pens

7. la jupe de la jeune fille _____ Janine's eyes

8. les yeux de Janine _____ Janine's hair

9. les stylos des élèves _____ Pierre's newspaper

10. le crayon de l'élève _____ Pierre's umbrella

II. Fill in the missing words. Use either **du**, **des**, **de**, **de l'** or **de la**.

1. J'ai les crayons _____ jeunes filles.

2. J'ai le journal _____ femme.

3. J'ai les livres _____ Pierre.

4. J'ai les cahiers _____ garçon.

5. J'ai le stylo _____ élève.

6. J'ai le chapeau _____ homme.

7. J'ai le jeu _____ Janine.

8. J'ai les journaux _____ père.

9. J'ai les bonbons _____ enfant.

10. J'ai le parapluie _____ mère.

III. Change one letter in any part of the word and get another French word. These words are all in this lesson.

Example: **bon**   YOU WRITE: _____ *non* _____

1. jour _____

2. tout _____

3. mère _____

4. au _____

Detail of the façade on the Arc de Triomphe, Paris. Reprinted with permission of French Government Tourist Office, New York.

Avez-vous de la viande? Avez-vous des saucisses? Avez-vous du café?

The Noun and the Definite and Indefinite Articles (Conclusion)

*Some people always know what to order
in a restaurant and some don't. Have you
ever done what Pierre does in this scene?*

La grande décision

Garçon:	Bonjour. Vous désirez?
Pierre:	Bonjour. Avez-vous de la viande?
Garçon:	Oui. Nous avons de la viande.
Pierre:	Avez-vous des saucisses?
Garçon:	Oui. Nous avons de belles saucisses.
Pierre:	Non, je ne veux pas de viande. Je ne veux pas de saucisses.
Garçon:	Nous avons du poisson.
Pierre:	Je ne veux pas de poisson . . . Avez-vous de l'eau minérale?
Garçon:	Oui. Nous avons de l'eau minérale.
Pierre:	Non, je ne veux pas d'eau minérale . . . Avez-vous du café?
Garçon:	Oui. Nous avons du café.
Pierre:	Non, je ne veux pas de café.
Garçon:	Aimez-vous les éclairs et les tartes?
Pierre:	Oui, oui. J'aime les éclairs et les tartes.
Garçon:	Je regrette. Nous n'avons ni éclairs, ni tartes.

Vocabulaire

aimer *v.*, to like, to love;
  aimez-vous? do you like?
  j'aime, I like
avoir *v.*, to have;
  avez-vous? do you have?
  nous avons, we have;
  **nous n'avons ni éclairs,
  ni tartes,** we have neither
  eclairs nor tarts
beau(x) *m.*, **belle(s)** *f., adj.*,
  beautiful

bonjour *salutation*, good day
la décision *n.*, decision
désirer *v.*, to wish, to desire;
  vous désirez? you wish?
l'école *n. f.*, the school
le garçon *n.*, the boy, the
  waiter (Note: Nowadays,
  there is a trend to address
  a waiter as "monsieur")
grand *m.*, **grande** *f., adj.*,
  great, big
ni . . . ni *conj.*, neither . . . nor

parle *v., form of* **parler** (to
  talk, to speak); **Pierre
  parle,** Pierre is talking
le poisson *n.*, the fish
regretter *v.*, to regret, to be
  sorry; **je regrette,** I'm sorry
le restaurant *n.*, restaurant
veux *v. form of* **vouloir** (to
  want); **je ne veux pas,** I do
  not want; **Pierre veut,**
  Pierre wants
vous *pron.*, you

47

Exercises

Review the dialogue and vocabulary before starting these exercises.

I. **Choose the correct answer based on the dialogue in this unit.**

1. Pierre est dans   (a) une école.   (b) un parc.   (c) la maison.
(d) un restaurant.   _____

2. Pierre parle avec   (a) un ami.   (b) une amie.   (c) une femme.
(d) un garçon de restaurant.   _____

3. Pierre aime   (a) la viande.   (b) le poisson.   (c) les éclairs et
les tartes.   (d) les saucisses.   _____

II. **Lists.** **Write a list of words in French for each situation.**

A. You are in a restaurant. Write a list of four things that are on the table.

1. _____   2. _____   3. _____   4. _____

B. You are in a pastry shop **(une pâtisserie)**. Write a list of four things you would like to buy.

1. _____   2. _____   3. _____   4. _____

III. **Word Hunt.** **Can you find these words in French in this puzzle? Circle them.**

1. I like

2. some fish

3. we have

4. the meat

5. some coffee

6. sir

7. some water

D	U	C	A	F	E	D	E	S
U	M	O	N	S	I	E	U	R
P	D	U	O	D	E	L	A	O
O	C	A	U	J	A	I	M	E
I	D	C	S	P	O	I	D	U
S	E	L	A	V	O	S	N	E
S	L	A	V	I	A	N	D	E
O	E	D	O	E	L	A	E	A
N	A	E	N	A	U	E	A	E
D	U	L	S	O	M	O	N	S

Structures de la Langue

A.   The Partitive

Essentially, the plural of the indefinite articles **un** and **une** is **des**. The partitive denotes a part of a whole; or in other words, *some*. It can be plural or singular in form.

1.   SIMPLE AFFIRMATIVE

J'ai **du** café.	I have *some* coffee.
J'ai **de la** viande.	I have *some* meat.
J'ai **de l'**eau.	I have *some* water.
J'ai **des** bonbons.	I have *some* candy.

2.   SIMPLE NEGATIVE

Je n'ai pas **de** café.	I don't have *any* coffee.
Je n'ai pas **de** viande.	I don't have *any* meat.
Je n'ai pas **d'**eau.	I don't have *any* water.
Je n'ai pas **de** bonbons.	I don't have *any* candy.

3.   WITH AN ADJECTIVE

J'ai **de** bon café.	I have *some* good coffee.
J'ai **de** jolis chapeaux.	I have *some* pretty hats.
J'ai **de** jolies jupes.	I have *some* pretty skirts.

Observations based on the examples given in the three boxes above:

1.   Use either **du**, **de la**, **de l'**, or **des** in front of the noun, depending on whether the noun is masculine or feminine, singular or plural. Study the examples in the first box above.

2.   The form **du** is used in front of a masculine singular noun beginning with a consonant, as in **j'ai du café**. See the first box above.

49

3. The form **de la** is used in front of a feminine singular noun beginning with a consonant, as in **j'ai de la viande.** See the first box above.

4. The form **de l'** is used in front of a feminine or masculine singular noun beginning with a vowel or a silent *h*, as in **j'ai de l'eau**. See the first box above.

5. The form **des** is used in front of all plural nouns.

6. To express *any* in front of a noun, when the verb is negative, use **de** in front of the noun. The noun can be feminine or masculine, singular or plural, but it *must* begin with a consonant, as in **je n'ai pas de café**. See the second box above.

7. To express *any* in front of a noun, when the verb is negative, use **d'** in front of the noun. The noun can be feminine or masculine, singular or plural, but it *must* begin with a vowel or silent *h*, as in **je n'ai pas d'eau**. See the second box above.

8. When the noun is preceded by an adjective, use **de**, as in **j'ai de jolis chapeaux**. See the third box above.

9. When the noun is preceded by an adverb or noun of quantity or measure, use **de**, as in **j'ai beaucoup de choses**.

10. When the noun is modified by another noun, use **de**, as in **une école de filles**.

11. The partitive is not used with **sans** or **ne ... ni ... ni**.

    Examples: Je quitte la maison **sans argent**.
    (I'm leaving the house *without any money*.)

    Je **n'**ai **ni** argent **ni** billets.
    (I have *neither* money *nor* tickets.)

Exercises

Review the preceding material before starting these exercises.

I. Answer the following questions in the affirmative.

    Model: **Avez-vous du café?**   Answer: **Oui, j'ai du café.**
           (Do you have any coffee?)   (Yes, I have some coffee.)

1. Avez-vous du pain? _____

2. Avez-vous de la viande? _____

3. Avez-vous de l'eau? _____

4. Avez-vous des bonbons? _____

5. Avez-vous du beurre? _____

Avez-vous des bonbons?

II. Answer the following questions in the negative.

Model:	**Avez-vous du café?**	**Answer:**	**Non, je n'ai pas de café.**
	(Have you any coffee?)		(No, I haven't any coffee.)

1. Avez-vous du café? _____

2. Avez-vous de la viande? _____

3. Avez-vous de l'eau? _____

4. Avez-vous des bonbons? _____

5. Avez-vous du beurre? _____

III. **Letters and Notes.** **Directions:** On your way to school this morning, you lost a few things. Using at least eight words, write a note to your friend who sits near you in French class asking if he/she has any of those things for you to use today. End your note by saying you haven't any money or paper, or whatever else you think of.

_____

_____

_____

IV. Answer the following questions in the negative.

> **Model: Avez-vous du bon café?**   **Answer: Non, je n'ai pas de bon café.**
> (Do you have (any) good coffee?)   (No, I don't have any good coffee.)

1. Avez-vous de belles fleurs? _____

2. Avez-vous de jolis chapeaux? _____

3. Avez-vous de jolies jupes? _____

4. Avez-vous du bon vin? _____

5. Avez-vous de jolies cravates? _____

B. The definite article with parts of body and clothing

J'ai **les** mains sales.	My hands are dirty.
J'ai **les** yeux bruns.	My eyes are brown.
J'ai **les** cheveux noirs.	My hair is black.
J'ai **le** chapeau sur **la** tête.	I have my hat on my head.

Rule: Use the definite article instead of the possessive adjective when there is no doubt as to who the possessor is.

Exercises

I. Answer the following questions in the affirmative.

> **Model: Avez-vous les mains sales?**   **Answer: Oui, j'ai les mains sales.**

1. Avez-vous les mains sales? _____

2. Avez-vous le visage sale? _____

3. Avez-vous le nez long? _____

4. Avez-vous les yeux bruns? _____

5. Avez-vous les cheveux noirs? _____

II. Answer the following questions in the negative.

> **Model: Avez-vous les pieds grands?**   **Answer: Non, je n'ai pas les pieds grands.**
> (Are your feet big?)   (No, my feet are not big.)

1.   Avez-vous les pieds grands? _____

2.   Avez-vous le visage sale? _____

3.   Avez-vous les mains sales? _____

4.   Avez-vous le chapeau sur la tête? _____

5.   Avez-vous les cheveux noirs? _____

C.   The definite article with parts of the day

Je vais à l'école **les** matins.	I go to school *in the* mornings.
Je joue **les** après-midi.	I play *in the* afternoons.
J'étudie **les** soirs.	I study *in the* evenings.

Rule: Use the definite article with parts of the day when the action is habitual. It can also be used in the singular. In English it means *in the*.

Je vais à l'école le matin.   **Je joue les après-midi.**   **J'étudie les soirs.**   53

Exercises

I. Answer the following questions in the affirmative.

> **Model:** **Allez-vous à l'école les matins?** (Do you go to school in the mornings?)   **Answer:** **Oui, je vais à l'école les matins.** (Yes, I go to school in the mornings.)

1. Allez-vous à l'école les matins? _____

2. Allez-vous à la bibliothèque les après-midi? _____

3. Allez-vous au restaurant les soirs? _____

4. Allez-vous au parc les après-midi? _____

5. Allez-vous au café les soirs? _____

II. Answer the following questions in the negative.

> **Model:** **Allez-vous au cinéma les soirs?** (Do you go to the movies in the evenings?)   **Answer:** **Non, je ne vais pas au cinéma les soirs.** (No, I don't go to the movies in the evenings.)

1. Allez-vous au cinéma les soirs? _____

2. Allez-vous à l'école les matins? _____

3. Allez-vous à la bibliothèque les soirs? _____

D. Omission of the definite article with **parler**, **de**, and **en**

Janine vient **de** France.	Elle **parle** français.	Elle **prononce** bien **le français**.
Janine comes from France.	She speaks French.	She pronounces French well.

Julie répond **en** français dans la classe **de** français.
Julie answers in French in the French class.

Rules and observations:

1. Do not use the definite article in front of the name of a language if the verb **parler** directly precedes it.

2.   Do not use the definite article in front of the name of a language or a subject of study if the preposition **de** or **en** directly precedes it.

3.   **De** indicates *concerned with* in expressions such as the following:
     la classe de français (the French class), **la leçon de français** (the French lesson), **le professeur d'anglais** (the English teacher), **le maître de musique** (the music teacher).

4.   Change **de** to **d'** if the word that follows starts with a vowel or a silent *h*.   Example: **le professeur d'anglais**.

E.   Omission of the indefinite article with **cent** and **mille**

J'ai **cent dollars**.	I have *one hundred dollars*.
J'ai **mille dollars**.	I have *one thousand dollars*.

Rule: Do not use the indefinite article **un** or **une** in front of **cent** (100) or **mille** (1,000).

Exercises

Review the preceding material before starting these exercises.

I.   Write two sentences using the word (language name) given in parentheses. Begin the first sentence with **il** (he) or **elle** (she) and use the verb **parle** (speaks). Begin the second sentence with the appropriate subject pronoun (**il** *or* **elle**) and use the verb **prononce** (pronounces) and the adverb **bien** (well).

Model: **Pierre vient de France.**	**You write:** **Il parle français.**
(Peter comes from France.)	(He speaks French.)
	Il prononce bien le français.
	(He pronounces French well.)

1.   Louis vient de France.

     (le français) _____

2.   María vient d'Espagne.

     (l'espagnol) _____

3. Madame Belini vient d'Italie.

(l'italien) _____

4. Monsieur Armstrong vient d'Angleterre.

(l'anglais) _____

5. Hilda vient d'Allemagne.

(l'allemand) _____

II. Answer the following questions in the affirmative.

Model: **Avez-vous cent dollars?**   **Answer:** **Oui, j'ai cent dollars.**
(Have you 100 dollars?)   (Yes, I have 100 dollars.)

1. Avez-vous cent dollars? _____

2. Avez-vous mille francs? _____

3. Avez-vous cent livres? _____

4. Avez-vous mille amis? _____

III. Complete with an appropriate selection: **le, la, l', or les.** Use a dash (—) if no definite article is required.

Le maître de _____ musique à _____ école est aussi professeur de _____ français. Il
            1   2   3

parle _____ français dans _____ classe de français, et il prononce bien _____ français.
     4   5   6

Il a _____ yeux bleus et _____ cheveux noirs.
   7   8

IV. Change the words in italics to either the singular or plural, depending on which is given.

Model: **J'ai le gâteau.**   **Answer:** **J'ai les gâteaux.**
(I have the cake.)   (I have the cakes.)

1. J'ai *le sandwich.* _____   5. J'ai *des jupes.* _____

2. J'ai *l'éclair.* _____   6. J'ai *le chapeau.* _____

3. J'ai *les saucisses.* _____   7. J'ai *les desserts.* _____

56   4. J'ai *un dollar.* _____   8. J'ai *des gâteaux.* _____

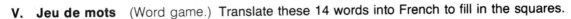

V. Jeu de mots (Word game.) Translate these 14 words into French to fill in the squares.

1. the news-papers
2. water
3. health
4. dress
5. children
6. on
7. works (noun)
8. afternoon
9. indefinite article, *fem. sing.*
10. roast beef
11. tree
12. nose
13. head
14. evening

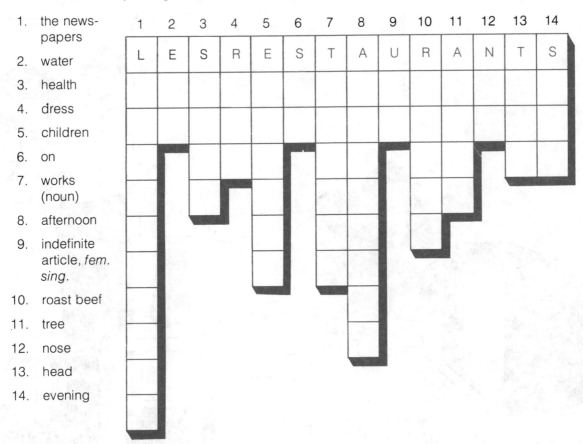

VI. Oral Proficiency. Respond orally in French to the situations described. (Later, you may write your responses for intensive practice.) Review this unit for ideas or words to use. You may use your own ideas or the vocabulary suggested in each situation.

A. Situation: You are in a restaurant. The waiter asks you what you want: **Vous désirez?** Respond to the question using words of your own or any of the following: **du poisson, de la viande, des tartes**. Begin your response with: **Je voudrais** (I would like). In two sentences, tell what you would like to have.

B. Situation: You are in a bakery. You approach the clerk who asks you what you want to buy: **Vous désirez acheter?** In three sentences, explain that you need a birthday cake and tell him you need a large cake for all your friends. You may use your own ideas or ideas suggested by the following: **grand, le gâteau, pouvoir, avez-vous, beau, désirer, anniversaire de naissance** (birthday).

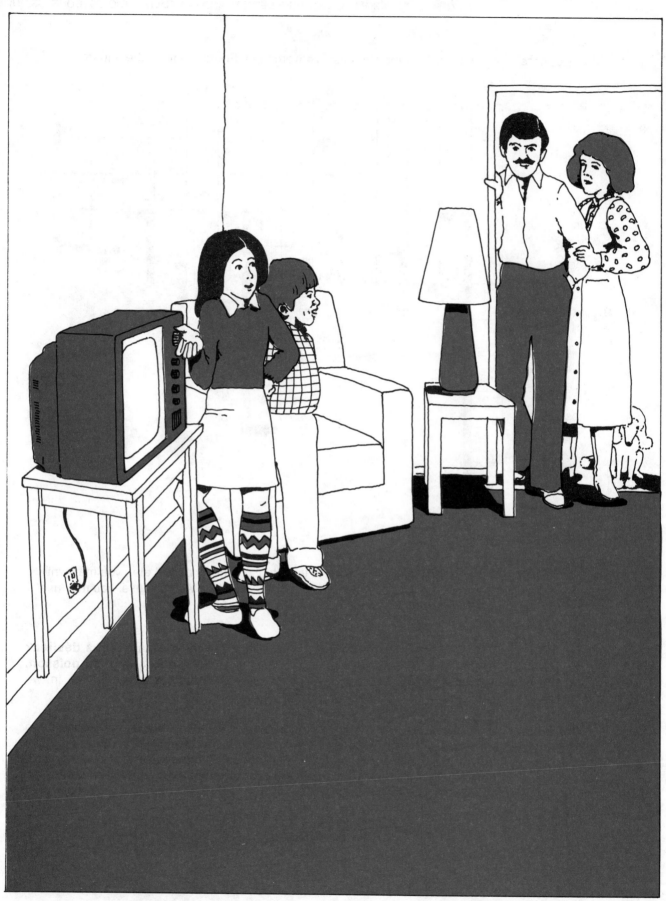

Maman, papa, le téléviseur ne marche pas!

Present Indicative Tense of Regular Verbs Ending in —er

Can Janine and Pierre live without
violence on television for one evening?

La beauté ou la violence?

Janine et Pierre allument le téléviseur mais il ne marche pas. Tous les deux sont inquiets parce que l'émission ce soir est "La violence triomphe!" La mère et le père entrent dans le salon et Pierre et Janine s'exclament:

— Maman, papa, le téléviseur ne marche pas!

— Bon! Vous regardez trop de violence à la télévision, vous deux, dit la mère.

— Mais l'émission ce soir est très importante! C'est "La violence triomphe!" s'exclament Janine et Pierre.

— La violence ne triomphe pas dans cette maison. Je regrette, dit le père.

— Est-ce que nous allons faire réparer le téléviseur? demandent Janine et Pierre.

— Allons-nous faire réparer le téléviseur?! répètent la mère et le père. Oh! s'exclament-ils. Oh, non! Aujourd'hui, non!

Pierre et Janine regardent dans les journaux. L'émission "Les oeuvres d'art dans le Louvre" est à la télévision ce soir avant l'émission "La violence triomphe!" Alors, ils s'exclament:

— Papa, maman, c'est l'émission "Les oeuvres d'art dans le Louvre" à la télévision ce soir!

— Quoi?! Vite! Au téléphone. Nous allons faire réparer le téléviseur tout de suite!

Vocabulaire

aller *v.*, to go; **nous allons**, we are going

allumer *v.*, to turn on (an apparatus)

alors *adv.*, then

après *prep.*, after

aujourd'hui *adv.*, today

avant *prep.*, before

la beauté *n.*, beauty

cet *m.*, **cette** *f.*, *adj.*, this

demander *v.*, *to ask*

deux *adj.*, two; **tous les deux**, both

dire *v.*, to say, to tell; **dit la mère**, says the mother

l'émission *n. f.*, the show, the television program

entrer *v.*, to enter

s'exclamer *v.*, *refl.*, to exclaim

faire *v.*, to do, to make

inquiet *m.*, **inquiète** *f.*, *adj.*, upset

mais *conj.*, but

marcher *v.*, to walk; to run, to work (a machine or apparatus)

l'oeuvre *n. f.*, **d'art** *n. m.*, the work of art

parce que *conj.*, because

quoi *interr. pron.*, what

regarder *v.*, to look (at), to watch

réparer *v.*, to repair; **faire réparer**, to have (something) repaired

répéter *v.*, to repeat

le soir *n.*, the evening

le téléphone *n.*, the telephone; **au téléphone**, to the telephone

le téléviseur *n.*, the television set

la télévision *n.*, television

tout de suite *adv.*, right away, immediately, at once

très *adv.*, very

triompher *v.*, to triumph

trop (de) *adv.*, too much (of)

la violence *n.*, violence

Exercises

Review the story and vocabulary before starting these exercises.

I. Answer the following questions in French in complete sentences. They are based on the story, "La beauté ou la violence?"

1. Qui allume le téléviseur? _____

2. Qui entre dans le salon? _____

3. Qui regarde dans les journaux? _____

II. Oral proficiency. Expressing personal feelings.

Tell a friend how you feel about watching TV on Saturday nights. You begin the conversation.

III. Choose the correct answer based on the story in this unit.

1. Janine et Pierre allument   (a) la radio.   (b) le téléviseur.
(c) l'émission.   _____

2. Janine et Pierre regardent dans   (a) le téléviseur.   (b) le téléphone.
(c) les journaux.   _____

3. Madame et Monsieur Paquet entrent dans   (a) la cuisine.   (b) le
salon.   (c) le garage.   _____

IV. Complete by writing the missing French words. Find them in the story in this unit.

Janine et Pierre _____ le téléviseur mais il ne _____ pas. La mère et le

père _____ dans le salon et Pierre et Janine s'_____.

— Maman, papa, le téléviseur ne _____ pas!

La mère dit: Bon! Vous _____ trop de violence à la télévision, vous deux.

— Est-ce que nous allons faire réparer le téléviseur? _____ Janine et Pierre.

— Oh! Oh, non! Aujourd'hui, non! s'exclament la _____ et le _____.

Structures de la Langue

A.   Introduction

A verb is a word that expresses an action *(to dance)* or a state of being *(to think)*. Tense means time. French and English verb tenses are divided into three main groups of time: past, present, and future. A verb tense shows if an action took place (past), is taking place (present), or will take place (future). Here, we will study the present tense.

French verbs are divided into three main conjugations (types) according to the infinitive ending, which can be either **-er**, **-ir**, **-re**. You might say that these endings mean *to* in English: **danser** *(to dance)*, **finir** *(to finish)*, **vendre** *(to sell)*. In this unit, we will concentrate on the first conjugation (**-er** ending).

You must memorize the personal endings for the **-er** verbs because they indicate the subject. You must also memorize the personal subject pronouns in French because each one is used with its own personal ending on the verb. These are all given in dark letters in the following chart:

FIRST CONJUGATION

	-er
Infinitive →	**danser** *to dance*
	I dance, *or* I do dance, *or* I am dancing; you dance, *etc.*
Required subject pronouns SINGULAR	
1. **je** I	dans**e**
2. **tu** you *(familiar only)*	dans**es**
3. **il** he *or* it **elle** she *or* it	dans**e**
PLURAL	
1. **nous** we	dans**ons**
2. **vous** you	dans**ez**
3. **ils** **elles** they	dans**ent**

Rules and observations:

1. To form the present tense of a regular verb ending in **-er**, drop the **-er**. What remains is called the *stem*. Add to the stem the personal endings shown in the above chart. They are: **-e**, **-es**, **-e**, **-ons**, **-ez**, **-ent**.

2. Note that *do, am, are, does, is* (which are used in English in the present tense) are *not translated* into French. Therefore, **je danse** can mean *I dance*, or *I do dance*, or *I am dancing*. The same applies to the rest of the conjugation, for example, *you dance*, or *you do dance*, or *you are dancing, etc.*

SINGULAR	
With noun	With pronoun
Janine danse tous les soirs.	**Elle danse tous les soirs.**
(Janine dances every night.)	(She dances every night.)
L'ours danse.	**Il danse.**
(The bear is dancing.)	(It (or he) is dancing.)
PLURAL	
Janine et Marie dansent souvent.	**Elles dansent souvent.**
(Janine and Mary dance often.)	(They dance often.)
Janine et Pierre dansent beaucoup.	**Ils dansent beaucoup.**
(Janine and Pierre dance a lot.)	(They dance a lot.)
Les ours dansent.	**Ils dansent.**
(The bears are dancing.)	(They are dancing.)

B.   The subject pronouns

1. Study the subject pronouns in the chart on page 61.

2. The subject pronoun is placed in front of the verb in an affirmative statement: **Je danse tous les soirs**. I dance every night.

3. The subject pronoun is always used with the verb in a simple statement or question.

4.　In French there are two subject pronouns that mean *you:*

    (a)　**tu** is a singular pronoun and is used when you are speaking to a member of your family, a close friend, a classmate, or someone younger than you.

    (b)　**vous** is the polite form of *you* and is used at all other times.

    (c)　**vous** is also the plural of **tu**; when you are speaking to two or more members of your family at the same time, or two or more close friends at the same time, use **vous**.

5.　If the first letter of a verb is a vowel, drop **e** in **je** and add an apostrophe: **j'aime la glace**. *I like ice cream.*

6.　The subject pronouns **il**, **elle**, **ils**, **elles** are used to take the place of a noun, whether it is a person, place, thing, or animal.

7.　The subject pronoun **il** is used to take the place of a masculine singular noun.

8.　The subject pronoun **elle** is used to take the place of a feminine singular noun.

9.　The subject pronoun **ils** is used to take the place of two or more masculine nouns. It is also used to take the place of one masculine and one feminine noun. There could be any number of feminine nouns as subjects, but as long as there is at least one masculine noun mixed in with the subjects, the pronoun must be **ils**. See the **Janine et Pierre** example in the above box.

10.　The subject pronoun **elles** is used to take the place of two or more feminine nouns *only.* See the **Janine et Marie** example in the above box.

C.　Some common regular verbs of the first conjugation

aimer to love, to like; **apporter** to bring; **chanter** to sing; **chercher** to look for; **demander** to ask (for); **désirer** to desire, to wish; **donner** to give; **écouter** to listen (to); **étudier** to study; **fermer** to close; **jouer** to play; **montrer** to show; **oublier** to forget; **parler** to talk, to speak; **porter** to carry, to wear; **regarder** to look (at); **réparer** to fix, to repair; **trouver** to find

D.　The uses of the present tense

This tense is used much of the time in both French and English. It indicates:

    (a)　An action or a state of being at the present time.
        Examples:
        1.　**Je vais** à l'école maintenant. *I am going* to school now.
        2.　**Je pense**; donc, **je suis**. *I think;* therefore, *I am.*

    (b)　Habitual action.
        Example:
        1.　**Je vais** à la bibliothèque tous les jours. *I go* to the library every day.

Voir c'est croire.

(c) A general truth, something which is permanently true.

Examples:
1. Deux et deux **font** quatre. Two and two *are* four.
2. Voir c'**est** croire. Seeing *is* believing.

(d) Vividness when talking or writing about past events. This is called the *historical present*.

Example:
1. Marie-Antoinette **est** condamnée à mort. Elle **entre** dans la charrette et **est** en route pour la guillotine. Marie-Antoinette *is* condemned to die. She *goes* into the cart and *is* on her way to the guillotine.

(e) The near future.

Example:
1. Il **arrive** demain. He *arrives* tomorrow.

(f) An action or state of being that occurred in the past and *continues up to the present*. In English, this tense is the *present perfect*.

Examples:
1. Je **suis** ici depuis dix minutes. I *have been* here for ten minutes. (meaning: I am still here at present.)
2. Elle **est** malade depuis trois jours. She *has been* sick for three days. (meaning: She is still sick at present.)

E.   The verb in the negative

1.   To use a verb in the negative, place **ne** in front of the verb and **pas** after it:

Je **ne** danse **pas**.   I do not dance (or, I am not dancing).

---

2.   If the first letter of a verb is a vowel, drop **e** in **ne** and add an apostrophe:

Je **n'**aime **pas** le café.   I do not like coffee.

F.   The verb in the interrogative

1.   To use a verb in a question, put **est-ce que** in front of the subject:

Est-ce que vous dansez?   Do you dance?

Est-ce que Janine danse?   Is Janine dancing?

---

2.   If the first letter of the subject is a *vowel* or *silent h,* drop **e** in **que** and add an apostrophe:

Est-ce qu'Albert danse?   **Est-ce qu'**il danse?

Is Albert dancing?   Is he dancing?

Est-ce qu'Hélène danse?   **Est-ce qu'**elle danse?

Is Helen dancing?   Is she dancing?

---

3.   To use a verb in a question, there is something else you can do instead of using the **est-ce que** form. You can use the *inverted form.* Move the subject pronoun and put it after the verb, joining it with a hyphen:

Dansez-vous?   Do you dance?

---

4. If the subject pronoun is **je**, do not use the inverted form. Use the **est-ce que** form. The inverted form with **je** is used only with certain verbs.

5. In the inverted form, when the last letter of the verb is a vowel in the third person singular, insert **-t-** in front of **il** or **elle**:

Danse-t-il?	Does he dance? Is he dancing?
Danse-t-elle?	Does she dance? Is she dancing?

6. In the inverted form, if the subject is a noun, mention the noun first and use the pronoun of of the noun:

Pierre danse-t-il?	Does Pierre dance?
Janine danse-t-elle?	Does Janine dance?
Le garçon danse-t-il?	Is the boy dancing?
La jeune fille danse-t-elle?	Is the girl dancing?

G. The verb in the negative-interrogative

1. To use a verb in a question that is negative, first use the interrogative form you learned above (par. F).

2. Put **ne** in front of the verb.

3. Put **pas** after the verb if you use the **est-ce que** form.

4. Or, if you use the inverted form, put **pas** after the subject pronoun:

Est-ce que vous ne dansez pas?	Don't you dance?
Est-ce qu'Albert ne danse pas?	Doesn't Albert dance?
Est-ce qu'elle ne danse pas?	Doesn't she dance?
Ne dansez-vous pas?	Don't you dance?
Ne danse-t-il pas?	Doesn't he dance?
Janine ne danse-t-elle pas?	Doesn't Janine dance?
Le garçon ne danse-t-il pas?	Doesn't the boy dance?

Exercises

I. Compositions: Oral or written.

A. Look at the picture at the beginning of this work unit. Describe the scene to a friend.

B. Persuade your mother and father to let you and your brother or sister watch a certain program on television. Give them at least two reasons. Keep in mind that you are trying to get your parents to adopt a course of action which is to allow you to watch a TV program that you prefer.

II. Substitute only one appropriate subject pronoun for the word or words in italics and rewrite the entire sentence in French.

> **Model:**   **Janine allume le téléviseur.**   **You write:**   **Elle allume le téléviseur.**
> (Janine turns on the   (She turns on the television set.)
> television set.)

1. *Madame Paquet* entre dans le salon. _____

2. *Pierre* cherche le journal. _____

3. *Marie et Alice* chantent bien. _____

4. *Robert et Georges* jouent à la balle. _____

5. *Janine et Pierre* regardent trop de violence à la télévision. _____

_____

Janine et Pierre regardent trop de violence à la télévision.

III. **Lists.** Write a list of four French verbs you would need to use when talking to a clerk in a store while buying a TV set. The verbs must be of the **–er** type. They are all in this Work Unit.

1. _____ 2. _____ 3. _____ 4. _____

IV. **Oral proficiency. Socializing.**

Situation: You are visiting a friend who is sick in the hospital. He or she has a broken leg and is watching TV in bed. You start the conversation by finding out how your friend feels today. Say something about the TV set. Choose a friend in French class to play the role of the person with the broken leg.

V. Answer the following questions in the affirmative in complete French sentences. In answer (a) use **oui**. In answer (b) use **aussi** (also). Study the models. Use subject pronouns in your answers.

Models:	(a) **Chantez-vous le matin?** (Do you sing in the morning?)	You write:	(a) **Oui, je chante le matin.** (Yes, I sing in the morning.)
	(b) **Et Simone?** (And Simone?)	You write:	(b) **Elle chante aussi.** (She sings also.)

1. (a) Dansez-vous le matin? _____

   (b) Et François? _____

2. (a) Pierre cherche-t-il le chapeau? _____

   (b) Et Janine? _____

3. (a) Hélène étudie-t-elle la leçon? _____

   (b) Et vous? _____

VI. Answer the following questions in the negative in complete French sentences. In answer (a) use **non**. In answer (b) use **non plus** (either). Study the models carefully. Use subject pronouns in your answers. Place **non plus** at the end of the sentence.

    Models: (a) **Est-ce que vous dansez?** You write: (a) **Non, je ne danse pas.**
                (Do you dance?)   (No, I don't dance.)

               (b) **Et Charles?**   You write: (b) **Il ne danse pas non plus.**
                (And Charles?)   (He doesn't dance either.)

1. (a) Est-ce que vous dansez? _____

   (b) Et Paul? _____

2. (a) Est-ce qu'il étudie? _____

   (b) Et Monique? _____

3. (a) Est-ce que Paul cherche la balle? _____

   (b) Et les enfants? _____

4. (a) Est-ce que la femme écoute la musique? _____

   (b) Et vous? _____

5. (a) Est-ce que tu fermes la fenêtre? _____

   (b) Et nous? _____

VII. Choose the correct verb form and write it with its subject on the blank line.

1. Je (fermes, ferme, fermons) la porte.   *Je ferme*

2. Tu (apportes, apportez, apportent) le gâteau.   _____

3. Il (étudient, étudions, étudie) les devoirs.   _____

4. Elle (parlent, parle, parlez) bien.   _____

5. Nous (marche, marchez, marchons) lentement.   _____

6. Vous (donner, donnez, donnons) des fleurs à la maîtresse.   _____

7. Ils (joue, jouent, jouons) dans la rue.   _____

8. Elles (chante, chantent, chantes) doucement.   _____

9. Vous (cherchez, cherches, cherchent) le chapeau.   _____

10. J' (aimes, aime, aimons) la glace.   _____

VIII. **Word Search.** Can you find these verb forms with their subject pronouns *in French* in this puzzle? Circle them.

1. I dance.

2. You (familiar) study.

3. She plays.

4. We love.

5. They (m.) are singing.

6. I love.

7. He arrives.

8. He talks.

9. He forgets.

J	E	D	A	N	S	E	N	T	C	O
A	J	A	I	M	E	J	I	U	N	I
I	L	P	A	R	L	E	O	É	O	E
I	L	O	U	B	L	I	E	T	U	A
E	L	L	E	J	O	U	E	U	S	U
J	E	J	O	U	E	A	L	D	A	O
I	L	A	R	R	I	V	E	I	I	I
E	L	L	E	A	R	R	I	E	M	E
N	O	U	S	J	O	U	O	S	O	A
I	L	S	C	H	A	N	T	E	N	T
A	E	I	O	U	I	L	S	P	S	L

IX. **Oral Proficiency.** Respond orally in French to the situations described. (Later, you may write your responses for intensive practice.) Review this unit for ideas or words to use. You may use your own ideas or the vocabulary suggested in each situation.

A. **Situation:** You are at home. Your mother and father want to watch a TV show about French art. You and your brother (or sister) want to watch **Le Tour de France** on TV. In three short sentences tell your mother and father why you prefer to watch the sports program. You may use your own words, those in this lesson, or any or all of the following: **allumer le téléviseur, regarder mon programme favori, je préfère, nous préférons, j'aime, nous aimons, les sports, les cyclistes, la télé, la télévision**.

B. **Situation:** You and your girlfriend (or boyfriend) cannot decide on what to do this Saturday night. You want to go dancing but your friend wants to go to a concert. In four sentences tell what you want to do and why. You may use your own words, those in this unit, or the following: **préférer, aimer mieux, danser, aller, écouter la musique, au concert**.

S'il vous plaît...
appelez-nous avant de creuser

Creuser: "rendre creux en enlevant de la matière".

Aujourd'hui, on creuse sans cesse - pour les édifices commerciaux, les maisons à appartements, les résidences familiales ou même pour des clôtures, des jardins et des fossés. Mais... "la matière" qu'on enlève quand on ne connaît pas le terrain peut consister en câbles téléphoniques, en lignes de courant électrique ou en conduites d'eau. Entailler un câble peut interrompre le service du médecin, de l'ambulance, de la police et des pompiers dans un secteur très étendu. Ou pis encore, celui de votre voisin "grincheux"...

ALORS, SI VOUS AVEZ L'INTENTION D'ENLEVER DE LA "MATIERE", APPELEZ LE SERVICE DES RÉPARATIONS ET DEMANDEZ A FAIRE LOCALISER LES CABLES.

NOUS VERIFIERONS ET NOUS VOUS DIRONS EN QUOI CONSISTE "LA MATIERE" A L'ENDROIT PRÉCIS OU VOUS CREUSEZ.

Voir l'inscription

"Québec-Téléphone"

de votre échange

QUÉBEC-TÉLÉPHONE

Reprinted with the permission of Québec-Téléphone of Québec, Canada.

Au revoir, Monsieur!

Present Indicative Tense of Regular Verbs Ending in —ir

*Have you ever received a note from a boy
or girl in a class at school? In this scene,
Pierre is reading a note that was just
passed to him.*

Tout est bien qui finit bien

Pierre est en classe de mathématiques. Il lit un petit mot caché dans les pages de son livre. Voici le mot:

Pierre, mon chéri:
Je déteste ce cours et je déteste le professeur. Il est très mauvais. Il choisit des leçons difficiles et il punit les élèves quand ils ne finissent pas leurs devoirs.
Je t'aime et je t'adore.
Anne-Marie

Le professeur dit à Pierre:

— Tu ne finis pas les devoirs! Tu as un mot caché dans les pages de ton livre! De qui est ce mot? Donne-moi le mot!

Pierre rougit. Il regarde la belle Anne-Marie et elle lui dit tendrement de ses beaux yeux bleus de ne pas révéler leur amour secret et de ne pas donner le petit mot au professeur.
A ce moment-là, le signal retentit. Le cours est fini! Tous les élèves quittent la salle de classe immédiatement et Pierre aussi, avec le petit mot caché dans les pages de son livre.

Quand il est à la porte, Pierre s'exclame:

— Au revoir, monsieur!

Dans le couloir, Anne-Marie dit à Pierre:

— Chéri, tu es formidable! Un vrai homme! Merci!

Pierre dit:

— Ouf! Je l'ai échappé belle! Tout est bien qui finit bien!

Vocabulaire

à *prep.*, to, at
aimer *v.*, to love, to like; **je t'aime** I love you
au revoir *salutation*, good-bye

cacher *v.*, to hide; **caché** hidden
choisir *v.*, to choose; **il choisit** he chooses
le cours *n.*, the course

détester *v.*, to detest
les devoirs *n. m. pl.*, the homework, the assignments

73

dit *v. form of* **dire** (to say, to tell); **le professeur dit** the teacher says

donner *v.*, to give; **donne-moi** give me

échapper *v.*, to escape; **je l'ai échappé belle!** I had a narrow escape!

l'élève *n. m. f.*, the student, the pupil; **tous les élèves** all the students

fini, finis, finit, finissent *v forms of* **finir** (to finish); **fini** finished; **tu ne finis pas** you are not finishing; **ils ne finissent pas** they do not finish; **tout est bien qui finit bien!** all's well that ends well!

ils *subject pron. m.*, **elles** *subject pron. f.*, they

immédiatement *adv.*, immediately

la leçon *n.*, the lesson

leur, leurs *poss. adj.*, their

lit *v. form of* **lire** (to read); **il lit** he is reading

le livre *n.*, the book

lui *indir. obj. pron.*, to him, to her; **elle lui dit** she says to him

mauvais *adj. m. s.*, bad

le moment *n.*, moment; **à ce moment-là** at that moment

le mot *n.*, the word, the note; **un petit mot** a note

ne pas révéler not to reveal; **ne pas donner** not to give

ouf! *interj.*, whew!

la porte *n.*, the door

le professeur *n.*, the teacher

punit *v. form of* **punir** (to punish); **il punit** he punishes

quand *adv.*, when

qui *pron.*, who, whom, which; **de qui** from whom

quittent *v. form of* **quitter** (to leave); **tous les élèves quittent la salle de classe** all the students leave the classroom

retentit *v. form of* **retentir** (to resound, to ring); **le signal retentit** the signal sounds, the bell rings

rougit *v. form of* **rougir** (to blush); **Pierre rougit** Pierre blushes

la salle *n.*, the room; **la salle de classe** the classroom

son *poss. adj. m. sing.*, his

ton *poss. adj. m. sing.*, your

voici here is

Exercises

Review the story and vocabulary before starting these exercises.

I. **Choose the correct answer based on the story in this unit.**

1. Pierre est dans　　(a) le restaurant.　　(b) le garage.　　(c) l'école. (d) la bibliothèque.　　　　　　　　　　　　　　　　　　　　　_____

2. Pierre lit　　(a) un journal.　　(b) un livre.　　(c) un menu.　　(d) un petit mot.　　　　　　　　　　　　　　　　　　　　　　　　　_____

3. Le petit mot est caché dans les pages du livre　　(a) du professeur. (b) de son ami.　　(c) de Pierre.　　(d) de son amie.　　_____

II. **Oral Proficiency. Respond orally in French to the situations described. (Later, you may write your responses for intensive practice.)**

A. **Situation:** You are in French class. All the students have finished an exercise in writing except you. The teacher approaches and asks you why you have not finished the assignment: **Pourquoi ne finis-tu pas le devoir?** In two sentences tell your teacher why. You may use your own words, those in this lesson, or the following: **finir, accomplir, choisir, la leçon, l'exercice, parce que, difficile**.

B. **Situation:** You and a friend are in the school cafeteria talking about homework. In three sentences tell your friend about an assignment one of your teachers gave your class. Explain why the assignment was given. You may use your own words, those in this lesson, or the following: **punir, choisir, les exercices, faciles, difficiles, parce que**.

III. Choose the appropriate French word and write it on the blank line. Base your choice only on the content of the story in this unit.

| **rougit** | **finit** | **retentit** | **choisit** | **finissent** |

1. Le professeur _____ des leçons difficiles.

2. Pierre _____ .

3. Tout est bien qui _____ bien.

4. Les élèves ne _____ pas les devoirs.

5. Le signal _____ .

Structures de la Langue

Here are the personal endings for verbs of the second conjugation (**-ir**).

SECOND CONJUGATION

	-ir
Infinitive →	**finir** *to finish*

Required subject pronouns
 	
SINGULAR
 	
1. **je**   I
2. **tu**   you *(familiar only)*
3. **il**   he *or* it
   elle   she *or* it
 	
PLURAL
 	
1. **nous**   we
2. **vous**   you
3. **ils**
   elles   they
	I finish, *or*
	I do finish, *or*
	I am finishing;
	you finish, *etc.*
	
	fin**is**
	fin**is**
	
	fin**it**
	
	fin**issons**
	fin**issez**
	
	fin**issent**

Note that **vous** is also formal singular.

Rules and observations:

1. To form the present tense of a regular verb ending in **-ir**, drop the **-ir**. What remains is called the *stem*. Add to the stem the personal endings shown in the above chart. They are: **-is, -is, -it, -issons, -issez, -issent**.

2. Note that *do, am, are, does, is* (which are used in English in the present tense) are *not translated* into French. Therefore, **je finis** can mean *I finish*, or *I do finish*, or *I am finishing*. The same applies to the rest of the conjugation, for example, *you finish*, or *you do finish*, or *you are finishing*, etc.

Some Common Regular Verbs of the Second Conjugation			
accomplir	to accomplish	**punir**	to punish
bâtir	to build	**remplir**	to fill
bénir	to bless	**réussir (à)**	to succeed (in)
choisir	to choose	**rougir**	to blush
désobéir (à)	to disobey	**saisir**	to seize
obéir (à)	to obey	**salir**	to soil, to dirty

Exercises

Review the preceding material before starting these exercises.

I. Compositions: Oral or written.

A. Look at the picture at the beginning of this work unit. Describe the scene to a friend.

B. Say a few things about your mathematics class; for example, whether or not you like math, something about your teacher, the lessons, the homework assignments. You may use your own ideas and words as well as those in the story about Pierre and Anne-Marie in their math class.

II.   Oral proficiency. Expressing personal feelings.

Take a minute to study the picture shown below. Pretend that you are either the boy or girl. Make two statements in French to express your personal feelings in response to what the woman is saying to you.

III. Use the subject pronoun in parentheses to take the place of the subject pronoun in italics. Re-write each sentence in French, making the required changes in the verb forms.

Model:	*Nous* finissons la leçon.	(Je)	You write:	Je finis la leçon.
	(We are finishing the lesson.)			(I am finishing the lesson.)

1. (Ils) _____

2. (Tu) _____

3. (Il) _____

4. (Elle) _____

5. (Vous) _____

6. (Elles) _____

IV. Use the subject pronoun in parentheses to take the place of the subject pronoun in italics. Re-write each sentence in French, making the required changes in the verb forms. Keep them all in the negative.

Model:	*Elle* ne finit pas le dîner.	(Je)	You write:	Je ne finis pas le dîner.
	(She is not finishing the dinner.)			(I am not finishing the dinner.)

1. (Vous) _____

2. (Il) _____

3. (Tu) _____

4. (Elles) _____

5. (Ils) _____

6. (Nous) _____

V. Answer the following questions in the affirmative in complete French sentences, using subject pronouns in your answers. In answer (a) use **Oui**. In answer (b) use **aussi**.

Models:	(a) **Henri finit-il la leçon?**	You write:	(a) **Oui, il finit la leçon.**
	(Is Henry finishing the lesson?)		(Yes, he is finishing the lesson.)
	(b) **Et vous?**	You write:	(b) **Je finis la leçon aussi.**
	(And you?)		(I am finishing the lesson also.)

1. (a) Henri finit-il le livre? _____

   (b) Et vous? _____

2. (a) Les professeurs punissent-ils les mauvais élèves? _____

    _____

    (b) Et Monsieur Fouchy? _____

3. (a) Monsieur Banluc choisit-il une nouvelle automobile? _____

    _____

    (b) Et Madame et Monsieur Paquet? _____

    _____

4. (a) Le chien obéit-il au garçon? _____

    (b) Et les chats? _____

5. (a) Finissez-vous la leçon aujourd'hui? _____

    (b) Et Janine? _____

VI. Answer the following questions in the negative in complete sentences in French, using subject pronouns in your answers. In answer (a) use **Non**. In answer (b) use **non plus** (either).

Models: (a) **Est-ce que vous finissez la leçon?** (Are you finishing the lesson?)   You write: (a) **Non, je ne finis pas la leçon.** (No, I am not finishing the lesson.)

(b) **Et Charles?** (And Charles?)   You write: (b) **Il ne finit pas la leçon non plus.** (He isn't finishing the lesson either.)

1. (a) Est-ce qu'Henri désobéit? _____

    (b) Et vous? _____

2. (a) Est-ce que tu finis la leçon? _____

    (b) Et Pierre? _____

3. (a) Est-ce que Monsieur Paquet choisit une auto? _____

    (b) Et Madame Paquet? _____

4. (a) Est-ce que nous bâtissons une maison? _____

    (b) Et Monsieur et Madame Banluc? _____

5. (a) Est-ce que vous rougissez? _____

    (b) Et les jeunes filles? _____

VII. Choose the correct verb form and write it with its subject on the blank line.

1. Je (finissons, finis, finissez) la leçon. _____

2. Tu (saisis, saisit, saisissons) la balle. _____

3. Il (accomplis, accomplit, accomplissez) les devoirs. _____

4. Elle (bâtit, bâtissons, bâtissent) une maison. _____

5. Nous (choisissons, choisissez, choisissent) un dessert. _____

6. Vous (punis, punit, punissez) le chien. _____

7. Ils (rougit, rougissez, rougissent) facilement. _____

8. Elles (désobéissent, désobéit, désobéissez) à leurs parents. _____

9. Je (remplis, remplit, remplissons) le vase. _____

10. Vous (finis, finissons, finissez) les devoirs. _____

VIII. Word Search. Can you find these verb forms with their subject pronouns *in French* in this puzzle? Circle them.

1. We finish.
2. You *(polite)* succeed.
3. I choose.
4. You *(familiar)* obey.
5. He seizes.
6. I finish.
7. She punishes.
8. He blesses.
9. I build.

A	E	I	O	J	E	C	H	O	I	S	I	S	J
E	A	E	L	L	E	P	U	N	I	T	A	E	O
I	L	B	É	N	I	T	A	E	O	U	I	F	B
V	O	U	S	R	É	U	S	S	I	S	S	E	Z
F	O	T	N	Z	Z	S	S	I	L	F	I	N	I
N	O	U	S	F	I	N	I	S	S	O	N	S	E
J	E	O	E	L	J	E	L	L	A	N	O	U	S
E	L	B	S	J	E	B	Â	T	I	S	F	I	N
I	S	É	S	S	F	O	N	S	S	I	T	S	T
V	O	I	U	R	I	U	E	S	I	S	E	Z	S
J	E	S	F	O	N	L	M	O	T	N	L	L	E
I	L	C	H	O	I	M	N	A	E	I	U	A	N
B	N	E	I	T	S	N	O	U	S	P	A	L	R

80

IX. **Lists.** In the spaces below, write a list of words in French as directed in each situation.

A. Write three French verbs that you would use if you were talking about a friend of yours who is training his dog to catch a ball. The verbs must end in **–ir**.

1. _____ 2. _____ 3. _____

B. Write three French verbs that you would use to describe what you do in a soccer game. The verbs must end in **–ir**.

1. _____ 2. _____ 3. _____

X. **Letters and notes.** You are in French class. Write a note in French to one of your friends in class telling him or her that you will not be in math class this afternoon. Explain why. Write at least ten words.

_____

_____

_____

Le Penseur (The Thinker) by Auguste Rodin, French sculptor. A bronze cast of this magnificent statue is in front of Philosophy Hall on the Columbia University campus in New York City. Reprinted with permission of French Cultural Services, New York.

Pour combien vendez-vous ce vase, madame?

Present Indicative Tense of Regular Verbs Ending in —*re*

*Have you ever bought anything at a
flea market? Sometimes you can pick up
something interesting.*

Le vase extraordinaire

Aujourd'hui Janine est au marché aux puces avec son amie Monique. Elles passent la journée au marché parce que c'est un endroit très intéressant.

— Oh, Monique! Regarde! Un joli vase. Il est superbe! s'exclame Janine.

— Pour combien vendez-vous ce vase, madame? demande Monique.

— Je vends ce vase pour dix francs, mademoiselle, répond la marchande. Il est vraiment très joli.

— Oui, il a une beauté très rare! dit Janine. Mais je n'ai pas dix francs sur moi. J'ai deux francs. Monique, as-tu huit francs?

— Non, Janine, je n'ai pas huit francs, répond Monique.

— Je vais retourner à la maison pour demander à ma mère les huit francs. Je veux avoir ce vase. Il est extraordinaire, dit Janine à la femme. Viens, Monique!

Après une heure, Janine et Monique reviennent avec l'argent. Quand elles arrivent à la boutique où la femme vend le vase, Janine s'exclame:

— Oh! Le vase n'est pas ici! Où est le vase extraordinaire, madame? Le vase rare! Le joli vase!

— Je regrette, mademoiselle, mais il est vendu, répond la femme.

Janine et Monique vont partir et après un moment, la femme ajoute:

— Attendez! Attendez! Attendez, mesdemoiselles! J'ai beaucoup de vases exactement comme l'autre.

La marchande ouvre une grande boîte et elle met sur la table quinze vases exactement comme l'autre.

— Choisissez, mademoiselle! dit la femme.

Vocabulaire

ai, as *v. forms of* **avoir** (to have); **j'ai** I have; **je n'ai pas** I don't have; **as-tu?** do you have?

ajoute *v. form of* **ajouter** (to add); **la femme ajoute** the woman adds

l'argent *n. m.,* money

arrivent *v. form of* **arriver** (to arrive); **elles arrivent** they arrive

attendez v. form of **attendre** (to wait); **attendez!** wait!

aujourd'hui adv., today

autre adj., pron. other; **l'autre** the other one

la boîte n., the box

la boutique n., the shop

c'est it's, it is

choisissez v. form of **choisir** (to choose); **choisissez!** choose!

combien adv., how much

comme adv., like, as

dix adj., ten

l'endroit n. m., the place

exactement adv., exactly

extraordinaire adj., extraordinary, unusual

huit adj., eight

ici adv., here

intéressant adj., interesting

joli m., **jolie** f., adj., pretty

la journée n., the day

le marchand n., **la**

marchande n., the merchant, shopkeeper

le marché n., the market; **au marché aux puces** at the flea market

met v. form of **mettre** (to put); **elle met** she puts

ouvre v. form of **ouvrir** (to open); **elle ouvre** she opens

partir v., to leave

passent v. form of **passer** (to spend time); **elles passent** they are spending

la puce n., the flea

quinze adj., fifteen

rare adj., rare

regarde v. form of **regarder** (to look, to look at); **regarde!** look!

répond v. form of **répondre** (to reply, to answer); **répond la marchande** answers the shopkeeper

retourner v., to return, to go back

reviennent v. form of **revenir** (to return, to come back); **elles reviennent** they return

vais v. form of **aller** (to go); **je vais** I'm going

le vase n., the vase

vend, vendez, vends, vendu v. forms of **vendre** (to sell); **la femme vend** the woman is selling; **vendez-vous?** are you selling?; **je vends** I am selling; **vendu** sold

veux v. form of **vouloir** (to want); **je veux** I want

viens v. form of **venir** (to come); **viens!** come!

vont v. form of **aller** (to go); **elles vont** they are going

vraiment adv., really

Exercises

Review the story and vocabulary before starting these exercises.

I. Oui ou Non?

1. Aujourd'hui Janine est au marché aux puces. _____

2. La marchande vend le vase pour quinze francs. _____

3. Monique n'a pas huit francs. _____

4. Janine et Monique retournent à la maison. _____

5. Quand elles retournent à la boutique avec l'argent, le vase est vendu. _____

II. In French, complete the dialogue between Janine and the merchant. Refer to the dialogue in this unit if you have to.

1. Janine: Pour combien _____-vous ce vase, madame?

2. La Marchande: Je _____ ce vase pour _____ francs, mademoiselle.

3. Janine: Oh! Il est _____ très rare!

4. La Marchande: Oui, et il est très _____ aussi.

III. The words in the following boxes are scrambled. Unscramble them to find a meaningful sentence. Write the sentences on the lines provided.

Model:

combien	pour	madame?
vase	ce	vendez-vous

You write: _*Pour combien vendez-vous ce vase, madame?*_____

1.

vends	vase	pour
dix francs	ce	je

You write: _____

2.

marchande	de	la
vend	beaucoup	vases

You write: _____

3.

moment	un	après	**Attendez!**
ajoute	femme	la	**Attendez!**

You write: _____ **85**

Structures de la Langue

Here are the personal endings for verbs of the third conjugation (**-re**).

THIRD CONJUGATION

	-re
Infinitive →	**vendre** *to sell*
	I sell, *or* I do sell, *or* I am selling; you sell, *etc.*
Required subject pronouns	
SINGULAR	
1. **je** I	vend**s**
2. **tu** you *(familiar only)*	vend**s**
3. **il** he *or* it	vend
elle she *or* it	
PLURAL	
1. **nous** we	vend**ons**
2. **vous** you	vend**ez**
3. **ils** they	vend**ent**
elles	

Note that **vous** is also formal singular.

Rules and observations:

1. To form the present tense of a regular verb ending in **-re**, drop the **-re**. What remains is called the *stem*. Add to the stem the personal endings shown in the above chart. They are: **-s**, **-s**, **-**, **-ons**, **-ez**, **-ent**.

2. Note that for an **-re** verb there is normally no ending to add in the third person singular. The last letter of the stem is often **d**, so the verb form remains the same as the stem, for example, **il** or **elle vend**. However, there are some **-re** verbs whose last letter in the stem is not **d**. In that case, you have to add **t**:

interrompre *to interrupt*	**rompre** *to break*
il, elle interromp**t**	il, elle romp**t**

3. Note that, in the plural, the personal endings for an **-re** verb are the same as those for an **-er** verb. Go back to work unit four (page 61) and compare those endings with these in the plural.

4. Finally, note also that *do, am, are, does, is* (which are used in English in the present tense) *are not translated* into French. Therefore, **je vends** can mean *I sell,* or *I do sell,* or *I am selling.* The same applies to the rest of the persons, for example, *you sell,* or *you do sell,* or *you are selling, etc.*

Some common regular verbs of the third conjugation

attendre to wait (for); **défendre** to defend, to forbid; **descendre** to go (come) down, to descend; **entendre** to hear; **interrompre** to interrupt; **perdre** to lose; **rendre** to give back, to return; **répondre (à)** to answer, to reply; **rompre** to break.

Exercises

Review the preceding material before starting these exercises.

I. Substitute only one appropriate subject pronoun for the word or words in italics and rewrite the entire sentence in French.

   Model: *La dame* **répond au téléphone.**   You write: **Elle répond au téléphone.**
   (The lady is answering the phone.)

1. *Le soldat* défend sa patrie. _____

2. *La marchande* vend des vases. _____

3. *Anne et Georges* entendent la musique. _____

4. *L'homme et la femme* vendent leur maison. _____

5. *Le grand chien* rompt la petite barrière. _____ **87**

Anne et Georges entendent la musique.

II. **Lists.** In the spaces below, write a list of words in French as directed in each situation. The words can all be found in this work unit.

A. Write three French verbs that you would use while shopping in a department store. They must be of the **−re** type.

1. _____ 2. _____ 3. _____

B. Write three French verbs that you would use when talking on a telephone. They must be of the **−re** type.

1. _____ 2. _____ 3. _____

III.   Oral proficiency. You are at a flea market in Paris with a friend. You like one ceramic vase in particular and you want to buy it. Ask the salesperson behind the counter three questions. The words you need to use are all in this work unit.

IV.   Answer the following questions in the affirmative in complete French sentences, using subject pronouns in your answers. In answer (a) use **oui**. In answer (b) use **aussi** (also). Make the required changes in the verb forms.

Models: (a) **La dame répond-elle au téléphone?**
(Is the lady answering the phone?)

You write: (a) **Oui, elle répond au téléphone.**

(b) **Et les dames?**
(And the ladies?)

You write: (b) **Elles répondent au téléphone aussi.**

1.   (a) Pierre répond-il à la lettre? _____

   (b) Et vous? _____

2.   (a) Monsieur Coty vend-il la maison? _____

   (b) Et Monsieur Dupont? _____

3.   (a) Le soldat défend-il la patrie? _____

   (b) Et vous? _____

4.   (a) Le vase est-il joli? _____

   (b) Et le parapluie? _____

5.   (a) Janine est-elle au marché aux puces? _____

   (b) Et Monique? _____

V. Change the following affirmative statements to interrogative sentences. Use the inverted form only.

Model: **Pierre danse tous les soirs.** You write: **Pierre danse-t-il tous les**
(Pierre dances every evening.) **soirs?**

1. Janine étudie dans la bibliothèque. _____

2. Elle cherche le chapeau. _____

3. Il finit la leçon. _____

4. Elle choisit une jolie robe. _____

5. Nous répondons à la lettre. _____

6. Ils vendent la maison. _____

VI. Change to the plural or singular, according to what is given.

Models: **Il vend.** You write: **Ils vendent.**

Elles chantent. **Elle chante.**

1. Elle attend. _____ 4. Il écoute. _____

2. Je vends. _____ 5. Tu finis. _____

3. Nous dansons. _____ 6. Ils répondent. _____

VII. Change the following affirmative statements to interrogative sentences. Use the **est-ce que** form only.

Model: **Pierre étudie.** You write: **Est-ce que Pierre étudie?**

1. Elle finit le livre. _____

2. Monsieur Berty vend la voiture. _____

3. Elle choisit un joli chapeau. _____

4. Il défend la patrie. _____

90 5. Hélène ouvre la boîte. _____

VIII. Write the French word opposite each picture. Use the definite article with the word. Write one letter in each box.

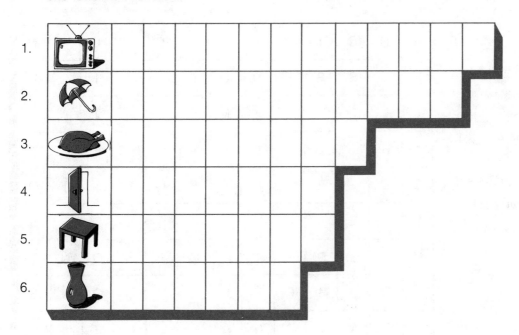

IX. Complete each verb form in the present indicative by writing the correct letter or letters on the blank lines.

1. J'aim_____ le français.

2. Vous chant_____ bien.

3. Janine étudi_____ beaucoup.

4. Je chois_____ un chapeau.

5. Ils attend_____ l'autobus.

6. Je vend_____ l'automobile.

7. Vous chois_____ une leçon facile.

8. Nous fin_____ les devoirs.

X. Give the three English translations for each of the following French verb forms in the present indicative.

1. Je danse. _____ _____ _____

2. Vous finissez. _____ _____ _____

3. Nous vendons. _____ _____ _____

91

XI. Word Search. Can you find these verb forms with their subject pronouns *in French* in this puzzle? Circle them.

1. He sells.
2. She waits.
3. We answer.
4. They *(m.)* lose.
5. You *(familiar)* forbid.
6. They *(f.)* lose.
7. I give back.
8. You answer.

N	N	O	I	L	V	E	N	D	O	U	I	N
I	L	S	P	E	R	D	E	N	T	I	C	I
E	L	L	E	S	I	M	P	O	R	T	A	N
L	U	I	E	L	L	E	A	T	T	E	N	D
E	L	L	E	S	P	E	R	D	E	N	T	O
E	J	E	R	E	N	D	S	A	L	O	R	S
V	O	S	S	E	T	M	O	I	S	O	N	T
N	O	U	S	R	É	P	O	N	D	O	N	S
U	E	A	I	P	N	A	C	E	G	L	I	L
A	E	I	T	U	D	É	F	E	N	D	S	T
V	O	U	S	R	É	P	O	N	D	E	Z	U

Paris market.
Reprinted with permission of Eric Kroll/Taurus Photos.

XII.   Compositions: Oral or written. Choose either A or B.

A.   **Situation:** There is a county fair (**la foire**) in the suburbs of the city where you live. You want to go there with a friend, but your parents don't like the idea. In at least four statements, persuade them to let you go. You may use your own words, those in this Work Unit, or the following: **vendre, attendre, acheter beaucoup de choses** (*to buy many things*), **entendre, perdre, j'aimerais aller** or **je voudrais aller** (both mean *I would like to go*).

B.   Study carefully the picture shown below, including the words under it. In at least four short sentences, tell who is in the boat, what he or she is doing, and something about the scenery outside the boat.

Monet's *"Le Bateau—Atelier Veus"* (The Studio Boat) 1874.
© S.P.A.D.E.M., Paris/V.A.G.A., New York.

Pierre aime les sports. Son sport favori est le football.

Formation and Use of Reflexive Verbs in the Present Indicative

*Are you as eager as Pierre to play in a
soccer game?*

Surprise! Surprise!

Pierre aime les sports. Son sport favori est le football. Il veut être toujours en forme parce qu'il est gardien de but dans son équipe à l'école. Il veut être toujours prêt à bien jouer. Il est au régime. Il mange seulement des aliments qui sont bons pour la santé. Pendant la saison de football, il évite les glaces, les pommes frites, et toute la pâtisserie. C'est un brave garçon.

Il se couche de bonne heure, il se lève avec le soleil, il se lave soigneusement, il s'habille vite, et il prend le petit déjeuner.

Il annonce à ses parents:

— C'est le grand match de football aujourd'hui! C'est après les classes.

Pierre dit à Janine:

— Janine, tu vas jouer dans l'équipe avec les garçons et les jeunes filles aussi, n'est-ce pas?

— Oui, répond Janine. Les jeunes filles aiment les sports aussi. Je vais être au stade pour jouer avec les garçons et les jeunes filles cet après-midi.

Pierre se dépêche pour arriver tôt dans la grande cour de l'école. Il court un kilomètre sur la piste avant d'entrer dans l'école.

Pour Pierre, le football est tout. Il se rappelle les bons conseils de son entraîneur de football:

— Attention au filet, Pierre! Attention au filet! Garde le but! Le but!

Pierre joue extrêmement bien. C'est un très bon garçon, bon étudiant, bon joueur. Ses camarades aiment beaucoup Pierre.

Après la dernière classe, Pierre va au gymnase. Il se prépare pour le grand match. Il met sa tenue d'exercice. Il fait de la gymnastique avant de commencer le match.

Pierre fait de la gymnastique pendant quelques heures. Maintenant il est prêt pour le grand match!

Pierre court à toute vitesse au stade. Quand il arrive au stade, il voit que tout le monde part.

— Pierre! Pourquoi es-tu en retard? demande l'entraîneur.

Pierre ne répond pas. Il est stupéfié.

— Le match est terminé, dit l'entraîneur.

— Le match est terminé?! s'exclame Pierre.

— Oui, terminé, fini. Surprise! Surprise!

Vocabulaire

l'aliment *n. m.*, food
annoncer *v.*, to announce
l'après-midi *n.m.*, the afternoon
attention à watch out for
brave *adj., m. f.*, good, fine, honest (when **brave** follows a noun, it means *brave*; **une femme brave, un homme brave** a brave woman, a brave man)
le but *n.*, the goal; **gardien de but** goalie
c'est . . . it's (*sometimes* he's . . . *or* she's . . .)
le conseil *n.*, advice
se coucher *refl. v.*, to go to bed
la cour *n.*, the yard
court *v. form of* **courir** (to run); **Pierre court** Pierre runs
se dépêcher *refl. v.*, to hurry
dernier *m.*, dernière *f., adj.*, last
l'entraîneur *n. m.*, the coach, sports instructor
l'équipe *n. f.*, the team
éviter *v.*, to avoid
fais, fait *v. forms of* **faire** (to do, to make); **il fait de la gymnastique** he does gymnastics

le filet *n.*, the net
le football *n.*, soccer (in the U.S.A.)
la forme *n.*, the shape, the form; **en forme** in good shape
garder *v.*, to guard; **gardien de but** goalie
le gymnase *n.*, the gymnasium; **la gymnastique** *n.*, gymnastics
s'habiller *refl. v.*, to get dressed
jouer *v.*, to play; **le joueur** *m.*, **la joueuse** *f., n.*, the player
le kilomètre *n.*, kilometer (about 0.62 miles)
se laver *refl. v.*, to wash oneself
se lever *refl. v.*, to get up
le match *n.*, the game, the match (sport)
mettre *v.*, to put, to put on (wear); **il met** he puts on
n'est-ce pas? isn't it so? aren't you?
le petit déjeuner *n.*, breakfast
la piste *n.*, the track
les pommes frites *n. f.*, fried potatoes, French fries
prendre *v.*, to take; **prendre**

le petit déjeuner to have breakfast
se préparer *refl. v.*, to prepare oneself, to get ready
prêt *m.*, prête *f., adj.*, ready, prepared
que *interrog. pron.*, what; *as a conj.*, that
quel *adj. m. s.*, what (which); **quel sport?** what (which) sport?
se rappeler *refl. v.*, to remember, to recall
le régime *n.*, diet; **au régime** on a diet
se *refl. pron.*, himself, herself, oneself, itself, themselves
soigneusement *adv.*, carefully
le soleil *n.*, the sun
son *poss. adj., m. sing.*, **ses** *pl.*, his
le stade *n.*, the stadium
tard *adv.*, late
la tenue d'exercice gym suit
tôt *adv.*, early
toujours *adv.*, always
veut *v. form of* **vouloir** (to want); **il veut** he wants
la vitesse *n.*, speed; **à toute vitesse** very fast
voit *v. form of* **voir** (to see); **il voit** he sees

Exercises

Review the story and vocabulary before starting these exercises.

I. Answer the following questions in French in complete sentences. They are based on the story, "Surprise! Surprise!"

1. Quel est le sport favori de Pierre? _____

2. Pourquoi veut-il être toujours en forme? _____

3. Quels aliments mange-t-il? _____

4. Se lève-t-il tôt ou tard? _____

96 5. Est-ce que Janine va jouer dans le match aussi? _____

II. Answer the following questions in French in complete sentences. They are personal questions and require answers of your own.

1. Aimez-vous les sports? _____

2. Est-ce que vous vous couchez tôt ou tard? _____

3. Vous dépêchez-vous pour arriver à l'école? _____

4. Est-ce que vous vous lavez soigneusement? _____

5. Vous habillez-vous vite? _____

III. **Lists.** In the spaces provided, write a list of French words as required in each situation.

A. Write four things that you would take with you on your way to see a soccer game.

1. _____   2. _____   3. _____   4. _____

B. Write four words related to any game or sport.

1. _____   2. _____   3. _____   4. _____

IV. Un acrostiche.   Complete the French words in the squares across.

1. slowly
2. to avoid
3. to go to bed
4. to get up
5. for
6. or
7. to answer
8. late
9. to wash oneself

1. L
2. E
3. S
4. S
5. P
6. O
7. R
8. T
9. S

97

Structures de la Langue

A. Formation and use of reflexive verbs in the present indicative; all four forms: Affirmative, Negative, Interrogative, Negative-Interrogative

se laver   *to wash oneself*

AFFIRMATIVE

I wash myself, I am washing myself, I do wash myself, *etc.*

Singular	Plural
je **me lave**	nous **nous lavons**
tu **te laves**	vous **vous lavez**
il **se lave**	ils **se lavent**
elle **se lave**	elles **se lavent**

NEGATIVE

I am not washing myself, I do not wash myself, *etc.*

Singular	Plural
je **ne** me lave **pas**	nous **ne** nous lavons **pas**
tu **ne** te laves **pas**	vous **ne** vous lavez **pas**
il **ne** se lave **pas**	ils **ne** se lavent **pas**
elle **ne** se lave **pas**	elles **ne** se lavent **pas**

INTERROGATIVE WITH **est-ce que** FORM

Am I washing myself? Do I wash myself? *etc.*

Singular	Plural
est-ce que je me lave?	**est-ce que** nous nous lavons?
est-ce que tu te laves?	**est-ce que** vous vous lavez?
est-ce qu'il se lave?	**est-ce qu'**ils se lavent?
est-ce qu'elle se lave?	**est-ce qu'**elles se lavent?

INTERROGATIVE WITH *INVERTED FORM*

Am I washing myself? Do I wash myself? *etc.*

Singular	Plural
****est-ce que** je me lave?	**nous** lavons-nous?
te laves-tu?	**vous** lavez-vous?
se lave-t-il?	**se** lavent-ils?
se lave-t-elle?	**se** lavent-elles?

*The inverted form is ordinarily used in the first person singular *only* with certain verbs.

Observe that the subject pronoun shifts in the interrogative when using the inverted form; it is joined to the verb with a hyphen:

Affirmative: Tu te laves.   Nous nous lavons.

Interrogative: Te laves-tu?   Nous lavons-nous?

Est-ce que je ne me lave pas?

NEGATIVE-INTERROGATIVE WITH **est-ce que** FORM

Am I not washing myself? Don't I wash myself? *etc.*

Singular	Plural
est-ce que je **ne** me lave **pas**?	**est-ce que** nous **ne** nous lavons **pas**?
est-ce que tu **ne** te laves **pas**?	**est-ce que** vous **ne** vous lavez **pas**?
est-ce qu'il **ne** se lave **pas**?	**est-ce qu'**ils **ne** se lavent **pas**?
est-ce qu'elle **ne** se lave **pas**?	**est-ce qu'**elles **ne** se lavent **pas**?

NEGATIVE INTERROGATIVE WITH *INVERTED FORM*

Am I not washing myself? Don't I wash myself? *etc.*

Singular	Plural
*****est-ce que** je **ne** me lave **pas**?	**ne** nous lavons-nous **pas**?
ne te laves-tu **pas**?	**ne** vous lavez-vous **pas**?
ne se lave-t-il **pas**?	**ne** se lavent-ils **pas**?
ne se lave-t-elle **pas**?	**ne** se lavent-elles **pas**?

*The inverted form is ordinarily used in the first person singular *only* with certain verbs.

Observe that the subject pronoun shifts in the negative-interrogative when using the inverted form; it is joined to the verb with a hyphen:

Negative:	Tu ne te laves pas.	Nous ne nous lavons pas.
Negative-Interrogative:	Ne te laves-tu pas?	Ne nous lavons-nous pas?

Rules and observations:

1. To form the present tense of a reflexive verb in a simple affirmative sentence, put the reflexive pronoun in front of the verb. Study the first box (Affirmative).

2. A reflexive verb expresses an action that is turned back upon the subject; for example, I wash *myself* (je **me** lave). The reflexive pronoun in the English sentence is *myself*; in the French sentence it is **me**.

3. The reflexive pronouns in French are: **me**, **te**, **se**, **nous**, and **vous**.

4. The reflexive pronouns in English are: **myself**, **yourself**, **herself**, **himself**, **itself**, **ourselves**, **yourselves**, and **themselves**.

100

REFLEXIVE PRONOUNS

	Singular		Plural
me	myself	**nous**	ourselves
te	yourself	**vous**	yourselves (yourself)
se	himself, herself, itself	**se**	themselves

5. You must be careful to use the appropriate reflexive pronoun, the one that matches the subject pronoun. You already know the subject pronouns, but here they are again, beside the reflexive pronouns.

	Singular		Plural
1.	**je me . . .**	1.	**nous nous . . .**
2.	**tu te . . .**	2.	**vous vous . . .**
3.	**il se . . .**	3.	**ils se . . .**
	elle se . . .		**elles se . . .**

6. Note that in the third person singular and third person plural the reflexive pronoun is the same: **se** (himself, herself, itself, themselves).

7. Note that in the first person plural, the reflexive pronoun is the same as the subject pronoun: **nous** (ourselves).

8. Note that in the second person plural, the reflexive pronoun is the same as the subject pronoun: **vous** (yourself, yourselves).

9. Most of the time, a verb that is reflexive in French is also reflexive in English. One example of a verb that is not reflexive in English but is in French:

se dépêcher   to hurry

je me dépêche   I hurry, *or* I do hurry, *or* I am hurrying

10. Note the position of the reflexive pronouns and the **ne** and **pas** in the boxes above.

11. The reflexive pronouns **me**, **te**, and **se** become **m'**, **t'**, and **s'** when they are in front of a verb beginning with a vowel or silent *h*, as in the following example:

s'appeler   to be called, named

je **m'**appelle Marie.	My name is Mary.
tu **t'**appelles Hélène.	Your name is Helen.
il **s'**appelle Henri.	His name is Henry.
elle **s'**appelle Jeanne.	Her name is Jeanne.

101

B. Formation of some irregular reflexive verbs

s'asseoir *to sit down*		s'endormir *to fall asleep*	
je **m'assieds**	nous **nous asseyons**	je **m'endors**	nous **nous endormons**
tu **t'assieds**	vous **vous asseyez**	tu **t'endors**	vous **vous endormez**
il **s'assied**	ils **s'asseyent**	il **s'endort**	ils **s'endorment**
elle **s'assied**	elles **s'asseyent**	elle **s'endort**	elles **s'endorment**
se servir *to use*		se souvenir *to remember*	
je **me sers**	nous **nous servons**	je **me souviens**	nous **nous souvenons**
tu **te sers**	vous **vous servez**	tu **te souviens**	vous **vous souvenez**
il **se sert**	ils **se servent**	il **se souvient**	ils **se souviennent**
elle **se sert**	elles **se servent**	elle **se souvient**	elles **se souviennent**

C. Some other reflexive verbs

s'amuser to enjoy oneself, to have a good time; **se coucher** to go to bed, to lie down; **s'habiller** to get dressed, to dress oneself; **se lever** to get up; **se rappeler** to remember, to recall; **se regarder** to look at oneself; **se reposer** to rest; **se trouver** to be situated, to be located

Exercises

Review the preceding material before starting these exercises.

I. Fill in the missing reflexive pronouns in French.

1. Je _____ lave.

2. Je ne _____ dépêche pas.

3. Tu _____ amuses.

4. Il _____ couche.

5. Elle _____ habille.

6. Nous _____ levons.

7. Vous _____ rappelez.

8. Ils _____ amusent.

9. Elles _____ reposent.

10. Il _____ regarde.

II. Match the following.

1. Je me dépêche.

2. Je m'appelle Yves.

3. Vous vous couchez de bonne heure.

4. Tu t'amuses ici.

5. Il s'habille.

6. Est-ce que je ne me lave pas?

7. Je m'assieds.

8. Elle s'endort.

9. Te laves-tu?

10. Vous ne vous lavez pas.

_____ She is falling asleep.

_____ You are having a good time here.

_____ Are you washing yourself?

_____ Aren't I washing myself?

_____ My name is Yves.

_____ I sit down.

_____ I hurry.

_____ You go to bed early.

_____ He is getting dressed.

_____ You don't wash yourself.

III. Word Search. Can you find the following five verb forms in French with their subject pronouns in this puzzle?

1. I am getting dressed.

2. You are washing yourself.

3. He is hurrying.

4. They *(m.)* are enjoying themselves.

5. I am resting.

D	E	I	P	T	E	C	H	E	J
J	E	L	A	U	L	A	V	R	E
D	I	S	D	T	E	J	A	U	M
I	L	S	U	E	L	O	I	N	E
A	S	A	I	L	M	A	N	G	R
J	E	M	H	A	B	I	L	L	E
I	D	U	O	V	E	E	O	A	P
I	É	S	S	E	M	E	T	S	O
O	P	E	I	S	S	E	L	V	S
J	Ê	N	A	P	P	E	L	E	E
U	C	T	I	L	S	E	M	E	L
A	H	J	E	I	U	O	I	L	T
J	E	M	E	R	E	G	A	Ɫ	

IV. Fill in the missing subject pronouns in French.

1. _____ m'amuse.

2. _____ t'habilles.

3. _____ vous regardez.

4. _____ (or) _____ se servent.

5. _____ (or) _____ se souvient.

6. _____ nous couchons.

7. _____ vous levez.

8. _____ (or) _____ s'assied.

9. _____ (or) _____ se reposent.

10. _____ m'endors.

V. Answer the following questions in the affirmative in French.

Model: Vous lavez-vous?   **You write: Oui, je me lave.**
(Do you wash yourself?)   (Yes, I wash myself.)

1. Vous amusez-vous? _____

2. Vous couchez-vous? _____

3. Vous reposez-vous? _____

4. Vous habillez-vous? _____

5. Vous asseyez-vous? _____

VI. Answer the following questions in the negative in French.

Model: Vous lavez-vous tous les jours?   **You write: Non, je ne me lave pas**
(Do you wash yourself every day?)   **tous les jours.**

1. Vous amusez-vous ici? _____

2. Vous couchez-vous de bonne heure tous les soirs? _____

_____

3. Vous habillez-vous vite les matins? _____

_____

4. Vous appelez-vous Jean-Jacques? _____

5. Vous asseyez-vous ici? _____

VII. Change each sentence by replacing the verb in italics with the proper form of the verb in parentheses. Keep the same subject. Rewrite the entire sentence in French.

Model: **Se dépêche-t-il tous les**   You write: **S'habille-t-il tous les matins?**
matins?   (s'habiller)

1. *Se lave*-t-il tous les soirs? (se dépêcher) _____

2. Je *m'assieds* sur cette chaise. (s'endormir) _____

3. Nous *nous couchons* de bonne heure. (se lever) _____

4. Il *s'habille* vite. (se laver) _____

5. Je *me lave* tous les jours. (s'amuser) _____

VIII. The words in the following boxes are scrambled. Unscramble them to find a meaningful sentence. Write the complete sentences on the lines provided on the next page.

Model:

nous	café	maintenant
servons	du	nous

You write: _____ **Nous nous servons du café maintenant.** _____

1.

m'	ma	habille
dans	je	chambre

4.

me	heure	bonne
couche	je	de

2.

ils	samedis	théâtre
au	les	s'amusent

5.

dépêchons	pour	à l'école
nous	aller	nous

3.

tu	reposes	te
dîner	après	le

6.

je	tous	matins
les	lave	me

105

1. _____

2. _____

3. _____

4. _____

5. _____

6. _____

IX. **Oral Proficiency.** In this conversation you and a friend of yours are talking about the basketball team at your school. Complete the conversation.

Robert: Est-ce que tu aimes notre équipe de basket-ball?

1. Vous: _____

Robert: Nous avons une bonne équipe, n'est-ce pas?

2. Vous: _____

Robert: Albert est notre meilleur joueur.

3. Vous: _____

Robert: Nous jouons notre dernier match la semaine prochaine.

4. Vous: _____

Robert: Est-ce que tu vas venir?

5. Vous: _____

X. Change the following statements into questions. Use the inverted form only.

Model: **Il se lave avant de manger.** You write: **Se lave-t-il avant de manger?**
(He washes himself before (Does he wash himself before
eating.) eating?)

1. Elle se repose après dîner. _____

2. Vous vous levez très tard le matin. _____

3. Elle s'assied devant la porte. _____

4. Nous nous dépêchons. _____

106 5. Ils se couchent tard. _____

XI. Change the following statements into negative-interrogative sentences. Use the **est-ce que** form or the inverted form.

> **Model:** **Pierre se lève avec le** **You write:** **Pierre ne se lève-t-il pas avec**
> **soleil.** (Pierre gets up **le soleil?**
> with the sun.) **Or:** **Est-ce que Pierre ne se lève pas**
> **avec le soleil?**

1. Pierre se couche de bonne heure. _____

2. Il se lave soigneusement. _____

3. Il s'habille vite. _____

4. Il se dépêche. _____

5. Il se prépare pour jouer au football. _____

XII. Choose the correct form and write it on the blank line. Write the verb form with the subject.

1. Je (me lave, vous lavez, se lavent) tous les matins. _____

2. Vous (vous amusez, s'amusent, nous amusons) tout le temps. _____

3. Il (s'endorment, s'endort, vous endormez) vite. _____

4. Elle (s'habille, s'habillent, nous habillons) dans la chambre. _____

5. Nous (me couche, vous couchez, nous couchons) de bonne heure. _____

6. Tu (t'amuses, s'amuse, s'amusent) tous les jours! _____

7. Ils (se sert, se servent, nous servons) du café noir. _____

8. Elles (s'endort, vous endormez, s'endorment) tranquillement. _____

9. Je (s'amuse, m'amuse, nous amusons) tous les soirs au café. _____

10. Madame Paquet (se dépêche, nous dépêchons, vous dépêchez) pour sortir. _____

XIII. **Lists.** In the spaces below, write a list of French words as required in each situation.

A. Write four reflexive verbs that you would use when talking about yourself and what you do in the mornings and evenings.

1. _____ 2. _____ 3. _____ 4. _____

B. Write three foods that a person avoids eating when trying to lose weight to be in shape for a sport.

1. _____ 2. _____ 3. _____

XIV. **Oral Proficiency.** Respond orally in French to the situation described. (Later, you may write your responses for intensive practice.)

Situation: You are standing in line waiting to buy a ticket to a football game or any sport you prefer. When it is your turn at the ticket window, you ask the ticket seller a few questions. You may use your own words, those in this unit, or any of the following: **billet** (ticket), **le grand match** (the big game), **acheter, le stade, commencer, finir, à quelle heure**

La Tour Eiffel, Paris
Reprinted with permission of French Government Tourist Office, New York.

– Ch! Ch! Filez! Filez! Oh, ces mouches! s'exclame Madame Paquet.

Cardinal and Ordinal Numbers

Have you ever been at a public auction?
Let's see what happens to
Madame Paquet.

Ch! Ch! Filez! Filez!

Madame et Monsieur Paquet quittent la maison pour aller à une vente aux enchères. Madame Paquet aime beaucoup les ventes aux enchères. Elle veut acheter une petite table ronde pour le foyer dans la maison.

Ils arrivent et ils entrent dans la salle des ventes. Ils entendent le commissaire-priseur qui parle à un groupe de personnes:

Le Commissaire-priseur: Mesdames, Messieurs, attention! S'il vous plaît!

(Monsieur et Madame Paquet prennent deux places au cinquième rang près de la porte.)

Le Commissaire-priseur: J'ai ici, mesdames et messieurs, un très, très beau fauteuil. Qui offre cinquante francs?

(Monsieur Paquet parle à sa femme à voix basse: – Tout est si élégant ici. Très élégant.)

(Madame Paquet répond à voix basse: – Oui, mais je n'aime pas les mouches! Et le fauteuil est très laid!

Le Commissaire-priseur: Merci, monsieur! J'ai cinquante francs pour ce beau fauteuil. Qui offre soixante francs? . . . Soixante francs, ce n'est pas beaucoup pour ce beau fauteuil! Qui offre soixante francs?

(Madame Paquet dit à son mari à voix basse: – Les mouches dans cette salle sont terribles!)

Le Commissaire-priseur: Merci, madame! Merci! J'ai soixante francs de la dame au premier rang. Qui offre soixante-dix francs?

(Madame Paquet demande à son mari à voix basse: – François, qui est la dame au premier rang qui offre soixante francs pour ce fauteuil monstrueux? Elle doit être folle!)

(Monsieur Paquet répond: – Je ne sais pas, ma chérie.)

Le Commissaire-priseur: Merci encore, madame! J'ai une offre de soixante-dix francs! Qui offre quatre-vingts? . . . Merci, monsieur! J'ai une offre de quatre-vingts francs. Qui offre quatre-vingt-dix francs? . . . Merci, madame! J'ai quatre-vingt-dix francs de la dame là-bas au troisième rang. Qui offre cent francs? Cent francs? Qui offre cent francs?

(Madame Paquet lève la main pour chasser les mouches de son nez. — Ch! Ch! Filez! Filez! Oh, ces mouches!)

111

> *Le Commissaire-priseur:* Merci, madame! J'ai cent francs de la dame au cinquième rang près de la porte! J'ai cent francs! C'est la dernière mise! Une fois, deux fois, trois fois. C'est fini! Vendu à la charmante dame avec son mari au cinquième rang près de la porte! Vous pouvez payer à la caisse, s'il vous plaît, madame.
>
> *(Tout le monde regarde Madame Paquet.)*
>
> *Madame Paquet:* Qui? Moi?

Vocabulaire

ai *v. form of* **avoir** (to have); **j'ai** I have

assister à *v.,* to be present at, to attend

beau *m.,* **belle** *f., adj.,* beautiful, handsome

la caisse *n.,* the cash box; **à la caisse** at the cashier

Ch! Ch! *interj.,* Shoo! Shoo!

charmant *m.,* **charmante** *f., adj.,* charming

chasser *v.,* to chase away

le commissaire-priseur *n.,* the auctioneer

doit *v. form of* **devoir** (to owe, ought to, must); **elle doit être folle** she must be crazy

l'enchère *n. f.,* the bid, the bidding

le fauteuil *n.,* the armchair

filez! *exclam.,* go away!

fois *n. f.,* time; **une fois** one time, once; **deux fois** two times, twice

folle *f.,* **fou, fol** *m., adj.,* crazy

le franc *n.,* the franc, the French unit of money

là-bas *adv.,* over there

laid *m.,* **laide** *f., adj.,* ugly

lève *v. form of* **lever** (to raise, to lift); **elle lève la main** she raises her hand

la mise *n.,* the bid; **la dernière mise** the last bid

moi *pron.,* me

monstrueux *m.,* **monstrueuse** *f., adj.,* monstrous

la mouche *n.,* the fly

le nez *n.,* the nose

offre *v. form of* **offrir** (to offer); **une offre** an offer; **qui offre?** who offers?

payer *v.,* to pay

la place *n.,* the seat, the place

pouvez *v. form of* **pouvoir** (to be able, can, may); **vous pouvez** you can, you may

prennent *v. form of* **prendre** (to take); **ils prennent** they take

le rang *n.,* the row

rond *m.,* **ronde** *f., adj.,* round

sais *v. form of* **savoir** (to know); **je sais** I know; **je ne sais pas** I don't know

la salle *n.,* the (large) room; **la salle des ventes** the auction sales room

si *adv.,* so; *conj.,* if

s'il vous plaît please

tout *pron.,* everything, all; **tout le monde** everybody

vendu *v. form of* **vendre** (to sell) sold

la vente *n.,* the sale; **la vente aux enchères** the auction

la voix *n.,* the voice; **à voix basse** in a low voice

Exercises

Review the story and vocabulary before starting these exercises.

I. **Answer the following questions in complete sentences in French. They are based on the story in this unit.**

1. Qui aime beaucoup les ventes aux enchères? _____

2. Qui entre dans la salle des ventes? _____

3. Pourquoi Madame Paquet lève-t-elle la main? _____

4. Qui offre cent francs pour le fauteuil? _____

5. Qui regarde Madame Paquet? _____

II. Answer the following questions in complete sentences in French. They are personal questions and require answers of your own.

1. Aimez-vous les ventes aux enchères? _____

2. Avez-vous un foyer dans votre maison? _____

3. Avez-vous une jolie petite table ronde dans votre maison? _____

_____

III. **Comment dit-on en français . . .?** (How do you say in French . . .?) Find these statements in the story and write them in French.

1. Mr. Paquet talks to his wife in a low voice. _____

_____

2. Mrs. Paquet raises her hand to chase away the flies from her nose. _____

_____

3. I have one hundred francs. _____

IV. The words in the following boxes are scrambled. Unscramble them to find a meaningful sentence. Write the sentence in French on the line provided.

Model:

de	ils	maison
la	bonne heure	quittent

You write: ____**Ils quittent la maison de bonne heure.**____

1.

salle	ils	la
dans	des ventes	entrent

3.

est	élégant	dans
cette salle	si	tout

2.

n'aime	je	ce
fauteuil	pas	monstrueux

4.

veux	une	je
ronde	table	jolie petite

1. _____

2. _____

3. _____

4. _____

Structures de la Langue

A. Cardinal Numbers: 1 to 1,000

0 zéro	**50 cinquante**	502 cinq cent deux, *etc.*
1 un, une	51 cinquante et un	**600 six cents**
2 deux	52 cinquante-deux, *etc.*	601 six cent un
3 trois	**60 soixante**	602 six cent deux, *etc.*
4 quatre	61 soixante et un	**700 sept cents**
5 cinq	62 soixante-deux, *etc.*	701 sept cent un
6 six	**70 soixante-dix**	702 sept cent deux, *etc.*
7 sept	71 soixante et **onze**	**800 huit cents**
8 huit	72 soixante-douze, *etc.*	801 huit cent un
9 neuf	**80 quatre-vingts**	802 huit cent deux, *etc.*
10 dix	81 quatre-vingt-un	**900 neuf cents**
11 onze	82 quatre-vingt-deux, *etc.*	901 neuf cent un
12 douze	**90 quatre-vingt-dix**	902 neuf cent deux, *etc.*
13 treize	91 quatre-vingt-onze	**1,000 mille**
14 quatorze	92 quatre-vingt-douze, *etc.*	
15 quinze	**100 cent**	
16 seize	101 cent un	
17 dix-sept	102 cent deux, *etc.*	
18 dix-huit	**200 deux cents**	
19 dix-neuf	201 deux cent un	
20 vingt	202 deux cent deux, *etc.*	
21 vingt et un	**300 trois cents**	
22 vingt-deux, *etc.*	301 trois cent un	
30 trente	302 trois cent deux, *etc.*	
31 trente et un	**400 quatre cents**	
32 trente-deux, *etc.*	401 quatre cent un	
40 quarante	402 quatre cent deux, *etc.*	
41 quarante et un	**500 cinq cents**	
42 quarante-deux, *etc.*	501 cinq cent un	

Rules and observations:

1. Learning numbers in French is easy. It's very much like the way we form numbers in English.

2. From 0 through 16 it's a matter of learning new vocabulary because there is, naturally, a word for each number. Study the simple words in French from 0 to 16 in the above table.

3. Next, notice that numbers 17, 18, 19 are based on 10 plus 7, 8, 9. The word for 10 (**dix**) is joined with a hyphen to the word for 7 (**sept**), 8 (**huit**), and 9 (**neuf**). Examine these three numbers in the above table.

4. The compound numbers actually start with 20. From 20 to 29, just state the word for 20 (**vingt**) and add to that word the cardinal numbers from 1 to 9. This is how we form the numbers in English, also. There is one exception: You are supposed to use the word **et** (*and*) with **un** (*one*). The **et** is omitted after one: vingt-deux, vingt-trois, *etc.* Don't forget to join the added word with a hyphen.

5. Next, it's a matter of learning new vocabulary after 20: **vingt** (20), **trente** (30), **quarante** (40), and so on. To each whole number add **un** through **neuf**. Don't forget to use **et** (*and*) with **un** only and drop it from **deux** to **neuf**. Study these numbers in the table above.

6. The word 100 is also new vocabulary for you: **cent**, with no **un** in front of it for one hundred. It's just plain **cent**.

7. From 200 to 900, it's only a matter of using words you have already learned: 200 is **deux cents**, 300 is **trois cents**, just as in English. Notice the **s** on **cents**. The **s** drops with compound numbers in the hundreds: **deux cent un** (201), **trois cent un** (301), and so on. In brief, there is an **s** on **cents** only in the round whole number in the hundreds: 200 (**deux cents**), 300 (**trois cents**), 400 (**quatre cents**), and so on. In the hundreds, never use **et** (*and*). Any multiple, any other number added to the round whole number drops the **s** on **cents**: **cent un** (101), **cent deux** (102), and so on.

B.   Simple arithmetical expressions

deux **et** deux **font** quatre	2 + 2 = 4
trois **fois** cinq **font** quinze	3 × 5 = 15
douze **moins** dix **font** deux	12 − 10 = 2
dix **divisés par** deux **font** cinq	10 ÷ 2 = 5

Rules and observations:

1. In French you need to state **et** (*and*) as we do in English when adding. Besides saying two *and* two are four, we can say two *plus* two are four. In French, we say **et** (*and*).

2. The symbol **x** (meaning *times*) is expressed by **fois** in French.

3. In French, we use the word **moins** to express *minus* or *less*.

4. In French, we say **divisés par** to express *divided by*.

5. In French, we use the word **font** (meaning *make*) to express *are* or *make*.

C. Fractions

$^1/_2$	**un demi**	a (one) half
$^1/_3$	**un tiers**	a (one) third
$^1/_4$	**un quart**	a (one) fourth
$^1/_5$	**un cinquième**	a (one) fifth

D. Approximate amounts

une dizaine	about ten
une quinzaine	about fifteen
une vingtaine	about twenty
une trentaine	about thirty
une quarantaine	about forty
une cinquantaine	about fifty
une soixantaine	about sixty
une centaine	about a hundred
un millier	about a thousand

Observations:

1.   Notice that each of the above approximate amounts is based on a cardinal number.

2.   Did you notice that **une quarantaine** (*about forty*) is related to the English word *quarantine*, which means a period of *forty* days?

E.   Ordinal numbers: first to twentieth

first	**premier, première**	1st	**1ᵉʳ, 1ʳᵉ**
second	**deuxième (second, seconde)**	2d	**2ᵉ**
third	**troisième**	3d	**3ᵉ**
fourth	**quatrième**	4th	**4ᵉ**
fifth	**cinquième**	5th	**5ᵉ**
sixth	**sixième**	6th	**6ᵉ**
seventh	**septième**	7th	**7ᵉ**
eighth	**huitième**	8th	**8ᵉ**
ninth	**neuvième**	9th	**9ᵉ**
tenth	**dixième**	10th	**10ᵉ**
eleventh	**onzième**	11th	**11ᵉ**
twelfth	**douzième**	12th	**12ᵉ**
thirteenth	**treizième**	13th	**13ᵉ**
fourteenth	**quatorzième**	14th	**14ᵉ**
fifteenth	**quinzième**	15th	**15ᵉ**
sixteenth	**seizième**	16th	**16ᵉ**
seventeenth	**dix-septième**	17th	**17ᵉ**
eighteenth	**dix-huitième**	18th	**18ᵉ**
nineteenth	**dix-neuvième**	19th	**19ᵉ**
twentieth	**vingtième**	20th	**20ᵉ**

Rules and observations:

1.   You must learn the difference between a **cardinal** number and an **ordinal** number. If you have trouble distinguishing between the two, just remember that we use the cardinal numbers most of the time: un, deux, trois (one, two, three), and so on.

2.   Use the *ordinal* numbers to express a certain *order:* premier (première, if the noun following is feminine), deuxième, troisième (first, second, third), and so on.

3. **Premier** is the masculine singular form and **première** is the feminine singular form. Examples: **le premier homme** (*the first man*), **la première femme** (*the first woman*).

4. The masculine singular form **second**, or the feminine singular form **seconde**, is used to mean *second* when there are only two. When there are more than two, **deuxième** is used. Examples: **le Second Empire**, because there were only two empires in France; however, **la Deuxième République**, because there have been more than two Republics in France.

5. The raised letters in **1ᵉʳ** are the last two letters in the word **premier**; it is equivalent to our *st* in *1st*. The raised letters in **1ʳᵉ** are the last two letters in the word **première**, which is the *feminine* singular form of *first*.

6. The raised letter **e** after an ordinal number (for example, **2ᵉ**) stands for the **ième** ending of a French ordinal number.

7. When referring to sovereigns or rulers, the only ordinal number used is **Premier**. For all other designations, the cardinal numbers are used. The definite article (*the*) is used in English but not in French. Examples:

but:	François 1ᵉʳ	François Premier	Francis the First
	Louis XIV	Louis Quatorze	Louis the Fourteenth

Exercises

A.   Cardinal numbers

I.   Complete the following by writing in the French word or words.

1.   Deux et deux font _____

2.   Trois et quatre font _____

3.   Cinq et sept font _____

4.   Six et quatre font _____

5.   Huit et neuf font _____

6.   Neuf et trois font _____

II.   Write the French word or words for the following cardinal numbers.

1.   2 _____

2.   4 _____

3.   6 _____

4.   8 _____

5.   10 _____

6.   20 _____

7.   21 _____

8.   22 _____

9.   30 _____

10.   37 _____

11.   61 _____

12.   69 _____

13.   70 _____

14.   80 _____

15.   100 _____

III.   **Compositions: Oral or Written.** You may use your own ideas and words or those in this lesson.

A.   Take a good look at the picture at the beginning of this work unit. Describe the scene to a friend in at least ten words in French.

B.   Tell your best friend that you are going to a used furniture store to buy a few things for your room.

C.   How many students are there in each of the rows in your French class? Begin by saying that there are (**il y a**) so many students in the first row (**dans le premier rang**), so many in the second row, and so on.

IV.   Choose the correct answer and write the word on the line.

1.   Deux et cinq font   (a) quatre   (b) six   (c) sept   (d) neuf.   _____

2.   Trois fois cinq font   (a) quinze   (b) vingt   (c) dix-sept   (d) huit.   _____

3.   Douze moins dix font   (a) vingt-deux   (b) cent vingt   (c) deux (d) vingt.   _____

4.   Dix divisés par deux font   (a) douze   (b) cinquante   (c) six (d) cinq.   _____

5.   Douze divisés par six font   (a) douze   (b) dix-huit   (c) deux (d) dix.   _____

B. Ordinal numbers

I. Match the following.

1. troisième	_____ first		6. vingtième	_____ fifteenth	
2. cinquième	_____ second		7. quinzième	_____ seventeenth	
3. premier	_____ third		8. dix-neuvième	_____ twentieth	
4. deuxième	_____ fourth		9. seizième	_____ nineteenth	
5. quatrième	_____ fifth		10. dix-septième	_____ sixteenth	

II. **Oral Proficiency.** Respond orally in French to the situation described. (Later, you may write your responses for intensive practice.)

Situation: Your next door neighbors have a child who is about six years old. The parents have asked you to teach their child how to count in French from one to thirty. You have agreed to do this in exchange for a big piece of chocolate cake! It will be fun! Now, begin.

III. Match the following.

1. Henri Quatre	_____ Francis I
2. Louis Seize	_____ Louis XIV
3. François Premier	_____ Henry V
4. Henri Cinq	_____ Louis XVI
5. Louis Quatorze	_____ Henry IV

C. Cardinals, fractions, approximate amounts, ordinals, simple arithmetical expressions

I. Complete the following by writing in the French word or words.

1. Six moins quatre font _____

2. Vingt et quarante font _____

3. Cinquante divisés par deux font _____

4. Trois cents moins cent font _____

5. Mille moins deux cents font _____

II. Word Search.   Find these seven words in French in this puzzle and circle them.

1. one hundred

2. thirty

3. third

4. one thousand

5. fifty

6. five

7. twelve

U	N	M	I	C	T	R	E	N	T	E	X
N	D	E	C	I	N	Q	U	A	N	T	E
M	T	R	C	C	E	N	T	A	I	N	E
T	R	O	I	S	I	È	M	E	U	N	E
O	M	I	N	L	D	O	U	Z	E	L	L
Q	C	I	Q	N	T	R	M	I	L	L	E

III. Match the following.

1. four   _____ un quart

2. about a thousand _____ une centaine

3. eighty   _____ quatorze

4. one half   _____ quatre

5. fourteenth   _____ soixante-neuf

6. about a hundred _____ quatre-vingts

7. one fourth   _____ quatorzième

8. fourteen   _____ un demi

9. ninety   _____ quatre-vingt-dix

10. sixty-nine   _____ un millier

IV. Transcribe the following into French words.

    Model: $2 \times 5 = 10$ **You write:**   **Deux fois cinq font dix.**

    1. $3 \times 9 = 27$ _____

    2. $8 - 6 = 2$ _____

    3. $20 \div 5 = 4$ _____

    4. $7 \times 100 = 700$ _____

    5.   80 et 10 = 90   _____

V. **Writing Proficiency.** Look at the picture shown above. Write at least ten words in French, saying something about the teacher, the pupil, and the subject being taught. You may use your own ideas and words or any of the following: **une classe de mathématiques, l'élève, la maîtresse, intelligent, difficile, facile.**

VI. Transcribe the following French words into simple arithmetical expressions using symbols and figures.

    Model: **Deux fois dix font vingt.**   **You write:** $2 \times 10 = 20$.

    1.   Trois fois cinq font quinze. _____

122   2.   Douze moins dix font deux. _____

3. Dix divisés par deux font cinq. _____

4. Deux et deux font quatre. _____

5. Neuf fois dix font quatre-vingt-dix. _____

VII. **Lists.** Write four words in French to describe your math class.

1. _____   2. _____   3. _____   4. _____

Monsieur Paquet dit: Quel embarras! Je n'ai pas de revolver! L'avion va partir sans nous! Il est dix heures moins deux!

Time Expressions, Telling Time, Dates, Age, Months, Days, Seasons

In this scene Monsieur and Madame Paquet, Janine, and Pierre are going through customs at Charles de Gaulle Airport. What an experience!

Bon voyage! Bon retour!

La famille Paquet fait des préparations pour un voyage par avion aux Etats-Unis. Madame Paquet a une soeur qui habite à La Nouvelle-Orléans avec son mari et ses trois enfants. Maintenant, ils font les valises et dans quelques minutes ils vont quitter la maison pour aller à l'aéroport Charles de Gaulle.

— Quelle heure est-il? demande Monsieur Paquet.

— Il est huit heures, répond sa femme.

— Il faut se dépêcher, dit Pierre. L'avion va partir dans deux heures.

Madame Paquet est très heureuse parce qu'elle va revoir sa soeur. Janine et Pierre sont heureux aussi parce qu'ils vont voir leurs cousins pour la première fois. Monsieur Paquet est heureux parce qu'il va voir la Louisiane.

Ils montent dans le taxi et dans quelques minutes ils arrivent à l'aéroport. Ils cherchent les billets, qui sont déjà payés.

— Votre nom, s'il vous plaît, demande la jeune dame au guichet.

— Paquet. Vous avez les billets pour la famille Paquet. Nous allons aux Etats-Unis pour quelques semaines, à La Nouvelle-Orléans, en Louisiane.

— Vous êtes sûr que c'est pour aujourd'hui, monsieur? demande la jeune dame.

— Oui, oui. Quelle est la date aujourd'hui? C'est le premier juillet, n'est-ce pas? demande Monsieur Paquet.

— Oui, c'est bien ça, répond-elle. Quel âge ont les deux enfants?

— Janine, dis à la dame ton âge, dit la mère.

— J'ai quinze ans, répond Janine.

— Pierre, dis ton âge à la dame.

— J'ai dix ans, répond Pierre.

— Parfait. C'est parfait, répond la dame au guichet. Voici les billets. L'avion va partir dans quelques minutes. Bon voyage et bon retour!

— Merci, merci, merci, merci, répondent-ils.

Ils passent à la douane où il y a une machine automatique qui détecte des objets en métal. Quand Monsieur Paquet passe par la machine avec une valise, ils entendent un signal d'alarme assourdissant. Un agent de police arrive vite.

— Halte! crie-t-il. Avez-vous un revolver dans votre valise? Il faut chercher dans la valise, dit l'agent.

— Quel embarras! C'est très ennuyant, dit Monsieur Paquet. Je n'ai pas de revolver! L'avion va partir sans nous. Il est dix heures moins deux!

— Je regrette, monsieur, mais les règles sont les règles.

L'agent de police cherche dans la valise de Monsieur Paquet.

— Ah! Ha! Un pistolet! Vous êtes arrêté! Terroriste! s'exclame l'agent.

— Mais ce n'est pas une arme! C'est un pistolet d'enfant. C'est le jouet de Pierre, mon fils.

— Mon jouet! Donnez-moi mon pistolet! s'exclame Pierre.

— Mille pardons, dit l'agent. Vous pouvez passer.

— Mille pardons?! Mille pardons?! Oh! C'est une honte!

— Vite! crie Madame Paquet. L'avion va partir sans nous!

Vocabulaire

l'aéroport *n. m.*, the airport
l'arme *n. f.*, the weapon
arrêter *v.*, to stop; **l'arrêt** *n. m.*, the stop, the arrest; **vous êtes arrêté** you are under arrest
assourdir *v.*, to deafen; **assourdissant** *adj.*, deafening
avez *v. form of* **avoir** (to have); **vous avez** you have
l'avion *n. m.*, the airplane
le billet *n.*, the ticket
bon retour! *exclam.*, have a good return (trip)!
bon voyage! *exclam.*, have a good trip!
cela *dem. pron.*, that (**ça** is short for **cela**); **c'est ça** that's it; **c'est bien ça** that's quite right

crie *v. form of* **crier** (to shout, to cry out); **crie-t-il** he shouts
déjà *adv.*, already
dis *v. form of* **dire** (to tell, to say); **dis à la dame . . .** tell the lady . . .
la douane *n.*, customs
ennuyer *v.*, to annoy; **ennuyant** annoying
les Etats-Unis *n. m.*, the United States; **aux Etats-Unis** to (in) the United States
fait, font *v. forms of* **faire** (to do, to make); **faire un voyage** to take a trip
falloir *v.*, to be necessary; **il faut** it is necessary

le guichet *n.*, the ticket window
habiter *v.*, to live, to reside
l'heure *n. f.*, the hour (used in telling time); **quelle heure est-il?** what time is it?
heureux *m.*, **heureuse** *f.*, *adj.*, happy
il est dix heures moins deux it's two minutes to ten
il y a there is, there are
j'ai quinze ans I'm fifteen years old; **j'ai dix ans** I'm ten years old
leurs *poss. adj. pl.*, their
la Louisiane *n.*, Louisiana
merci thank you
monter *v.*, to climb up or into, to ascend, to get into; **ils montent dans le taxi** they

get into the taxi
le nom *n.*, the name
La Nouvelle-Orléans *n.*,
New Orleans
l'objet *n. m.*, the object
par *prep.*, by
parfait *adj.*, perfect
passent *v. form of* **passer** (to
pass, to go by); **ils
passent à la douane** they

go to customs
**quel âge ont les deux
enfants?** how old are the
two children? **quelle est la
date aujourd'hui?** what's
the date today? **quelle
heure est-il?** what time is
it?
quelque *adj.*, some, any;
quelque chose something

le signal *n.*, the signal; **le
signal d'alarme** the alarm
sûr *adj.*, sure, certain; **bien
sûr** of course, certainly
ton *poss. adj. m. s.*, your
va, vont *v. forms of* **aller** (to
go); **elle va** she is going;
ils vont they are going
voir *v.*, to see
le voyage *n.*, the trip

Exercises

Review the story and vocabulary before starting these exercises.

I. Choose the correct answer based on the story.

1. La famille Paquet va faire un voyage à   (a) Paris.   (b) Chicago.
    (c) La Nouvelle-Orléans.   (d) New York.   _____

2. Madame Paquet est heureuse parce qu'elle va revoir   (a) son frère.
    (b) sa mère.   (c) ses cousins.   (d) sa soeur.   _____

3. Janine et Pierre sont heureux parce qu'ils vont voir   (a) leur chien.
    (b) leurs amis.   (c) leurs cousins.   (d) l'aéroport.   _____

4. Janine a   (a) douze ans.   (b) treize ans.   (c) quatorze
    ans.   (d) quinze ans.   _____

5. Pierre a   (a) treize ans.   (b) douze ans.   (c) onze ans.
    (d) dix ans.   _____

II. Lists. Write a list of words in French as required in each situation.

A. Write four words you would use in planning an air trip to France.

1. _____ 2. _____ 3. _____ 4. _____

B. Write four words you would use to describe your experience in the airplane.

1. _____ 2. _____ 3. _____ 4. _____

**III. Scrambled sentences. Unscramble each sentence so that it is meaningful. Write them in
proper word order. Look for them in the story.**

1. Quinze ans j'ai. _____

2. Heure est quelle il? _____

3. Aujourd'hui date la est quelle? _____

4. Huit heures est il. _____

5. Un revolver vous avez? _____

IV. Answer the following questions in French in complete sentences. They are personal questions and require answers of your own.

1. Aimez-vous faire des voyages? _____

2. Aimez-vous les avions ou les trains? _____

3. Aimez-vous regarder un avion dans le ciel? _____

Structures de la Langue

A. Telling time

TIME EXPRESSIONS

Quelle heure est-il?	What time is it?
Il est une heure.	It is one o'clock.
Il est une heure dix.	It is ten minutes after one.
Il est une heure et quart.	It is a quarter after one.
Il est deux heures et demie.	It is half past two; it is two thirty.
Il est trois heures moins vingt.	It is twenty minutes to three.
Il est trois heures moins un quart.	It is a quarter to three.
Il est midi.	It is noon.
Il est minuit.	It is midnight.
à quelle heure?	at what time?
à une heure	at one o'clock
à une heure précise	at exactly one o'clock
à trois heures précises	at exactly three o'clock
à neuf heures du matin	at nine in the morning
à trois heures de l'après-midi	at three in the afternoon
à dix heures du soir	at ten in the evening
à l'heure	on time
à temps	in time
vers trois heures	around three o'clock
un quart d'heure	a quarter of an hour
une demi-heure	a half hour
Il est midi et demi.	It is twelve thirty.

Il est une heure.

Il est une heure dix.

Il est une heure et quart.

Il est deux heures et demie.

Il est trois heures moins vingt.

Il est trois heures moins le quart.

Rules and observations:

1. In telling time, **Il est** is used plus the hour, whether it is one or more than one, *e.g.,* **Il est une heure**, **Il est deux heures**.

2. If the time is *after* the hour, state the hour, then the minutes, *e.g.,* **Il est une heure dix**.

3. The conjunction **et** is used with **quart** after the hour and with **demi** or **demie**, *e.g.,* **Il est une heure et quart**, **Il est une heure et demie**, **Il est midi et demi**.

4. The masculine form **demi** is used after a masculine noun, *e.g.,* **Il est midi et demi**. The feminine form **demie** is used after a feminine noun, *e.g.,* **Il est deux heures et demie**.

5. **Demi** remains **demi** when *before* a feminine or masculine noun and it is joined to the noun with a hyphen, *e.g.,* **une demi-heure**.

6. If the time expressed is *before* the hour, **moins** is used, *e.g.,* **Il est trois heures moins vingt**.

7. A quarter *after* the hour is **et quart**; a quarter *to* the hour is **moins le quart**.

8. To express A.M. use **du matin**; to express P.M. use **de l'après-midi** if it is the afternoon or **du soir** if it is the evening.

B. Asking the date, giving the date

Quelle est la date aujourd'hui?	
Quel jour du mois est-ce aujourd'hui?	What's the date today?
Quel jour du mois sommes-nous aujourd'hui?	
C'est aujourd'hui le premier mai.	Today is May first.
C'est aujourd'hui le deux mai.	Today is May second.

Rule:

In giving the date, use the cardinal numbers, except for the first of the month which is always **le premier**.

C. Asking your age, giving your age

Quel âge avez-vous?	How old are you?
J'ai quinze ans.	I am fifteen (years old).

Rules:

1. In giving your age, use the cardinal numbers.

2. The verb **avoir** is used in French; the verb *to be* is used in English.

D. Months of the year

Les mois de l'année sont: **janvier**, **février**, **mars**, **avril**, **mai**, **juin**, **juillet**, **août**, **septembre**, **octobre**, **novembre**, **décembre**.

The months of the year are: January, February, March, April, May, June, July, August, September, October, November, December.

Rules:

1. The months are not ordinarily capitalized.

2. They are all masculine in gender.

E. Days of the week

Les jours de la semaine sont: **dimanche**, **lundi**, **mardi**, **mercredi**, **jeudi**, **vendredi**, **samedi**.

The days of the week are: Sunday, Monday, Tuesday, Wednesday, Thursday, Friday, Saturday.

Quel jour est-ce aujourd'hui?

(What day is it today?)

C'est aujourd'hui lundi.

(Today is Monday.)

Rules:

1. The days are not capitalized.

2. They are also all masculine in gender.

F. Seasons of the year

| Les saisons de l'année sont: | **le printemps**, **l'été**, **l'automne**, **l'hiver**. |
| The seasons of the year are: | spring, summer, fall, winter. |

Rules:

1. The seasons are not capitalized.

2. They are masculine in gender.

Exercises

Review the preceding material before starting these exercises.

I. Match the following.

1. Quelle heure est-il?   _____ It is 9 o'clock.

2. Est-il deux heures?   _____ It is noon.

3. Il est neuf heures.   _____ Is it 2 o'clock?

4. Il est midi.   _____ What time is it?

5. Il est minuit.   _____ It is midnight.

6. Il est une heure.   _____ It is 1 o'clock.

II. **Quelle heure est-il?** Write the answer in a complete sentence (in French) on the line provided under each clock.

Model:

You write: **Il est dix heures moins deux.**

1.

    3.

_____   _____

2.

    4.

_____   _____

III.   Quelle est la date aujourd'hui?   Write the answer in a complete sentence (in French) on the line provided under each calendar.

Model:

SEPTEMBRE						
D	L	M	M	J	V	S
	1	2	3	4	5	6
7	8	9	10	11	12	13
14	15	16	17	18	19	20
21	22	23	24	25	26	27
28	29	30				

You write: **C'est aujourd'hui le seize septembre.**

1.

OCTOBRE						
D	L	M	M	J	V	S
			1	2	3	4
5	6	7	8	9	10	11
12	13	14	15	16	17	18
19	20	21	22	23	24	25
26	27	28	29	30	31	

_____

2.

NOVEMBRE						
D	L	M	M	J	V	S
						1
2	3	4	5	6	7	8
9	10	11	12	13	14	15
16	17	18	19	20	21	22
23 30	24	25	26	27	28	29

_____

IV.   A quelle heure?   (At what time?)   Answer the following questions in complete sentences (in French) using the time given in parentheses. Be sure to use one of the following with each time stated: **du matin, de l'après-midi, du soir.**

Model: **A quelle heure étudiez-vous?** (8:00 PM)   (At what time do you study?)

You write: **J'étudie à huit heures du soir.**   (I study at 8 o'clock in the evening.)

1.   A quelle heure vous levez-vous? (6:30 AM) _____

2.   A quelle heure allez-vous à l'école? (8:00 AM) _____

3.   A quelle heure regardez-vous la télévision? (4:00 PM) _____

4.   A quelle heure dînez-vous? (6:00 PM) _____

5.   A quelle heure vous couchez-vous? (10:30 PM) _____

133

V. **Oral Proficiency.** You have just arrived in Paris by airplane and a representative of the airline is asking you questions. Imagine a conversation between yourself and him.

Le représentant: Bonjour. Est-ce que vous connaissez déjà la France?

1. Vous: _____

Le représentant: Le voyage est agréable?

2. Vous: _____

Le représentant: Pourquoi faites-vous ce voyage en France?

3. Vous: _____

Le représentant: Est-ce que vous voyagez seul?

4. Vous: _____

Le représentant: Est-ce que vous avez des suggestions pour le service?

5. Vous: _____

VI. Answer the following questions in complete sentences (in French). You will write two sentences. In your first sentence (a) answer the question in the negative. In your second sentence (b) give the day that **precedes** the day asked in the question.

Model: **Est-ce dimanche aujourd'hui?**   (Is today Sunday?)

You write: **(a) Non, ce n'est pas dimanche.**   **No, it's not Sunday.**
  (b) C'est aujourd'hui samedi.   **Today is Saturday.**

1. Est-ce lundi aujourd'hui?

   (a) _____   (b) _____

2. Est-ce mardi aujourd'hui?

   (a) _____   (b) _____

3. Est-ce mercredi aujourd'hui?

   (a) _____   (b) _____

4. Est-ce vendredi aujourd'hui?

   (a) _____   (b) _____

5. Est-ce jeudi aujourd'hui?

   (a) _____   (b) _____

VII. Write in French the questions that would have been asked.

> **Model: Elle a vingt-huit ans.**   (She is twenty-eight years old.)
>
> You write the question that would have been asked: **Quel âge a-t-elle?**

1. Il a cinquante ans. _____

2. Il est trois heures. _____

3. Elle a trente ans. _____

4. C'est aujourd'hui le premier mai. _____

5. Il est minuit. _____

VIII.   Compositions: Oral or written.

A. Look at the picture at the beginning of this work unit. Describe the scene to a friend.

B. Tell your best friend that you are preparing for a vacation in France. Let him or her know the month you are leaving, the day, and the time; what cities in France you will visit; who is going with you; and what places of interest you will visit in Paris.

Charles de Gaulle Airport.
Reprinted with permission
of Eric Kroll/Taurus Photos.

IX. **Writing Proficiency.** Examine carefully the picture shown below. In three or four sentences, consisting of a total of at least twelve words in French, write about the Charles de Gaulle Airport or the advantages of traveling by plane. Words you need are in this picture.

_____

_____

_____

L'aéroport Charles de Gaulle : pour vous simplifier la vie.

Depuis le 1er Novembre, la plupart des vols Air France atterrissent à l'aéroport Charles de Gaulle. Et cette étonnante réalisation vaut bien qu'on y fasse escale. Car son architecture insolite n'a pas été conçue uniquement pour le plaisir des yeux. Et tout a été prévu pour votre confort et votre commodité.

En effet, en transférant la majorité de son activité à Charles de Gaulle, Air France n'a pas ménagé ses efforts. Trois des sept satellites sont exclusivement réservés aux passagers d'Air France. Des tapis roulants vous glissent en douceur des satellites de départ et d'arrivée jusqu'au terminal principal; ainsi vous passez presque instantanément de l'enregistrement à la salle d'embarquement.

L'accès aux taxis et aux autobus est direct après votre passage aux postes de douane et de police. Et partout dans l'aérogare, des équipes d'accueil Air France sont là pour répondre à toutes vos questions et faciliter vos déplacements.

Et de l'aéroport Charles de Gaulle, vous êtes non seulement près de Paris et de l'aérogare de la Porte Maillot, face au nouveau Méridien, notre hôtel 4 étoiles qui offre 1023 chambres, mais aux portes des quartiers d'affaires et touristiques de la rive droite.

Air France à l'aéroport Charles de Gaulle. A ne pas manquer.

AIR FRANCE
Nous vous comprenons

X.   Oral Proficiency. Read carefully the French printed in the picture shown below about the island of Corsica located off the coast of France in the Mediterranean Sea. In your French class, volunteer to give a two-minute oral report about traveling through the island. You may use your own ideas and words or those printed in the picture. Also, you may refer to notes on a 3 × 5 card in your hand while giving the brief oral report.

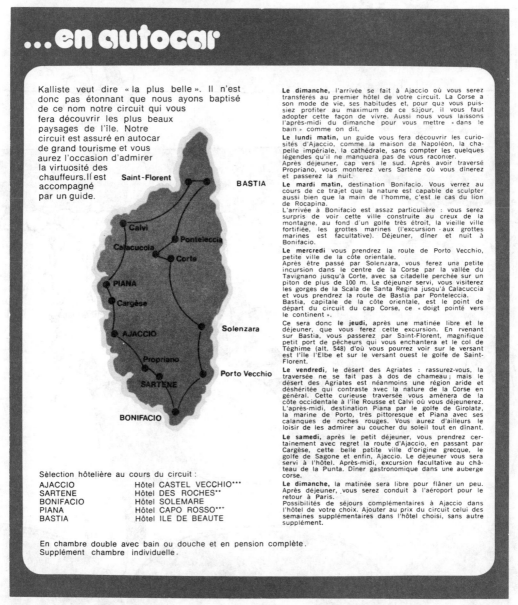

la corse..

...en autocar

Kalliste veut dire « la plus belle ». Il n'est donc pas étonnant que nous ayons baptisé de ce nom notre circuit qui vous fera découvrir les plus beaux paysages de l'île. Notre circuit est assuré en autocar de grand tourisme et vous aurez l'occasion d'admirer la virtuosité des chauffeurs. Il est accompagné par un guide.

Saint-Florent

BASTIA

Calvi

Ponteleccia

Calacucoia

Corte

PIANA

Cargèse

AJACCIO

Solenzara

Propriano

Porto Vecchio

SARTENE

BONIFACIO

Le dimanche, l'arrivée se fait à Ajaccio où vous serez transférés au premier hôtel de votre circuit. La Corse a son mode de vie, ses habitudes et, pour que vous puissiez profiter au maximum de ce séjour, il vous faut adopter cette façon de vivre. Aussi nous vous laissons l'après-midi du dimanche pour vous mettre « dans le bain » comme on dit.

Le lundi matin, un guide vous fera découvrir les curiosités d'Ajaccio, comme la maison de Napoléon, la chapelle impériale, la cathédrale, sans compter les quelques légendes qu'il ne manquera pas de vous raconter.
Après déjeuner, cap vers le sud. Après avoir traversé Propriano, vous monterez vers Sartène où vous dînerez et passerez la nuit.

Le mardi matin, destination Bonifacio. Vous verrez au cours de ce trajet que la nature est capable de sculpter aussi bien que la main de l'homme, c'est le cas du lion de Rocapina.
L'arrivée à Bonifacio est assez particulière : vous serez surpris de voir cette ville construite au creux de la montagne, au fond d'un golfe très étroit, la vieille ville fortifiée, les grottes marines (l'excursion · aux grottes marines est facultative). Déjeuner, dîner et nuit à Bonifacio.

Le mercredi vous prendrez la route de Porto Vecchio, petite ville de la côte orientale.
Après être passé par Solenzara, vous ferez une petite incursion dans le centre de la Corse par la vallée du Tavignano jusqu'à Corte, avec sa citadelle perchée sur un piton de plus de 100 m. Le déjeuner servi, vous visiterez les gorges de la Scala de Santa Regina jusqu'à Calacuccia et vous prendrez la route de Bastia par Ponteleccia.
Bastia, capitale de la côte orientale, est le point de départ du circuit du cap Corse, ce « doigt pointé vers le continent ».
Ce sera donc **le jeudi,** après une matinée libre et le déjeuner, que vous ferez cette excursion. En rvenant sur Bastia, vous passerez par Saint-Florent, magnifique petit port de pêcheurs qui vous enchantera et le col de Téghime (alt. 548) d'où vous pourrez voir sur le versant est l'île l'Elbe et sur le versant ouest le golfe de Saint-Florent.

Le vendredi, le désert des Agriates : rassurez-vous, la traversée ne se fait pas à dos de chameau ; mais le désert des Agriates est néanmoins une région aride et déshéritée qui contraste avec la nature de la Corse en général. Cette curieuse traversée vous amènera de la côte occidentale à l'île Rousse et Calvi où vous déjeunerez. L'après-midi, destination Piana par le golfe de Girolata, la marine de Porto, très pittoresque et Piana avec ses calanques de roches rouges. Vous aurez d'ailleurs le loisir de les admirer au coucher du soleil tout en dînant.

Le samedi, après le petit déjeuner, vous prendrez certainement avec regret la route d'Ajaccio, en passant par Cargèse, cette belle petite ville d'origine grecque, le golfe de Sagone et enfin, Ajaccio. Le déjeuner vous sera servi à l'hôtel. Après-midi, excursion facultative au château de la Punta. Dîner gastronomique dans une auberge corse.

Le dimanche, la matinée sera libre pour flâner un peu. Après déjeuner, vous serez conduit à l'aéroport pour le retour à Paris.
Possibilités de séjours complémentaires à Ajaccio dans l'hôtel de votre choix. Ajouter au prix du circuit celui des semaines supplémentaires dans l'hôtel choisi, sans autre supplément.

Sélection hôtelière au cours du circuit :

AJACCIO	Hôtel CASTEL VECCHIO***
SARTENE	Hôtel DES ROCHES**
BONIFACIO	Hôtel SOLEMARE
PIANA	Hôtel CAPO ROSSO***
BASTIA	Hôtel ILE DE BEAUTE

En chambre double avec bain ou douche et en pension complète.
Supplément chambre individuelle.

La Corse (Corsica)
Reprinted with permission of AIR FRANCE.

Tout d'un coup, Coco arrive en courant dans la grande salle. Sur la tête, il a le chapeau haut de forme, dans la gueule le bâton et la cape, et sur le dos le lapin!

Formation and Use of the Imperative (Command)

Who do you suppose wins the big talent show prize?

Le concours de talents à l'école

C'est aujourd'hui vendredi. C'est le grand jour du concours de talents dans la grande salle de l'école. Il y a des étudiants qui vont chanter, danser, faire des tours de force et des tours de main, jouer d'un instrument de musique, et raconter des contes drôles. Janine et Pierre sont dans le concours de talents, aussi. Pierre est le magicien et Janine l'assistante. Ils préparent leur représentation.

— Donne-moi mon chapeau haut de forme, dit Pierre à Janine.

— Je n'ai pas ton chapeau haut de forme, répond Janine.

— Apporte-moi mon bâton, dit Pierre à Janine.

— Je n'ai pas ton bâton, répond Janine.

— Donne-moi ma cape, dit Pierre.

— Je n'ai pas ta cape, répond Janine.

— Apporte-moi le lapin, dit Pierre.

— Je n'ai pas le lapin, répond Janine.

En ce moment, quelques spectateurs dans la grande salle crient:

— Dansez! Chantez! Faites quelque chose!

Ce sont les étudiants, les maîtres, et les maîtresses qui crient.

— Zut, alors! Ne finissons pas, Janine. Nous n'avons pas le chapeau haut de forme, le bâton, la cape, le lapin.

— Ne choisis pas cette alternative, dit Janine à Pierre.

— Alors, restons-nous ou partons-nous? demande Pierre. Il faut faire quelque chose!

— Allez-vous faire quelque chose, enfin?! demandent tous les spectateurs.

— Ne réponds pas, Janine, dit Pierre.

139

Tout d'un coup, Coco arrive en courant dans la grande salle. Sur la tête il a le chapeau haut de forme, dans la gueule le bâton et la cape, et sur le dos le lapin!

— Viens ici, Coco! s'exclame Pierre.

— Assieds-toi, Coco! s'exclame Janine.

— C'est merveilleux! dit Pierre. Maintenant, finissons la représentation.

Janine et Pierre finissent leur représentation. Les autres étudiants finissent leurs représentations, aussi. Et qui gagne le grand prix? Coco, naturellement! Parce qu'il a beaucoup de talent!

Vocabulaire

apporte! bring!;
 apporte-moi bring me
assieds-toi! sit down!
le bâton n., the wand, stick, baton
ce sont . . . they are . . ., it's . . .
le chapeau haut de forme n., the black silk top hat
la chose n., thing; **quelque chose** something
le concours de talents the talent show
le conte n., the story, tale
courant pres. part. of **courir**; **en courant** (while) running
donne-moi give me
le dos n., the back
drôle adj., funny, droll, odd
faites v. form of **faire** (to do,

to make); **faites quelque chose!** do something!
finissons! let's finish!; **ne finissons pas!** let's not finish!
gagner v., to win
la grande salle n., the auditorium
la gueule n., the mouth of an animal
le lapin n., the rabbit
le magicien, la magicienne n., the magician
le maître, la maîtresse n., the teacher
naturellement adv., naturally
partons-nous? are we leaving?
le prix n., the price, the prize;

le grand prix the grand prize
raconter v., to tell, to relate
la représentation n., the presentation, performance, show
restons-nous? are we staying?
le spectateur, la spectatrice n., the spectator
la tête n., the head
tour de force feat of strength; **tour de main** sleight of hand, hand trick
tous adj. m. pl., all
tout d'un coup all of a sudden
viens ici! come here!
zut, alors! gosh darn it!

Exercises

Review the story and vocabulary before starting these exercises.

  I. Answer the following questions in complete sentences (in French). They are based on the story.

    1. Quel jour est-ce aujourd'hui? _____

2.   Dans le concours de talents, qui va jouer le magicien? _____

3.   Qui est l'assistante de Pierre? _____

4.   Est-ce que Pierre et Janine ont le chapeau haut de forme, le bâton, la cape, et le lapin?

_____

5.   Qui gagne le grand prix de talent? _____

II.   Answer the following questions in complete sentences (in French). They are personal questions that require answers of your own.

1.   Avez-vous du talent? Dansez-vous? Chantez-vous? _____

2.   Est-ce que vous jouez un instrument de musique? _____

3.   Aimez-vous le français? _____

4.   Quel jour de la semaine allez-vous au cinéma? _____

III.   Comment dit-on en français . . .?

Find these statements in the story and write them in French.

1.   Today is Friday. _____

2.   It's the big day of the talent show. _____

3.   Bring me my wand, bring me the rabbit. _____

IV.   Compositions: Oral or Written. You may use your own ideas and words or those in this lesson.

A.   Look at the picture at the beginning of this work unit. Describe the scene to a friend on the telephone.

B.   Pretend that you are a dentist giving orders to a patient, saying things like the following: sit down, open your mouth, close your eyes, close your mouth, open your eyes, get up. Don't forget to add **s'il vous plaît** at the end of each command!

Structures de la Langue

A. Formation and use of the imperative (command) in the three regular conjugations (**–er**, **–ir**, **–re**)

AFFIRMATIVE

	2d person singular **(tu)**	2d person plural **(vous)**	1st person plural **(nous)**
DANSER	**danse!** *dance!*	**dansez!** *dance!*	**dansons!** *let's dance!*
FINIR	**finis!** *finish!*	**finissez!** *finish!*	**finissons!** *let's finish!*
VENDRE	**vends!** *sell!*	**vendez!** *sell!*	**vendons!** *let's sell!*

NEGATIVE

DANSER	**ne** danse **pas!** *don't dance!*	**ne** dansez **pas!** *don't dance!*	**ne** dansons **pas!** *let's not dance!*
FINIR	**ne** finis **pas!** *don't finish!*	**ne** finissez **pas!** *don't finish!*	**ne** finissons **pas!** *let's not finish!*
VENDRE	**ne** vends **pas!** *don't sell!*	**ne** vendez **pas!** *don't sell!*	**ne** vendons **pas!** *let's not sell!*

Rules and observations:

1. In the two boxes above, the 2d person singular and the 2d person plural are right next to each other so that you can compare the forms. The 1st person plural stands alone at the right.

2. To form the *imperative* in the affirmative, use the same verb form as in the present indicative, which you have already learned. Drop the subject pronouns, **tu**, **vous**, or **nous**.

3. There is one exception. You must drop the final **s** in the 2d person singular of an **–er** verb. This is done in the affirmative and negative, as shown above, as in **danse!** For more about this, see work unit eleven, page 157.

4. To form the negative of the imperative, place **ne** in front of the verb and **pas** after it, as you learned to do when forming the negative of the present indicative.

Exercises

Review the preceding material before starting these exercises.

I. Write, in French, the three forms of the imperative in the affirmative.

> **Model:** danser   **You write:**   **danse**   **dansez**   **dansons**

A. –ER verbs

1. **donner** _____ _____ _____

2. **apporter** _____ _____ _____

3. **chercher** _____ _____ _____

4. **aider** _____ _____ _____

5. **chanter** _____ _____ _____

B. –IR verbs

1. **finir** _____ _____ _____

2. **choisir** _____ _____ _____

3. **bâtir** _____ _____ _____

4. **punir** _____ _____ _____

5. **obéir** _____ _____ _____

C. –RE verbs

1. **vendre** _____ _____ _____

2. **attendre** _____ _____ _____

3. **descendre** _____ _____ _____

4. **répondre** _____ _____ _____

5. **rendre** _____ _____ _____

II. Change the following imperative sentences to the negative.

Model: Danse, mon enfant!   **You write: Ne danse pas, mon enfant!**
(Dance, my child!)

1. Chante, Janine! _____

2. Finissons le travail maintenant! _____

3. Vendez la maison, Monsieur Paquet! _____

4. Ecoute la musique, Pierre! _____

5. Attendez l'autobus! _____

III. Oral Proficiency. Look at this picture. Imagine a conversation between the mother and the child according to one of the situations described. Use verbs in the imperative in the **tu** form.

Situation: The mother tells her daughter to eat her spinach (**Mange tes épinards**) but the girl refuses (**Je refuse**). Or the mother tells the girl to finish her homework (**Finis tes devoirs**), and the girl says she doesn't want to (**Je ne veux pas**). These are two suggestions to get you started, or you may use your own ideas. Choose a classmate to do the dialogue with you. Later, write the conversation for intensive practice.

B. Formation and use of reflexive verbs in the imperative

AFFIRMATIVE

	2d person singular **(tu)**	2d person plural **(vous)**	1st person plural **(nous)**
S'ASSEOIR *to sit down*	**assieds-toi!** *sit down!*	**asseyez-vous!** *sit down!*	**asseyons-nous!** *let's sit down!*
SE LEVER *to get up*	**lève-toi!** *get up!*	**levez-vous!** *get up!*	**levons-nous!** *let's get up!*
SE LAVER *to wash oneself*	**lave-toi!** *wash yourself!*	**lavez-vous!** *wash yourself! or wash yourselves!*	**lavons-nous!** *let's wash ourselves!*

NEGATIVE

	2nd person singular **(tu)**	2nd person plural **(vous)**	1st person plural **(nous)**
S'ASSEOIR	**ne** t'assieds **pas!** *don't sit down!*	**ne** vous asseyez **pas!** *don't sit down!*	**ne** nous asseyons **pas!** *let's not sit down!*
SE LEVER	**ne** te lève **pas!** *don't get up!*	**ne** vous levez **pas!** *don't get up!*	**ne** nous levons **pas!** *let's not get up!*
SE LAVER	**ne** te lave **pas!** *don't wash yourself!*	**ne** vous lavez **pas!** *don't wash yourself! or don't wash yourselves!*	**ne** nous lavons **pas!** *let's not wash ourselves!*

145

Rules and observations:

1. To form the imperative of a reflexive verb in the affirmative use the same verb form as in the present indicative, unless the form is irregular in the imperative.

2. Drop the subject pronouns **tu**, **vous**, and **nous**.

3. You must drop the **s** in the 2d person singular of an **–ER** verb. This is done in the affirmative and negative, as shown above. See **se lever** and **se laver** in the 2d person singular.

4. Keep the reflexive pronouns **te**, **vous**, and **nous**. They serve as direct object pronouns. **Vous** and **nous** are reflexive pronouns as well as subject pronouns.

5. The reflexive pronoun is placed *after* the verb in the affirmative of the imperative. The verb and pronoun are joined with a hyphen. **Te** becomes **toi** when it is placed *after* the verb with a hyphen. This happens only in the affirmative.

6. To form the imperative of a reflexive verb in the negative, keep the reflexive pronoun *in front of* the verb form. **Te** becomes **t'** in the negative imperative when the verb right after it starts with a vowel or a silent *h*, as in **ne t'assieds pas**.

7. In forming the negative imperative, place **ne** in front of the reflexive pronoun and **pas** after the verb.

Exercises

Review the preceding material before starting these exercises.

I. Choose the correct verb form and write it on the line.

1. Wash yourself! (lavez-vous, lavons-nous, vous vous lavez) _____

2. Sit down! (asseyons-nous, assieds-toi, vous vous asseyez) _____

3. Get up! (levons-nous, noun nous levons, levez-vous) _____

4. Sit down! (asseyez-vous, asseyons-nous, levez-vous) _____

5. Let's wash ourselves! (lavez-vous, vous vous lavez, lavons-nous) _____

6. Get up! (lève-toi, levons-nous, lave-toi) _____

7. Don't wash yourself! (ne te lave pas, ne te lève pas, lave-toi) _____

8. Let's not get up! (ne nous levons pas, ne vous levez pas, levez-vous) _____

9. Don't sit down! (ne nous asseyons pas, ne vous levez pas, ne vous asseyez pas) _____

10. Wash yourself! (lave-toi, lève-toi, lavons-nous) _____

II. Change the following affirmative imperatives to the negative imperative.

      Model: Levez-vous!   **You write: Ne vous levez pas!**

1. Lavons-nous! _____

2. Asseyez-vous! _____

3. Lave-toi! _____

4. Assieds-toi! _____

5. Lavez-vous! _____

6. Lève-toi! _____

III.   Lists. Write a list of words in French for each situation.

A. You are a surgeon in an operating room at a hospital talking to a nurse. Write a list of three verbs in the imperative using the **vous** form telling the nurse to give you something, bring you this, look for that, and any other verbs in this lesson that would make sense in this situation; for example, to get you started, you can say **donnez-moi** (give me). Don't forget to add **s'il vous plaît**!

1. _____   2. _____   3. _____

B. Review the scene at the beginning of this work unit, **Le concours de talents à l'école.** Write a list of three verbs in the imperative using the **tu** form that you can find in that scene.

1. _____   2. _____   3. _____

IV. Fill in the missing letters to form the imperative.

      Model: Dance!   **Answer: DANSE _Z_ !**

1. Listen!   ÉCOUTE ___ !

2. Give!   DONN ___ ___ !

3. Sing!   CHANTE ___ !

4. Finish!   FIN ___ ___ ___ EZ!

5. Choose!   CHOISISS ___ ___ !

6. Let's not sell!   NE VEND ___ ___ ___ PAS!

7. Don't wait!   N'ATTEN ___ ___ ___ PAS!

8. Answer!   RÉ ___ ___ N ___ ___ Z!

9. Wait!   ATT ___ ___ D ___ ___ !

10. Sit down!   A ___ ___ EY ___ ___ -VOUS!

11. Get up!   LEV ___ ___ -VOUS!

12. Wash yourself!   L ___ VE ___ -VOUS!

147

Qu'est-ce que c'est?

Qu'est-ce que c'est?

Qu'est-ce que c'est?

Qu'est-ce que c'est?

Qu'est-ce que c'est?

Irregular Verbs in the Present Indicative and Imperative

*Have you ever played guessing games
in English? In French? Here are some
in French.*

Qu'est-ce que c'est?

A brief description is given of something and then you are asked, "Qu'est-ce que c'est?" (What is it?) See how many you can do. The answers are upside down after the last one.

1. C'est quelque chose à boire. Il peut avoir le goût d'orange, ananas, pamplemousse, raisin, ou tomate. Il peut être en boîte ou en bouteille. C'est toujours délicieux. Qu'est-ce que c'est?

2. C'est un meuble. Vous vous asseyez sur ce meuble. Qu'est-ce que c'est?

3. C'est quelque chose à manger. Elle est toujours froide et crémeuse. Elle peut être au chocolat, à la vanille, aux fraises. Elle est toujours délicieuse. Qu'est-ce que c'est?

4. C'est un fruit. Il a la couleur rouge ou jaune ou verte. Qu'est-ce que c'est?

5. C'est une machine qui a un moteur et quatre roues. Elle peut aller vite ou lentement. Elle est dangereuse si le conducteur ne fait pas attention. Elle ne peut pas aller sans essence. Qu'est-ce que c'est?

6. C'est un appareil. Une personne peut parler dans cet appareil et peut entendre une autre personne parler. Quand une personne veut parler, cet appareil sonne. Qu'est-ce que c'est?

7. C'est un animal qui a des plumes et des ailes. Il vole comme un avion. Qu'est-ce que c'est?

8. C'est un appareil. Il sonne tous les matins quand vous dormez et vous vous levez. Qu'est-ce que c'est?

9. C'est une partie du corps humain. Elle a cinq doigts. Qu'est-ce que c'est?

10. C'est un objet d'habillement. C'est pour la tête. Qu'est-ce que c'est?

10. un chapeau

9. une main   8. **un réveille-matin**   7. un oiseau

6. un téléphone   5. une automobile ou une voiture   4. une pomme

3. la glace   2. une chaise   1. un jus de fruit

Vocabulaire

l'aile n. f., the wing
l'ananas n. m., the pineapple
l'appareil n. m., the apparatus, instrument
boire v., to drink
la boîte n., the box, tin can
la bouteille n., the bottle
le conducteur, la conductrice n., the driver
le corps n., body; **le corps humain** the human body
crémeux m., **crémeuse** f., adj., creamy
dangereux m., **dangereuse** f., adj., dangerous
délicieux m., **délicieuse** f., adj., delicious
le doigt n., the finger
entendre v., to hear

l'essence n. f., gasoline
faire attention v., to pay attention, to be careful
la fraise n., the strawberry
froid m., **froide** f., adj., cold
le goût n., the taste, flavor
l'habillement n. m., clothing
jaune adj., yellow
le jus n., juice; **jus d'orange** orange juice
le meuble n., piece of furniture
le moteur n., motor, engine
le pamplemousse n., the grapefruit
la partie n., the part (of a whole)
la personne n., the individual, person

peut v. form of **pouvoir** (can, be able); **elle peut aller** it can go; **il peut avoir** it can have; **il peut être** it can be
qu'est-ce que c'est? what is it?
le raisin n., the grape
la roue n., the wheel
rouge adj., red
sans prep., without
sonner v., to ring
la tomate n., the tomato
la vanille n., vanilla
vert m., **verte** f., adj., green
veut v. form of **vouloir** (to want); **une personne veut** a person wants
la voiture n., the car, automobile
voler v., to fly

Exercises

Review the preceding material before starting these exercises.

I. Choose the correct answer based on the guessing game at the beginning of this unit.

1. Un jus de fruit est quelque chose à   (a) manger.   (b) boire. (c) conduire.   (d) pouvoir.   _____

2. La glace est toujours   (a) charmante.   (b) froide.   (c) ennuyante. (d) ronde.   _____

3. Une voiture peut être dangereuse si le conducteur ou la conductrice ne fait pas   (a) sa leçon.   (b) ses devoirs.   (c) son stylo.   (d) attention.   _____

II. Answer the following questions in French in complete sentences. They are personal questions and require answers of your own.

Model answer: Mon fruit favori est l'orange.

1. Quel est votre fruit favori? _____

2. Quel est votre dessert favori? _____

150   3. Quel est votre sport favori? _____

III. Un acrostiche.   Complete the French words in this puzzle.

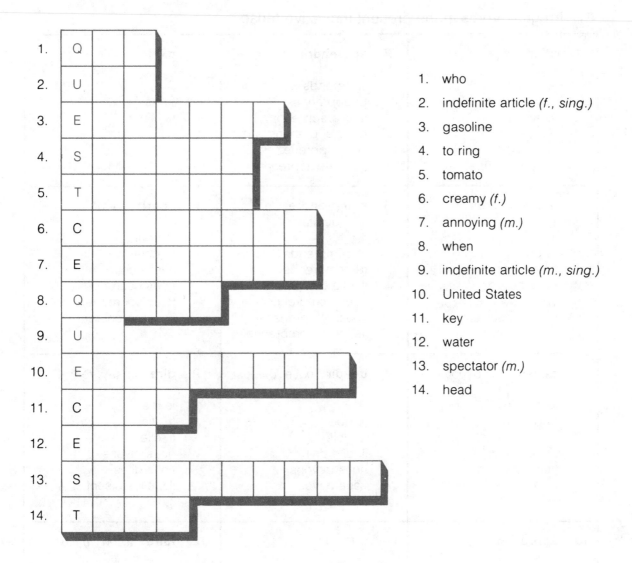

1.   Q
2.   U
3.   E
4.   S
5.   T
6.   C
7.   E
8.   Q
9.   U
10. E
11. C
12. E
13. S
14. T

1.   who
2.   indefinite article *(f., sing.)*
3.   gasoline
4.   to ring
5.   tomato
6.   creamy *(f.)*
7.   annoying *(m.)*
8.   when
9.   indefinite article *(m., sing.)*
10. United States
11. key
12. water
13. spectator *(m.)*
14. head

IV. Oral Proficiency. Respond orally in French to the situation described. (Later, you may write your statements for intensive practice.)

Situation: Your French teacher asks you to face all the students in the classroom and describe a few objects in French. Describe the object and then ask what it is: **Qu'est-ce que c'est?** Describe at least four. You may use your own ideas or ideas suggested in this lesson.

V. Compositions: Oral or written.

A.   Look at the five things in the picture at the beginning of this work unit. In French, ask a friend what each thing is. If you don't get an answer, give a response.

B.   Select three items in your French classroom and ask a student who sits near you to answer your question, **"Qu'est-ce que c'est?"**

Structures de la Langue

A. Irregular verbs in the present indicative tense

1. aller *to go* je vais tu vas il, elle va nous allons vous allez ils, elles vont	**2. apprendre** *to learn* j'apprends tu apprends il, elle apprend nous apprenons vous apprenez ils, elles apprennent	**3. avoir** *to have* j'ai tu as il, elle a nous avons vous avez ils, elles ont
4. boire *to drink* je bois tu bois il, elle boit nous buvons vous buvez ils, elles boivent	**5. comprendre** *to understand* je comprends tu comprends il, elle comprend nous comprenons vous comprenez ils, elles comprennent	**6. courir** *to run* je cours tu cours il, elle court nous courons vous courez ils, elles courent
7. devenir *to become* je deviens tu deviens il, elle devient nous devenons vous devenez ils, elles deviennent	**8. devoir** *have to, must, should* je dois tu dois il, elle doit nous devons vous devez ils, elles doivent	**9. dire** *to say, tell* je dis tu dis il, elle dit nous disons vous dites ils, elles disent
10. écrire *to write* j'écris tu écris il, elle écrit nous écrivons vous écrivez ils, elles écrivent	**11. être** *to be* je suis tu es il, elle est nous sommes vous êtes ils, elles sont	**12. faire** *to do, make* je fais tu fais il, elle fait nous faisons vous faites ils, elles font
13. lire *to read* je lis tu lis il, elle lit nous lisons vous lisez ils, elles lisent	**14. mettre** *to put, place, put on* je mets tu mets il, elle met nous mettons vous mettez ils, elles mettent	**15. ouvrir** *to open* j'ouvre tu ouvres il, elle ouvre nous ouvrons vous ouvrez ils, elles ouvrent

16. **partir** *to leave, depart*	17. **pouvoir** *can, to be able*	18. **prendre** *to take*
je pars tu pars il, elle part nous partons vous partez ils, elles partent	je peux *or* puis tu peux il, elle peut nous pouvons vous pouvez ils, elles peuvent	je prends tu prends il, elle prend nous prenons vous prenez ils, elles prennent
19. **revenir** *to come back*	20. **savoir** *to know (how)*	21. **sortir** *to go out, leave*
je reviens tu reviens il, elle revient nous revenons vous revenez ils, elles reviennent	je sais tu sais il, elle sait nous savons vous savez ils, elles savent	je sors tu sors il, elle sort nous sortons vous sortez ils, elles sortent
22. **venir** *to come*	23. **voir** *to see*	24. **vouloir** *to want*
je viens tu viens il, elle vient nous venons vous venez ils, elles viennent	je vois tu vois il, elle voit nous voyons vous voyez ils, elles voient	je veux tu veux il, elle veut nous voulons vous voulez ils, elles veulent

Exercises

Review the preceding material before starting these exercises.

I. Answer the following questions in the affirmative in complete sentences in French. In answer (a) use **oui**; in answer (b) use **aussi**. Study the models.

Models: (a) Allez-vous au cinéma?
　　　　　Et Pierre?

You write: (a) Oui, je vais au cinéma.
　　　　　　　(b) Il va au cinéma aussi.

1.　(a) Lisez-vous beaucoup? _____

　　(b) Et Janine? _____

2.　(a) Apprenez-vous le français? _____

　　(b) Et Pauline? _____

3.　(a) Avez-vous de la glace? _____

　　(b) Et Dominique? _____

153

4. (a) Buvez-vous du jus d'orange? _____

   (b) Et Robert? _____

5. (a) Comprenez-vous la leçon? _____

   (b) Et Joséphine? _____

II. Answer the following questions in the negative in complete sentences (in French). In answer (a) use **Non**. In answer (b) use **non plus**. Study the models.

| Models: | (a) **Est-ce que Pierre fait attention en classe?**
(b) **Et vous?** | You write: | (a) **Non, il ne fait pas attention en classe.**
(b) **Je ne fais pas attention en classe non plus.** |

1. (a) Est-ce que Robert lit beaucoup? _____

   (b) Et vous? _____

2. (a) Est-ce que Monique met le vase sur la table? _____

   (b) Et Jacques? _____

3. (a) Est-ce que vous ouvrez la porte? _____

   (b) Et Charles? _____

4. (a) Est-ce que Marie part à huit heures? _____

   (b) Et l'avion? _____

5. (a) Pouvez-vous aller au cinéma ce soir? _____

   (b) Et Madame et Monsieur Paquet? _____

III. Change each sentence by replacing the verb in the sentence with the proper form of the verb in parentheses. Keep the same subject, of course. Rewrite the entire sentence in French.

Model: Ouvre-t-il la fenêtre? (fermer)   You write: **Ferme-t-il la fenêtre?**

1. *Ferme*-t-il la porte? (ouvrir) _____

2. Est-ce qu'elle *écrit* la lettre? (lire) _____

3. *Buvez*-vous du café? (prendre) _____

4. Il ne *comprend* pas la leçon. (faire) _____

154 5. *Savez*-vous la date? (écrire) _____

IV. Oral Proficiency.

A. Socializing. A new student was transferred to your French class today. Her name is Debbie. Greet her and introduce yourself. Then tell her about the guessing games you are playing in class in French.

B. Giving and getting information. Scott sits behind you in French class. He did not do his homework, which was to prepare two guessing games. He asks you for some information. Give him some help. You begin the one minute conversation.

V. Choose the correct verb form.

1. Nous (vois, voyons, voient) la mer. _____

2. Je (savez, savent, sais) la réponse. _____

3. Ils (fait, faisons, font) leur travail. _____

4. Ils (part, partent, partez) maintenant. _____

5. Tu (bois, buvez, boivent) du lait. _____

VI. Answer the following questions in complete sentences in the affirmative, substituting the subject pronoun **Ils** or **Elles** for the noun **frères** or **soeurs**. Add **aussi**.

Model: François apprend bien. Et vos frères?   **You write: Ils apprennent bien aussi.**

1. Pierre comprend bien. Et vos frères? _____

2. Guillaume écrit bien. Et vos soeurs? _____

3. Michel est bien. Et vos frères? _____

4. Guy lit bien. Et vos soeurs? _____

5. Alfred voit bien. Et vos frères? _____

B. The imperative of some common irregular verbs

Infinitive	2d pers. sing. **(tu)**	2d pers. pl. **(vous)**	1st pers. pl. **(nous)**
aller	**va** *go!*	**allez** *go!*	**allons** *let's go!*
apprendre	**apprends** *learn!*	**apprenez** *learn!*	**apprenons** *let's learn!*
avoir	**aie** *have . . . !*	**ayez** *have . . . !*	**ayons** *let's have . . . !*
boire	**bois** *drink!*	**buvez** *drink!*	**buvons** *let's drink!*
dire	**dis** *say!*	**dites** *say!*	**disons** *let's say!*
écrire	**écris** *write!*	**écrivez** *write!*	**écrivons** *let's write!*
être	**sois** *be . . . !*	**soyez** *be . . . !*	**soyons** *let's be . . . !*
faire	**fais** *do!* (or) *make!*	**faites** *do!* (or) *make!*	**faisons** *let's do!* (or) *let's make!*
lire	**lis** *read!*	**lisez** *read!*	**lisons** *let's read!*
mettre	**mets** *put . . . !*	**mettez** *put . . . !*	**mettons** *let's put . . . !*

ouvrir	ouvre	ouvrez	ouvrons
	open . . . !	*open . . . !*	*let's open . . . !*
partir	pars	partez	partons
	leave!	*leave!*	*let's leave!*
prendre	prends	prenez	prenons
	take!	*take!*	*let's take!*
revenir	reviens	revenez	revenons
	come back!	*come back!*	*let's come back!*
sortir	sors	sortez	sortons
	go out!	*go out!*	*let's go out!*
venir	viens	venez	venons
	come!	*come!*	*let's come!*
voir	vois	voyez	voyons
	see!	*see!*	*let's see!*

Rules and observations:

1. In the boxes above, the 2d person singular (**tu**) and the 2d person plural (**vous**) are right next to each other so that you can compare the forms of the 2d persons. The 1st person plural (**nous**) stands alone at the right.

2. It was pointed out on page 143 that the final **s** drops in the 2d person singular on an **-ER** verb in the imperative. However, when the pronouns **y** and **en** are linked to it, the **s** is retained in all regular **-ER** verbs and in the verb **aller**. Examples: **donnes-en** *(give some!)*; **manges-en** *(eat some!)*; **vas-y** *(go there!)*. The reason for this is that it makes it easier to link the two elements by pronouncing the **s** as a **z**.

Exercises

Review the above material before starting these exercises.

I. Choose the correct verb form in the imperative.

1. Drink! (buvez, partez, faites) _____ **157**

2. Come! (pars, viens, vois) _____

3. Say! (dites, faites, voyez) _____

4. Write! (mettez, ayez, écrivez) _____

5. Read! (soyez, sortez, lisez) _____

6. Open! (ouvrons, ouvre, écris) _____

7. Let's go out! (sortez, sortons, voyons) _____

8. Let's be . . . ! (soyez, soyons, ayons) _____

9. Let's drink! (allons, buvons, buvez) _____

10. Come back! (revenez, sortez, venez) _____

Dis la vérité.

II. Change each sentence by replacing the verb in the sentence with the proper from of the verb in parentheses. Keep the imperative form, of course. Rewrite the entire sentence in French. The verb form you write must be in the same person as the one you are replacing.

Model: **Dites la vérité.   (écrire)**   You write: **Ecrivez la vérité.**

1. *Ecrivez* la phrase. (dire) _____

2. *Prends* le lait. (boire) _____

3. *Venez* tout de suite. (partir) _____

4. *Ouvre* la fenêtre. (fermer) _____

5. *Mets* la valise là-bas. (prendre) _____

6. *Lisons* la lettre. (écrire) _____

7. *Apprenez* le poème. (lire) _____

8. *Partons* maintenant. (sortir) _____

9. *Soyez* à l'heure. (revenir) _____

10. *Voyons* la leçon. (faire) _____

III. Match the following.

1.	Close the door.	_____	Donnes-en au garçon.
2.	Take your time.	_____	Manges-en si tu veux.
3.	Let's open the windows.	_____	Mettez les valises ici.
4.	Eat some if you want.	_____	Vas-y.
5.	Leave right away.	_____	Ouvrons les fenêtres.
6.	Put the suitcases here.	_____	Revenez demain.
7.	Give some to the boy.	_____	Ferme la porte.
8.	Go there.	_____	Dis la vérité.
9.	Come back tomorrow.	_____	Pars tout de suite.
10.	Tell the truth.	_____	Prenez votre temps.

IV. For each sentence write a response in the imperative (in French).

A. Model: **Je veux manger maintenant.**   You write: **Bon! Alors, mange maintenant!**

In your response use the **tu** form of the imperative.

Je veux partir maintenant.

1.   Je veux partir maintenant. _____

2.   Je dois ouvrir la fenêtre. _____

3.   Je désire faire la leçon. _____

4.   Je vais écrire une lettre. _____

5.   Je vais lire le journal. _____

    B.   Model: Nous voulons boire de   **You write: Bon! Alors, buvez de**
                 l'eau maintenant.   **l'eau maintenant!**

1.   Nous désirons sortir maintenant. _____

2.   Nous voulons être ici à dix heures. _____

3.   Nous allons faire le travail ce soir. _____

4.   Nous désirons apprendre l'anglais. _____

160   5.   Nous voulons parler français. _____

The following is a **summary** of **avoir** and **être** in the present indicative affirmative and negative; and in the interrogative and negative-interrogative with **est-ce que** and the inverted form.

AVOIR	ÊTRE
Affirmative	**Affirmative**
j'ai nous avons	je suis nous sommes
tu as vous avez	tu es vous êtes
il *or* elle a ils *or* elles ont	il *or* elle est ils *or* elles sont
Negative	**Negative**
je n'ai pas nous n'avons pas	je ne suis pas nous ne sommes pas
tu n'as pas vous n'avez pas	tu n'es pas vous n'êtes pas
il n'a pas ils n'ont pas	il n'est pas ils ne sont pas
elle n'a pas elles n'ont pas	elle n'est pas elles ne sont pas

AVOIR	ÊTRE
Interrogative	**Interrogative**
(a) with **est-ce que**	(a) with **est-ce que**
Est-ce que j'ai?	Est-ce que je suis?
Est-ce que tu as?	Est-ce que tu es?
Est-ce qu'il a?	Est-ce qu'il'est?
Est-ce qu'elle a?	Est-ce qu'elle est?
Est-ce que nous avons?	Est-ce que nous sommes?
Est-ce que vous avez?	Est-ce que vous êtes?
Est-ce qu'ils ont?	Est-ce qu'ils sont?
Est-ce qu'elles ont?	Est-ce qu'elles sont?
(b) **inverted form**	(b) **inverted form**
ai-je?	suis-je?
as-tu?	es-tu?
a-t-il?	est-il?
a-t-elle?	est-elle?
avons-nous?	sommes-nous?
avez-vous?	êtes-vous?
ont-ils?	sont-ils?
ont-elles?	sont-elles?

161

AVOIR	ÊTRE
Negative-interrogative	**Negative-interrogative**
(a) with **est-ce que**	(a) with **est-ce que**
Est-ce que je n'ai pas?	Est-ce que je ne suis pas?
Est-ce que tu n'as pas?	Est-ce que tu n'es pas?
Est-ce qu'il n'a pas?	Est-ce qu'il n'est pas?
Est-ce qu'elle n'a pas?	Est-ce qu'elle n'est pas?
Est-ce que nous n'avons pas?	Est-ce que nous ne sommes pas?
Est-ce que vous n'avez pas?	Est-ce que vous n'êtes pas?
Est-ce qu'ils n'ont pas?	Est-ce qu'ils ne sont pas?
Est-ce qu'elles n'ont pas?	Est-ce qu'elles ne sont pas?
(b) **inverted form**	(b) **inverted form**
n'ai-je pas?	ne suis-je pas?
n'as-tu pas?	n'es-tu pas?
n'a-t-il pas?	n'est-il pas?
n'a-t-elle pas?	n'est-elle pas?
n'avons-nous pas?	ne sommes-nous pas?
n'avez-vous pas?	n'êtes-vous pas?
n'ont-ils pas?	ne sont-ils pas?
n'ont-elles pas?	ne sont-elles pas?

Exercises

I. Lists. Review the 24 irregular verbs in the present indicative tense above in Section A on pages 152–153.

A. Write five verbs you would need to use while talking about learning the French language.

1. _____ 2. _____ 3. _____ 4. _____ 5. _____

B. Write five verbs you would use while talking about going on vacation.

1. _____ 2. _____ 3. _____ 4. _____ 5. _____

II. Roleplaying. Review the imperative of some common irregular verbs above in Section B on pages 156–157.

A. You are playing the role of a parent. You are talking to your five-year-old daughter who refuses to eat what is on the dinner table. Use whatever verb forms you need in the **tu** form in the imperative. Select a friend in class to act out this dialogue with you.

B. You are playing the role of a teacher of French. You are talking to a student in French class who never says anything in French. Use whatever verb forms you need in the **vous** form in the imperative. Select a friend in class to act out this dialogue with you.

Children at a fountain near a school in Fort-de-France, capital of Martinique. Reprinted with permission of the French Government Tourist Office, New York.

Oh! Monsieur! Votre autographe, s'il vous plaît! Voici mon programme et voici mon stylo.

The Passé Composé

*Have you ever asked someone for an
autograph? That's what Janine did while
she was at the Paris Opera House
during intermission.*

L'autographe spécial

Hier soir la famille Paquet est allée à l'opéra. Ils ont vu la représentation de *Faust*. Ils ont quitté la maison à sept heures et demie et ils sont arrivés à l'opéra à huit heures. Ils sont entrés dans le théâtre et ils ont pris leurs places à huit heures et quart. La représentation a commencé à huit heures et demie.

Pendant l'entracte, Madame Paquet est allée parler avec quelques dames. Monsieur Paquet est allé fumer une cigarette, Pierre est allé acheter du chocolat, et Janine est allée boire un jus d'orange.

Madame Paquet a parlé avec les dames et, puis, elle est retournée à sa place. Monsieur Paquet a fumé sa cigarette et il est retourné à sa place aussi. Pierre a mangé son chocolat et il est retourné à sa place. Janine a bu son jus d'orange, mais avant de retourner à sa place, elle a vu un homme et elle a dit:

— Oh! Monsieur! Vous êtes le grand acteur Philippe Jirard!

— Mais . . . mademoiselle . . . a répondu le monsieur.

— Oh! Monsieur! Votre autographe, s'il vous plaît! Voici mon programme et voici mon stylo. Vous pouvez écrire votre autographe sur mon programme, a dit Janine.

— Mais . . . Mais . . . a dit le monsieur.

— Vous êtes très modeste, a dit Janine.

— Mais . . . Ce n'est pas que je suis modeste, mademoiselle . . . Mais si vous insistez . . . Voilà mon autographe! a dit le monsieur.

— Merci, monsieur. Merci mille fois, monsieur! a dit Janine.

Janine est retournée à sa place.
L'opéra a terminé et tout le monde a quitté le théâtre.
Dehors, Janine a annoncé:

— Regardez mon programme! J'ai l'autographe de Philippe Jirard!

— Philippe Jirard?! Vraiment? Incroyable! a dit la mère.

Janine a donné son programme à sa mère et elle a lu: "Je ne suis pas Philippe Jirard. Je m'appelle Jean Leblanc."

— Ce n'est pas possible! Oh! J'ai fait une bêtise! a dit Janine.

— Ce n'est pas si bête. Tu as l'autographe de Jean Leblanc. Tout le monde n'a pas l'autographe de Jean Leblanc sur un programme! a répondu Pierre.

— Qui est Jean Leblanc? a demandé le père.

— C'est une personne ordinaire, comme toi et moi! a répondu la mère. Maintenant nous avons un autographe spécial!

Et ils ont ri.

Vocabulaire

l'acteur *m.*, **l'actrice** *f., n.*, the actor, the actress

allé *past part. of* **aller** (to go); **la famille Paquet est allée** the Paquet family went

s'appeler *v.*, to be named, to call oneself; **Je m'appelle Jean Leblanc** My name is John Leblanc

arrivé *past part. of* **arriver** (to arrive); **ils sont arrivés** they arrived

bête *adj.*, foolish, dumb; **une bêtise** a foolish mistake

bu *past part. of* **boire** (to drink); **Janine a bu** Janine drank

commencé *past part. of* **commencer** (to begin); **la représentation a commencé** the performance began

la dame *n.*, the lady

dehors *adv.*, outside

demandé *past part. of* **demander** (to ask); **le père a demandé** the father asked

dit *past part. of* **dire** (to say, to tell); **a dit Janine** said

Janine

donné *past part. of* **donner** (to give); **Janine a donné** Janine gave

l'entracte *n. m.*, intermission

entré *past part. of* **entrer** (to enter, to go in); **ils sont entrés** they entered

fait *past part. of* **faire** (to do, to make); **j'ai fait** I did

fumé *past part. of* **fumer** (to smoke); **il a fumé** he smoked

hier *adv.*, yesterday

incroyable *adj.*, unbelievable

insistez *v. form of* **insister** (to insist); **vous insistez** you insist

leurs *poss. adj. pl.* their; **leurs places** their seats

lu *past part. of* **lire** (to read); **elle a lu** she read

mangé *past part. of* **manger** (to eat); **il a mangé** he ate

modeste *adj.*, modest

parlé *past part. of* **parler** (to talk, to speak); **elle a parlé** she talked

pouvez *v. form of* **pouvoir** (can, to be able); **vous**

pouvez écrire you can write

pris *past part. of* **prendre** (to take); **ils ont pris** they took

le programme *n.*, the program

quitté *past part. of* **quitter** (to leave); **tout le monde a quitté le théâtre** everybody left the theater

répondu *past part. of* **répondre** (to reply); **a répondu Pierre** replied Pierre

retourné *past part. of* **retourner** (to return, go back); **elle est retournée** she returned

ri *past part. of* **rire** (to laugh); **ils ont ri** they laughed

si *conj.*, if; *as an adv.*, so

le stylo *n.*, the pen

terminé *past part. of* **terminer** (to end); **l'opéra a terminé** the opera ended

voici here is, here are; **voilà** there is, there are (used when pointing out)

vu *past part. of* **voir** (to see); **elle a vu un homme** she saw a man

Exercises

Review the story and vocabulary before starting these exercises.

I. Answer the following questions in French in complete sentences. They are based on the story in this unit.

1. A quelle heure est-ce qu'ils ont quitté la maison pour aller à l'opéra? _____

_____

2. A quelle heure sont-ils arrivés à l'opéra? _____

_____

3. A quelle heure est-ce qu'ils ont pris leurs places? _____

_____

4. A quelle heure la représentation a-t-elle commencé? _____

_____

II. Oral Proficiency.

A. Expressing personal feelings. You are at a concert. During intermission, a friend of yours sees you, comes to you, and asks you how you like the concert. Tell her what you think of it. You may use your own words and the vocabulary at the beginning of this work unit.

B. Friendly persuasion. You are going out for the evening with a friend. You want to see a French movie but your friend wants to go to a French opera. Persuade your friend to see a French film with you. You may use your own words and the vocabulary at the beginning of this work unit.

III. Fill in the blank lines with the past participle in French. Refer to the story if you have to. The answers are there!

1. Hier soir la famille Paquet est _____ à l'opéra.

2. Ils ont _____ la représentation de *Faust*.

3. Ils ont _____ la maison à sept heures et demie.

4. Ils sont _____ à l'opéra à huit heures.

5. Ils sont _____ dans le théâtre.

6. Ils ont _____ leurs places.

7. Madame Paquet est _____ parler avec quelques dames.

8. Monsieur Paquet est _____ fumer une cigarette.

9. Pierre est _____ acheter du chocolat.

10. Janine est _____ boire un jus d'orange.

IV. Word Search. Find the past participles *in French* in this puzzle and circle them.

A	L	L	É	T	F	U	M	É	L
P	A	R	L	É	A	L	A	B	U
P	R	I	S	D	I	T	N	T	O
R	Q	U	I	T	T	É	U	R	I
U	R	É	P	O	N	D	U	F	T

1. allé		6. parlé
2. bu		7. pris
3. dit		8. quitté
4. fait		9. répondu
5. lu		10. ri

167

Structures de la Langue

The Passé Composé (past indefinite *or* compound past)

A. Verbs conjugated with **avoir**

	1st conjugation	2nd conjugation	3rd conjugation
	–ER	**–IR**	**–RE**
INFINITIVES ⟶	**danser** *to dance*	**finir** *to finish*	**vendre** *to sell*
	I danced, *or* I have danced, *or* I did dance; you danced, *etc.*	I finished, *or* I have finished, *or* I did finish; you finished, *etc.*	I sold, *or* I have sold, *or* I did sell; you sold, *etc.*
SINGULAR			
1. **j'** (I)	**ai dansé**	**ai fini**	**ai vendu**
2. **tu** (you — *familiar only*)	**as dansé**	**as fini**	**as vendu**
3. **il** (he *or* it) **elle** (she *or* it)	**a dansé**	**a fini**	**a vendu**
PLURAL			
1. **nous** (we)	**avons dansé**	**avons fini**	**avons vendu**
2. **vous** (you)	**avez dansé**	**avez fini**	**avez vendu**
3. **ils** **elles** (they)	**ont dansé**	**ont fini**	**ont vendu**

Rules and observations:

1. To form the passé composé of verbs conjugated with **avoir**, use the present indicative of **avoir** plus the past participle of the verb. All verbs are conjugated with **avoir** except: *all reflexive verbs and the 17 verbs listed on page 175.*

2. To form the past participle of a regular **–er** verb, drop the **–er** ending and add **é**.

3. To form the past participle of a regular **–ir** verb, drop the **–ir** ending and add **i**.

4.   To form the past participle of a regular **-re** verb, drop the **-re** ending and add **u**.

5.   The passé composé is used to express an action that was completed in the past. It is used in conversation and in informal writing.

6.   The passé composé can be translated into English in three different ways, as noted above.

7.   To form the negative, place **n'** in front of the present indicative of **avoir** which, in the passé composé, is called the auxiliary or helping verb. Then put **pas** after it:

1st conjugation	2nd conjugation	3rd conjugation
je **n'**ai **pas** dansé	je **n'**ai **pas** fini	je **n'**ai **pas** vendu
tu **n'**as **pas** dansé	tu **n'**as **pas** fini	tu **n'**as **pas** vendu
il (or) elle **n'**a **pas** dansé	il (or) elle **n'**a **pas** fini	il (or) elle **n'**a **pas** vendu
nous **n'**avons **pas** dansé	nous **n'**avons **pas** fini	nous **n'**avons **pas** vendu
vous **n'**avez **pas** dansé	vous **n'**avez **pas** fini	vous **n'**avez **pas** vendu
ils (or) elles **n'**ont **pas** dansé	ils (or) elles **n'**ont **pas** fini	ils (or) elles **n'**ont **pas** vendu

8.   To form the interrogative, use either (a) the **est-ce que** form in front of the subject, or (b) the inverted form, both of which you learned when you formed the present indicative tense:

(a)	(b)
Est-ce que j'ai dansé?	ai-je dansé?
Est-ce que tu as dansé?	as-tu dansé?
Est-ce qu'il a dansé?	a-t-il dansé?
Est-ce qu'elle a dansé?	a-t-elle dansé?
Est-ce que nous avons dansé?	avons-nous dansé?
Est-ce que vous avez dansé?	avez-vous dansé?
Est-ce qu'ils ont dansé?	ont-ils dansé?
Est-ce qu'elles ont dansé?	ont-elles dansé?

Note: In (b) box above, if you use the inverted form, you need to add **-t-** in the 3rd person singular between the auxiliary verb and the subject pronoun. You already learned to do this when you used the inverted form in the present indicative tense.

169

9. To form the negative-interrogative, use either (a) the **est-ce que** form in front of the subject in the negative form, or (b) the inverted form in the negative:

(a) Est-ce que je n'ai pas dansé?	(b) n'ai-je pas dansé?
Est-ce que tu n'as pas dansé?	n'as-tu pas dansé?
Est-ce qu'il n'a pas dansé?	n'a-t-il pas dansé?
Est-ce qu'elle n'a pas dansé?	n'a-t-elle pas dansé?
Est-ce que nous n'avons pas dansé?	n'avons-nous pas dansé?
Est-ce que vous n'avez pas dansé?	n'avez-vous pas dansé?
Est-ce qu'ils n'ont pas dansé?	n'ont-ils pas dansé?
Est-ce qu'elles n'ont pas dansé?	n'ont-elles pas dansé?

Note: In both (a) and (b) boxes above, it is very easy to form the negative-interrogative of a verb in the passé composé. If you just drop, for a minute, the past participle *dansé*, what you have left is actually what you already learned: the negative-interrogative of the present indicative tense of the verb **avoir**. See the summary at the end of work unit eleven.

Exercises

Review the preceding material before starting these exercises.

I. Write the answers to the following in complete sentences in French.

A. Passé composé with **avoir** in the affirmative — answer in the affirmative.

Model: **Avez-vous vendu la maison?**   **You answer:** **Oui, j'ai vendu la maison.**

1. Avez-vous vendu la voiture? _____

2. Avez-vous acheté la propriété? _____

3. Avez-vous fini les leçons? _____

4. Avez-vous réussi la vente de la propriété? _____

5. Avez-vous fermé les portes et les fenêtres? _____

B. Passé composé with **avoir** in the negative — answer in the negative.

Model: **Janine a-t-elle dansé hier soir?**   **You answer:** **Non, elle n'a pas dansé hier soir.**

> Use a pronoun subject in your answer where a noun subject is given in the question.

1. Janine a-t-elle chanté hier soir? _____

2. Robert a-t-il choisi une jolie cravate? _____

3. As-tu mangé l'éclair? _____

4. Janine et Pierre ont-ils étudié les leçons? _____

5. Avons-nous fini le travail? _____

C. Passé composé with **avoir** in the interrogative — change to the interrogative in the inverted form.

Model: **Janine a parlé à**   **You ask:** **Janine a-t-elle parlé à**
        Madame Richy.   **Madame Richy?**

1. Pierre a vu Madame Richy. _____

2. Hélène a choisi une jolie robe. _____

3. Coco a mangé l'éclair. _____

Coco a mangé l'éclair! Maintenant il va manger le gâteau!

4. Suzanne et Georges ont étudié les devoirs. _____

5. Marie et Betty ont voyagé en France. _____ **171**

D. Passé composé with **avoir** in the interrogative — change to the interrogative with **est-ce que**.

> Model: **Madame Banluc a chanté hier soir.**   You ask: **Est-ce que Madame Banluc a chanté hier soir?**

1. Madame Paquet a acheté un beau chapeau. _____

2. Pierre a perdu sa montre. _____

3. Monsieur Paquet a fumé une cigarette. _____

4. Paul a mangé du chocolat. _____

5. Janine a bu un jus d'orange. _____

E. Passé composé with **avoir** in the negative-interrogative — change into negative-interrogative using the inverted form only.

> Model: **Madame Paquet n'a pas acheté un beau chapeau.**   You ask: **Madame Paquet n'a-t-elle pas acheté un beau chapeau?**

1. Madame Richy n'a pas acheté une automobile. _____

_____

2. Monsieur Richy n'a pas voyagé aux Etats-Unis. _____

_____

3. Madame et Monsieur Armstrong n'ont pas aimé le dessert. _____

_____

4. Mathilde n'a pas entendu la musique. _____

_____

5. Joseph n'a pas choisi une jolie cravate. _____

_____

F. Passé composé with **avoir** in the negative-interrogative — change into negative-interrogative using the **est-ce que** form only.

> Model: **Suzanne n'a pas fini le livre.**   You ask: **Est-ce que Suzanne n'a pas fini le livre?**

1. Robert n'a pas dansé hier soir. _____

2. Joséphine n'a pas chanté ce matin. _____

3. Guy et Michel n'ont pas fini leurs leçons. _____

_____

4. Françoise et Simone n'ont pas entendu la musique. _____

_____

5. Charles n'a pas perdu son ami. _____

II. Match the following.

1. She drank some milk.   _____ Il a vendu sa voiture.

2. They heard a big noise.   _____ Elles ont fini le travail.

3. She played in the park.   _____ Il a fermé la fenêtre.

4. She worked yesterday.   _____ Ils ont oublié de venir.

5. They lost their dog.   _____ Il a expliqué la leçon.

6. He explained the lesson.   _____ Elle a joué dans le parc.

7. He sold his car.   _____ Elles ont perdu leur chien.

8. He closed the window.   _____ Ils ont entendu un grand bruit.

9. They forgot to come.   _____ Elle a bu du lait.

10. They finished the work.   _____ Elle a travaillé hier.

III. Change the infinitive in parentheses to the past participle.

Model: (voir) Ils ont _____ You write on the blank line: vu
la représentation de *Carmen*.

1. (aimer)   Ils ont _____ la représentation de *Carmen*.

2. (quitter)   Ils ont _____ la maison à sept heures et demie.

3. (prendre)   Ils ont _____ leurs places à huit heures et quart.

4. (commencer)   La représentation a _____ à huit heures et demie.

5. (parler)   Madame Paquet a _____ avec les dames.

6. (fumer)   Monsieur Paquet a _____ sa cigarette.

7. (manger)   Pierre a _____ son chocolat.

8. (boire)   Janine a _____ son jus d'orange.

9. (voir)   Elle a _____ un homme.

10. (dire)   Elle a _____ : — Oh! Monsieur! Votre autographe!

IV. Give the 3 English translations for each of the following French verb forms in the passé composé. **Refer to the chart on page 168.**

1. J'ai dansé.   _____ _____ _____

2. Vous avez fini.   _____ _____ _____

3. Nous avons vendu. _____ _____ _____

V. For each of the following verbs in the passé composé write in French the correct form of **avoir**; in other words, the present indicative tense of **avoir**.

1. J'_____ joué.   7. Vous _____ perdu.

2. Tu _____ pleuré.   8. Ils _____ répondu.

3. Il _____ fini.   9. J'_____ étudié.

4. Elle _____ choisi.   10. Il _____ parlé.

5. Janine _____ chanté.   11. Robert _____ travaillé.

6. Nous _____ dansé.   12. Marie et Bob _____ dîné.

B. Verbs conjugated with **être**

MASCULINE SUBJECTS		FEMININE SUBJECTS	
Singular	Plural	Singular	Plural
je suis allé	nous sommes allé**s**	je suis allé**e**	nous sommes allé**es**
tu es allé	vous êtes allé**(s)**	tu es allé**e**	vous êtes allé**e(s)**
il est allé	ils sont allé**s**	elle est allé**e**	elles sont allé**es**
English equivalents: I went, *or* I have gone, *or* I did go; you went, *or* you have gone, *or* you did go; *etc., etc., etc.*			

Rules and observations:

1. To form the *passé composé* of verbs conjugated with **être**, use the present indicative of **être** plus the past participle of the verb. All reflexive verbs are conjugated with **être** as are the 17 verbs in the chart in section **C**.

174

2. The past participle of a verb conjugated with **être** agrees in gender (*i.e.*, whether masculine or feminine) and number (*i.e.*, whether singular or plural) with the subject, as shown in the box above. The past participle of a verb conjugated with **être**, therefore, is like an adjective because it describes the subject in some way.

Compare: **Elle est jolie.**   **Elle est partie.**

She is pretty.   She has left.

3. To form the negative, interrogative, and negative-interrogative, do the same as you did for verbs conjugated with **avoir** in the passé composé. The word order is the same. See the summary at the end of work unit eleven.

C. The 17 verbs conjugated with être*

1. **aller** to go

2. **arriver** to arrive

3. ***descendre** to go down, come down

   Elle est descendue vite.
   She came down quickly.

   BUT: *Elle a descendu la valise.*
   She brought down the suitcase.

4. **devenir** to become

5. **entrer** to enter, go in, come in

6. ***monter** to go up, come up

   Elle est montée lentement.
   She went up slowly.

   BUT: *Elle a monté l'escalier.*
   She went up the stairs.

7. **mourir** to die

8. **naître** to be born

9. **partir** to leave

10. ***passer** to go by, pass by

    Elle est passée chez moi.
    She came by my house.

     BUT: *Elle m'a passé le sel.*
She passed me the salt.

     AND: *Elle a passé un examen.*
She took an exam.

11. ***rentrer** to go in again, to return (home)

    Elle est rentrée tôt.
    She returned home early.

    BUT: *Elle a rentré le chat dans la maison.*
    She brought (took) the cat into the house.

12. **rester** to remain, stay

13. **retourner** to return, go back

14. **revenir** to come back

15. ***sortir** to go out

    Elle est sortie hier soir.
    She went out last night.

    BUT: *Elle a sorti son mouchoir.*
    She took out her handkerchief.

16. **tomber** to fall

17. **venir** to come

*Some of these verbs, as noted above, are conjugated with **avoir** if the verb is used in a transitive sense and has a direct object.

D. Some irregular past participles

	INFINITIVE	PAST PARTICIPLE		INFINITIVE	PAST PARTICIPLE
1.	**apprendre** *to learn*	**appris**	16.	**naître** *to be born*	**né**
2.	**avoir** *to have*	**eu**	17.	**ouvrir** *to open*	**ouvert**
3.	**boire** *to drink*	**bu**	18.	**paraître** *to appear, seem*	**paru**
4.	**comprendre** *to understand*	**compris**	19.	**permettre** *to permit*	**permis**
5.	**couvrir** *to cover*	**couvert**	20.	**pouvoir** *to be able, can*	**pu**
6.	**croire** *to believe*	**cru**	21.	**prendre** *to take*	**pris**
7.	**devenir** *to become*	**devenu**	22.	**promettre** *to promise*	**promis**
8.	**devoir** *to owe, have to, should*	**dû**	23.	**recevoir** *to receive*	**reçu**
9.	**dire** *to say, tell*	**dit**	24.	**revenir** *to come back*	**revenu**
10.	**écrire** *to write*	**écrit**	25.	**rire** *to laugh*	**ri**
11.	**être** *to be*	**été**	26.	**savoir** *to know*	**su**
12.	**faire** *to do, make*	**fait**	27.	**tenir** *to hold*	**tenu**
13.	**lire** *to read*	**lu**	28.	**venir** *to come*	**venu**
14.	**mettre** *to put, place*	**mis**	29.	**voir** *to see*	**vu**
15.	**mourir** *to die*	**mort**	30.	**vouloir** *to want*	**voulu**

Exercises

Review the preceding material before starting these exercises.

I. Write the answers to the following in complete sentences in French.

    A. Passé composé with **être** in the affirmative — answer the questions in the affirmative.

Drill on **aller**

REMEMBER TO WATCH FOR AN AGREEMENT ON THE PAST PARTICIPLE WITH THE SUBJECT IN THE PASSÉ COMPOSÉ WHEN THE VERB IS CONJUGATED WITH **être**!

Model: **Madame Paquet est-elle allée à l'opéra?**   **You answer:** **Oui, Madame Paquet est allée à l'opéra.**

1. Janine est-elle allée au cinéma? _____

2. Monique est-elle allée à l'école? _____

3. Robert est-il allé au théâtre? _____

4. Pierre et Raymond sont-ils allés au parc? _____

5. Anne et Béatrice sont-elles allées au Canada? _____

_____

6. Jacques et Jeanne sont-ils allés à l'aéroport? _____

_____

7. Monsieur et Madame Beaupuy sont-ils allés aux Etats-Unis? _____

_____

8. La mère est-elle allée dans le garage? _____

9. Le père est-il allé dans la cuisine? _____

10. La jeune fille est-elle allée à la pharmacie? _____

_____ **177**

B. Passé composé with **être** in the negative — answer the questions in the negative.

> **Model:** **Janine est-elle arrivée à l'opéra à huit heures et demie?**
>
> **You answer:** **Non, elle n'est pas arrivée à l'opéra à huit heures et demie.**

> Use a pronoun subject in your answer where a noun subject is given in the question.

1. Madame Paquet est-elle arrivée à l'opéra à huit heures et demie? _____

_____

2. Est-ce qu'ils sont entrés dans le théâtre à huit heures? _____

_____

3. Monsieur et Madame Paquet sont-ils partis de bonne heure? _____

_____

4. Est-ce qu'il est resté à la maison? _____

5. Simone est-elle sortie ce soir? _____

C. Passé composé with **être** in the interrogative — change to the interrogative in the inverted form.

> **Model:** **Monique est tombée dans la rue.**
>
> **You ask:** **Monique est-elle tombée dans la rue?**

1. Yolande est venue ce soir. _____

2. François est retourné à midi. _____

3. Les garçons sont restés dans l'école. _____

4. Les jeunes filles sont descendues vite. _____

5. Monsieur et Madame Paquet sont rentrés à minuit. _____

_____

D. Passé composé with **être** in the interrogative — change to the interrogative with **est-ce que**.

> **Model:** **Madame Banluc est née à la Martinique.**
>
> **You ask:** **Est-ce que Madame Banluc est née à la Martinique?**

1.   John James Audubon est né aux Cayes à Haïti. _____

_____

2.   Napoléon Bonaparte est mort à Sainte-Hélène. _____

_____

3.   Marie-Antoinette est née à Vienne. _____

4.   Valéry Giscard d'Estaing est devenu Président de la République française en 1974. ___

_____

5.   Joséphine est née à la Martinique. _____

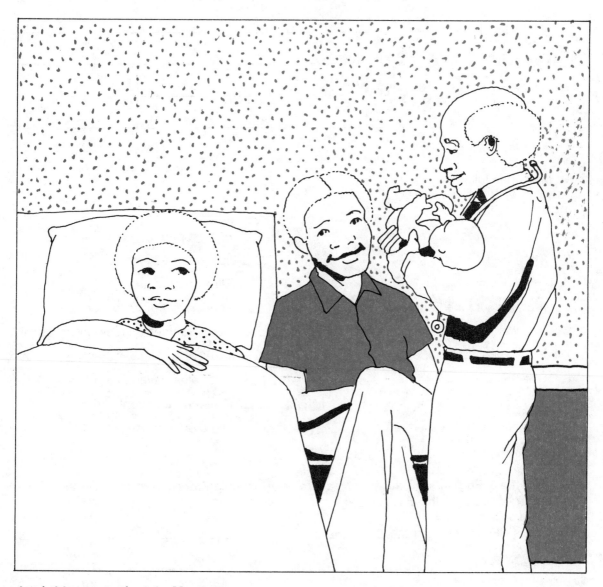

Joséphine est née à la Martinique.

6. Marie-Antoinette est morte à Paris. _____

7. Joséphine est devenue impératrice en 1804. _____

_____

E. Passé composé with **être** in the negative-interrogative — change the following negative sentences into negative-interrogative using the inverted form only.

    Model: Tu n'es pas sorti hier soir.   **You ask: N'es-tu pas sorti hier soir?**

1. Tu n'es pas resté à la maison. _____

2. Elle n'est pas tombée dans le jardin. _____

3. Il n'est pas parti ce matin. _____

4. Vous n'êtes pas arrivé à dix heures. _____

5. Elles ne sont pas allées à l'école aujourd'hui. _____

_____

II. Match the following.

1. She has left.	_____ Il a bu du vin.
2. They have read some books.	_____ Elle est partie.
3. They died.	_____ Ils ont lu des livres.
4. He drank some wine.	_____ Elles sont mortes.
5. We went into the living room.	_____ Vous avez appris la leçon.
6. You went to the restaurant.	_____ Nous sommes entrés dans le salon.
7. He has had an accident.	_____ Tu es allée au restaurant.
8. She has been sick.	_____ Vous êtes devenu médecin.
9. You became a doctor.	_____ Il a eu un accident.
10. You learned the lesson.	_____ Elle a été malade.

III. Give the 3 English translations for each of the following French verb forms in the passé composé. Refer to the chart on page 174.

1. Je suis allé au cinéma. _____ _____ _____

2. Elle est partie. _____ _____ _____

180   3. Nous sommes arrivés. _____ _____ _____

IV. For each of the following verbs in the passé composé write (in French) the correct form of either **avoir** or **être**, depending on which is required.

1. Suzanne _____ parlé.

2. Il _____ monté.

3. Elle _____ sortie.

4. Elle _____ compris.

5. Nous _____ arrivés.

6. Vous _____ dit.

7. Elles _____ lu.

8. Tu _____ fait.

9. Robert _____ resté.

10. Ils _____ ri.

11. Je _____ allé.

12. Madame Paquet _____ bu.

V. Identify the following past participles by writing the infinitive form (in French). These past participles are all irregular.

Model: dit   **You write: dire**

1. appris _____

2. devenu _____

3. eu _____

4. couvert _____

5. cru _____

6. compris _____

7. permis _____

8. reçu _____

9. promis _____

10. voulu _____

11. dû _____

12. vu _____

13. dit _____

14. venu _____

15. écrit _____

16. été _____

17. bu _____

18. fait _____

19. tenu _____

20. lu _____

21. ouvert _____

22. mis _____

23. su _____

24. mort _____

25. ri _____

26. né _____

27. revenu _____

28. paru _____

29. pu _____

30. pris _____

VI. Write the past participle (in French) for each of the following verbs. Some are regular, some are irregular.

Model: vendre   **You write: vendu**

1. avoir _____

2. être _____

3. faire _____

4. finir _____

5. savoir _____

6. lire _____

7. apprendre _____

8. défendre _____

9. choisir _____

181

10. aller _____   13. aider _____   16. voir _____

11. sortir _____   14. bâtir _____   17. danser _____

12. saisir _____   15. jouer _____   18. vendre _____

VII. Some verbs in French are conjugated with **avoir** to form the passé composé and some verbs are conjugated with **être**. For each of the following verbs write on the blank line either **avoir** or **être**, depending on which is required to form the passé composé.

   Models: aller   **You write: être**

   parler   **You write: avoir**

1. rester _____   8. chanter _____   15. partir _____

2. danser _____   9. mourir _____   16. chercher _____

3. finir _____   10. donner _____   17. retourner _____

4. vendre _____   11. dire _____   18. choisir _____

5. arriver _____   12. naître _____   19. avoir _____

6. entrer _____   13. aller _____   20. être _____

7. aimer _____   14. étudier _____   21. venir _____

VIII. Change from the passé composé to the present indicative tense.

   Model: Il a bu du lait.   **You write: Il boit du lait.**

1. Il a lu un bon livre. _____

2. J'ai vendu la voiture. _____

3. Elle est allée à l'opéra. _____

4. Nous avons écrit des lettres. _____

5. Vous êtes arrivé de bonne heure. _____

IX. Change from the present indicative tense to the passé composé.

   Model: Monsieur Paquet a une   **You write: Monsieur Paquet a eu une**
   belle voiture grise.   **belle voiture grise.**

1. Madame Paquet a un beau chapeau rouge. _____

2.   Janine boit un jus d'orange. _____

3.   Pierre mange du chocolat. _____

4.   Monique va au cinéma. _____

5.   Jeanne et Joséphine entrent dans le théâtre. _____

The Opera House, Paris.
Reprinted with permission of French Cultural Services, New York.

X. Fill in the ending of the past participle with the appropriate agreement, if needed. If none is needed, write a dash (—). Refer to the story at the beginning of this unit if you have to. The answers are there!

> **Model:** **La famille Paquet est**   **You fill in the ending of the past participle if**
>   **allé_____ à l'opéra.**   **an agreement is needed:** e or s

1. La famille Paquet est allé_____ à l'opera.

2. Monsieur Paquet est retourné_____ à sa place.

3. Madame Paquet est retourné_____ à sa place.

4. Janine est retourné_____ à sa place.

5. Ils sont arrivé_____ à l'opéra à huit heures.

6. Ils sont entré_____ dans le théâtre.

7. Pierre est retourné_____ à sa place.

XI. On the blank line, write the appropriate past participle of the verb in parentheses. Refer to the story at the beginning of this unit if you have to. The answers are there!

> **Model:** **(aller)**   **La famille Paquet**   **You write on the blank line:** **allée**
>   **est _____ à l'opéra.**

1. (aller)   La famille Paquet est _____ à l'opéra.

2. (arriver)   Ils sont _____ à l'opéra à huit heures.

3. (entrer)   Ils sont _____ dans le théâtre.

4. (aller)   Madame Paquet est _____ parler avec quelques dames.

5. (aller)   Monsieur Paquet est _____ fumer une cigarette.

6. (aller)   Pierre est _____ acheter du chocolat.

7. (aller)   Janine est _____ boire un jus d'orange.

8. (retourner)   Madame Paquet est _____ à sa place.

9. (retourner)   Monsieur Paquet est _____ à sa place.

10. (retourner)   Janine est _____ à sa place.

XII.   **Oral Proficiency.** Respond orally in French to the situation described. (Later, you may write your responses for intensive practice.) Review this unit for ideas or words to use. You may use your own ideas or the vocabulary suggested in the situation. You must use the **passé composé** tense.

Situation: You have just seen a French comedy on stage. On your way out of the theater a friend of yours sees you in the lobby, rushes over to you, and asks why you look angry: **Pourquoi as-tu l'air fâché?** Give some reasons why. You may use your own ideas or ideas suggested by the following: **aimer, détester, perdre, vendre, finir, mauvais, boire, voir, rire**.

XIII.   **Writing Proficiency.** Change one letter in any part of the word and get another French word. They are all in this work unit and in the preceding ones.

1.   **pu** (past participle of **pouvoir**) _____(past participle of **savoir**)

2.   **eu** (past participle of **avoir**) _____(past participle of **lire**)

3.   **bu** (past participle of **boire**) _____(past participle of **voir**)

Here's a recipe in French for a stew.
Try making it yourself. It's fun!

RAGOÛT DE MOUTON À L'IRLANDAISE (IRISH STEW)

Pour 6 personnes   cuisson: 2 heures, 35 min.

1500 grammes de mouton coupé
    en morceaux
3 grosses pommes de terre
300 grammes d'oignons
sel, poivre, blanc de céleri,
    et 3 gousses d'ail
3 cuillères à soupe de farine blanche

1. Disposez dans une cocotte:
   - (a) une couche d'oignons hachés
   - (b) une grosse pomme de terre coupée en lamelles
   - (c) un tiers des morceaux de mouton
   - (d) du sel, du poivre
   - (e) une gousse d'ail haché (si vous désirez)
2. Répétez en disposant une deuxième couche d'oignons hachés, une grosse pomme de terre coupée en lamelles, un tiers des morceaux de mouton, du sel, du poivre, une gousse d'ail haché.
3. Répétez en disposant une troisième couche d'oignons hachés, une grosse pomme de terre coupée en lamelles, un tiers des morceaux de mouton, du sel, du poivre, une gousse d'ail haché.
4. Ajoutez une tasse et demie d'eau chaude.
5. Faites bouillir pendant 5 min.
6. Laissez cuire doucement, à couvert, pendant 1 heure 30 min.
7. Après une heure et demie, si le mélange est épais, ajoutez un peu d'eau chaude. Maintenant, mettez dans la cocotte le céleri coupé en petits morceaux.
8. Laissez cuire doucement pendant 1 heure.
9. Maintenant, ajoutez 3 cuillères à soupe de farine blanche, lentement, pendant que vous remuez le mélange.
10. Bonne chance! Ne le brûlez pas!

Direct Object Pronouns, including en

Let's see how the family stew turns out.

À chacun son goût

Ce soir Pierre a servi le dîner pour la famille et les voisins, Monsieur et Madame Richy. Il a servi un ragoût de mouton à l'irlandaise. La recette pour le ragoût est à la page d'en face.

Pierre:	Voici le ragoût! Je vais le servir maintenant. A table, s'il vous plaît!

(Tout le monde va s'asseoir à la table: Monsieur et Madame Paquet, Janine, Pierre, Monsieur et Madame Richy.)

Janine:	Oh! Il sent bon!
Monsieur Paquet:	Et comment! Il sent très bon. Moi, j'ai grand faim.
Madame Paquet:	Il est magnifique, n'est-ce pas? . . . Excusez-moi, je vais dans la cuisine. Vous pouvez commencer sans moi.

(Madame Paquet se lève. Elle quitte la table pour aller dans la cuisine.)

Madame Richy:	Vraiment extraordinaire!
Monsieur Richy:	J'adore les ragoûts.
Madame Richy:	Moi aussi. Pierre, tu es un bon garçon!
Pierre:	Alors, qui va commencer?
Monsieur Paquet:	Après toi, Pierre. Tu peux commencer si tu veux.
Janine:	Vas-y, Pierre! Tu goûtes le premier.
Pierre:	Bon. Alors, je vais commencer . . . Maintenant, je goûte le ragoût . . .
Janine:	Je vais le goûter aussi . . . Oh! Oh! Il est brûlé! C'est dégoûtant. Je vais être malade. Il est brûlé! Goûtez-en!

(Janine se lève pour quitter la table.)

Pierre:	Oui. Il est brûlé. Janine a raison. Il est brûlé. Je ne l'aime pas. Je vais être malade aussi. Goûtez-en!

(Pierre se lève pour quitter la table.)

Monsieur Paquet: Je vais le goûter aussi . . . Oui. Il est brûlé. Janine et Pierre ont raison. Je ne l'aime pas.

(Monsieur Paquet se lève pour quitter la table.)

Monsieur Richy: Moi, je vais le goûter maintenant . . . Ce ragoût est délicieux! Il est bien cuit, comme le ragoût de ma mère. Bien cuit! Excellent . . . Chérie, pourquoi ne fais-tu pas un ragoût si bien cuit aussi?

Madame Richy: Tu as raison, chéri. La prochaine fois je vais le faire trop cuire. Je vais le brûler pour toi et tu peux le manger seul. Tiens! Mange toute la cocotte!

(Madame Richy se lève. Monsieur Richy reste seul à la table avec la cocotte de ragoût brûlé devant lui.)

(Madame Paquet rentre dans la salle à manger avec le dessert.)

Madame Paquet: Alors, est-ce que tout le monde aime mon ragoût? J'ai un dessert que j'ai fait aussi. Qui veut en goûter?

Vocabulaire

à couvert covered

à table to (at) the table, come to the table!

l'ail *n. m.*, garlic; **une gousse d'ail** a clove of garlic

aime *v. form of* **aimer**; **Je ne l'aime pas!** I don't like it!

ajouter *v.*, to add

avoir faim *v.*, to be hungry; **avoir raison** to be right; **J'ai grand faim** I'm very hungry; **Janine et Pierre ont raison!** Janine and Pierre are right!

blanc *m.*, **blanche** *f.*, *adj.*, white

bouillir *v.*, to boil

brûler *v.*, to burn; **brûlé** burned; **ne le brûlez pas!** don't burn it!

le céleri *n.*, celery; **le blanc de céleri** celery stalk

chacun *pron.*, each one; **à chacun son goût** to each his/her own (taste)

la chance *n.*, chance, luck; **bonne chance!** good luck!

chaud *m.*, **chaude** *f.*, *adj.*, hot

la cocotte *n.*, the stewing pot; **toute la cocotte** the whole pot

comment *adv.*, how

connaît *v. form of* **connaître** to know (someone), to be acquainted with (someone); **Est-ce que Pierre connaît Madeleine?** Does Pierre know Madeleine? (pres. indicative: **je connais, tu connais, il (elle) connaît, nous connaissons, vous connaissez, ils (elles) connaissent**)

la couche *n.*, layer

couper *v.*, to cut; **coupé** sliced

la cuillère *n.*, the spoon; **cuillère à soupe** soup spoon

cuire *v.*, to cook; **cuit** cooked; **cuisson** cooking time; **bien cuit** well done (cooked); **trop cuit** over-done (overcooked)

dégoûtant *adj.*, disgusting, revolting

devant *prep.*, in front of;

devant lui in front of him

disposer *v.*, to dispose, to arrange; **en disposant** arranging

doucement *adv.*, gently (low flame)

en *partitive*, some; **goûtez-en!** taste some!

épais *m.*, **épaisse** *f.*, *adj.*, thick

la faim *n.*, hunger; **avoir faim** to be hungry

faire bouillir *v.*, to boil; **faire trop cuire** to overcook

la farine *n.*, flour

goûter *v.*, to taste; **le goût** the taste; **Qui veut en goûter?** Who wants to taste some? **Goûtez-en!** Taste some!

le gramme *n.*, the gram (metric unit of measurement); 1 gram equals about .035 ounce; 500 grams equal about 1.1 lbs.; 300 grams equal about 10 oz.

gros *m.*, **grosse** *f.*, *adj.*, big, fat, large

hacher *v.*, to chop (up);

haché chopped
irlandais *m.*, **irlandaise** *f.*,
 adj., Irish; **à l'irlandaise**
 Irish style
le kilogramme *n.*, kilogram
 (1,000 grams; 1 kilo equals
 about 2.2 lbs.)
laisser *v.*, to let, to allow
la lamelle *n.*, the thin slice
malade *adj.*, sick
le mélange *n.*, the mixture
mettez *v. form of* **mettre** (to
 put, to place)
le morceau *n.*, the piece,
 morsel
le mouton *n.*, the mutton
l'oignon *n. m.*, the onion

la page *n.*, the page; **page
 d'en face** opposite page
pendant *prep.*, during;
 pendant que *conj.*, while
peux *v. form of* **pouvoir; tu
 peux commencer** you can
 begin
le poivre *n.*, the pepper
la pomme de terre *n.*, the
 potato
prochain *m.*, **prochaine** *f.*,
 adj., next; **la prochaine
 fois** the next time
le ragoût *n.*, the stew
la raison *n.*, the reason;
 avoir raison to be right
la recette *n.*, the recipe

remuer *v.*, to stir
le sel *n.*, the salt
sent *v. form of* **sentir** (to
 smell, to feel); **il sent très
 bon!** it smells very good!
servir *v.*, to serve; **je vais le
 servir maintenant** I'm
 going to serve it now.
seul *m.*, **seule** *f.*, *adj.*, alone
tiens! *exclam.*, here!
un tiers one-third
vas-y! go to it!
veux *v. form of* **vouloir** (to
 want); **si tu veux** if you
 want
le voisin, la voisine *n.*, the
 neighbor

Exercises

Review the story and vocabulary before starting these exercises.

I. Answer the following questions in complete sentences (in French). They are based on
 the story, "A chacun son goût."

1. Qui a servi le dîner ce soir? _____

2. Pour qui a-t-il servi le dîner? _____

3. Qui commence à goûter le ragoût? _____

4. Qui aime le ragoût? _____

5. Pourquoi aime-t-il le ragoût? _____

6. Qui a fait le ragoût? _____

II. Answer the following questions in complete sentences (in French). They are personal questions and require answers of your own.

1. Aimez-vous manger du ragoût? _____

2. Savez-vous faire un ragoût? _____

3. Aimez-vous le ragoût brûlé? _____

189

III. **Comment dit-on en français . . . ?** Find these statements in the story and write them in French.

1. And how! It smells very good. I'm very hungry. _____

   _____

2. Janine is right. It's burned. I don't like it. Taste some! _____

   _____

3. I'm going to taste it. _____

4. Mrs. Paquet comes back into the dining room with the dessert. _____

   _____

5. Does everybody like my stew? I have a dessert that I made also. Who wants to taste some?

   _____

   _____

Structures de la Langue

A. Direct object pronouns

	Singular		Plural
me or **m'**	me	**nous**	us
te or **t'**	you (familiar)	**vous**	you (sing. polite or plural)
le or **l'**	him, it ⎱	**les**	them (persons or things)
la or **l'**	her, it ⎰ person or thing		

Rules and observations:

1. A direct object **pronoun** takes the place of a direct object **noun**.

2. A direct object noun ordinarily comes after the verb, but a direct object pronoun is ordinarily placed *in front of* the verb.

3. The vowel **e** in **me**, **te**, **le** and the vowel **a** in **la** drop and an apostrophe is added if the verb right after it starts with a vowel or a silent *h; e.g.,* **je l'aime**. (I like it.)

4. You might say that the direct object "receives" the action of the verb.

5. Study the direct object pronouns in the above box and the model sentences in the boxes below.

B. Direct object pronoun referring to a thing in the present indicative

The noun as direct object of the verb	The pronoun in place of the noun
(a) **Janine lit le poème.** *Janine is reading the poem.*	(a) **Janine le lit.** *Janine is reading it.*
(b) **Pierre lit la lettre.** *Pierre is reading the letter.*	(b) **Pierre la lit.** *Pierre is reading it.*
(c) **Janine apprend le poème.** *Janine is learning the poem.*	(c) **Janine l'apprend.** *Janine is learning it.*
(d) **Pierre écrit la lettre.** *Pierre is writing the letter.*	(d) **Pierre l'écrit.** *Pierre is writing it.*
(e) **Janine lit les poèmes.** *Janine is reading the poems.*	(e) **Janine les lit.** *Janine is reading them.*

Rules and observations:

1. The direct object pronoun must agree in gender and number with the noun it is replacing. Gender means masculine or feminine. Number means singular or plural.

2. Actually, what you do is drop the noun direct object. The definite article that remains becomes the pronoun direct object. Put it *in front of* the verb. If the verb starts with a vowel or a mute *h*, drop the **e** in **le** and the **a** in **la** and add an apostrophe.

(a) From: **Janine lit le poème.** You get: **Janine le lit.**	Janine lit le po~~è~~me.
(b) From: **Pierre lit la lettre.** You get: **Pierre la lit.**	Pierre lit la le~~ttre~~.
(c) From: **Janine apprend le poème.** You get: **Janine l'apprend.**	Janine apprend le po~~è~~me.

(d) From: **Pierre écrit la lettre.** You get: **Pierre l'écrit.**	Pierre écrit la lettre.
(e) From: **Janine lit les poèmes.** You get: **Janine les lit.**	Janine lit les poèmes.

C. Direct object pronoun referring to a person in the present indicative

Pierre	**me** connaît.	Pierre knows	*me.*
	te		*you. (familiar)*
	le		*him.*
	la		*her.*
	nous		*us.*
	vous		*you. (sing. polite or plural)*
	les		*them.*

Rules and observations:

1. Direct object pronouns, whether they refer to persons or things, are ordinarily placed *in front of* the verb.

2. If the verb is negative, put **ne** *in front of the direct object pronoun* and **pas** *after* the verb, as in the examples in the box below.

Pierre ne **me**	connaît pas.	Pierre does not know	*me.*
ne **te**	pas.		*you. (familiar)*
ne **le**	pas.		*him.*
ne **la**	pas.		*her.*
ne **nous**	pas.		*us.*
ne **vous**	pas.		*you. (sing. polite or plural)*
ne **les**	pas.		*them.*

D. Direct object pronoun in the affirmative and negative command

Affirmative command		Negative command	
with noun direct object	with pronoun direct object	with noun direct object	with pronoun direct object
Apprenez le poème!	**Apprenez-le!**	N'apprenez pas le poème.	**Ne l'apprenez pas!**
Ecrivez la lettre!	**Ecrivez-la!**	N'écrivez pas la lettre.	**Ne l'écrivez pas!**
Etudiez les leçons!	**Etudiez-les!**	N'étudiez pas les leçons.	**Ne les étudiez pas!**

Rules and observations:

1. In the affirmative command, a direct object pronoun is placed *right after* the verb and joined with a hyphen.

2. In the negative command, a direct object pronoun is placed *in front of* the verb, where it ordinarily goes.

3. In the negative command, the **ne** is placed *in front of* the direct object pronoun and the **pas** *after* the verb.

E. Direct object pronoun as object of an infinitive

(a) **Monsieur Richy veut goûter le ragoût.** ⟶ **Monsieur Richy veut le goûter.**

   (*Mr. Richy wants to taste the stew.*)   (*Mr. Richy wants to taste it.*)

(b) **Janine veut apprendre le poème.** ⟶ **Janine veut l'apprendre.**

   (*Janine wants to learn the poem.*)   (*Janine wants to learn it.*)

(c) **Pierre ne veut pas écrire la lettre.** ⟶ **Pierre ne veut pas l'écrire.**

   (*Pierre does not want to write the letter.*)   (*Pierre does not want to write it.*)

Rules and observations:

1. A pronoun as object of an infinitive is placed *in front* of the infinitive.

193

2. In a negative statement with a pronoun as object of an infinitive, **ne** is placed in front of the verb and **pas** after it (as is usual) and the pronoun as object of the infinitive still remains in front of the infinitive.

3. The point is that the verb can be made negative and it has nothing to do with the logical position of the pronoun as object of an infinitive.

F. Direct object pronoun with a verb in the passé composé

The noun as direct object of the verb	The pronoun in place of the noun
(a) **Marie a préparé le dîner.** (Mary prepared the dinner.)	(a) **Elle l'a préparé.** (She prepared it.)
(b) **Robert a préparé la salade.** (Robert prepared the salad.)	(b) **Il l'a préparée.** (He prepared it.)
(c) **Jean a préparé les dîners.** (John prepared the dinners.)	(c) **Il les a préparés.** (He prepared them.)
(d) **Anne a préparé les salades.** (Anne prepared the salads.)	(d) **Elle les a préparées.** (She prepared them.)

Rules and observations:

1. The verb form **a préparé** is in the passé composé, 3d person, singular tense. Review how to form the passé composé in the preceding work unit.

2. You still put the direct object pronoun *in front of* the verb form (**a préparé**), just as you put it *in front of* the simple verb form in the present indicative. Review the position of the direct object pronoun in the present indicative on pages 191 and 192.

3. There is one new thing to be learned here: the past participle (**préparé**) of the verb in the passé composé must agree in gender (masculine or feminine) and number (singular or plural) with the *preceding* direct object pronoun, if there is one.

4. If the *preceding* direct object pronoun is **le** (masculine, singular), there is no agreement required on the past participle.

5. If the *preceding* direct object pronoun is **la** (feminine, singular), you must add **e** to the past participle.

6. If the *preceding* direct object pronoun is **les** (masculine, plural), you must add **s** to the past participle.

7. If the *preceding* direct object pronoun is **les** (feminine, plural), you must add **es** to the past participle.

8. To sum it up: There must be an agreement in both gender and number in the past participle of a verb conjugated with **avoir** with the *preceding* direct object pronoun if there is one. There is no agreement if the direct object is a *noun* and it follows the verb. Compare the column on the right and the column on the left in the above box.

9. A reminder: When we conjugate a verb with **être**, there is an agreement between the past participle and the subject, *e.g.,* **Janine est allée au théâtre**. See pages 174 and 175.

G. Meanings and positions of **en** as an object pronoun

(a) Avez-vous **du café?** (Have you *any coffee?*) (Have you *some coffee?*)	Oui, j'**en** ai. (Yes, I have *some* [*of it*].)
(b) Buvez-vous **de l'eau?** (Do you drink *any water?*)	Oui, j'**en** bois. (Yes, I drink *some.*)
(c) Mangez-vous **de la glace?** (Do you eat *any ice cream?*)	Oui, j'**en** mange. (Yes, I eat *some .*)
(d) Mangez-vous **des pommes?** (Do you eat *any apples?*)	Oui, j'**en** mange. (Yes, I eat *some .*)
(e) Avez-vous **des soeurs?** (Do you have *any sisters?*)	Oui, j'**en** ai deux. (Yes, I have two [*of them*].)
(f) Vient-il **de Paris?** (Does he come *from Paris?*)	Oui, il **en** vient. (Yes, he comes *from there .*)
(g) Avez-vous peur **des serpents?** (Are you afraid *of snakes?*)	Oui, j'**en** ai peur. (Yes, I'm afraid *of them .*)
(h) Buvez **du café!** (Drink *some coffee!*)	Buvez-**en!** (Drink *some!*)
(i) Ne buvez pas **de café!** (Don't drink *any coffee!*)	N'**en** buvez pas! (Don't drink *any* [*of it*]*!*)

Rules and observations:

1. The pronoun **en** has more than one translation in English, as you can see from the model sentences in the above box.

2. **En** is used to replace a noun preceded by the preposition **de** or any combination of **de**; for example, **du**, **de l'**, **de la**, **des**.

3. **En** is used to refer to persons or things if the noun is used in a partitive sense.

4. **En** is used to refer to places and things but not to persons, if the noun is not used in a partitive sense. See (f) and (g) above.

5. In the affirmative imperative, **en** is placed *right after* the verb and joined with a hyphen. In the negative imperative, **en** is placed in front of the verb, where it is ordinarily placed, e.g., **Goûtez-en!** (Taste some!), **N'en goûtez pas!** (Don't taste any!)

Exercises

I. Change the following sentences by substituting a pronoun as object of the verb in place of the noun object. Rewrite the entire sentence.

Model: Janine lit *le poème.*   You write: Janine le lit.

1. Pierre lit *la lettre.* _____

2. Janine écrit *la leçon.* _____

3. Michel apprend *l'espagnol.* _____

4. Christophe fait *les devoirs.* _____

5. Alexandre écoute *la musique.* _____

6. Yolande prononce *le mot.* _____

7. Théodore voit *l'hôtel.* _____

8. Monique dit *la phrase.* _____

9. Joséphine attend *l'autobus.* _____

10. Anne mange *les gâteaux.* _____

II. Answer the following questions in the affirmative, substituting a pronoun as object of the verb in place of the noun object. Also, substitute a pronoun in place of the noun subject. Rewrite the entire sentence.

> **Model: Janine écrit-elle *la leçon?***   **You write: Oui, elle l'écrit.**

1. Monique dit-elle *la phrase?* _____

2. Joséphine attend-elle *l'autobus?* _____

3. Pierre lit-il *la lettre?* _____

4. Michel mange-t-il *les gâteaux?* _____

5. Yolande écoute-t-elle *la musique?* _____

III. Answer the following questions in the negative, substituting a pronoun as object of the verb in place of the noun object. Also, substitute a pronoun in place of the noun subject. Rewrite the entire sentence.

> **Model: Est-ce que Janine boit le jus d'orange?**   **You write: Non, elle ne le boit pas.**

1. Est-ce que Pierre mange la saucisse? _____

2. Est-ce que Joséphine prononce le mot? _____

3. Est-ce qu'Henri aime le saucisson? _____

4. Est-ce que Georges lit la lettre? _____

5. Est-ce que Georgette apporte les gâteaux? _____

IV. Answer the following questions in complete sentences in the affirmative, substituting a direct object pronoun for the noun object.

> **Model: Apprenez-vous le français maintenant?**   **You answer: Oui, je l'apprends maintenant.**

1. Comprenez-vous la leçon aujourd'hui? _____

2. Dites-vous toujours la vérité? _____

3. Faites-vous les devoirs maintenant? _____

4. Lisez-vous le journal tous les jours? _____

5. Ecrivez-vous la phrase en ce moment? _____

197

V. Answer the following questions in the affirmative in complete sentences, substituting a direct object pronoun for the noun object. Also, substitute a pronoun for the noun subject.

  Model: **Est-ce que Pierre connaît Madeleine?**   **You answer:** **Oui, il la connaît.**

1. Est-ce que Janine connaît Monique? _____

2. Est-ce que Monique connaît Robert? _____

3. Est-ce que Robert connaît Pierre et Hélène? _____

4. Est-ce que Marie connaît Monsieur et Madame Paquet? _____

5. Est-ce qu'Henri connaît Anne et Françoise? _____

VI. Answer the following questions in the affirmative.

  Model: **Est-ce qu'elle vous voit?**   **You answer:** **Oui, elle me voit.**

1. Est-ce qu'elle vous connaît? _____

2. Est-ce qu'il te voit? _____

3. Est-ce qu'elle nous aime? _____

4. Est-ce qu'ils les attendent? _____

5. Est-ce qu'il l'adore? _____

VII. Answer the following questions in the affirmative.

  Model: **Est-ce que vous m'aimez bien?**   **You answer:** **Oui, je vous aime bien.**

1. Est-ce que tu m'aimes bien? _____

2. Est-ce que vous l'aimez bien aussi? _____

3. Est-ce que tu l'aimes bien aussi? _____

4. Est-ce qu'il vous aime bien? _____

5. Est-ce qu'elle vous aime bien aussi? _____

VIII. Answer the following questions in the negative.

  Model: **Est-ce que vous m'aimez?**   **You answer:** **Non, je ne vous aime pas.**

1. Est-ce que tu m'aimes? _____

198   2. Est-ce qu'il vous aime? _____

3. Est-ce que vous l'aimez aussi? _____

4. Est-ce qu'il t'aime? _____

5. Est-ce qu'elle vous aime? _____

IX. For each statement write a response in French in the affirmative imperative. Use a pronoun object in place of the noun object.

Model: Je veux apprendre le poème! You answer: **Bon! Alors, apprenez-le!**

1. Je veux écrire la lettre! _____

2. Je veux étudier les leçons! _____

3. Je veux lire le livre! _____

4. Je veux boire le lait! _____

5. Je veux faire les devoirs! _____

X. For each statement write a response in French in the negative imperative. Use a pronoun object in place of the noun object.

Model: Je ne veux pas apprendre le poème! You answer: **Bon! Alors, ne l'apprenez pas!**

1. Je ne veux pas écrire la lettre! _____

2. Je ne veux pas étudier les leçons! _____

3. Je ne veux pas lire le livre! _____

4. Je ne veux pas boire le lait! _____

5. Je ne veux pas faire les devoirs! _____

XI. Change the following sentences by substituting a pronoun as object of the infinitive in place of the noun object. Rewrite the entire sentence.

Model: Janine veut lire *la lettre*. You write: **Janine veut la lire.**

1. Pierre veut lire *le livre*. _____

2. Madeleine veut apprendre *le poème*. _____

3. Paul ne veut pas écrire *la lettre*. _____

199

4. Philippe ne veut pas manger *la saucisse*. _____

5. Gertrude ne veut pas apporter *les gâteaux*. _____

XII. Answer the following questions in the affirmative, substituting **en** as a pronoun object of the verb in place of the words indicated.

     Model: Avez-vous du café?   **You answer: Oui, j'en ai.**

1. Avez-vous *du lait?* _____

2. Buvez-vous *de l'eau?* _____

3. Mangez-vous *de la glace?* _____

4. Mangez-vous *des pommes?* _____

5. Avez-vous *des soeurs?* _____

XIII. Answer the following questions in the negative, substituting **en** as a pronoun object of the verb in place of the words indicated.

     Model: Avez-vous *du vin?*   **You answer: Non, je n'en ai pas.**

1. Avez-vous *du café?* _____

2. Avez-vous *de l'eau?* _____

3. Avez-vous *de la glace?* _____

4. Avez-vous *des gâteaux?* _____

5. Avez-vous *des frères?* _____

XIV. For each statement write a response in French in the affirmative imperative, substituting **en** in place of the words indicated.

     Model: Je veux boire *du café!*   **You answer: Bon! Alors, buvez-en!**

1. Je veux boire *du vin!* _____

2. Je veux manger *du gâteau!* _____

3. Je veux écrire *des lettres!* _____

4. Je veux boire *de l'eau!* _____

5. Je veux manger *de la salade!* _____

XV. For each statement write a response in French in the negative imperative, substituting **en** in place of the words indicated.

    Model: **Je ne veux pas boire**   You answer: **Bon! Alors, n'en buvez pas!**
             de café!

1. Je ne veux pas boire *de vin!* _____

2. Je ne veux pas manger *de gâteau!* _____

3. Je ne veux pas écrire *de lettres!* _____

XVI. Change the following sentences in the passé composé by substituting a pronoun as object of the verb in place of the noun object. Rewrite the entire sentence. Watch for agreement of the past participle with a preceding direct object pronoun.

    Model: **Pierre a préparé *la leçon.***   You write: **Pierre l'a préparée.**

1. Madame Paquet a préparé *le dîner.* _____

2. Monsieur Richy a mangé *le ragoût.* _____

3. Pierre a servi *le dîner.* _____

4. Janine a préparé *les devoirs.* _____

5. Monsieur Paquet a préparé *les salades.* _____

XVII. Answer the following questions in the affirmative, substituting a pronoun as object of the verb in place of the noun object. Also, substitute a pronoun in place of the noun subject. Rewrite the entire sentence. Watch for agreement on the past participle!

    Model: **Est-ce que Pierre a préparé**   You write: **Oui, il l'a préparée.**
             la salade?

1. Est-ce que Pierre a servi *le dîner?* _____

2. Est-ce que Madame Paquet a préparé *le dîner?* _____

3. Est-ce que Monsieur Richy a mangé *le ragoût?* _____

4. Est-ce que Janine a écrit *la lettre?* _____

5. Est-ce que Christophe a fait *les devoirs?* _____

XVIII. Answer the following questions in the negative, substituting a pronoun as object of the verb in place of the noun object. Also, substitute a pronoun in place of the noun subject. Rewrite the entire sentence. Watch for agreement on the past participle!

   Model: **Est-ce que Pierre a préparé le dîner?**   You write: **Non, il ne l'a pas préparé.**

   1.   Est-ce que Guy a préparé *la salade?* _____

   2.   Est-ce que Pierre a fait *le dîner?* _____

   3.   Est-ce que Janine a lu *le poème?* _____

   4.   Est-ce que Madame Richy a mangé *le ragoût?* _____

   5.   Est-ce que Robert a fait *les devoirs?* _____

XIX. **Oral Proficiency.** Respond orally in French to the situation described. (Later, you may write your responses for intensive practice.)

Situation: You prepared dinner for your friends. One friend says she likes a dish you made and would like the recipe. In four or five sentences, tell your friend how to make it. Start with **Je suis content(e) que tu aimes le _____.** (I'm glad that you like the _____.) You may use your own ideas or those in the story in this work unit. Use your own words or the following: **préparé, brûlé, poulet, cuire, la recette, mettre, trop de sel** (too much salt), **servir, oignon**.

Les Bourgeois de Calais (The Burghers of Calais) by Auguste Rodin, French sculptor. Reprinted with permission of French Cultural Services, New York.

XX.   Lists. In the spaces below, write a list of words in French as required in each situation.

A.   You are planning to prepare a dinner for your friends. It is a stew. Write ten ingredients that you will use to cook it. Refer to the recipe at the beginning of this work unit for help.

1. _____   2. _____   3. _____   4. _____   5. _____

6. _____   7. _____   8. _____   9. _____   10. _____

B.   Study the picture below of the girl and cow. Write four words naming what you see in it.

1. _____   2. _____   3. _____   4. _____

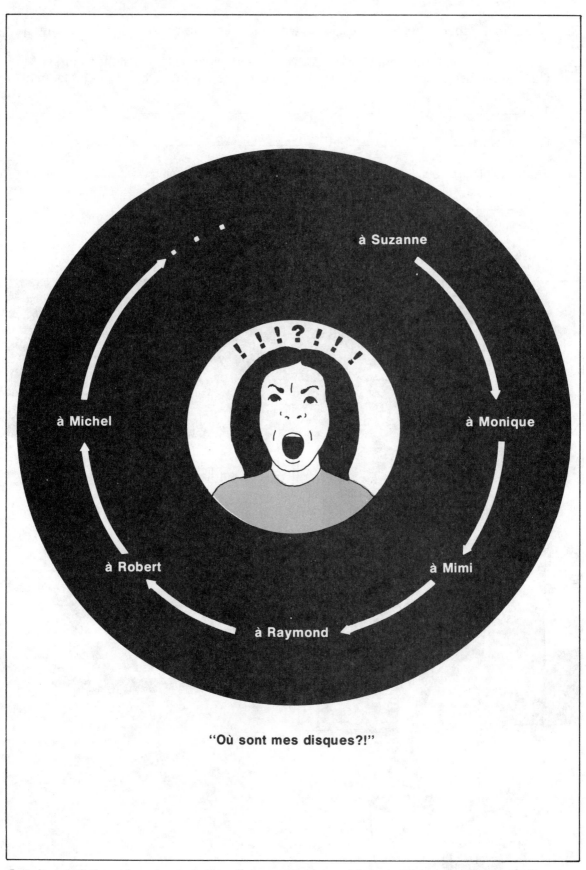

"Où sont mes disques?!"

Les disques? Je ne les ai pas, Janine. Je les ai donnés à Monique. Je lui ai donné tes disques.

Indirect Object Pronouns, including y

Round and round the records go and
where do they end up? Who knows?

La ronde

Janine a prêté ses disques à son amie Suzanne au mois de septembre. C'est aujourd'hui le premier décembre. Janine veut reprendre ses disques pour les écouter pendant les fêtes de Noël. Elle va voir son amie Suzanne et elle lui dit:

Janine:	Suzanne, je t'ai prêté mes disques au mois de septembre et aujourd'hui c'est le premier décembre. Je veux les jouer pendant les fêtes de Noël. Veux-tu me rendre mes disques, s'il te plaît?
Suzanne:	Je ne les ai pas, Janine. Je les ai donnés à Monique. Va la voir. Je lui ai donné les disques.

(Janine va voir Monique.)

Janine:	Monique, j'ai prêté mes disques à Suzanne et elle m'a dit que tu les as maintenant. Je lui ai donné mes disques au mois de septembre.
Monique:	Je ne les ai pas, Janine. Je les ai prêtés à Mimi. Va la voir. Je lui ai donné les disques.

(Janine va voir Mimi.)

Janine:	Mimi, as-tu mes disques? Tu les as, je sais. Je les ai prêtés à Suzanne, elle les a donnés à Monique et Monique m'a dit que **tu les as** maintenant.
Mimi:	Oh! Les disques! Quels disques? Les disques de musique moderne?
Janine:	Oui, C'est ça.
Mimi:	Non. Je ne les ai pas. Je les ai donnés à Raymond. Va le voir. Je lui ai donné les disques.

(Janine va voir Raymond.)

Janine:	Raymond, j'ai prêté mes disques à Suzanne au mois de septembre et aujourd'hui c'est le premier décembre. Suzanne m'a dit qu'elle les a donnés à Monique. Monique m'a dit qu'elle les a donnés à Mimi. Mimi m'a dit que **tu les as.**
Raymond:	Oh! Les disques. Je les ai donnés à Robert, et Robert les a donnés à Michel, et Michel les a donnés à . . .

Vocabulaire

l'ami *m.,* **l'amie** *f., n.,* the friend
le disque *n.,* the phonograph record
écouter *v.,* to listen (to)
les *direct obj. pron.,* them
lui *indirect obj. pron.,* to her, to him
me *indirect obj. pron.,* to me

mes *poss. adj. pl.,* my
le mois *n.,* the month; **au mois de** in the month of
le Noël *n.,* Christmas
prêté *past part. of* **prêter** (to lend)
rendre *v.,* to return (something), to give back
reprendre *v.,* to take back,

get back
la ronde *n.,* the round
ses *poss. adj. pl.,* his, her
s'il te plaît please *(fam. use);* **s'il vous plaît** *(polite use)*
te *indirect obj. pron.,* to you (fam.); **t'** is a contraction of **te**

Exercises

Review the story and vocabulary before starting these exercises.

I. Answer the following questions in French in complete sentences. They are all based on the dialogue in this unit, "La ronde."

1. Qui a prêté ses disques à Suzanne? _____

2. Pourquoi Janine veut-elle reprendre ses disques? _____

   _____

3. Est-ce que Janine reprend ses disques? _____

II. Comment dit-on en français . . . ? Refer to the dialogue in this unit if you have to.

1. She said to me that you have them now. _____

2. Today is December first. _____

3. I don't have them. I gave the records to her. Go see her. _____

   _____

4. I gave the records to Mimi. Mimi gave them to Raymond. _____

   _____

5. I gave the records to him. Go see him. _____

III. Unscramble the French words listed below and write them in the appropriate squares.

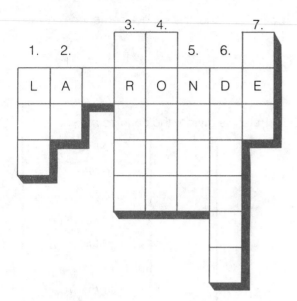

1. ELS
2. UA
3. RÊTPÉ
4. ÉNODN
5. ĔLON
6. QUESID
7. SEM

Structures de la Langue

A. Indirect object pronouns

Singular		Plural	
me or **m'**	to me	**nous**	to us
te or **t'**	to you (familiar)	**vous**	to you (sing. polite or plural)
lui	to him, to her, to it	**leur**	to them

Rules and observations:

1. An indirect object pronoun takes the place of an indirect object noun.

2. You might say that an indirect object "receives" the direct object because it is usually a matter of something "going" to someone; for example, *to me, to you, to him, to her, to it, to us, to them.* Sometimes the *to* is not mentioned in English: *I am giving him the book;* what we really mean to say is, *I am giving the book to him.* Then, too, there are some verbs in French that take an indirect object pronoun because the verb takes the preposition **à** *(to);* for example, **Je lui réponds** can be translated into English as: *I am answering her (or him), or, I am responding to her (or to him).*

207

3. An indirect object pronoun is ordinarily placed *in front of* the verb.

4. Study the indirect object pronouns in the above box and the model sentences in the box below.

Pierre	**me**	donne le gâteau.			Peter is giving the cake	*to me.*
	te					*to you.*
	lui					*to him.*
	lui					*to her.*
	lui					*to it.*
	nous					*to us.*
	vous					*to you.*
	leur					*to them.*

5. To make the verb negative, put **ne** *in front of the indirect object pronoun* and **pas** after the verb, as you did for the direct object pronouns:

> **Pierre ne me donne pas le gâteau.**
>
> *(Peter is not giving the cake to me.)*

6. In the affirmative imperative, do the same as you did for the direct object pronouns. The indirect object pronoun is put *right after* the verb and joined with a hyphen:

> **Donnez-lui le gâteau!**   (Give the cake to him/her.)

7. In the affirmative imperative, **me** changes to **moi** when it is tacked on to the verb and joined with a hyphen:

> **Donnez-moi le gâteau!**   (Give me the cake!)

8.   In the negative imperative, do the same as you did for the direct object pronouns. Put the indirect object pronoun *in front of* the verb, where it ordinarily goes:

> **Ne me donnez pas le gâteau!**   (Don't give me the cake!)
>
> **Ne lui donnez pas le gâteau!**   (Don't give her/him the cake!)

9.   If the indirect object pronoun is the object of an infinitive, do the same as you did for the direct object pronouns. Put the indirect object pronoun *in front of* the infinitive:

> **Janine veut leur parler.**   (Janine wants to talk to them.)

10.   Remember that there is *no agreement* between the past participle of a verb conjugated with **avoir** in the passé composé if there is an indirect object. However, there *must be an agreement* (both in gender and in number) *if there is a preceding direct object.* Compare:

> **Je lui ai donné les disques.**   **Je les ai donnés à Mimi.**
>
> (I *gave* the records *to her*.)   (I *gave them* to Mimi.)

B.   Y is an indirect object form that is used to refer to places or to things. It ordinarily replaces a noun preceded by the preposition à, or dans, or sur:

> (a)   Allez-vous **à la bibliothèque**?   Oui, j'**y** vais.
>
>   (Are you going *to the library?*)   (Yes, I'm going *there*.)
>
> (b)   Les gants sont-ils **dans le tiroir**?   Oui, ils **y** sont.
>
>   (Are the gloves *in the drawer?*)   (Yes, they are *there*.)
>
> (c)   Est-ce que le chapeau est **sur la commode**?   Oui, il **y** est.
>
>   (Is the hat *on the dresser?*)   (Yes, it is *there*.)
>
> (d)   Aimez-vous aller **au cinéma**?   Oui, j'aime **y** aller.
>
>   (Do you like going *to the movies?*)   (Yes, I like going *there*.)

Exercises

Review the preceding material before starting these exercises.

I. Change the following sentences by substituting an indirect object pronoun in place of the nouns. Put the indirect object pronoun in its proper position. Rewrite the entire sentence.

Model: **Pierre donne le gâteau à *Janine*.**   **You write:** **Pierre lui donne le gâteau.**

1. Janine donne le journal *à Pierre.* _____

2. Madeleine donne le livre à *Mathilde.* _____

3. Gloria donne la fleur à *Hélène.* _____

4. Robert donne la balle *aux garçons.* _____

5. Monique donne les stylos à *Marie et à Henri.* _____

II. Answer the following questions in complete sentences (in French), using an appropriate indirect object pronoun in place of the words in parentheses.

A. Model: A qui parlez-vous? (à la jeune fille)   **You write: Je lui parle.**

1. A qui parlez-vous? (à la femme) _____

2. A qui parlez-vous? (au garçon) _____

3. A qui parlez-vous? (à Madeleine) _____

4. A qui parlez-vous? (à l'ami) _____

5. A qui parlez-vous? (à Robert) _____

B. Model: A qui donnez-vous les fleurs? (aux femmes)   **You write: Je leur donne les fleurs.**

1. A qui donnez-vous les gâteaux? (aux garçons) _____

2. A qui donnez-vous les livres? (à Marie et à Robert) _____

3. A qui donnez-vous le ragoût brûlé? (aux chiens) _____

A qui donnez-vous le ragoût brûlé?

4.   A qui donnez-vous les lettres? (à la mère et au père) _____

5.   A qui donnez-vous le jus? (à Janine et à Pierre) _____

III.   Answer the following questions in the affirmative using an indirect object pronoun in each answer.

   Model: Est-ce que vous me parlez?   **You answer: Oui, je vous parle.**

1.   Est-ce que vous me parlez? _____

2.   Est-ce que vous lui parlez? _____

3.   Est-ce que vous nous parlez? _____   **211**

IV. For each statement write a response in French in the affirmative imperative. Use an indirect object pronoun in place of the words indicated.

      Model: **Je veux donner le ragoût**   You answer: **Bon! Alors, donnez-lui le**
              à Pierre.   **ragoût!**

1. Je veux donner le gâteau à *Marie*. _____

2. Je veux donner le parapluie à *la femme*. _____

3. Je veux donner le bonbon à *l'enfant*. _____

4. Je veux donner le jus de fruit à *Robert*. _____

5. Je veux donner le ragoût brûlé à *Monsieur Richy*. _____

V. For each statement write a response in French in the negative imperative. Use an indirect object pronoun in place of the words indicated.

      Model: **Je ne veux pas donner les**   You answer: **Bon! Alors, ne leur donnez**
              bonbons *aux enfants*.   **pas les bonbons!**

1. Je ne veux pas donner le chocolat *aux garçons*. _____

2. Je ne veux pas donner les devoirs à *la maîtresse*. _____

3. Je ne veux pas donner le billet à *Françoise*. _____

VI. For each statement write a response in French in the affirmative imperative. Use an indirect object pronoun in your response.

      Model: **Je veux vous parler.**   You write: **Bon! Alors, parlez-moi!**

1. Je veux vous parler. _____

2. Je veux lui parler. _____

3. Je veux leur parler. _____

VII. For each statement write a response in French in the negative imperative. Use an indirect object pronoun in your response.

      Model: **Je ne veux pas vous parler.**   You write: **Bon! Alors, ne me parlez pas!**

1. Je ne veux pas vous parler! _____

2. Je ne veux pas lui parler! _____

3. Je ne veux pas leur parler! _____

VIII.   Match the following.

1.   He is giving the assignments to them.   _____ Elle me donne le gâteau.

2.   She is giving him the hat.   _____ Il te donne le livre.

3.   She is giving you the juice.   _____ Elle lui donne le chapeau.

4.   She is giving me the cake.   _____ Il nous donne le chocolat.

5.   He is giving you the book.   _____ Elle vous donne le jus.

6.   He is giving us the chocolate.   _____ Il leur donne les devoirs.

IX.   Answer the following questions in the affirmative using **y** in your answer to take the place of the words indicated.

    Model: Allez-vous à *la bibliothèque*?   **You write: Oui, j'y vais.**

1.   Allez-vous à *la maison?* _____

2.   Allez-vous *au cinéma?* _____

3.   Allez-vous à *l'aéroport?* _____

X.   The words in the following boxes are scrambled. Unscramble them to find a meaningful sentence. Write the sentence on the line.

Model:

donne	me	ragoût
Pierre	le	

You write: *Pierre me donne le ragoût.*

1.

lui	parlez	Bon!	Alors,

_____

2.

leur	parler
veut	Janine

213

3.

Alors,	le	pas
Bon!	ne	mangez

4.

donne	me	pas
le ragoût	ne	Pierre

5.

veut	la lettre	ne
écrire	pas	il

6.

Robert	connaît
vous	Est-ce que

7.

aimez	vous
m'	Est-ce que

8.

| vous | aimez | m' |

XI. Oral Proficiency. Respond orally in French to **A** and **B**. (Later, you may write your responses for intensive practice.)

A. Look at this picture of stuffed tomatoes. Read the sentence in French at the top of the picture. Do you find the unusual pronoun that you learned in this work unit? Do you notice that it is placed in front of the infinitive? What does the **y** refer to?

B. In at least ten words in French, describe to a friend what you see in the picture below.

"When a tomato goes into the oven, it risks leaving its skin there."

Reprinted with permission of TEFAL, Rumilly, France.

XII. **Compositions: Oral or Written.** You may use your own ideas and words or those in this lesson.

A. Look at the picture at the beginning of this work unit. Describe it in at least ten words in French.

B. Look at the following advertisement. In at least eleven words, state in French the name of the shop, what is sold there, something about their prices, when the shop is open, the address, telephone number, and any ideas of your own.

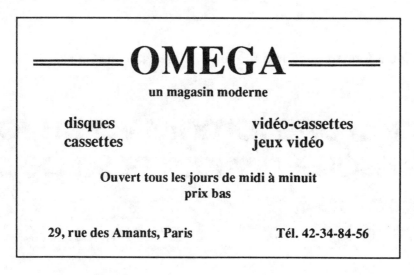

$$=====\text{OMEGA}=====$$

un magasin moderne

disques   vidéo-cassettes
cassettes   jeux vidéo

Ouvert tous les jours de midi à minuit
prix bas

29, rue des Amants, Paris   Tél. 42-34-84-56

C. Look at the picture on page 211. Describe it in at least twelve words in French. Make sure you use direct and indirect object nouns and pronouns. They are in this lesson and in previous work units.

XIII. **Oral Proficiency.** Respond orally in French to the situation described. (Later, you may write your responses for intensive practice.)

Situation: You are in school and while walking to your next class, a friend stops you in the hall and says: **Où sont mes cassettes?** (Where are my cassettes?) **Je te les ai données la semaine passée** (I gave them to you last week). Respond to your friend by stating at least three things that happened to the cassettes. You may use any or all of the following: **avoir, prêter, donner, aller, voir, les, lui, demander, penser**.

216

French oceanological research activities
Reprinted with permission of French Embassy Press and Information Division, French
Cultural Services, New York.

Qui suis-je?
Who am I?

Qui suis-je?
Who am I?

Qui suis-je?
Who am I?

Que suis-je?
What am I?

Qu'est-ce que je suis?
What am I?

Interrogative Pronouns

Have you ever guessed any riddles in
English? In French? Here are fifteen
riddles in French; some are easy, some
are not so easy. The answers are
upside down after the last one.

Quinze devinettes

1. Je porte toujours un chapeau mais je n'ai pas de tête. Que suis-je?

2. Je vole comme un oiseau. Qu'est-ce que je suis?

3. J'ai un cou très, très long et je peux voir les autres animaux de très haut. Qui suis-je?

4. Je suis toujours au milieu de Paris. Que suis-je?

5. J'habite dans l'eau. J'ai des yeux mais je n'ai pas de paupières. Qui suis-je?

6. J'ai des jambes et j'ai des bras mais je n'ai pas de mains. Qu'est-ce que je suis?

7. Je vais, je viens, je sors, je retourne, sans quitter ma maison. Qui suis-je?

8. Je n'ai pas de pieds et de jambes. J'ai seulement deux aiguilles. Que suis-je?

9. Je suis un animal qui porte mes petits enfants dans ma poche. Qui suis-je?

10. Je suis jaune dedans et blanc dessus. Qu'est-ce que je suis?

11. Quand je quitte la maison, je ne sors jamais par la porte et jamais par la fenêtre. Je sors par la cheminée. Que suis-je?

12. J'entre le premier dans la maison. Qu'est-ce que je suis?

13. Je peux traverser une vitre sans la casser. Que suis-je?

14. Je suis le plus sale de la maison. Qu'est-ce que je suis?

15. Je tourne sans tourner. Que suis-je?

11. la fumée	6. un fauteuil	1. un champignon
12. une clef	7. une tortue	2. un avion
13. la lumière	8. un réveil	3. une girafe
14. un balai	9. un kangourou	4. la lettre ''r''
15. le lait	10. un œuf	5. un poisson

Vocabulaire

l'aiguille *n. f.*, the needle, hand of a clock

l'animal *n. m.*, **les animaux** *pl.*, the animal, the animals

l'avion *n. m.*, the airplane

le balai *n.*, the broom

le bras *n.*, the arm

casser *v.*, to break; **sans la casser** without breaking it

le champignon *n.*, the mushroom

la cheminée *n.*, the chimney

la clef *n.*, the key

le cou *n.*, the neck

deviner *v.*, to guess; **une devinette** a riddle

le fauteuil *n.*, the armchair

la fenêtre *n.*, the window

la fumée *n.*, the smoke

la girafe *n.*, the giraffe

habite *v. form of* **habiter** (to live, reside, inhabit)

haut *adv.*, high

jamais *adv.*, ever; **ne . . . jamais** never

la jambe *n.*, the leg

le kangourou *n.*, the kangaroo

le lait *n.*, the milk

la lumière *n.*, the light

la main *n.*, the hand

le milieu *n.*, the middle; **au milieu de** in the middle of

l'oeuf *n. m.*, the egg

la paupière *n.*, the eyelid

peux *v. form of* **pouvoir** (to be able, may, can); **je peux** I can

le pied *n.*, the foot

la poche *n.*, the pocket

le poisson *n.*, the fish

porte *v. form of* **porter** (to wear, carry)

que *interrog. pron.*, what; **que suis-je?** what am I?

qu'est-ce que je suis? what am I?

qui suis-je? who am I?

quitter *v.*, to leave; **sans quitter** without leaving

le réveil *n.*, the alarm clock

sale *adj.*, dirty, soiled; **le plus sale de la maison** the dirtiest in the house

sors *v. form of* **sortir** (to go out); **je sors** I go out; **je ne sors jamais** I never go out

suis *v. form of* **être** (to be); **je suis** I am

la tortue *n.*, the turtle

tourner *v.*, to turn, to turn sour

traverser *v.*, to cross, to go through

viens *v. form of* **venir** (to come); **je viens** I come

la vitre *n.*, the window-pane (glass)

Exercises

Review the preceding material before starting these exercises.

I. Fill in the blank lines after each picture by writing the French word for it. Use the indefinite article. They are based on the riddles in this unit.

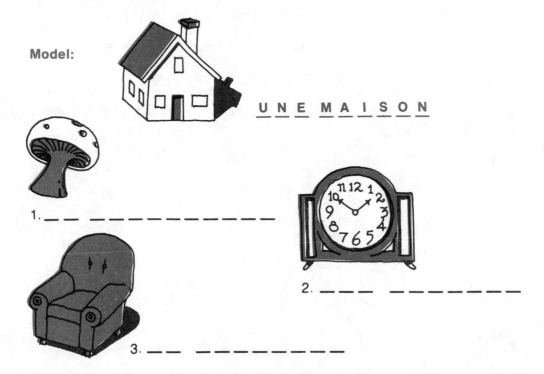

Model:

U N E   M A I S O N

1. _ _ _ _ _ _ _ _ _ _

2. _ _ _   _ _ _ _ _ _

3. _ _   _ _ _ _ _ _ _ _

4. _ _ _ _ _ _ _ _ _ _

5. _ _ _ _ _ _ _ _ _ _ _ _ _

II. Complete the following statements by writing the appropriate words in French. They are based on the fifteen riddles in this unit.

1. Je suis un kangourou. Je _____ mes petits enfants dans ma poche.

2. Je suis un poisson. J'ai des _____, mais je _____ de paupières.

3. Je suis un balai et je _____ le plus sale de la maison.

4. Je suis un fauteuil. J'ai deux bras mais je _____ de mains.

5. Je suis une girafe. J'ai un cou très, très _____ et je _____ voir les autres animaux de très haut.

III. Fill in the squares by writing the French words across for the English words in the list.

1.	D
2.	E
3.	V
4.	I
5.	N
6.	E
7.	T
8.	T
9.	E
10.	S

1. ten
2. I am
3. alarm clock
4. giraffe
5. kangaroo
6. window
7. milk
8. very
9. I can
10. fish

221

Structures de la Langue

A. Interrogative pronouns

1. Qui

1. **Qui** parle?	1. *Who* is talking?
2. **Qui** aimez-vous?	2. *Whom* do you love?
3. **A qui** parlez-vous?	3. *To whom* are you talking?
4. **De qui** parlez-vous?	4. *About whom* are you talking?

Rules and observations:

1. **Qui** is used as a subject. See example 1 in the above box.

2. **Qui** is used as a direct object and is translated into English as *whom*. See example 2 in the above box.

3. **Qui** is used as an object of a preposition. See example 3 in the above box (**qui** is object of the preposition *à*).

4. In example 4 in the above box, **qui** is used as object of the preposition *de*.

5. The *i* in **qui** never drops. Note that **qui** can mean *who* or *whom*.

2. Que and Qu'est-ce que

1. **Que** mangez-vous?	1. *What* are you eating?
2. **Qu'est-ce que** vous mangez?	2. *What* are you eating?

Rules and observations:

1. **Que** is used as a direct object of a verb for things.

2. **Qu'est-ce que** can be used instead of **que** as direct object of a verb but when you use it, keep the normal word order of what follows, *i.e.*, subject plus verb. See example 2 in the above box.

3. The **e** in **que** drops if the word that follows begins with a vowel or silent *h* and an apostrophe replaces it.

Exercises

Review the preceding material before starting these exercises.

I. Match the following.

1. De qui parlez-vous?   _____ Who is talking?

2. Que dites-vous?   _____ Whom do you love?

3. Qui aimez-vous?   _____ Whom are you talking to?

4. Qu'est-ce que vous mangez?   _____ About whom are you talking?

5. A qui parlez-vous?   _____ What are you eating?

6. Qui parle?   _____ What are you saying?

II. Fill in the missing words with either **qui**, **que**, or **qu'est-ce que**, as required.

1. _____ parle?

2. _____ est à la porte?

3. A _____ parlez-vous?

4. De _____ parlez-vous?

5. _____ mangez-vous?

6. _____ vous mangez?

7. _____ dites-vous?

8. _____ vous dites?

9. _____ arrive?

10. _____ faites-vous?

III. Compositions: Oral or Written. You may use your own ideas and words or those in this lesson.

A. Look at the five drawings in the picture at the beginning of this work unit. Answer the five questions in French.

B. Make up a riddle of your own in French and ask a friend to solve it. If your friend can't solve it, give a couple more hints.

IV. Lists. In the spaces below, write a list of words in French as required.

Write the names of four animals that you could describe in a riddle.

1. _____   2. _____   3. _____   4. _____

— Madame, il est trois heures. La leçon est finie!

Demonstrative Pronouns — *ceci, cela, ça*

*Do you like answering true-false
questions? Let's see how Mrs. Ravel's
students make out.*

Vrai ou faux?

Madame Ravel est professeur de géographie. Elle pose des questions à la classe.

Madame Ravel:	Paris est la capitale de la France. Marie, ceci est vrai ou faux?
Marie:	Cela est vrai, madame.
Madame Ravel:	Bravo, Marie! Maintenant, Suzanne. Marseille est un port sur la Méditerranée. Suzanne, ceci est vrai ou faux?
Suzanne:	Cela est faux, madame.
Madame Ravel:	Non! Non! Non! Ceci est vrai: Marseille est un port sur la Méditerranée . . . Maintenant, Georges. La Seine est un fleuve. Georges, ceci est vrai ou faux?
Georges:	Cela est vrai, madame. La Seine est un fleuve.
Madame Ravel:	Bravo, Georges! C'est ça!

(La Directrice de l'école entre dans la salle de classe.)

La Directrice:	Madame Ravel, on vous demande au téléphone dans mon bureau.
Madame Ravel:	Oh! Merci, madame. Je viens tout de suite.

(La Directrice quitte la salle de classe.)

Madame Ravel:	Marie, tu es chargée de continuer la leçon. Viens ici devant la classe.

(Madame Ravel quitte la salle et Marie va devant la classe.)

Tous les élèves:	Paris est la capitale de la France. Ceci est vrai ou faux, Madame Marie? Oh, cela est vrai! Oh, bravo, Madame Marie! Tu as du génie! Quelle intelligence!

(Tous les élèves rient.)

(Robert lance un avion en papier contre l'horloge.)

Robert:	J'ai lancé un avion en papier contre l'horloge. Ceci est vrai ou faux, Madame Marie? Oh, cela est vrai! Oh, bravo, Madame Marie! Quel génie! Quelle intelligence!

Marie:	Silence! Silence! Robert, tu es insolent!
Robert:	Cela est vrai? Je suis insolent?? Oh! pardonnez-moi, Madame Marie!

(Madame Ravel rentre dans la salle de classe.)

Madame Ravel:	Bon! Merci, Marie. Tu peux t'asseoir. Nous allons continuer la leçon . . . Hélène, pose une question à Raymond.
Hélène:	Raymond, où se trouve la Grande Bretagne?
Raymond:	Près de la petite Bretagne!

(Tous les élèves rient.)

Madame Ravel:	Raymond, ta réponse est ridicule! . . . Suzanne, pose une question à Georges.
Suzanne:	Georges, qui habite le pôle nord?
Georges:	Un bonhomme de neige!

(Tous les élèves rient.)

Madame Ravel:	Georges, ta réponse est absurde!
Georges:	Peut-être le Père Noël? Ho! Ho! Ho!

(Tous les élèves rient.)

Madame Ravel:	Ça suffit! . . . Soyons sérieux! Paulette, où est Nancy?
Paulette:	Elle est absente!
Madame Ravel:	Je ne parle pas de Nancy. Je parle de Nancy. Je parle de Nancy, la ville en France. Oh! Quelle classe!
Hélène:	Madame Ravel, j'ai une question à poser à Robert. Robert, où est Cadillac?
Robert:	Dans le garage de mon père!

(Tous les élèves rient.)

Madame Ravel:	Oh! Quelle classe! Je deviens folle!
Robert:	Madame, il est trois heures. La leçon est finie! C'est vrai ou faux, madame?
Madame Ravel:	C'est superbe!

Vocabulaire

le bonhomme de neige *n.*,
the snowman
le bureau *n.*, the office
ça *dem. pron.*, that (**ça** is
short for **cela**)
ceci *dem. pron.*, this
cela *dem. pron.*, that
c'est ça! that's right!
contre *prep.*, against
demander *v.*, to ask (for); **on
vous demande au
téléphone** you're wanted
on the phone
deviens *v. form of* **devenir**
(to become); **je deviens
folle!** I'm going crazy!
le directeur, la directrice *n.*,
the director, the principal
faux *m.*, **fausse** *f., adj.*, false
le fleuve *n.*, the river
le génie *n.*, genius
la Grande Bretagne *n.*,

Great Britain
l'horloge *n.*, the clock
lancer *v.*, to throw, fling
la Méditerranée *n.*, the
Mediterranean (Sea)
la neige *n.*, the snow; **un
bonhomme de neige** a
snowman
le nord *n.*, the north; **le pôle
nord** the North Pole
le papier *n.*, paper
pardonner *v.*, to pardon, to
forgive; **pardonnez-moi**
forgive me
le Père Noël *n.*, Santa Claus
peut-être *adv.*, maybe,
perhaps
poser une question *to ask a
question*
près (de) *adv.*, near
quel génie! what genius!
quelle classe! what a

class!
rentrer *v.*, to return
la réponse *n.*, the answer; **ta
réponse est ridicule!** your
answer is ridiculous!
rient *v. form of* **rire** (to laugh);
tous les élèves rient all
the students laugh
sérieux *m.*, **sérieuse** *f., adj.*,
serious; **soyons sérieux!**
let's be serious!
suffit *v. form of* **suffire** (to
suffice, to be enough); **ça
suffit** that's enough
trouver *v.*, to find; **se trouver**
to be located
viens *v. form of* **venir** (to
come); **je viens tout de
suite** I'm coming right
away; **viens ici!** come
here!
vrai *m.*, **vraie** *f., adj.*, true

Exercises

Review the story and vocabulary before starting these exercises.

I.   Vrai ou faux?   On the blank line write **vrai** if the statement is *true* or **faux** if the statement
is *false*.

1.   Paris est la capitale de la France.   _____

2.   Marseille est un port sur la Méditerranée.   _____

3.   La Seine est un fleuve.   _____

4.   Madame Ravel est professeur de mathématiques.   _____

5.   La directrice de l'école n'entre pas dans la classe.   _____

6.   Suzanne est chargée de continuer la leçon.   _____

7.   Robert a lancé un avion en papier contre la fenêtre.   _____

8.   Il est trois heures, la leçon est finie, et Madame Ravel est heureuse.   _____

II. Complete the following statements by writing the appropriate words in French on the blank lines. Refer to the story in this unit if you have to.

1. Madame Ravel est _____ de _____ .

2. La capitale de la France est _____ .

3. Marseille est un _____ sur la Méditerranée.

4. La Seine est un _____ .

5. La directrice de l'école entre _____ la salle de _____ .

6. Madame Ravel, on vous demande _____ téléphone dans mon _____ .

7. Marie, tu es chargée de _____ la _____ .

8. J'ai une question à _____ à Robert.

III. Answer the following questions in complete sentences (in French).

1. Qui est Madame Ravel? _____

2. Qui entre dans la salle de classe? _____

3. Quand Madame Ravel quitte la salle, où va-t-elle? _____

   _____

4. Qui a lancé un avion en papier contre l'horloge? _____

   _____

5. A quelle heure est-ce que la leçon finit? _____

   _____

Structures de la Langue

A. Demonstrative pronouns: ceci, cela, ça

1. **Ceci** est vrai.	1. *This* is true.
2. **Cela** est faux.	2. *That* is false.
3. C'est **ça**!	3. *That's* right!
4. Je fais **cela**.	4. I do *that*.
5. Je fais **ceci**.	5. I do *this*.

Rules and observations:

1.   Ça is a contraction of **cela**.

2.   **Ceci** and **cela** are demonstrative pronouns in a neuter sense. They usually refer to a general or indefinite concept, to an idea or to a statement. As pronouns, they do not refer to any particular masculine or feminine noun.

3.   **Ceci** or **cela** can be used as the subject of a sentence. See examples 1 and 2 in the above box. They can also be used as the direct object of a verb. See examples 4 and 5 in the above box. They can also be used as the object of a preposition: **Elle parle toujours de cela**. (She always talks about that.)

Exercises

Review the preceding material before doing these exercises.

I. Match the following.

1. Je fais ceci.   _____ This is true.

2. C'est ça.   _____ That is true.

3. Je fais cela.   _____ That's it!

4. Cela est vrai.   _____ I do this.

5. Ceci est vrai.   _____ I do that.

II. Answer the following questions in French, using **Oui** in your answer and a complete statement.

  Model: Cela est vrai?   **You write: Oui, cela est vrai.**

1. Cela est faux? _____

2. Ceci est vrai? _____

3. C'est ça? _____

III. Find the following demonstrative pronouns in the squares and circle them.

E	C	E	L
C	E	I	C
E	C	A	E
I	I	Ç	L
L	C	A	A

1. ceci
2. cela
3. ça

IV. Oral Proficiency.

A. Socializing. Your French teacher is absent today because of illness and you have a substitute in class. Greet the substitute teacher, introduce yourself, and tell him or her that you would like to play a game of **Vrai ou Faux** similar to the story at the beginning of this work unit.

B. Giving and getting information. Tell your substitute teacher a few nice things about your French teacher and answer the questions that you are asked. Ask for information about why your teacher is absent and if he or she will be absent again tomorrow. You may add your own ideas and words, as long as you ask for information and give information on this topic.

V. Letters and Notes. Study the picture on page 229. Write a brief note to your teacher telling her or him that you believe this "fish story" is **vrai ou faux**. Give at least two reasons why you think so. Begin your note with **Chère Madame** (or **Mademoiselle**) or **Cher Monsieur**. End your note with **Amitiés** (In friendship). Write at least nine words in French, not including the salutation and closing of your note.

VI. Oral Proficiency. Respond orally in French to the situation described. (Later, you may write your responses for intensive practice.)

Situation: You are in French class. Each student has to make one statement in French followed by **Cela est vrai?** (Is that true?) and **Cela est faux?** (Is that false?) It's your turn. Make at least three statements and then ask if that's true or false. You may use any or all of the following: **être, capitale de la France, la Seine, un fleuve, Marseille, un port, la Méditerranée, les Alpes, en France.** You may use the **passé composé** tense or the present, or both.

— *Nous sommes très heureux de vous voir.*

Disjunctive Pronouns

*Monsieur and Madame Paquet received
an invitation for dinner at the home of
some neighbors. Are they in for a
big surprise!*

R.S.V.P.

Monsieur et Madame Paquet ont reçu une invitation pour dîner chez leurs voisins, Monsieur et Madame Berger. Voici l'invitation:

> Madame Berger
>
> vendredi, 15 avril,
> 20 h., pour dîner
>
> R.S.V.P.
> 21, rue des Jardins
> Paris

Madame Paquet: Eh bien, François, est-ce que nous y allons ou est-ce que nous n'y allons pas? Il faut répondre à l'invitation.

Monsieur Paquet: Claire, tu sais que je ne veux pas aller chez eux parce que je ne les aime pas. Lui et elle sont des snobs.

Madame Paquet: Tu as raison. Quand je l'ai vue au supermarché hier, elle m'a parlé, mais elle m'a regardée d'un air supérieur.

Monsieur Paquet: D'ailleurs, ils sont méchants.

Madame Paquet: Mais tu sais que si nous refusons l'invitation, tout est fini entre eux et nous.

Monsieur Paquet: Il faut accepter pour rester amis avec eux.

Claire accepte l'invitation. Quand ils arrivent pour dîner chez les Berger, ils entrent dans le foyer. Ils voient d'autres voisins chez eux. Tout le monde crie: Surprise! Surprise!

— Nous sommes très heureux de vous voir. Ce dîner est en votre honneur, leur dit Madame Berger.

— Pour nous?! En notre honneur?! s'exclament Claire et François.

— Oui, répond Monsieur Berger.

— Mais pourquoi? Qu'est-ce que nous avons fait? leur demande Claire.

— Parce que vous êtes bons! Et vous êtes aimables et gentils! répond Madame Berger.

— Merci, merci, disent les Paquet.

Tout le monde a mangé, bu, chanté, et dansé jusqu'à minuit. Claire et François Paquet sont rentrés contents chez eux.

Quand ils arrivent chez eux, Monsieur Paquet dit à sa femme:

— Tu sais, Claire, j'ai toujours dit que les Berger sont très aimables et gentils. Je les aime beaucoup.

— Moi aussi, j'ai toujours dit cela, François.

Vocabulaire

d'ailleurs *adv.*, besides
aimable *adj.*, likeable
chez *prep.*, at (to) the home (place) of; **chez eux** at their house; **chez moi** at my house; **chez leurs voisins** at the home of their neighbors; **chez les Berger** at the Bergers
entre *prep.*, between; **entre eux et nous** between them and us

eux *disj. pron.*, them; **avec eux** with them
faut *v. form of* **falloir**; **il faut** it is necessary
gentil *m.*, **gentille** *f.*, *adj.*, nice, kind
h. *abbrev. for* **heures**; **20 h.** is 8 o'clock in the evening
l'honneur *n. m.*, honor
leur dit Madame Berger Mrs. Berger says to them

méchant *adj.*, ill-natured
pour *prep.*, for, in order (to)
R.S.V.P., please reply (**R**épondez, **s**'il **v**ous **p**laît.)
reçu *past part. of* **recevoir** (to receive); **ils ont reçu** they received
refusons *v. form of* **refuser** (to refuse); **si nous refusons** if we refuse
rester *v.*, to remain, to stay

Exercises

Review the story and vocabulary before starting these exercises.

I. Complete the dialogue in French between Mr. and Mrs. Paquet. They are deciding whether or not to accept a dinner invitation. Refer to the story if you have to.

Madame Paquet: Eh bien, François, est-ce que nous acceptons l'invitation pour dîner chez les Berger?

Monsieur Paquet: _____

Madame Paquet: Pourquoi?

Monsieur Paquet: _____

Madame Paquet: Oui. Tu as raison. Ils sont méchants.

234 *Monsieur Paquet:* _____

II. Complete the following statements in French by writing the appropriate words from among these:

(a) à l'invitation   (b) chez eux   (c) je ne les aime pas   (d) entre eux et nous
(e) vous voir

1. Si nous refusons l'invitation, tout est fini _____.

2. Nous sommes très heureux de _____.

3. Ils voient d'autres voisins _____.

4. Je ne veux pas y aller parce que _____.

5. Il faut répondre _____.

III. Choose the correct answer based on the story in this unit.

1. M. et Mme. Paquet ont reçu   (a) un balai.   (b) une voiture.   (c) un ami.   (d) une invitation.   _____

2. M. Paquet ne veut pas aller chez les Berger parce qu'   (a) il est malade.   (b) il est heureux.   (c) il est aimable.   (d) il ne les aime pas.   _____

3. M. et Mme. Berger sont très heureux   (a) de recevoir les Paquet.   (b) d'aller dîner.   (c) d'accepter l'invitation.   (d) d'aller au super-marché.   _____

Structures de la Langue

A. Disjunctive pronouns (also known as stressed pronouns or tonic pronouns)

Singular		Plural	
moi	me *or* I	**nous**	us *or* we
toi	you *(familiar)*	**vous**	you *(formal singular or plural)*
soi	oneself	**eux**	them, they *(masculine)*
lui	him *or* he	**elles**	them, they *(feminine)*
elle	her *or* she		

Rules and observations:

1. The disjunctive pronoun is used when it is the object of a preposition:
   Elle parle avec moi. (She is talking with me.)
   Nous allons chez eux. (We are going to their house.)

2. The disjunctive pronoun is used in a compound subject:
   Lui et elle sont intelligents. (He and she are intelligent.)

3. The disjunctive pronoun is used in a compound object:
   Je vous connais — toi et lui. (I know you — you and him.)

4. You may use **à** with a disjunctive pronoun to express possession only if the verb is **être** and if the subject is a noun, personal pronoun or a demonstrative pronoun:
   Ce livre est à moi. (This book is mine.)
   Ces livres sont à elles. (These books are theirs.)
   Ces livres sont à eux. (These books are theirs.)

5. The disjunctive pronoun **moi** is used instead of **me** in the affirmative imperative when it is tacked on to the verb and joined with a hyphen; example:
   Excusez-moi. (Excuse me.)

6. A disjunctive pronoun is also known as a *stressed* or a *tonic* pronoun.

Exercises

Review the preceding material before starting these exercises.

I. On the blank line write the disjunctive pronoun (in French) that expresses possession as needed, according to what is given in English in parentheses.

Model: **Les livres sont à** _____ **(mine).**   You write: **moi.**

1. Le parapluie est à _____ (mine).   4. La maison est à _____ (ours).

2. Les balles sont à _____ (his).   5. La voiture est à _____ (yours, *pl.*).

3. L'orange est à _____ (hers).   6. Les gâteaux sont à _____ (theirs, *m.*).

II. On the blank line write in French the proper disjunctive pronoun for the English given in parentheses.

Model: (me) **Elle parle avec** _____ .   You write: **Elle parle avec moi.**

1. (him)   Je suis allée au cinéma avec _____ .

2. (me)   Il va partir sans _____ .

3. (he)   Madeleine et _____ sont intelligents.

4. (she)   Marie et _____ écrivent les leçons.

5. (us)   Le ragoût est pour _____ .

6. (you, *formal singular*)   Elle va partir avec _____ .

7. (you, *familiar singular*)   Nous allons sortir avec _____ .

8. (them, *masculine*)   Ce gâteau est pour _____ .

9. (them, *feminine*)   Ces petits fours sont pour _____ .

10. (he and I)   _____ nous allons au cinéma.

III. **Fill in the missing pronouns in French. They are not all disjunctive!**

Monsieur Paquet annonce: J'ai les billets pour le théâtre. Ces quatre billets sont pour

_____ . Ce billet est pour _____ , ce billet est pour
    (us)   (me)

_____ , Claire; et ces deux billets sont pour _____ deux, Janine et
    (you)   (you)

Pierre. Prenez- _____ .
               (them)

Madame Paquet dit: François, ne _____ donne pas les billets. Je préfère
                                (to them)

_____ mettre dans ma poche.
  (them)

Monsieur Paquet répond: Non, Claire, ne _____ mets pas dans ta poche. Je
                                      (them)

veux _____ garder sur _____ .
     (them)   (me)

Janine demande: Papa, est-ce que nous allons au théâtre ce soir?

Monsieur Paquet répond: Oui, nous _____ allons ce soir.
                              (there)

IV. Oral Proficiency.

A. Expressing personal feelings. You are at a dinner party at the home of some friends. While everybody is eating at the table, tell the hostess that you like very much the dinner that she prepared. Thank her for the invitation and tell her that she is very nice and likeable. You may use your own ideas and words and the vocabulary in this work unit.

B. Friendly persuasion. You have received an invitation to a dinner party at the home of one of your friends. Your parents don't like the idea of your going because you have a lot of homework to do. Persuade them to let you go by giving them three good reasons. You may use your own ideas and words and the vocabulary in this work unit.

V. Telephone conversation.
A girl has called a friend to invite him to go to a dance this Saturday night. Complete the dialogue in French according to the directions under the lines.

1. Elle: Allô! Robert? C'est toi? C'est moi—Janine.

2. Lui: _____
   (*Respond with a greeting and ask how she is.*)

3. Elle: Très bien, merci. Ecoute. Je te téléphone pour te demander si tu veux aller à un bal ce samedi soir. Veux-tu y aller avec moi?

4. Lui: _____
   (*Say you can't because your father is sick and you have to stay home with him.*)

5. Elle: C'est dommage. Ta mère ne peut pas rester chez toi avec lui?

6. Lui: _____
   (*Tell her your mother went to visit her sister in France.*)

7. Elle: Est-ce que je peux venir chez toi pour regarder la télé avec toi?

8. Lui: _____
   (*Tell her yes, she can come to your place.*)

9. Elle: D'accord. Je vais venir chez toi à huit heures.

10. Lui: _____
    (*Tell her to bring a big chocolate cake with her.*)

11. Elle: Un grand gâteau au chocolat?! Avec moi? Okay. D'accord.

12. Lui: _____
    (*Tell her to bring the music and words of the song* Sur le Pont d'Avignon.)

13. Elle: D'accord. Et nous allons chanter pour ton père qui est malade!

SUR LE PONT D'AVIGNON

Sur le pont d'A_vi_gnon L'on y dan_se, l'on y

dan_se; Sur le pont d'A_vi_gnon L'on y dan_se tout en rond Les

beaux messieurs font comm' ça Et puis en_cor' comm' ça. Sur le

Sur le pont d'Avignon,
L'on y danse, l'on y danse;
Sur le pont d'Avignon,
L'on y danse tout en rond.
Les bell's dames font comm' ça,
Et puis encor' comm' ça.

Sur le pont d'Avignon,
L'on y danse, etc.
Les blanchisseuses font comm'ça,
Et puis encor' comm'ça.

Sur le pont d'Avignon,
L'on y danse, etc.
Les cordonniers font comm'ça,
Et puis encor' comm'ça.

Courtesy of French Cultural Services, New York.

Non! Non! Es-tu fou?

Adjectives

*Janine and her brother Pierre have
nothing to do. They get into mischief
when Pierre persuades her to look under
the hood of their father's car. In this scene
Pierre does something foolish despite his
sister's objections.*

Tour d'écrou

Quelle voiture! La famille Paquet a une belle voiture grise qui ne leur donne jamais de problèmes. Même les grosses voitures neuves ne sont pas meilleures que la voiture de la famille Paquet.

Aujourd'hui Pierre fait quelque chose de bête. Il regarde dans le moteur de la voiture de leur père.

Pierre: Janine, donne-moi le tournevis.

Janine: Pourquoi? Que vas-tu faire, Pierre?

Pierre: Je dis, donne-moi le tournevis.

Janine: Quel tournevis? Il y en a beaucoup.

Pierre: Le plus petit.

Janine: Mais, que vas-tu faire, Pierre?

Pierre: Je vais engager le tournevis dans cette vis et je vais tourner.

Janine: Non! Non! Non!

Pierre: Maintenant je tourne le tournevis . . . là . . . là . . . là . . . J'enlève la vis et l'écrou. Ils ne sont pas utiles. Maintenant je les mets dans la poubelle.

Janine: Non! Es-tu fou?

Pierre: C'est fait.

Quand Monsieur Paquet veut aller faire des courses dans sa voiture, il va au garage, il monte dans sa voiture, et il tourne la clef pour mettre le moteur en marche. Il entend du bruit et le moteur ne marche pas.

Il appelle la station de service et le garagiste arrive; il emporte la voiture de Monsieur Paquet au garage de service.

Le lendemain, le garagiste téléphone à Monsieur Paquet et il lui dit: Le montant pour payer est de 200 francs, monsieur. Voici le problème: Il y a une vis dans le moteur qui manque!

Vocabulaire

appeler v., to call

beau m., **belle** f., adj., beautiful

bête adj. m. f., foolish, dumb

le bruit n., the noise

c'est fait it's done

la couleur n., the color; **de quelle couleur est . . .** what color is . . .

l'écrou n. m., nut that fits on a screw or bolt

emporter v., to take (carry) away

engager v., to engage, to put (machinery) in gear

enlever v., to remove, to take off

entendre v., to hear

faire des courses to do (go) shopping

fou m., **folle** f., adj., crazy

le garagiste n., the garage mechanic

gris m., **grise** f., adj., gray

il y a there is, there are; **il y en a beaucoup** there are many (of them)

là adv., there

le lendemain n., the following day

manquer v., to miss, to be missing, to be lacking something; **il y a une vis dans le moteur qui manque!** there is a screw in the motor that is missing!

marcher v., to walk, to run (a motor or apparatus); **mettre en marche** to put into operation

meilleur m., **meilleure** f., adj., better

même adv., even

le montant n., total amount (of an account)

monter v., to climb, to mount, to get into

le moteur n., the motor, the engine

neuf m., **neuve** f., adj., new

petit m., **petite** f. adj., small; **plus petit, plus petite** smaller; **le plus petit, la plus petite** the smallest

la poubelle n., the garbage can

que conj., than, that; pron., what

quel m., **quelle** f., interrog. adj., what, which; **quel tournevis?** which screwdriver? **quelle voiture!** what a car!

qui pron., which, who

le tour n., the turn; **tour d'écrou** turn of the nut

le tournevis n., the screwdriver

utile adj., useful

la vis n., the screw

la voiture n., the car, automobile

Exercises

Review the story and vocabulary before starting these exercises.

I. Answer the following questions in complete sentences (in French). They are based on the story, "Tour d'écrou."

1. Qui a une belle voiture grise? _____

2. Est-ce que les grosses voitures neuves sont meilleures que la voiture de Monsieur Paquet?

_____

3. Pourquoi Pierre veut-il le tournevis? _____

4. Où est-ce que Pierre met la vis et l'écrou? _____

II. Answer the following questions in French in complete sentences. They are personal questions and require answers of your own.

242   1.   Est-ce que votre famille a une voiture? _____

2. Allez-vous faire des courses dans la voiture de votre famille? _____

_____

3. De quelle couleur est la voiture de votre famille? _____

III. **Lists.** Write a list of words in French for each situation.

A. A car salesperson is showing you a brand new car. Write five adjectives to describe it.

1. _____ 2. _____ 3. _____ 4. _____ 5. _____

B. Your next door neighbors have just renovated their garage. Write five adjectives to describe it.

1. _____ 2. _____ 3. _____ 4. _____ 5. _____

Structures de la Langue

A. Agreement and position of descriptive adjectives

Masculine	Feminine
un chapeau **gris**	une voiture **grise** (gray)
des chapeaux **gris**	des voitures **grises**
un passage **étroit**	une rue **étroite** (narrow)
des passages **étroits**	des rues **étroites**
un homme **libre**	une femme **libre** (free)
des hommes **libres**	des femmes **libres**

Rules and observations:

1. Most descriptive adjectives *follow* the noun in French.

2. Here are some common adjectives that normally *precede* the noun: **autre**, **beau**, **bon**, **chaque**, **gros**, **jeune**, **joli**, **long**, **mauvais**, **petit**, **plusieurs**, **vieux**, and **grand** (exception: **un homme grand**, a tall man; **un grand homme**, a great man).

3. Adjectives must agree in gender and number with the nouns they modify.

243

B. Formation of masculine descriptive adjectives in the plural

1. To form the plural of a masculine singular adjective, ordinarily add **s**.

2. If a masculine singular adjective ends in **s**, it remains the same in the plural: **gris**.

3. If a masculine singular adjective ends in **x**, it remains the same in the plural: **dangereux**.

4. If a masculine singular adjective ends in **al**, it ordinarily changes to **aux** in the plural: **loyal**, **loyaux**.

C. Formation of regular feminine descriptive adjectives

1. To form the feminine singular of an adjective, ordinarily add **e** to the masculine singular, e.g., **gris, grise.** To form the plural, add **s**, e.g., **grises**.

2. If the masculine singular adjective ends in **e**, the feminine singular is the same, .e.g., **libre**.

D. Formation of irregular feminine descriptive adjectives

Masculine		Feminine	
Singular	Plural	Singular	Plural
neuf	**neufs**	**neuve**	**neuves**
furieux	**furieux**	**furieuse**	**furieuses**
dernier	**derniers**	**dernière**	**dernières**
ancien	**anciens**	**ancienne**	**anciennes**
bon	**bons**	**bonne**	**bonnes**
cruel	**cruels**	**cruelle**	**cruelles**
muet	**muets**	**muette**	**muettes**

Rules and observations:

1. A masculine singular adjective that ends in **-f** changes to **-ve** to form the feminine singular: **neuf, neuve**.

2. A masculine singular adjective that ends in **-eux** changes to **-euse** to form the feminine singular: **furieux, furieuse**.

3. A masculine singular adjective that ends in **-ier** changes to **-ière** to form the feminine singular: **dernier**, **dernière**.

4. Some adjectives double the final consonant in the masculine singular to form the feminine singular, then an **e** is added: **ancien**, **ancienne**.

E. Other irregular feminine forms of descriptive adjectives

Masculine		Feminine	
Singular	Plural	Singular	Plural
beau	**beaux**	**belle**	**belles**
frais	**frais**	**fraîche**	**fraîches**
sec	**secs**	**sèche**	**sèches**
gros	**gros**	**grosse**	**grosses**
long	**longs**	**longue**	**longues**
blanc	**blancs**	**blanche**	**blanches**
favori	**favoris**	**favorite**	**favorites**
public	**publics**	**publique**	**publiques**
doux	**doux**	**douce**	**douces**

Exercises

I. Answer the following questions in French, substituting the appropriate form of the descriptive adjective in parentheses for the one indicated. Use **non** in your answer, but write your sentence in the affirmative.

Model: **Avez-vous une voiture**   You write: **Non, j'ai une voiture**
         grise? **(blanc)**   **blanche.**

1. Avez-vous une maison blanche? (gris) _____

2. Avez-vous un bon stylo? (mauvais) _____

3. Avez-vous une grosse pomme? (beau) _____

4. Avez-vous une pêche fraîche? (doux) _____

5. Avez-vous un joli chapeau? (vieux) _____

II. Answer the following questions in the affirmative in complete French sentences. In answer (a) use **oui**. In answer (b) use **aussi**. Write the appropriate form of the descriptive adjective in your answers. Use subject pronouns in your answers. Study the models.

Model: (a) **Est-ce que Monsieur Paquet est bon?**   You answer: (a) **Oui, il est bon.**
(b) **Et Madame Paquet?**   You answer: (b) **Elle est bonne aussi.**

1. (a) Est-ce que Janine est petite? _____

   (b) Et Pierre? _____

2. (a) Est-ce que Monsieur Paquet est furieux? _____

   (b) Et Madame Paquet? _____

3. (a) Est-ce que Monique est gentille? _____

   (b) Et Pierre? _____

4. (a) Est-ce que Janine et Monique sont belles? _____

   (b) Et Pierre et Robert? _____

5. (a) Est-ce que la maison est neuve? _____

   (b) Et les voitures? _____

III. Answer the following questions in the negative in complete French sentences. In answer (a) use **non**. In answer (b) use **non plus**. Write the appropriate form of the descriptive adjective in your answers. Use subject pronouns in your answers. Study the models.

Model: (a) **Est-ce que Madame Paquet est cruelle?**   You answer: (a) **Non, elle n'est pas cruelle.**
(b) **Et Monsieur Paquet?**   You answer: (b) **Il n'est pas cruel non plus.**

1. (a) Est-ce que Madame Paquet est petite? _____

   (b) Et Monsieur Paquet? _____

2. (a) Est-ce que le professeur de français est mauvais? _____

   (b) Et le professeur d'espagnol? _____

3. (a) Est-ce que le maître d'italien est gros? _____

   (b) Et la maîtresse d'allemand? _____

4. (a) Est-ce que le petit garçon est muet? _____

(b) Et la petite fille? _____

IV. Choose the form of the adjective that does not belong in the group.

Model: **(a) beau**   **(b) sec**   **(c) gros**   **(d) longue** _____d_____

1. (a) neuf   (b) ancien   (c) bon   (d) cruelle _____

2. (a) muets   (b) cruels   (c) dernière   (d) beaux _____

3. (a) neuve   (b) furieuse   (c) étroits   (d) bonne _____

4. (a) belles   (b) grise   (c) fraîches   (d) blanches _____

5. (a) beau   (b) longs   (c) sec   (d) blanc _____

F.   Possessive adjectives

Masculine			
Singular		Plural	
mon livre	my book	**mes livres**	my books
ton stylo	your pen	**tes stylos**	your pens
son ballon	his (her, its) balloon	**ses ballons**	his (her, its) balloons
notre parapluie	our umbrella	**nos parapluies**	our umbrellas
votre sandwich	your sandwich	**vos sandwichs**	your sandwiches
leur gâteau	their cake	**leurs gâteaux**	their cakes

Feminine			
Singular		Plural	
ma robe	my dress	**mes robes**	my dresses
ta jaquette	your jacket	**tes jaquettes**	your jackets
sa balle	his (her, its) ball	**ses balles**	his (her, its) balls
notre maison	our house	**nos maisons**	our houses
votre voiture	your car	**vos voitures**	your cars
leur soeur	their sister	**leurs soeurs**	their sisters

Rules and observations:

1. A possessive adjective agrees in gender and number *with the noun* it modifies, *not with the possessor*.

2. Some possessive adjectives do not agree with the gender of the noun *in the singular*. They are all the same, whether in front of a masculine or feminine singular noun: **notre**, **votre**, **leur**.

3. Some possessive adjectives do not agree with the gender of the noun *in the plural*. They are all the same, whether in front of a masculine or feminine plural noun: **mes**, **tes**, **ses**, **nos**, **vos**, **leurs**.

4. What you have to be aware of are the following possessive adjectives: **mon** or **ma**, **ton** or **ta**, **son** or **sa**.

5. In front of a *feminine singular noun* beginning with a vowel or silent *h*, the masculine singular forms are used: **mon**, **ton**, **son** — instead of **ma**, **ta**, **sa**.

mon adresse	my address	**son** amie	his (or her) friend
ton opinion	your opinion	**mon** habitude	my habit (custom)

6. Since **son**, **sa** and **ses** can mean *his* or *her*, you may add **à lui** or **à elle** to make the meaning clear.

sa maison à lui	his house	**son livre à elle**	her book
sa maison à elle	her house	**ses livres à lui**	his books
son livre à lui	his book	**ses livres à elle**	her books

7. If there is more than one noun, a possessive adjective must be used in front of each noun: **ma mère et mon père** (my mother and father).

8. Use the definite article instead of the possessive adjective when referring to parts of the body if it is clear who the possessor is.

J'ai de l'argent **dans la main.**	(I have some money *in my hand.*)

Exercises

Review the preceding material before starting these exercises. .

I. Answer the following questions in French in the affirmative, using the appropriate form of the possessive adjective. Use **oui** in your answer.

Model: **Aimes-tu ta robe grise?**   You answer: **Oui, j'aime ma robe grise.**

1. Aimes-tu ta petite voiture neuve? _____

2. Aimez-vous mon parapluie rouge? _____

3. Aimez-vous notre maison blanche? _____

4. Aimes-tu mon amie Monique? _____

5. Aimez-vous ses grosses pommes? _____

II. Answer the following questions in French in the affirmative, using the appropriate form of the possessive adjective. Use **oui** in your answer.

Model: **Est-ce votre maison?**   You answer: **Oui, c'est ma maison.**

1. Est-ce votre voiture? _____

2. Est-ce ton chapeau? _____

3. Est-ce son livre à lui? _____

4. Est-ce votre maîtresse de français? _____

5. Est-ce leur maison? _____

III. Answer the following questions in French in the affirmative, using the appropriate form of the possessive adjective. Use **oui** in your answer.

Model: **Ce sont vos livres?**   You answer: **Oui, ce sont mes livres.**
      (Are they your books?)   (Yes, they are my books.)

1. Ce sont vos stylos? _____

2. Ce sont leurs crayons? _____

3. Ce sont tes gâteaux? _____

4. Ce sont mes pommes? _____

5. Ce sont nos pêches? _____

IV. Fill in the missing words in French, using the appropriate form of a possessive adjective so that the rest of the sentence and dialogue will make sense.

Madame Paquet: Bonjour, Madame Richy! Oh! Vous avez un joli chapeau! J'aime beaucoup

_____ chapeau.

Madame Richy: Merci! J'ai aussi une nouvelle robe. Aimez-vous _____ nouvelle

robe rouge?

Madame Paquet: Oui, j'aime beaucoup _____ nouveau chapeau et _____

nouvelle robe rouge. J'adore _____ vêtements!

Madame Richy: Mon mari a une nouvelle jaquette. J'aime beaucoup _____ nouvelle

jaquette.

Madame Paquet: Et mon mari a un nouveau complet. J'aime beaucoup _____

nouveau complet.

Madame Richy: Alors, _____ maris ont de nouveaux vêtements. Nous aimons

beaucoup _____ nouveaux vêtements.

V. Answer in a complete sentence in French, using the appropriate form of a possessive adjective. In your answer, use the noun given in parentheses.

    Model: Que mangez-vous? (pomme)   **You answer: Je mange ma pomme.**

1. Que mangez-vous? (pêche) _____

2. Que mange-t-il? (sandwich) _____

3. Que mangent-ils? (chocolat) _____

4. Que mangent-elles? (soupe) _____

5. Que mangez-vous? (petits fours) _____

VI. Compositions: Oral or Written. You may use your own words or those in this lesson.

A. Look at the picture at the beginning of this work unit. Using at least ten words in French, describe the scene to a friend. Make sure you use adjectives to describe the garage, the car, the girl and the boy.

B. Describe the house you live in. You may want to use adjectives like the following: new or old, big or small, beautiful, pretty, the color. If you live in an apartment, describe that.

C. Talk about the people you live with. Describe them by using as many adjectives as you can that are found in this lesson.

VII. **Oral Proficiency.** Respond orally in French to the situation described. Later, you may write your responses for intensive practice.

Situation: Your father's brand new car is parked in the driveway. You decided to lift the hood to inspect the motor and the parts. You have a screwdriver and you try to remove a screw or bolt. Your father comes rushing out of the house and says to you: **Que fais-tu?** (What are you doing?) He is furious. Respond by telling him what you are doing and why. You may use any or all of the following words: **la vis, l'écrou, j'enlève, dans la poubelle**. Use some adjectives, for example: **petit, gros, utile, furieux, bon, neuf,** or any others you prefer.

VIII. **Oral Proficiency.** Respond orally in French to the situation described. (Later, you may write your responses for intensive practice.)

Situation: Describe what you see in the picture shown below. Use at least ten words in French. You may want to use some or all of the following: **un jeune homme, marcher, un bâtiment, vieux, ancien, des briques,** or any others you prefer.

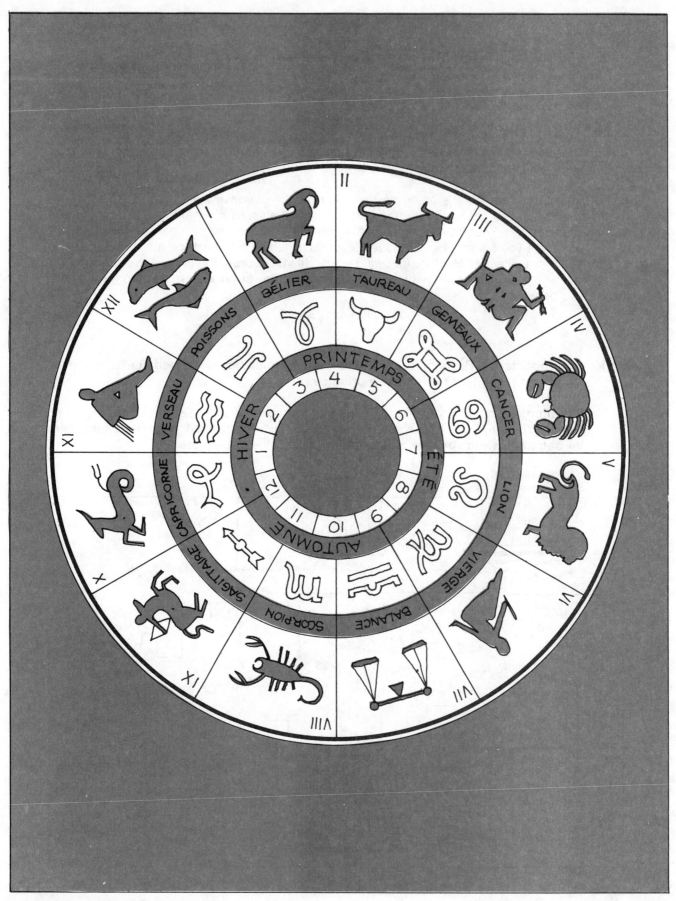

Les Signes du Zodiaque.

Adjectives (Continued)

Let's see what Pierre's horoscope reveals for today. What does yours say?

Zodiaque

Pierre lit le journal dans la cuisine. Il a la page de l'horoscope devant lui.

I **Le Bélier** (Aries)

(21 mars – 20 avril)

Vous êtes le meilleur juge de vos actions.

II **Le Taureau** (Taurus)

(21 avril – 21 mai)

Votre qualité la plus forte est la patience. Attendez des nouvelles!

III **Les Gémeaux** (Gemini)

(22 mai – 21 juin)

La personne qui vous aime le plus attend une lettre de vous. Ecrivez-lui.

IV **Le Cancer** (Cancer)

(22 juin – 23 juillet)

Méfiez-vous des obstacles dangereux.

V **Le Lion** (Leo)

(24 juillet – 23 août)

Demain va être un jour parfait pour finir vos projets.

VI **La Vierge** (Virgo)

(24 août – 23 septembre)

Méfiez-vous des petites automobiles vertes.

VII **La Balance** (Libra)

(24 septembre – 23 octobre)

Quelle chance! Vous allez voir un grand changement.

VIII **Le Scorpion** (Scorpio)

(24 octobre – 22 novembre)

Vous avez un esprit inventif. Soyez prudent!

IX **Le Sagittaire** (Sagittarius)

(23 novembre – 21 décembre)

Votre qualité la plus forte est l'imagination.

X **Le Capricorne** (Capricorn)

(22 décembre – 20 janvier)

Ne sortez pas aujourd'hui. Restez dans votre maison. Il y a du danger dans les rues.

XI **Le Verseau** (Aquarius)

(21 janvier – 19 février)

Il faut profiter du moment. Quelle semaine! Bonnes nouvelles!

XII **Les Poissons** (Pisces)

(20 février – 20 mars)

N'allez pas à la plage aujourd'hui. Il y a un requin affamé dans l'eau.

Le téléphone sonne. Voici la conversation entre Pierre et Monique:

Monique: C'est toi, Pierre? Ici Monique.

Pierre: Oui, c'est moi. Comment vas-tu?

Monique: Ça va. Écoute, Pierre. Il y a une grande soirée chez moi ce soir. Nous allons danser et chanter. Ma mère a préparé un gâteau délicieux. Nous allons beaucoup nous amuser. Henri va venir, ainsi que Paul, Robert, Raymond, Suzanne, Hélène, ta soeur Janine, et d'autres amis. Veux-tu venir?

Pierre: Attends, Monique. Je vais regarder dans le journal. Je n'ai pas lu mon horoscope pour aujourd'hui.

Pierre regarde l'horoscope dans le journal. Il lit sous son signe du Zodiaque, Le Capricorne. Il retourne au téléphone.

Pierre: Monique, mon horoscope dit qu'il faut rester à la maison aujourd'hui parce qu'il y a du danger dans les rues.

Monique: Es-tu superstitieux? Tu es fou!

Pierre: Écoute. Je vais venir tout de même.

254 Plus tard, Pierre quitte la maison pour aller à la soirée chez Monique. Quand il traverse la rue, il voit un grand camion venant à toute vitesse. Pierre _____

_____

_____.

(Note to the student: Write your own ending to this story in one or two sentences, in French, of course!)

Vocabulaire

affamé *adj.,* starved, famished

ainsi que *conj.,* (just) as

amuser *v.,* to amuse; **s'amuser** *refl. v.,* to have a good time, to amuse oneself; **nous allons beaucoup nous amuser** we are going to have a very good time; **amusez-vous bien!** have a good time!

ça va *interj.,* I'm fine, it's fine, it's okay

le changement *n.,* the change, alteration

comment vas-tu? how are you?

écrivez *v. form of* **écrire**; **écrivez-lui** write to him/to her

fort *m.,* **forte** *f., adj.,* strong; **votre qualité la plus forte** your strongest quality

ici *adv.,* here; **ici Monique** this is Monique here

intelligent *m.,* **intelligente** *f.,* *adj.;* **l'élève le plus intelligent de la classe** the most intelligent student in the class

inventif *m.,* **inventive** *f., adj.,* inventive; **un esprit inventif** an inventive spirit

lit *v. form of* **lire**; **il lit** he is reading (he reads); **lu** *past part.;* **je n'ai pas lu** I haven't read

lui *disj. pron.,* him; **devant lui** in front of him; *as an indir. obj. pron.,* to him/to her

méfiez-vous *v. form (imperative) of* **se méfier** (to beware); **méfiez-vous des obstacles dangereux** beware of dangerous obstacles

meilleur *m.,* **meilleure** *f., adj.,* better; **le meilleur, la meilleure** the best

même *adj.,* same; **tout de même** all the same, just the same

la nouvelle *n.,* (piece of)

news; **bonnes nouvelles** good news

la plage *n.,* the beach

plus *adv.,* more; **le plus** the most

profiter *v.,* to profit, to take advantage (of); **il faut profiter du moment** you must take advantage of the moment

la qualité *n.,* the quality; **la qualité la plus forte** the strongest quality

le requin *n.,* the shark

le signe *n.,* the sign; **les signes du Zodiaque** the signs of the Zodiac

le soir *n.,* the evening; **ce soir** this evening, tonight; **une soirée** an evening party

sortez *v. form (imperative) of* **sortir**; **ne sortez pas** don't go out

soyez *v. form (imperative) of* **être**; **soyez prudent!** be prudent!

Exercises

Review the story and vocabulary before starting these exercises.

I. Complete the following statements by writing the appropriate words in French. They are all in the story. Refer to it if you have to.

1. Pierre _____ le journal dans la cuisine. Il a la page _____ devant

_____ .

2. Vous êtes _____ juge de vos actions.

3. Votre qualité la _____ est la patience.

4. La personne qui vous aime _____ attend une lettre de vous.

5. Il faut profiter _____. Quelle _____! Bonnes _____!

II. Letters or Notes.

Situation: Your best friend has invited you to a **soirée** at her house. Write a note to her expressing your thanks, but say that you cannot come and explain why. Write at least twelve words in French, using your own ideas and words. You may refer to the story at the beginning of this work unit.

III. Unscramble the words to find a meaningful sentence. Write it on the blank line. Refer to the story in this unit if you have to.

1. Pierre / horoscope / son / lit. _____

2. Demain / parfait / jour / être / va / un. _____

_____

3. Une / personne / aime / vous / beaucoup. _____

4. Il / a / y / requin / un / l'eau / dans. _____

5. Téléphone / sonne / le. _____

Structures de la Langue

A. Forms of the interrogative adjective **Quel**

Masculine		Feminine	
Singular	Plural	Singular	Plural
quel (what, which)	**quels**	**quelle** (what, which)	**quelles**

Rules and observations:

1. The interrogative adjective **quel** agrees in gender and number with the noun it modifies.

2. Here are four examples to illustrate each form:

   1. **Quel livre** lisez-vous?   *Which (what) book* are you reading?
   2. **Quels fruits** aimez-vous?   *Which (what) fruits* do you like?
   3. **Quelle leçon** étudiez-vous?   *Which (what) lesson* are you studying?
   4. **Quelles phrases** écrivez-vous?   *Which (what) sentences* are you writing?

3. In exclamations, **quel** and **quelle** mean *what a . . .!*

Quel homme!

Quel homme!	*What a* man!
Quelle femme!	*What a* woman!
Quelle semaine!	*What a* week!

4. When the verb **être** is used, the form of **quel** is not ordinarily in front of the noun it modifies:

Quel est votre nom?	*What* is your name?
Quelle est votre adresse?	*What* is your address?

257

Exercises

Review the preceding material before starting these exercises.

I. Write in French the questions that must have been asked.

      Model: Il est dix heures et quart.   You write the question: Quelle heure est-il?

1. Mon nom est Pierre Paquet. _____

2. Mon adresse est 17, rue de Rivoli. _____

3. J'ai vingt ans. _____

II. Answer the following questions in complete sentences (in French). They are personal questions and require answers of your own.

1. Quel est votre nom? _____

2. Quelle est votre adresse? _____

3. Quel âge avez-vous? _____

III. Write the appropriate form of **quel** on the blank line.

1. Vous lisez un livre! _____ livre lisez-vous?

2. Vous écrivez des phrases! _____ phrases écrivez-vous?

3. Vous aimez les fruits! _____ fruits aimez-vous?

4. Vous étudiez une leçon! _____ leçon étudiez-vous?

IV. Match the following.

1. Quel homme!   _____ What a car!

2. Quelle femme!   _____ What a stew!

3. Quel ragoût!   _____ What a man!

4. Quel livre!   _____ What a book!

5. Quelle voiture!   _____ What a woman!

V. **Lists.** Look at the picture on page 257 and write what is required.

A. Write five adjectives in French that the three girls have in mind to describe the young man.

1. _____ 2. _____ 3. _____ 4. _____ 5. _____

B. Write five adjectives in French that the young man has in mind to describe the three girls.

1. _____ 2. _____ 3. _____ 4. _____ 5. _____

B. Demonstrative adjectives

1. **ce** garçon	1. this (that) boy
2. **cet** arbre	2. this (that) tree
3. **cet** homme	3. this (that) man
4. **cette** femme	4. this (that) woman
5. **cette** église	5. this (that) church
6. **ces** femmes	6. these (those) women
7. **ces** hommes	7. these (those) men

Rules and observations:

1. **Ce** is used before a masculine singular noun that begins with a consonant. See example 1 in the above box.

2. **Cet** is used before a masculine singular noun that begins with a vowel or silent *h*. See examples 2 and 3 in the above box.

3. **Cette** is used before *all* feminine singular nouns.

4. **Ces** is used in front of *all* nouns in the plural.

5. These demonstrative adjectives can means *this* or *that* in the singular, depending on the meaning intended. **Ces** can mean *these* or *those*.

6. If there is any doubt as to the meaning (*this, that, these, those*), just add **-ci** to the noun to give it the meaning of *this* or *these*. Actually, **-ci** is a shortening of **ici**, which means *here*. Add **-là** (which means *there*) to the noun to give it the meaning of *that* or *those*. Examples:

ce livre-ci	*this book*	**cette page-ci**	*this page*
ce livre-là	*that book*	**cette page-là**	*that page*
ces livres-ci	*these books*	**ces pages-ci**	*these pages*
ces livres-là	*those books*	**ces pages-là**	*those pages*

7. If there is more than one noun, a demonstrative adjective must be used in front of each noun: **cette dame et ce monsieur** (*this lady and gentleman*).

Exercises

Review the preceding material before starting these exercises.

I. Substitute the noun in parentheses for the noun in italics. Rewrite the sentence, using the appropriate form of the demonstrative adjective given.

    Model: **Je mange ce** *fruit.* **(pomme)**   **You write:** **Je mange cette pomme.**

    A. Je mange cette *soupe.*

1. (pêche) _____

2. (gâteau) _____

3. (petits fours) _____

4. (ananas) _____

5. (tomate) _____

    B. Etudiez-vous ce *vocabulaire?*

1. (leçon) _____

2. (livre) _____

3. (pages) _____

4. (phrases) _____

5. (poème) _____

C. Nous allons au cinéma avec ces *garçons*.

1. (jeunes filles) _____

2. (ami) _____

3. (amie) _____

4. (jeune homme) _____

5. (étudiants) _____

II. For each imperative that is given, write a response indicating that you are doing what you are told to do.

Model: Donnez-moi ce livre!   **You write: Bien! Je vous donne ce livre!**

1. Donnez-moi ce journal! _____

2. Donnez-lui cette pomme! _____

3. Donnez-leur ces pommes frites! _____

III. Change the demonstrative adjective and the noun, which are in italics, to the singular or plural, depending on what is given. Rewrite the sentence.

Model: Je vais lire *ces livres* et   **You write: Je vais lire ce livre et**
**   *cette lettre*.**   **   ces lettres.**

1. Je vais manger *ces ananas* et *cette tomate*. _____

_____

2. Je vais écrire *ces leçons* et *cette phrase*. _____

_____

3. Je vais boire *ce vin* et *cette bière*. _____

4. Je vais envoyer *ces lettres*. _____

5. Je vais acheter *ces livres*. _____

C. Regular comparative and superlative adjectives

Adjective *masc. and fem.*	Comparative	Superlative
grand tall	**plus grand (que)** taller (than)	**le plus grand (de)** (the) tallest (in)
grande tall	**plus grande (que)** taller (than)	**la plus grande (de)** (the) tallest (in)
grand tall	**moins grand (que)** less tall (than)	**le moins grand (de)** (the) least tall (in)
grande tall	**moins grande (que)** less tall (than)	**la moins grande (de)** (the) least tall (in)
grand tall	**aussi grand (que)** as tall (as)	
grande tall	**aussi grande (que)** as tall (as)	
intelligent intelligent	**plus intelligent (que)** more intelligent (than)	**le plus inteligent (de)** (the) most intelligent (in)
intelligente intelligent	**plus intelligente (que)** more intelligent (than)	**la plus intelligente (de)** (the) most intelligent (in)
intelligent intelligent	**moins intelligent (que)** less intelligent (than)	**le moins intelligent (de)** (the) least intelligent (in)
intelligente intelligent	**moins intelligente (que)** less intelligent (than)	**la moins intelligente (de)** (the) least intelligent (in)
intelligent intelligent	**aussi intelligent (que)** as intelligent (as)	
intelligente intelligent	**aussi intelligente (que)** as intelligent (as)	

Rules and observations:

1. In making a comparison in English, we ordinarily add **-er** to the adjective (*tall, taller*) or we place *more* or *less* in front of the adjective (*more intelligent, less intelligent*). In French, we use **plus** or **moins** in front of the adjective. See the examples in the above box.

2. In order to express *as . . . as* in French, we use **aussi . . . que**.

3. The adjective must agree in gender and number with the noun it modifies. Example: Marie est plus **intelligente** que son frère. (Mary is more intelligent than her brother.)

4. In making a comparison, we use **que** in French to express *than;* we also use **que** in French to express *as*.

5. If the adjective is one that ordinarily is placed in front of the noun, then it remains in front of the noun when making a comparison. If the adjective is one that ordinarily is placed after the noun, then it remains after the noun when making a comparison. Examples:

    une jolie robe, une plus jolie robe, la plus jolie robe
    a pretty dress, a prettier dress, the prettiest dress

    une personne intelligente, une personne plus intelligente, la personne la plus intelligente
    an intelligent person, a more intelligent person, the most intelligent person

D. Irregular comparative and superlative adjectives

Adjective (masc.)	Comparative	Superlative
bon, *good*	**meilleur,** *better*	**le meilleur,** *(the) best*
mauvais, *bad*	**plus mauvais,** *worse*	**le plus mauvais,** *(the) worst*
	pire, *worse*	**le pire,** *(the) worst*
petit, *small*	**plus petit,** *smaller (in size)*	**le plus petit,** *(the) smallest*
	moindre, *less (in importance)*	**le moindre,** *(the) least*

Rules and observations:

1. Actually, there are no rules that apply to these irregular adjectives of comparison. Just study them and make observations of your own.

2. Observe that **mauvais** and **petit** have regular and irregular comparisons.

3. Note that **de** is used (and not **dans**) to express *in* when using the superlative.

Exercises

Review the preceding material before starting these exercises.

I. Answer the following questions in French, substituting the appropriate forms of the words in parentheses for the ones indicated. Use **non** in your answer, but write your sentence in the affirmative. Also, use a pronoun subject in place of the noun subject.

> **Model:** **Est-ce que Paul est** *plus* **grand que son frère? (moins)**   You answer: **Non, il est moins grand que son frère.**

1. Est-ce que Pierre est *plus* grand que sa mère? (moins) _____

   _____

2. Est-ce que Janine est *plus* grande que son père? (moins) _____

   _____

3. Est-ce que Monique est *plus* intelligente que Janine? (moins) _____

   _____

II. Answer the following questions in complete sentences (in French). Use the noun in parentheses in your answer. Make all required changes in the forms of the adjectives.

> **Model:** **Qui est plus grand que**   You answer: **Janine est plus grande que**
> **Robert? (Janine)**   **Robert.**

1. Qui est plus grand que Janine? (Madame Paquet) _____

   _____

2. Qui est moins grand que Pierre? (Janine) _____

   _____

3. Qui est plus petit que Monique? (Mathilde) _____

   _____

4. Qui est moins petit que Joseph? (Suzanne) _____

   _____

5. Qui est aussi grand que Monsieur Paquet? (Monsieur Richy) _____

   _____

6. Qui est aussi petit que Madame Banluc? (Madame Paquet) _____

   _____

III. For each statement that is given, write in French a response contradicting the statement. Begin your response with **Non, ce n'est pas vrai.** Then use the name in parentheses in your answer in place of the noun subject in the statement, which is in italics. Make all required changes in agreement.

Model: *Monique* est la plus intelligente du cours d'anglais. **(Joseph)**

You write: **Non, ce n'est pas vrai. Joseph est le plus intelligent du cours d'anglais.**

1. *Raymond* est le plus intelligent du cours de mathématiques. (Janine) _____

_____

2. *Bob* est le plus grand du cours de français. (Suzanne) _____

_____

Michel est le moins grand de la famille.

3. *Michel* est le moins grand de la famille. (Simone) _____

_____

4. *Béatrice* est la plus belle du groupe. (Charles) _____

_____

5. *Henri* est le plus petit. (Hélène) _____

_____ **265**

IV. Answer the following questions in the affirmative in complete French sentences. In answer (a) use **oui** and write a complete sentence. In answer (b) write a complete answer and add **aussi**. Make the required changes in the adjectives.

    Models: **(a) Ce livre est-il plus**   You write: **(a) Oui, ce livre est plus long**
                      long que les autres?   **que les autres.**
                      (b) Et cette lettre?   You write: **(b) Cette lettre est plus longue**
                                                      que les autres aussi.

1.   (a)   Cette phrase est-elle moins facile que les autres? _____

            _____

    (b)   Et ces questions? _____

2.   (a)   Ce poème est-il plus difficile que les autres? _____

            _____

    (b)   Et cette leçon? _____

3.   (a)   Cette voiture est-elle plus belle que les autres? _____

            _____

    (b)   Et ces maisons? _____

4.   (a)   Ce garçon est-il plus beau que les autres? _____

            _____

    (b)   Et ces jeunes filles? _____

5.   (a)   Cette banane est-elle plus délicieuse que les autres? _____

            _____

    (b)   Et ces gâteaux? _____

V. On the blank line write the French equivalent for the English words in parentheses.

1.   (more)   Simone est _____ intelligente que sa soeur.

2.   (tall)   Alain est aussi _____ que sa mère.

3.   (as)   Monique est _____ petite que son père.

4.   (prettier)   Anne est _____ que Suzanne.

5.   (the least)   Michel est _____ grand.

VI. Le Mot Mystère. (Mystery Word). In order to find the mystery word, you must first find and circle in the puzzle the French words given under it. The letters that remain in the puzzle are scrambled. Unscramble them to find **le mot mystère**.

à	même
amie	non
au	payer
beaucoup	plus
bruit	poubelle
dans	quel
en	qui
et	se
faire	son
grise	tournevis
il	tu
marche	y

E	M	A	R	C	H	E	E	T	R
N	V	Q	U	I	O	T	T	O	F
A	M	I	E	I	L	U	A	U	A
G	E	B	R	U	I	T	Y	R	I
R	M	Ê	M	E	I	P	N	N	R
I	D	A	N	S	À	L	O	E	E
S	P	A	Y	E	R	U	N	V	T
E	U	Q	U	E	L	S	E	I	S
P	O	U	B	E	L	L	E	S	O
	B	E	A	U	C	O	U	P	N

VII. Oral Proficiency. Respond orally in French to the situation described. (Later, you may write your responses for intensive practice.)

Situation: You have been asked to describe the persons shown in the picture on page 265, which is in a family album. Tell how these persons are related to each other, *e.g.,* the mother, father, two sisters, the little brother. Describe them by saying something about their looks, height, intelligence, personal qualities, and the like. You may use your own ideas and words or those in this lesson and the previous ones on adjectives and making comparisons.

Donne-moi la bôite de chocolats!

Adverbs and Tag Questions – *n'est-ce pas?*

Janine receives a phone call from a neighbor, Madame Bédier. She wants her to babysit with Renée, her five-year-old daughter, while she and her husband are at the movies. What do you suppose happens to the box of chocolates while they are out?

La boîte de chocolats

C'est samedi. Janine n'a rien à faire. Elle est à la fenêtre dans sa chambre. Elle regarde les oiseaux sur les branches du pommier dans le jardin.

Le téléphone sonne.

— Janine! C'est pour toi, dit sa mère.

Janine quitte sa chambre et descend l'escalier.

— C'est Madame Bédier, dit sa mère. Elle va au cinéma ce soir avec son mari et elle a besoin de toi.

— Allô! J'écoute. Ici Janine . . . . Comment allez-vous, madame? . . . . Très bien, merci . . . . Je ne fais rien ce soir . . . . Vous allez au cinéma . . . Ah! Bon! . . . . D'accord . . . . Oui, je peux venir chez vous ce soir et rester avec Renée . . . . Oui, je sais . . . . Oh, elle a déjà cinq ans! . . . . Oui, elle est grande pour son âge . . . . Oui, je sais qu'elle est capricieuse . . . . Oui, je sais qu'elle parle plus vite que les autres enfants . . . . Oui, je sais qu'elle marche moins vite que les autres enfants . . . . Bon! . . . . D'accord! A six heures et demie . . . . A ce soir, madame.

A six heures vingt, Janine quitte la maison pour aller chez les Bédier qui habitent à côté de la maison des Paquet.

— Ah! Janine! s'exclame Madame Bédier. Philippe! C'est Janine! La meilleure gardienne d'enfants du voisinage! N'est-ce pas, Philippe?

Monsieur et Madame Bédier ont mis leurs chapeaux, manteaux, et gants. Avant de sortir, Madame Bédier dit:

— Renée, sois sage! A huit heures et demie tu vas te coucher, n'est-ce pas? Janine, tu sais où est la chambre de Renée, n'est-ce pas? La boîte de chocolats est là-bas sur la petite table ronde. Seulement une pièce pour Renée. Elle en a mangé trois aujourd'hui. Janine, tu peux en avoir deux pièces si tu veux parce que tu es plus grande que Renée. Il y a une comédie à la télévision ce soir. Nous allons voir le film *La Lettre* au Bijou. A tout à l'heure!

269

Ils partent.

— Janine, je veux ma pièce de chocolat maintenant, dit Renée. J'aime mieux la cerise à la crème. Quelle pièce est la cerise à la crème, Janine? demande Renée.

— Je ne sais pas! J'aime beaucoup les chocolats et mon favori est le nougat. Quelle pièce est le nougat, Renée? demande Janine.

— Je ne sais pas! . . . . Ah! . . . . je sais comment savoir!

— Comment? demande Janine.

— Je vais écraser chaque pièce avec le doigt, répond Renée.

— Non! Renée! Non! Tu vas les abîmer! s'exclame Janine.

— Ça ne fait rien. Laisse-moi! crie Renée.

Renée arrache vigoureusement la boîte de chocolats des mains de Janine et elle commence à piquer chaque pièce avec son doigt.

— Voilà, Janine! Voilà la cerise à la crème pour moi et le nougat pour toi!

— Oh! Toutes les pièces de chocolats sont écrasées! Tout est abîmé! Qu'est-ce que je vais dire à tes parents? s'exclame Janine.

Renée quitte le salon avec la boîte de chocolats. Après quelques minutes, elle revient dans le salon et elle dit:

— Janine, ne t'inquiète pas. J'ai jeté la boîte de chocolats dans la poubelle avec les ordures! Maintenant, tu n'as pas besoin d'expliquer à mes parents.

— Ta mère a raison, lui dit Janine. Tu es vraiment capricieuse. Méchante! Va te coucher! Vite!

Trois heures plus tard, Monsieur et Madame Bédier rentrent à la maison. Madame entre dans le salon et dit:

— Janine, tu peux avoir toute la boîte de chocolats. Emporte la boîte avec toi. Bonsoir, et merci!

Vocabulaire

à tout à l'heure! see you in a little while!

abîmer v., to spoil, to ruin

l'accord n. m., the agreement; **d'accord** okay, agreed

allô interj., hello (used when answering the telephone)

arracher v., to pull away, to pull out

avant prep., before; **avant de sortir** before going out

le besoin n., the need; **avoir besoin de** to have need of, to need

la boîte n., the box

bonsoir salutation, good evening

ça ne fait rien! that doesn't matter!

capricieux m., **capricieuse** f., adj., capricious, whimsical

la cerise n., the cherry

chaque adj., each

le côté n., the side; **à côté de** next to

déjà adv., already; **elle a déjà cinq ans!** she is already five years old!

descendre *v.*, to descend, to come (go) down
écraser *v.*, to crush
en *pron.*, *partitive*, of them; **elle en a mangé trois!** she ate three (of them)
l'escalier *n. m.*, the staircase
le gant *n.*, the glove
le gardien, la gardienne *n.*, the guardian; **gardien (gardienne) d'enfants** babysitter

s'inquiéter *refl. v.*, to worry, to be upset; **ne t'inquiète pas!** don't worry!
jeter *v.*, to throw
laisse-moi! let me!
le manteau *n.*, the coat
méchant *m.*, **méchante** *f.*, *adj.*, mean, nasty, naughty
mieux *adv.*, better; **j'aime mieux** I prefer, I like better
mignon *m.*, **mignonne** *f.*, *adj.*, darling, cute

l'oiseau *n. m.*, the bird
l'ordure *n. f.*, garbage, rubbish
la pièce *n.*, the piece
piquer *v.*, to poke, to puncture
le pommier *n.*, the apple tree
sois *v. form of* **être**; **sois sage!** be good!
va te coucher! go to bed! (*v. form of* **aller se coucher**)
le voisinage *n.*, the neighborhood

Exercises

Review the story and vocabulary before starting these exercises.

I. Oral Proficiency. Respond orally in French to the situation described. (Later, you may write your responses for intensive practice.) Review this lesson for ideas or words to use.

Situation: You are babysitting in your neighbor's house next door. They have two children—Robert, who is five years old, and Debbie, who is seven. They are quarreling with each other about what to watch on TV. You do your best to settle the argument. They are behaving badly and it's your job to restore a pleasant atmosphere. In five sentences resolve the quarrel and restore order. You may use your own ideas or ideas suggested by the following: **avoir, être, sois (soyez) sage(s), avoir besoin de, capricieux, capricieuse, abîmer, laisse-moi! jeter, méchant(e), va te coucher! vite** (quickly).

II. Choose the correct answer.

1. Janine est à la fenêtre dans   (a) le salon.   (b) la cuisine.   (c) la salle de bains.   (d) sa chambre.   _____

2. Madame et Monsieur Bédier vont   (a) au cinéma.   (b) à l'église.   (c) au théâtre.   (d) à l'opéra.   _____

3. Renée a jeté la boîte de chocolats   (a) par la fenêtre.   (b) dans la rue.   (c) dans la poubelle.   (d) contre le mur.   _____

4. La boîte de chocolats est   (a) dans le tiroir.   (b) sur la petitie table ronde.   (c) dans la cuisine.   (d) sous le lit.   _____

5. Renée est   (a) très mignonne.   (b) très gentille.   (c) capricieuse.   (d) fatiguée.   _____

III. **Lists.** Write a list of words in French as required in each situation.

   A. Describe how your neighbor talks using three adverbs that end in **-ment**.

   1. _____   2. _____   3. _____

   B. Describe how a friend of yours eats using four adverbs that do not end in **-ment**.

   1. _____   2. _____   3. _____   4. _____

Structures de la Langue

A. Position of an adverb

1. Janine aime **beaucoup** les chocolats.	(Janine likes chocolates *very much*.)
2. Madame Bédier a parlé **distinctement.**	(Mrs. Bédier spoke *distinctly*.)
3. Madame Bédier a **bien** parlé.	(Mrs. Bédier spoke *well*.)

Rules and observations:

1. An adverb is a word that describes a verb, an adjective, or another adverb.

2. In French, an adverb ordinarily *follows* the simple verb it modifies, as in the first model sentence in the above box.

3. If a verb is compound, as in the passé composé (model sentence 2), the adverb generally *follows* the past participle only if it is a long adverb. The adverb **distinctement** is long.

4. If a verb is compound, as in the passé composé (model sentence 3), *short common adverbs* (like **beaucoup**, **bien**, **déjà**, **encore**, **mal**, **mieux**, **souvent**, **toujours**) *must precede* the past participle.

B. Formation of some adverbs

1. Many adverbs are formed in French by adding the ending **-ment** to the *feminine singular* form of an adjective. This is similar to adding *-ly* to an adjective in English to form an adverb: *quick/quickly*.

seule/seulement	**furieuse/furieusement**
(alone/only)	(furious/furiously)

2. Ordinarily, adjectives that end in **-ant** are transformed into adverbs by dropping **-ant** and adding **-amment**.

constant/constamment	(constant/constantly)

3. Ordinarily, adjectives that end in **-ent** are transformed into adverbs by dropping **-ent** and adding **-emment**.

patient/patiemment	(patient/patiently)

C. Regular comparison of adverbs

Adverb	Comparative	Superlative
vite (quickly)	**plus vite (que)** *more quickly (than)* *faster (than)*	**le plus vite** *(the) most quickly* *(the) fastest*
	moins vite (que) *less quickly (than)*	**le moins vite** *(the) least quickly*
	aussi vite (que) *as quickly (as)* *as fast (as)*	

273

D. Tag question: **n'est-ce pas?**

The phrase *n'est-ce pas?* is tagged to a statement when the speaker expects the listener to agree. It can be translated into English in any number of ways: *isn't that right? isn't that so? etc.* The appropriate translation into English depends on the meaning of the statement in French.

Renée a cinq ans, **n'est-ce pas**?   (Renée is five years old, *isn't she*?)

Exercises

Review the preceding material before starting these exercises.

I. Change the following adjectives to adverbs in French.

Model: furieuse   furieusement

1. distincte _____

2. seule _____

3. courageuse _____

4. constant _____

5. patient _____

6. fière _____

II. Rewrite each sentence in French, adding the adverb in parentheses in its proper position.

**Model: Madame Coty aime le   You write: Madame Coty aime beaucoup
café. (beaucoup)   le café.**

1. Monsieur Richy aime le ragoût brûlé. (beaucoup) _____

_____

2. Le professeur a parlé. (bien) _____

3. Janine a parlé. (constamment) _____

4. Elle est partie. (déjà) _____

5. Pierre a mangé. (beaucoup) _____

III. Write the French adverb for the English in italics.

Model: Pierre marche aussi *quickly* que son père.   You write: vite

1. Janine parle aussi *well* que sa mère. _____

2.   Joseph mange *more* vite que son frère.   _____

3.   Bob marche *as* lentement *as* son cousin.   _____   _____

4.   Raymond étudie *more* souvent *than* Michel.   _____   _____

5.   Mathilde parle *less* vite que sa soeur.   _____

IV.   Le Mot Mystère   (Mystery Word).   In order to find the *mystery word*, you must first find and circle in this puzzle the French words given under it. The letters that remain in the puzzle are scrambled. Unscramble them to find *le mot mystère*.

A	E	M	V	P	Y	G	R	I	S
U	N	O	O	L	A	L	L	E	R
T	F	I	I	U	À	L	A	C	A
O	J	N	T	S	A	U	S	S	I
M	O	S	U	G	A	R	Ç	O	N
O	L	P	R	R	F	E	M	M	E
B	I	E	E	A	N	E	P	A	S
I	R	T	B	N	N	L	U	I	E
L	I	I	O	D	L	U	N	D	I
E	L	T	N	O	P	É	R	A	S

à

aller

aussi

automobile

bon

en

femme

garçon

gris

il

joli

la

lui

lundi

moins petit

ne

opéras

pas

plus grand

voiture

y

V.   Oral Proficiency. Respond orally in French to the situation described. (Later, you may write your responses for intensive practice.) Review this lesson for ideas or words to use.

Situation: Your parents would like to know something about the behavior of two children in your neighborhood, a girl and a boy, before they permit you to babysit. Tell your parents something about the way the children talk, eat, play. You may want to use your own ideas and adverbs or those suggested here: **bien, mal, beaucoup, constamment, furieusement, distinctement, souvent, toujours, vite.** You may also want to compare their behavior; for example, one of the two talks more or less distinctly than the other, plays better than the other, and so on. Of course, mention the names of the children.

275

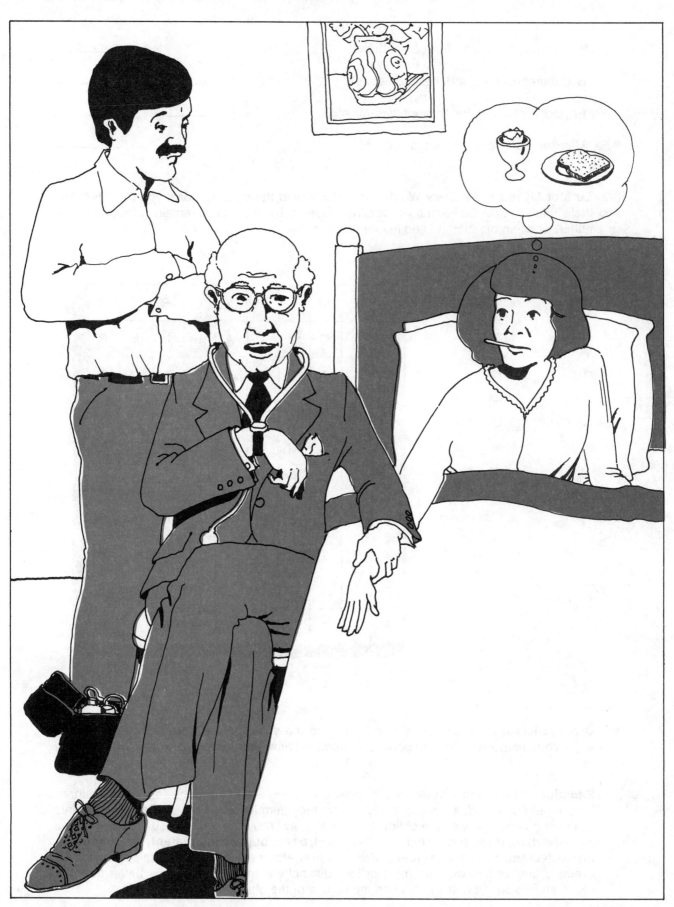

Le Docteur: Il est ridicule de croire qu'il faut manger pour vivre.

Negations and Other Structures of the Language

*Mrs. Paquet has been sick since
yesterday. She has indigestion. What do
you think of the doctor's advice? Would
you do what he says or what she does?*

Manger pour vivre ou vivre pour manger?

Madame Paquet est malade depuis hier. Elle a mangé quelque chose qui lui a donné mal à l'estomac. Elle est souffrante dans son lit. Son mari a appelé le docteur pour lui donner un médicament. Le docteur va venir dans quelques minutes. Madame Paquet l'attend patiemment depuis vingt minutes.

Le docteur est arrivé. Il est dans la chambre de Madame Paquet depuis quinze minutes. Il l'examine. Monsieur Paquet est avec eux.

Monsieur Paquet:	Dites-moi, docteur, faut-il appeler une ambulance pour transporter ma femme à l'hôpital?
Le Docteur:	Non, monsieur. Il n'est pas nécessaire de la transporter à l'hôpital. Elle peut rester ici dans son lit. Elle n'est pas gravement malade. Les ambulances rendent grand service, mais dans ce cas votre femme peut rester où elle est.
	J'insiste, chère madame. Prenez ce médicament et ne mangez rien.
Madame Paquet:	Rien manger?!
Le Docteur:	Absolument rien!
Madame Paquet:	Pas même un oeuf à la coque?
Le Docteur:	Pas même un oeuf à la coque!
Monsieur Paquet:	Mais, docteur, soyez raisonnable.
Madame Paquet:	Oui, docteur, soyez raisonnable! Rien à manger?
Le Docteur:	Pendant au moins deux jours.
Madame Paquet:	Je vais mourir de faim! Soyez raisonnable, docteur.
Le Docteur:	Je suis raisonnable, madame.
Madame Paquet:	Pas même un petit morceau de pain grillé?

277

Le Docteur:	Pas même un petit morceau de pain grillé!
Madame Paquet:	. . . sans beurre . . . sans confiture . . .?
Le Docteur:	Pas de pain grillé, pas de beurre, pas de confiture. Rien. Il est ridicule de croire qu'il faut manger pour vivre. Rappelez-vous, madame, qu'une personne ne se nourrit pas seulement par le pain. Manger est mauvais pour la santé. Tout le monde mange mal. La chimie du corps ne peut pas tolérer les aliments modernes . . . Excusez-moi maintenant. Je dois partir parce que je vais dîner au Coq d'or: du poisson . . .
Madame Paquet:	Du poisson! Ah!
Le Docteur:	Un beau filet mignon . . .
Madame Paquet:	Ah!
Le Docteur:	Une belle salade . . .
Madame Paquet:	Ah!
Le Docteur:	Rappelez-vous, aussi, que quand j'ai pris le serment d'Hippocrate, j'ai promis de remplir mes devoirs.

Le docteur va à la porte.

Madame Paquet:	Hippocrate ou hypocrite?! Docteur, n'oubliez pas le proverbe: "Dis-moi ce que tu manges et je te dirai ce que tu es!"

Le docteur sort.

Madame Paquet:	François, y a-t-il quelque chose à manger dans le réfrigérateur? Et donne-moi mon médicament.

Vocabulaire

absolument *adv.*, absolutely
l'aliment *n. m.*, the food
la chimie *n.*, chemistry
le Coq d'or Golden Cock (name of a restaurant)
la coque *n.*, the shell (of an egg); **un oeuf à la coque** soft-boiled egg
depuis *adv., prep.*, since; **depuis quand** since when; **depuis combien de temps** since how long (a time); **Madame Paquet est malade depuis hier** Mrs. Paquet has been sick since yesterday

dîner *v.*, to dine, to have dinner
dis-moi ce que tu manges et je te dirai ce que tu es! tell me what you eat and I'll tell you what you are!
dois *v.* form of **devoir** (ought to, have to, must); **je dois** I have (to)
l'estomac *n. m.*, the stomach
griller *v.*, to grill, to toast; **grillé** toasted
Hippocrate *n. m.*, Hippocrates (Ancient Greek physician)
le mal *n.*, pain, ache; **mal à l'estomac** stomach ache

malade *adj.*, sick, ill
manger *v.*, to eat
le médicament *n.*, medicine
moins *adv.*, less; **au moins** at least
le morceau *n.*, morsel, piece
mourir *v.*, to die
nourrir *v.*, to nourish; **se nourrir** *refl. v.*, to nourish oneself
l'oeuf *n. m.*, the egg
le pain *n.*, the bread; **pain grillé** toast
pas de pain no bread; **pas de beurre** no butter; **pas même** not even

patiemment *adv.*, patiently
pour *prep.*, for, in order (to)
prenez *v. form (imperative) of*
  prendre; prenez take
pris *past part. of* **prendre** (to
  take)
promis *past part. of*
  promettre (to promise)
quelque *adj.*, some;
  quelques a few; **quelque**

chose something
rappelez-vous *v. form*
  (imperative) of **se rappeler**
  (to remember)
rendre service to perform a
  service
le serment *n.*, oath; **le**
  serment d'Hippocrate
  Hippocratic Oath (a code
  of medical ethics imposed

by Hippocrates upon his
students of medicine)
souffrir *v.*, to suffer;
  souffrant *m.*, **souffrante**
  f., *adj.*, sick
soyez *v. form (imperative)*
  of **être**; **soyez**
  raisonnable!
  be reasonable!
vivre *v.*, to live

Exercises

Review the story and vocabulary before starting these exercises.

I. Answer the following questions in complete sentences (in French). They are based on the story in this unit.

1. Qui est malade? _____

2. Pourquoi est-elle malade? _____

3. Depuis quand est-elle malade? _____

4. Qui lui donne du médicament? _____

5. Pourquoi le docteur doit-il partir? _____

II. Comment dit-on en français . . .?   Write the French equivalent for the English given. Refer to the story in this unit if you have to.

1. Mrs. Paquet has been sick since yesterday. _____

2. Absolutely nothing! _____

3. Not even a soft-boiled egg! _____

4. Tell me what you eat and I'll tell you what you are! _____

    _____

5. Take this medicine and don't eat anything! _____   **279**

III. The words in the following boxes are scrambled. Unscramble them to find a meaningful sentence. Write the sentence in French on the line provided.

Model:

le	est
arrivé	docteur

You write: **Le docteur est arrivé.** _____

1.

le	est	n'
arrivé	docteur	pas

_____

RADIO ☀ TELEPHONE

273 08.38
273 38.28

Ambulances Tour Eiffel

24 HEURES SUR 24

TRANSPORT DE TOUS MALADES AVEC VOITURES GRAND CONFORT
PARIS-FRANCE-EUROPE ∗ 100 % SÉCURITÉ SOCIALE
TOUTES MUTUELLES

23 bis, Rue JUGE - PARIS (15ᵉ)

Reprinted with permission of AMBULANCES TOUR EIFFEL, Paris

2.

est	Madame Paquet	hier
depuis	malade	n'est-ce pas?

3.

est	la	dans	quinze
chambre	il	depuis	minutes

IV. Mots-croisés. (Crossword Puzzle). Give the French words for the English.

Horizontalement

3. _____ à l'estomac

4. past part. of **pouvoir**

6. to wait

9. by

10. yesterday

11. past part of **lire**

12. reflexive pronoun

Verticalement

1. 3d pers. sing., pres. indicative of **devoir**

2. to call

5. butter

6. year

7. since

8. bed

281

Structures de la Langue

A. Negations: **ne . . . pas** / **ne . . . jamais** / **ne . . . rien**

Present Indicative	Passé Composé
1. Je **ne** fume **pas**. (I do not smoke.)	4. Je **n'**ai **pas** fumé. (I did not smoke.)
2. Je **ne** fume **jamais**. (I never smoke.)	5. Je **n'**ai **jamais** fumé. (I have never smoked.)
3. Elle **ne** mange **rien**. (She's eating nothing. or: She's not eating anything.)	6. Elle **n'**a **rien** mangé. (She has eaten nothing. or: She hasn't eaten anything.)

Rules and observations:

1. To make a sentence negative in the present indicative (as you already know from experience in previous work units), merely put **ne** in front of the verb and **pas** after it.

2. If you want to negate the verb by saying **never** in the present indicative, merely put **ne** in front of the verb and **jamais** after it.

3. If you want to negate a verb by saying **nothing** in the present indicative, merely put **ne** in front of the verb and **rien** after it.

4. In the passé composé, put **ne** in front of the auxiliary (or helping) verb and either **pas** or **jamais** or **rien** after it.

5. If the first letter of the verb is a vowel, drop **e** in **ne** and add an apostrophe: **Je n'ai . . .**

B. Subordination with **quand, parce que**, and **que**

1. **Quand** j'ai faim, je mange.

   (*When* I'm hungry, I eat.)

2. Madame Paquet est dans son lit **parce qu'**elle est malade.

   (Mrs. Paquet is in her bed *because* she is sick.)

3. Je sais **que** vous êtes intelligent.

   (I know *that* you are intelligent.)

Rules and observations:

1. Each sentence in the above box contains two clauses: a main clause and a subordinate clause. In model sentence 1, the main clause is **je mange** and the subordinate clause is **quand j'ai faim**. As a main clause, **je mange** can stand alone. However, **quand j'ai faim** cannot stand alone; it is incomplete and subordinate to the main clause.

2. In model sentence 2, the main clause is **Madame Paquet est dans son lit** and the subordinate clause is **parce qu'elle est malade**. As a main clause, **Madame Paquet est dans son lit** can stand alone and make sense. However, **parce qu'elle est malade** cannot stand alone; it is incomplete and subordinate to the main clause. Of course, subordinate clauses are used frequently as fragmentary replies to questions or statements in conversation and informal writing. Nevertheless, a subordinate clause is not a complete sentence.

3. In model sentence 3, the main clause is **Je sais** and the subordinate clause is **que vous êtes intelligent**.

C.   **Dans** and a duration of time

> Le docteur va venir **dans quelques minutes**.
>
> (The doctor is going to come *in a few minutes.*)

Rules and observations:

1. **Dans** and a duration of time indicates a definite time in the future when something will happen.

2. In the model sentence above, **dans quelques minutes** means *at the end of a few minutes.* If that is what you mean, use **dans** for *in.*

3. **Dans** and a duration of time can be at the beginning or the end of a sentence, but future time must be implied.

D.   **En** and a duration of time

> **En une heure,** le docteur est venu.
>
> (*In one hour,* the doctor came.)

Rules and observations:

1. **En** and a duration of time indicates the completion of an action at any time *within* that period of time.

2. In the model sentence above, **en une heure** means *in* or *within* one hour; in other words, any time before the one hour is up. If that is what you mean, use **en** for *in*.

3. **En** and a duration of time must be at the beginning of a sentence if the action has already been completed (as a general rule).

E. **Depuis** and a duration of time

1. **Depuis quand** Madame Paquet **est**-elle malade?

   (*Since when has* Mme. Paquet been sick?)

2. Madame Paquet est malade **depuis hier**.

   (Mme. Paquet has been sick *since yesterday.*)

3. **Depuis combien de temps** Mme. Paquet **attend**-elle le docteur?

   (*How long has* Mme. Paquet *been waiting* for the doctor?)

4. Madame Paquet **attend** le docteur **depuis vingt minutes**.

   (Mme. Paquet *has been waiting* for the doctor *for twenty minutes.*)

Rules and observations:

1. In model sentence 1 in the above box, **depuis quand** is used in the question to express *since when;* in other words, at what point in the past. When you use this structure, you must use the present indicative tense of the verb.

2. In model sentence 2, which is the answer to 1, **depuis hier** is used to express *since yesterday* and the verb is still in the present indicative tense. (Note the verb tense in English in the question and in the answer in both model sentences: *has been.*) In French, however, we use the simple present tense because the thought expressed in the verb still holds right *now* in the present.

3. In model sentences 3 and 4, **depuis combien de temps** has a slightly different meaning. It asks: for how long. The answer to the question asked in this type of sentence structure usually requires a certain length of time to be stated, *e.g.,* twenty minutes, three hours, a month, and so forth. Note here, too, that in French we use the verb in the present tense because the action of the verb (in this case, waiting) is carried on right up to the present.

284

Exercises

I. Answer the following questions in French in the negative using **ne . . . pas**.

    Model: Fumez-vous?   **You answer: Non, je ne fume pas.**

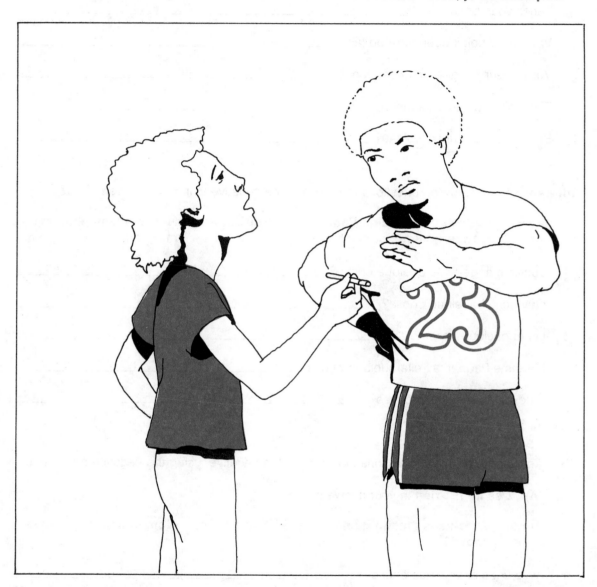

Non, je ne fume pas.

1. Dansez-vous bien? _____

2. Votre père chante-t-il souvent? _____

3. Votre mère lit-elle beaucoup? _____

4. Vos amis écrivent-ils bien? _____

5. Fumes-tu? _____

II. Answer the following questions in French in the negative using **ne . . . jamais**.

Model: **Mangez-vous beaucoup?**   You answer: **Non, je ne mange jamais beaucoup.**

1. Parlez-vous beaucoup? _____

2. Votre père boit-il beaucoup de lait? _____

3. Votre soeur travaille-t-elle beaucoup? _____

4. Ton ami étudie-t-il beaucoup? _____

5. Buvez-vous beaucoup d'eau? _____

III. Answer the following questions in French in the negative using **ne . . . rien**.

Model: **Est-ce que Madame Paquet mange quelque chose?**   You answer: **Non, Madame Paquet ne mange rien.**

1. Lucille mange-t-elle quelque chose? _____

2. Guy écrit-il quelque chose? _____

3. Lis-tu quelque chose? _____

4. Madame Paquet fait-elle quelque chose? _____

5. Étudiez-vous quelque chose? _____

IV. Answer the following questions in French in the negative, using the negation requested.

(A) Use **ne . . . rien** in your answers.

Model: **Avez-vous mangé quelque chose?**   You answer: **Non, je n'ai rien mangé.**

1. Avez-vous dit quelque chose? _____

2. Janine a-t-elle bu quelque chose? _____

3. Vos amis ont-ils étudié quelque chose? _____

4. Avez-vous lu quelque chose? _____

5. Avez-vous écrit quelque chose? _____

6. As-tu bu quelque chose? _____

286 7. Julie et Lucille ont-elles mangé quelque chose? _____

(B) Use **ne . . . jamais** in your answers.

Model: **Avez-vous jamais voyagé**   You answer: **Non, je n'ai jamais**
       en France?   **voyagé en France.**

> NOTE THAT SOME OF THESE VERBS IN THE PASSÉ COMPOSÉ ARE CONJUGATED WITH **AVOIR**, SOME WITH **ÊTRE**. BE CAREFUL!

1. Avez-vous jamais voyagé en Angleterre? _____

_____

2. Êtes-vous jamais allé au Canada? _____

_____

3. Avez-vous jamais vu un film français? _____

_____

4. Juliette est-elle jamais allée à l'opéra? _____

_____

5. Robert a-t-il jamais lu un journal français? _____

_____

6. Monsieur et Madame Paquet sont-ils jamais allés en Espagne? _____

_____

7. Lucille et Marie-Louise ont-elles jamais mangé un éclair? _____

_____

V. The words in the following boxes are scrambled. Unscramble them to find a meaningful sentence. Write the sentence in French on the line provided.

Model:

sais	vous	que
êtes	intelligent	je

You write: _Je sais que vous êtes intelligent._   **287**

1.

êtes	malade	je
sais	vous	que

_____

2.

dans	est	lit	elle	est
son	Madame Paquet	parce qu'	malade	n'est-ce pas?

_____

3.

j'ai	je	faim
mange	quand	

_____

4.

venir	va	quelques
le docteur	minutes	dans

_____

5.

heure	le docteur	est
une	venu	en

_____

VI. Identify the following verb forms by giving the infinitive for each. They are all in the story in this unit.

Model: dis　　　　**You write: dire**

1. est _____　4. attend _____

2. a _____　5. dites _____

3. va _____　6. prenez _____

VII. Answer the following questions in complete sentences (in French). Use the French words in parentheses in your answers. Use a pronoun in place of the noun as subject.

>**Model:** **Depuis quand Madame Paquet**   **You answer:** **Elle est malade depuis**
>   **est-elle malade?   (hier)**   **hier.**

1. Depuis quand Pierre est-il absent? (lundi) _____

2. Depuis combien de temps Madame Paquet attend-elle le docteur? (vingt minutes) ____
   _____

3. Depuis combien de temps attendez-vous l'autobus? (dix minutes) _____
   _____

4. Depuis quand travaillez-vous ici? (le premier avril) _____
   _____

5. Depuis combien de temps lisez-vous ce livre? (une heure) _____
   _____

6. Depuis quand lisez-vous ce livre? (ce matin) _____
   _____

VIII. Answer the following questions in the affirmative in complete sentences in French.

>**Model:** **Faut-il manger pour vivre?**   **You answer:** **Oui, il faut manger pour**
>   **vivre.**

1. Faut-il boire pour vivre? _____

2. Faut-il étudier pour apprendre? _____

3. Faut-il parler français dans la classe de français? _____
   _____

4. Faut-il parler espagnol dans la classe d'espagnol? _____
   _____

5. Faut-il faire les devoirs pour apprendre? _____
   _____

IX. **Dialogue.** Look at the picture on page 285. Imagine a conversation between the small guy and the big guy who is refusing a cigarette. Respond in French by writing what the big guy would say. Refer to the vocabulary list at the beginning of this work unit and in the back pages.

1. Le petit garçon: Veux-tu une cigarette?

2. Le grand garçon: _____

3. Le petit garçon: Pourquoi pas?

4. Le grand garçon: _____

5. Le petit garçon: Seulement une cigarette n'est pas mauvaise pour ta santé.

6. Le grand garçon: _____

7. Le petit garçon: Moi, je fume et je ne suis pas malade.

8. Le grand garçon: _____

9. Le petit garçon: Moi? Je fume depuis trois ans.

10. Le grand garçon: _____

X. **Oral Proficiency.** Respond orally in French to the situation described. Later, you may write your responses for intensive practice.

Situation: You have been asked to come to the head of the class to say a few words in French about the advertisement on page **280**. Associate this advertisement with the story at the beginning of this work unit where Mrs. Paquet is sick and her husband asks the doctor if it is necessary to call an ambulance to transport his wife to the hospital. You may use your own ideas and words or those used in the story. First, tell us about the services offered in the advertisement.

FRÈRE JACQUES

Frè _ re   Jac _ ques   Frè _ re   Jac _ ques   dor _ mez-

vous   dor _ mez - vous   Son_nez les ma _ ti _ nes

Sonnez les ma _ ti _ nes   Ding, din,   don!   Ding,   din,   don!

Frère Jacques, Frère Jacques, dormez-vous?
Dormez-vous?
Sonnez les matines, Sonnez les matines,
Ding, din don! Ding din, don!

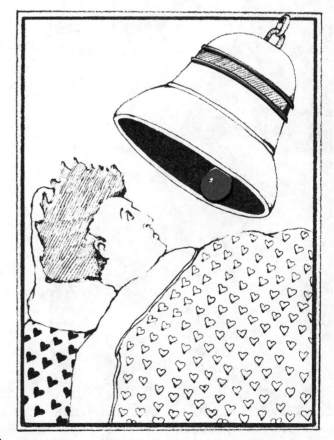

Courtesy of French Cultural Services, New York.

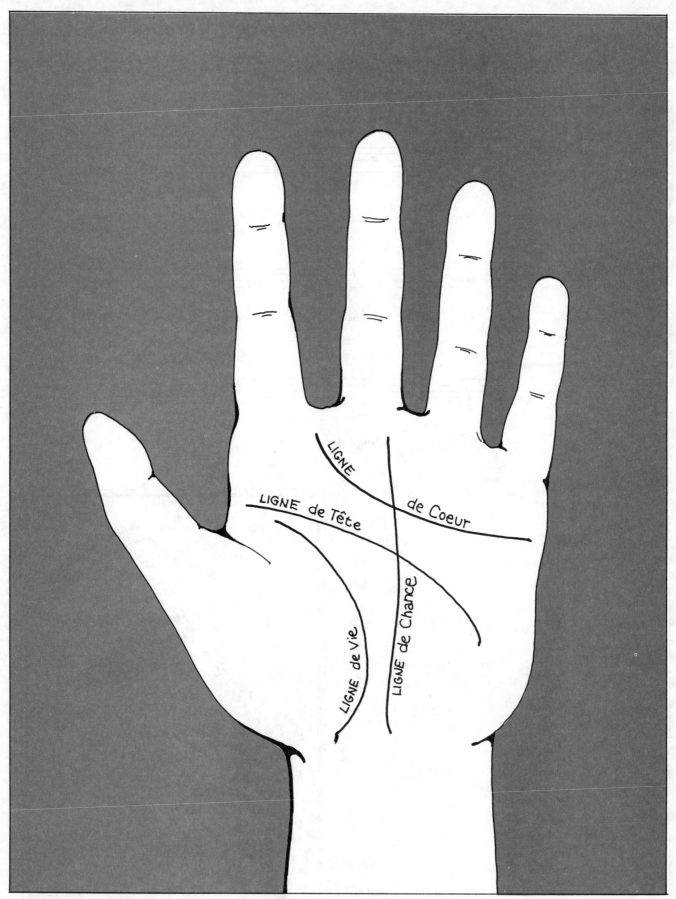

Les Secrets de votre main

Orthographical Changing Verbs in the Present Indicative and Other Structures of the Language

Some people like to have their palms read. It can be fun—believe it or not.

Les secrets de votre main

Claire et François Paquet sont allés à la foire samedi. Là, ils se sont bien amusés. Ils ont vu des expositions, ils ont acheté des souvenirs, et ils sont entrés chez une chiromancienne pour se faire lire les lignes de la main.

— Tiens! François! Une chiromancienne! s'exclame Claire.

— Où? lui a demandé François.

— Là, devant nous. Ne vois-tu pas?

> Madame Sétou,
> chiromancienne,
>
> révèle les secrets de votre main.

— François, je vais me faire lire les lignes de la main. Veux-tu aussi? lui a demandé Claire.

— Oui, je veux bien aussi. Mais, tu sais que je n'y crois pas, dit François.

Ils entrent chez la chiromancienne.

— Est-ce que nous vous dérangeons, madame?

— Mais non, pas du tout! Entrez! Entrez! répond Madame Sétou.

— Je veux me faire lire les lignes de la main. Et mon mari aussi, dit Claire.

— Bon! répond la chiromancienne. Asseyez-vous et donnez-moi la main.

Madame Sétou regarde fixement la main de Claire et elle commence à lire les lignes:

— Ah! Je vois dans votre ligne de chance que vous allez faire un voyage aux États-Unis avec un homme, s'exclame Madame Sétou.

— C'est curieux! dit Claire. Mon mari et moi, nous commençons à faire des préparations pour un autre voyage aux États-Unis.

— Maintenant, dit Madame Sétou, je regarde votre ligne de coeur. Je vois que vous êtes amoureuse d'un homme.

293

— C'est curieux! dit Claire. Vous avez raison. Je suis amoureuse de mon mari!

— Maintenant, monsieur, asseyez-vous et donnez-moi la main, dit Madame Sétou.

François Paquet lui donne la main.

— Ah! Je vois dans votre ligne de chance que vous allez faire un voyage aux États-Unis avec une femme, s'exclame Madame Sétou.

— C'est curieux! dit François. Ma femme et moi, nous commençons à faire des préparations pour un autre voyage aux États-Unis.

— Maintenant, dit Madame Sétou, je regarde votre ligne de coeur. Je vois que vous êtes amoureux d'une femme.

— C'est curieux! dit François. Vous avez raison. Je suis amoureux de ma femme! La main révèle tout, n'est-ce pas?

— Oui, monsieur, la main révèle les secrets dans votre vie. Ça fait dix francs pour les révélations.

François lui paye les dix francs.

Dehors, Claire dit à François:

— Madame Sétou sait tout, n'est-ce pas?

— Oui, Madame Sétou sait tout, mais je n'ai rien appris de nouveau. Et toi?

— Moi non plus. Nous savons déjà que nous voyageons aux États-Unis et que nous sommes amoureux!

Vocabulaire

l'amour *n. m.,* love; **amoureux** *m.,* **amoureuse** *f., adj.,* in love; **nous sommes amoureux** we are in love

s'amuser *refl. v.,* to have a good time; **ils se sont bien amusés** they had a good time

appris *past part. of* **apprendre; je n'ai rien appris de nouveau** I didn't learn anything new

asseyez-vous *imperative of* **s'asseoir** (to sit down)

la chance *n.,* luck, fortune, chance

le chiromancien, la
chiromancienne, *n.,* the palm reader

le coeur *n.,* the heart

crois *v. form of* **croire** (to believe); **je n'y crois pas** I don't believe in it

curieux *m.,* **curieuse** *f., adj.,* curious, odd

déranger *v.,* to disturb

donnez-moi la main give me your hand

fixement *adv.,* intently, fixedly

la foire *n.,* the fair

la ligne *n.,* the line; **se faire lire les lignes de la main** to have one's palm read (to have the lines of one's hand read)

pas du tout not at all

plus *adv.,* more; **non plus** neither; **moi non plus** me neither

révéler *v.,* to reveal

sais *v. form of* **savoir; tu sais** you know

veux *v. form of* **vouloir; veux-tu?** do you want to?; **je veux bien** I'd like to; **je veux me faire lire les lignes de la main** I want to have my palm read

vois *v. form of* **voir; ne vois-tu pas?** don't you see?

voyager *v.,* to travel

y *advl. pron.,* **je n'y crois pas** I don't believe *in it*

Exercises

Review the story and vocabulary before starting these exercises.

I. Lists. Write a list of words in French as required in the situation.

Situation: You are planning to go to a county fair with some friends. Write six things you would like to do there; for example, **regarder les animaux**.

1. _____   2. _____   3. _____

4. _____   5. _____   6. _____

II. Write appropriate responses in French on the blank lines. The following is a conversation between Claire and François Paquet who are about to have their palms read.

Claire: Tiens! François! Une chiromancienne!

François: _____

Claire: Là, devant nous. Je vais me faire lire les lignes de la main. Veux-tu?

François: _____

Claire: Madame Sétou sait tout, n'est-ce pas?

François: _____

Claire: Je n'ai rien appris de nouveau. Et toi?

François: _____

III. Write complete sentences in French using the cue words given below. Change the infinitives where necessary to either the present tense or the passé composé, whichever you prefer. Supply other words as needed.

Model: Claire et François Paquet / aller / la foire.

You write: Claire et François Paquet sont allés à la foire.

or: Claire et François Paquet vont à la foire.

1. Joseph et Joséphine / aller / cinéma / samedi.

2. Ils / entrer / chez / chiromancienne.

_____

3. Ils / ne / apprendre / rien / chez / chiromancienne.

_____

4. François Paquet / lui / payer / francs / pour / révélations.

_____

Structures de la Langue

A. Orthographical changing verbs in the present indicative

---

appeler (to call)

Singular	Plural
j'appelle	nous appelons
tu appelles	vous appelez
il, elle, on appelle	ils, elles appellent

Rules and observations:

1. An orthographical changing verb is a verb that changes in spelling.

2. In the box above, **appeler** doubles the **l** in the three persons of the singular and in the third person plural. This is done because the stress falls on the syllable that contains the **l** when pronounced. The letter **l** does not double in the first and second persons of the plural because the stress is on the final syllable (**-ons** and **-ez**).

3. There are other verbs that double the consonant in the same persons as above. For example: **jeter** (to throw) and **rappeler** (to recall, to call (someone) back).

---

employer (to use, employ)

Singular	Plural
j'emploie	nous employons
tu emploies	vous employez
il, elle, on emploie	ils, elles emploient

---

4. For verbs ending in **-oyer** or **-uyer** you must change the **y** to **i** before a silent **e**, as noted in the above box.

5. Other verbs that end in **-oyer** or **-uyer** are: **nettoyer** (to clean), **envoyer** (to send), **ennuyer** (to bore, to bother), **essuyer** (to wipe).

6. Verbs ending in **-ayer** may change the **y** to **i** or may keep the **y** before silent **e**. One verb that keeps the **y** is **essayer** (to try, to try on), and one that changes the **y** to **i** is **payer** (to pay, to pay for).

---

manger   (to eat)

Singular	Plural
je mange	nous mang**e**ons
tu manges	vous mangez
il, elle, on mange	ils, elles mangent

---

7. For verbs ending in **-ger**, add a silent **e** after the **g** if the vowels **a** or **o** follow **g**. This is done in order to preserve the soft sound of **g** as it is pronounced in the infinitive. If a silent **e** were not inserted between **g** and **a** or **g** and **o**, the **g** would then have to be pronounced hard, as in the English word *go*.

8. Other verbs ending in **-ger** that are treated in the same way are:

> **arranger** (to arrange); **changer** (to change); **corriger** (to correct); **déranger** (to disturb); **nager** (to swim); **obliger** (to oblige); **songer** (to think, to dream); **voyager** (to travel).

---

prononcer   (to pronounce)

Singular	Plural
je prononce	nous pronon**ç**ons
tu prononces	vous prononcez
il, elle, on prononce	ils, elles prononcent

---

9. For verbs ending in **-cer**, change **c** to **ç** before the vowels **a**, **o**, **u**. This is done in order to preserve the soft sound of **c** (like *s*) as it is pronounced in the infinitive. The little mark under the **c** (**ç**) is called *une cédille*. Actually, it is the lower half of consonant *s* and indicates that **ç** should be pronounced as *s*.

10. Other verbs ending in **-cer** that are treated in the same way are:

> **annoncer** (to announce); **avancer** (to advance); **commencer** (to begin); **effacer** (to efface, to erase); **lancer** (to hurl, to lance, to launch); **menacer** (to threaten, to menace); **placer** (to place, to put, to set); **remplacer** (to replace).

297

---

acheter (to buy)

Singular

j'achète

tu achètes

il, elle, on achète

Plural

nous achetons

vous achetez

ils, elles achètent

---

11. If there is a silent **e** in the syllable just before the infinitve ending (as in ach**e**ter above), it changes to **è** in a verb form — provided that the syllable right after it contains another silent **e**. Study the changes in spelling in the above box.

12. Other verbs that change in the same way are: **lever** (to lift, to raise), **se lever** (to get up), and **enlever** (to remove, to take off).

Exercises

Review the preceding material before starting these exercises.

I. Answer the following questions in complete sentences (in French) in the affirmative. Substitute *nous* as the subject pronoun in place of "Et vous et votre soeur?" Also, substitute an object pronoun for the noun direct object, as shown in these two models:

Model: Bob arrange les fleurs. You answer: **Nous les arrangeons aussi.**
Et vous et votre soeur?

Model: Simone efface le tableau. You answer: **Nous l'effaçons aussi.**
Et vous et votre soeur?

1. Hélène change la phrase. Et vous et votre soeur? _____

_____

2. Yves corrige le devoir. Et vous et votre soeur? _____

_____

3. Monique appelle les garçons. Et vous et votre soeur? _____

_____

4. Guy emploie le dictionnaire. Et vous et votre soeur? _____

_____

5. Lucille achète les roses. Et vous et votre soeur? _____

_____

II.   Compositions: Oral or Written.

A.   Look at the picture at the beginning of this work unit. Describe it to a friend in at least twelve words. You may use your own ideas and words or those in this lesson, such as, **une main, cinq doigts, les secrets de votre main, une chiromancienne, à la foire**. Be specific when you mention **les quatre lignes**. Identify them in French.

B.   Look at the picture shown below. It is a picture postcard you received from a friend. Describe the scene in at least twelve words. You may use your own ideas and words or those in this lesson, such as **acheter, payer, employer, arranger, manger**.

A fruit and vegetable market in Guadeloupe. Reprinted with permission of the French Government Tourist Office, New York.

III. Change to the passé composé.

> **Model:** **Claire et François Paquet**   **You write:** **Claire et François Paquet**
> **vont à la foire.**   **sont allés à la foire.**

1. Janine et Monique vont au cinéma. _____

2. Nous voyageons aux États-Unis. _____

3. Madame Sétou regarde fixement la main de Madame Paquet. _____

   _____

4. Madame Sétou révèle les secrets de votre main. _____

   _____

5. Claire et François Paquet achètent des souvenirs. _____

   _____

IV. Change to the present indicative.

> **Model:** **Nous avons mangé les pommes.**   **You write:** **Nous mangeons les**
>   **pommes.**

1. Nous avons arrangé les fleurs. _____

2. Il a acheté une cravate. _____

3. Ils ont appelé la police. _____

4. Tu as employé le dictionnaire. _____

5. Nous avons prononcé le mot. _____

B. **Aller** in the present indicative with an infinitive

Je vais faire mes devoirs.   **Il va voir** ses amis.

(*I'm going to do* my homework.)   (*He's going to see* his friends.)

Rule: It is customary to use **aller** in the present indicative with an infinitive form of a verb, as we do in English.

C. **Vouloir** in the present indicative with an infinitive

Elle **veut acheter** une nouvelle robe.	Monsieur Paquet **veut vendre** son auto.
(She *wants to buy* a new dress.)	(Mr. Paquet *wants to sell* his car.)

Rule: It is customary to use **vouloir** in the present indicative with an infinitive form of a verb, as we do in English.

D. The use of **il y a**, **y a-t-il . . .?**, **voici**, and **voilà**

(a) **Il y a** un bon restaurant près d'ici.　　(*There is* a good restaurant near here.)

(b) **Il y a** dix étudiants dans cette classe.　　(*There are* ten students in this class.)

(c) J'ai vu Janine **il y a deux heures**.　　(I saw Janine *two hours ago*.)

(d) **Y a-t-il** un arrêt d'autobus près d'ici?　　(*Is there* a bus stop near here?)

(e) **Est-ce qu'il y a** des fruits sur la table?　　(*Are there* fruits on the table?)

(f) **N'y a-t-il pas** de sel dans la soupe?　　(*Isn't there* any salt in the soup?)

(g) Non, **il n'y a pas** de sel dans la soupe.　　(No, *there isn't* any salt in the soup.)

(h) Je l'ai vue **il y a un an**.　　(I saw her *a year ago*.)

(i) **Voici** ma mère et **voilà** mon père!　　(*Here's* my mother and *there's* my father!)

(j) **Voici** un taxi et **voilà** un taxi!　　(*Here is* a taxi and *there is* a taxi!)

(k) **Me voici!**　　**Le voici!**　　**Vous voilà!**　　**Les voilà!**　　**La voici!**

(*Here I am!*)　(*Here he is!*　(*There you are!*)　(*There they are!*)　(*Here she is!*
　　　　　　　　Here it is!)　　　　　　　　　　　　　　　　　　　　　　*Here it is!*)

Rules and observations:

1. **Il y a** is used simply to mention the existence of something which may or may not be known to the listener. It may be about people, things, or facts. Its equivalent in English is *there is* or *there are*.

301

2. **Il y a** also means *ago* when a length of time is stated right after it. See models (c) and (h) in the above box

3. The interrogative form of **il y a** is given in models (d) and (e) above.

4. The negative form of **il y a** is given in model sentence (g) above.

5. The negative-interrogative form of **il y a** is given in model sentence (f) above. **Est-ce qu'il n'y a pas** is also a correct form.

6. **Voici** and **voilà** have a demonstrative characteristic. They are used to point out, to call attention to someone or something. They are based on **vois + ici (+ là)**. If you analyze the word, it actually means: *See (look) here! See (look) there!* See models (i) and (j) above.

7. If you regard **voici** or **voilà** as a "verb form," you will understand why the object pronoun is placed in front of it, as in the model sentences in (k) above.

Exercises

Review the preceding material before starting these exercises.

I. Answer the following questions in the affirmative in complete sentences (in French).

    Model: **Allez-vous faire vos devoirs?**   **You answer:** **Oui, je vais faire mes devoirs.**

1. Allez-vous faire un voyage au Canada? _____

2. Va-t-elle écrire une lettre? _____

3. Est-ce qu'il va jouer dans le parc? _____

4. Vont-ils voyager en Angleterre? _____

5. Allons-nous répondre à la question? _____

II. Answer the following questions in the negative in complete sentences (in French).

    Model: **Voulez-vous acheter un nouveau chapeau?**   **You answer:** **Non, je ne veux pas acheter un nouveau chapeau.**

1. Voulez-vous acheter une nouvelle voiture? _____

    _____

2. Le professeur de français veut-il corriger les devoirs? _____

_____

3. L'étudiant veut-il prononcer le mot? _____

4. Janine veut-elle employer le dictionnaire? _____

5. Monsieur Paquet veut-il fumer une cigarette? _____

III. Match the following.

1. There you are!   _____ Me voici!

2. Here she is!   _____ Vous voilà!

3. Here they are!   _____ Les voici!

4. Here I am!   _____ Le voilà!

5. There it is!   _____ La voici!

IV. Change to the negative.

    Model: Il y a un bon restaurant   **You write: Il n'y a pas un bon restaurant**
    près d'ici.   **près d'ici.**

1. Il y a un grand parc dans cette ville. _____

2. Y a-t-il un arrêt d'autobus ici? _____

3. Est-ce qu'il y a dix garçons dans la classe? _____

_____

V. Answer the following questions in the affirmative in complete sentences, using French for the English in parentheses.

    Model: Avez-vous vu Janine?   **You answer: Oui, j'ai vu Janine il y a deux**
    (two hours ago)   **heures.**

1. Avez-vous lu *Le livre de mon ami* d'Anatole France? (three months ago) _____

_____

2. A-t-il vu Pierre? (ten minutes ago) _____

3. Êtes-vous allé en Californie? (a year ago) _____

4. Sont-elles arrivées? (a half hour ago) _____

5. Est-elle partie? (an hour ago) _____

Papa! Papa! Attends! Attends!

Prepositions and Infinitives and Other Structures of the Language

In this story, the Paquet family is celebrating the wedding anniversary of Mr. and Mrs. Paquet. After a festive lunch, they attempt to play some music on their brand new stereophonic radio that Mr. Paquet had bought as a present for his wife.

Le beau cadeau

C'est aujourd'hui samedi.

Monsieur Paquet est allé acheter une radio stéréophonique. C'est un cadeau pour sa femme à l'occasion de leur vingtième anniversaire de mariage. Madame Paquet est allée chez le coiffeur pour une nouvelle coiffure. Janine a préparé un grand déjeuner toute la matinée dans la cuisine, et Pierre est allé aux grands magasins acheter un petit cadeau pour sa mère de la part de lui et de sa soeur. Il est allé, aussi, chez un confiseur pour acheter une boîte de chocolats et chez un fleuriste pour acheter des fleurs.

Après un déjeuner délicieux, Monsieur Paquet dit:

— Et maintenant nous allons écouter un peu de musique. Elle est belle, cette radio stéréo, n'est-ce pas?

Monsieur Paquet essaye d'allumer la radio, mais il n'y a pas de musique! Il n'y a pas de son! Il n'y a rien!

— Zut, alors! J'ai horreur de réparer des radios! dit-il.

— D'abord, le téléviseur il y a un an! Et maintenant, une nouvelle radio stéréo qui ne marche pas! Incroyable! Ces appareils gouvernent notre vie! s'exclame Madame Paquet.

Monsieur Paquet va téléphoner au magasin où il a acheté la radio stéréo.

— Il faut appeler le magasin, dit-il.

A ce moment-là, Pierre s'exclame:

— Papa! Papa! Attends! Attends! Tu n'as pas branché la radio sur la prise de courant!

Vocabulaire

agréable *adj.*, pleasant

l'anniversaire *n. m.*, anniversary, birthday

brancher *v.*, to plug in, to connect (an electrical apparatus)

le cadeau *n.*, the gift, present

le coiffeur, la coiffeuse *n.*, the hairdresser; **une coiffure** *n.*, a hair style

le confiseur, la confiseuse *n.*, the confectioner, candy maker; **une confiserie** a candy store

d'abord *advl. phrase*, at first, first

essayer *v.*, to try

la fleur *n.*, the flower

le fleuriste, la fleuriste *n.*, the florist

gouverner *v.*, to govern, to rule, to direct

l'horreur *n. f.*, horror; **J'ai horreur de** + *inf.* I hate + *pres. part.*

le magasin *n.*, the store; **le grand magasin** the department store

le mariage *n.*, the marriage

le matin *n.*, the morning; **la matinée** the morning (long); **toute la matinée** all morning long

l'occasion *n. f.*, the occasion

la part *n.*, part, behalf; **de la part de lui** on his behalf

peu *adv.*, little

la prise *n.*, hold, grip; **une prise de courant** electric outlet (in the wall)

le son *n.*, the sound

305

Exercises

Review the story and vocabulary before starting these exercises.

I. Answer the following questions in complete sentences in French. They are all based on the story in this unit.

1. Où Monsieur Paquet est-il allé? _____

2. Qui a préparé un grand déjeuner? _____

3. Qui est allé chez le coiffeur? _____

4. Qui a acheté une boîte de chocolats? _____

5. Pourquoi la radio stéréo ne marche-t-elle pas d'abord? _____

_____

II. Compositions: Oral or Written. You may use your own ideas and words or those in this lesson.

A. Take a good look at the picture at the beginning of this work unit. Describe the scene to a friend, telling what's going on, in at least ten words in French.

B. Notice that Coco, **le petit chien**, is on the floor. Give the French for at least five other animals. Refer to previous lessons in this book. Then say which is your favorite pet—for example, **Mon animal favori est le chat**.

III. Write short sentences in French using the cue words in each group. They are all based on the story in this work unit. Use the present indicative or the passé composé, whichever you prefer. Supply other words as needed.

1. Monsieur Paquet / acheter / radio stéréo.

_____

2. Janine / préparer / déjeuner.

_____

3. Pierre / aller / confiseur / chocolats.

_____

4. Madame Paquet / aller / coiffeuse / nouvelle coiffure.

5. Pierre / aller / fleuriste / fleurs.

Structures de la Langue

A. The use of **de** with an infinitive after certain idiomatic expressions

---

1. **avoir besoin de + inf.** (to need + inf.)	4. **avoir peur de + inf.** (to be afraid + inf.)
2. **avoir envie de + inf.** (to feel like + pres. part.)	5. **avoir raison de + inf.** (to be right + inf.)
3. **avoir horreur de + inf.** (to hate, to detest + pres. part. or inf.)	6. **avoir tort de + inf.** (to be wrong + inf.)

Models:

1. **J'ai besoin d'aller** chez le dentiste.   (*I need to go* to the dentist.)

2. **Tu as envie de dormir.**   (*You feel like sleeping.*)

3. **Il a horreur de réparer** des radios.   (*He hates repairing (to repair)* radios.)

4. **Nous avons peur de traverser** la mer.   (*We are afraid to cross* the sea.)

5. **Vous avez raison d'avoir** peur.   (*You are right to be* afraid.)

6. **Vous avez tort d'avoir** peur.   (*You are wrong to be* afraid.)

Rule: The above idiomatic expressions take **de + infinitive form**. Note that in English we sometimes use a present participle (or gerund) instead of an infinitive, as in model sentences 2 and 3 in the above box.

B. The use of **Il est** + adjective + **de** + infinitive

307

1. **Il est agréable d'aller** à un bal.   (*It is pleasant to go (going) to a dance.*)

2. **Il est amusant d'aller** à un cirque.   (*It is fun to go (going) to a circus.*)

3. **Il est désagréable d'aller** chez le dentiste.   (*It is unpleasant to go (going) to the dentist.*)

4. **Il est impossible de lire** ce gros livre en une heure.   (*It is impossible to read this thick book within an hour.*)

5. **Il est intéressant d'aller** à un musée.   (*It is interesting to go (going) to a museum.*)

Rule: Use **Il est** (not **C'est**) + adjective + de + infinitive.

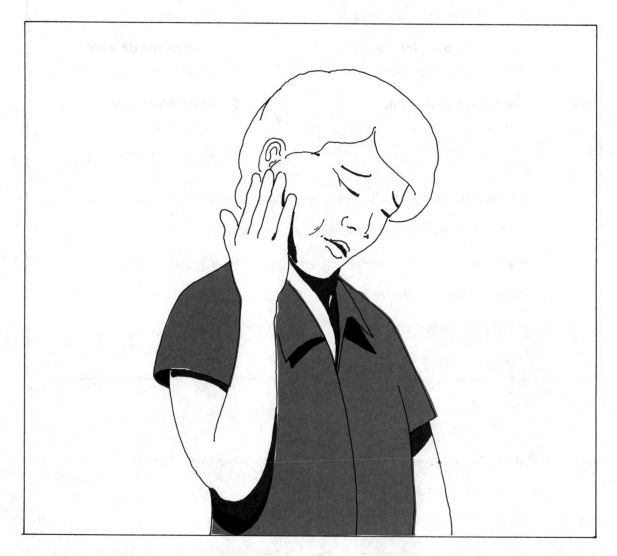

308   **J'ai besoin d'aller chez le dentiste.**

C. The use of **à** after certain verbs + infinitive

1. **J'apprends à lire** le français. (*I am learning to read* French.)

2. **Je commence à écrire** le français. (*I am beginning to write* French.)

3. **J'hésite à sortir** parce qu'il pleut. (*I hesitate going (to go) out* because it's raining.)

Rule: In French, some verbs take **à** between the verb form and the infinitive. Study the above models.

D. The use of **pour, sans, avant de, au lieu de**, and **afin de** + infinitive

1. Il est parti **pour aller** voir ses amis. (He left *to go* see his friends.)

2. Elle est sortie **sans dire** un mot. (She went out *without saying* a word.)

3. Nous mangeons et buvons **pour vivre.** (We eat and drink *(in order) to live.*)

4. Ils sont allés au cinéma **avant de finir** leurs devoirs. (They went to the movies *before finishing* their homework.)

5. Elles sont sorties **au lieu de rester** à la maison. (They went out *instead of staying* home.)

6. Il est revenu **afin de voir** ses amis. (He came back *in order to see* his friends.)

Rule: The infinitive form of the verb is used *after* prepositions and prepositional phrases, except after **en**.

E. The use of no preposition after certain verbs + infinitive

1. **J'aime aller** au cinéma.   (*I like to go (going) to the movies.*)

2. **Tu aimes mieux aller** au théâtre.   (*You prefer to go (going) to the theater.*)

3. **Il déteste aller** chez le dentiste.   (*He hates to go (going) to the dentist.*)

4. **Elle veut aller** au Canada.   (*She wants to go to Canada.*)

5. **Nous pensons aller** en Angleterre.   (*We intend to go (going) to England.*)

6. **Vous pouvez aller** à l'opéra ce soir.   (*You can go to the opera tonight.*)

7. **Ils veulent aller** en Australie.   (*They want to go to Australia.*)

8. **Elles doivent aller** à la bibliothèque.   (*They have to go to the library.*)

ALSO MAKE A NOTE OF THE IMPERSONAL EXPRESSION **Il faut**, as in:

Il faut étudier pour apprendre.   (*It is necessary to study in order to learn.*)

Rule: No preposition is needed between the verb form and the infinitive when you use the above verbs.

F. The use of **de** after certain verbs + infinitive

1. **J'ai oublié de fermer** la fenêtre.   (*I forgot to close the window.*)

2. **Je promets de venir** chez vous.   (*I promise to come to your house.*)

3. **Elle a refusé de sortir** hier soir.   (*She refused to go out last night.*)

4. **Je tâche de faire** mes devoirs.   (*I try to do my homework.*)

310   **Rule:**   The above verbs require **de** + infinitive.

Exercises

Review the preceding material before starting these exercises.

I. Write the appropriate preposition in French, either **à** or **de**, on the blank line. If no preposition is needed, write a dash (—).

Model: Elle a oublié ____de____ fermer la porte.

1. Tu as envie _____ jouer, n'est-ce pas?

2. Elle apprend _____ lire l'espagnol.

3. J'aime _____ aller au cinéma.

4. Il a besoin _____ travailler.

5. Nous commençons _____ écrire le français.

6. Veux-tu _____ aller au Canada?

7. J'aime mieux _____ prendre du thé.

8. Elle hésite _____ fumer.

9. Vous avez raison _____ partir.

10. Nous avons tort _____ rester.

II. Answer the following questions in the affirmative in complete French sentences. In answer (a) use **oui**. In answer (b) use **aussi**. Study the models.

Models: (a) **Avez-vous envie de sortir?**
(b) **Et Robert?**

You answer: (a) **Oui, j'ai envie de sortir.**
(b) **Il a envie de sortir aussi.**

> USE SUBJECT PRONOUNS IN YOUR ANSWERS.

1. (a) As-tu envie d'aller au cinéma? _____

   (b) Et tes amis? _____

2. (a) Madame Paquet a-t-elle besoin d'aller au supermarché? _____

   _____

   (b) Et Louise et Antoinette? _____

3. (a) Êtes-vous sorti sans dire un mot? _____

   (b) Et Joséphine? _____

4. (a) Apprenez-vous à lire le français? _____

   (b) Et Robert? _____

5. (a) Avez-vous horreur de manger dans un restaurant sale? _____

   _____

   (b) Et Michel et Marie? _____

9 ETAGES 9 FLOORS

à votre service.   at your service.

Super-terrasse en plein ciel. Bar.	Roof-garden. Bar.

Tissus d'ameublement. Tapis. Meubles de cuisine.	Furnishing materials. Carpets. Kitchen furniture.

Jouets. Camping. Bagages.	Toys. Camping. Luggage.

Restaurant. Salon de thé. Cadeaux : "La Maîtrise".	Restaurant. Tea-room. Gifts: "La Maîtrise".

Confection féminine. Pull-overs. Chemisiers. Sportswear.	Women's ready-to-wear. Pullovers. Sportswear.

Salon de Beauté. Salon de Coiffure. Lingerie féminine. Tout pour l'enfant.	Beauty-salon. Hairdressers. Lingerie. Everything for children.

Bureau de voyages. Locations théâtre. Chaussures pour femmes. Tissus. Linge de maison.	Travel agency. Theatre agency. Women's shoes. Materials, household linen.

Interprètes. Taxiphones. Journaux. Parfums. Bijoux. Souvenirs de Paris. Radio. Télévision.	Interpreters. Taxiphones. Newspapers. Perfumes. Jewelry. Souvenirs of Paris. Radio. Television.

Bar rapide. Verrerie. Porcelaine. Orfèvrerie.	Snack-bar. Glass-ware. China-ware. Silver.

EVERSMART Vêtements et accessoires pour Hommes.	EVERSMART. Men's clothes and accessories.

BUREAU INFORMATION

III. Choose the correct answer after studying the picture on the preceding page.

1. Un jouet est généralement pour   (a) une dame.   (b) un monsieur.
   (c) un enfant.   (d) un agent de police.   _____

2. Si vous avez faim, vous allez au   (a) salon de coiffure.   (b) bureau
   de voyages.   (c) salon de beauté.   (d) restaurant.   _____

3. Si vous voulez prendre de la pâtisserie et du thé, vous allez   (a) au salon
   de beauté.   (b) aux tapis.   (c) aux interprètes.   (d) au salon de thé.   _____

IV. Match the following after studying the picture on the preceding page.

1. everything for children   _____ chaussures pour femmes

2. carpets   _____ bar rapide

3. women's shoes   _____ tout pour l'enfant

4. toys   _____ tapis

5. snack-bar   _____ jouets

V. After studying the picture on the preceding page, choose the word that does not belong in the group.

1. (a) pull-over   (b) chemisiers   (c) vêtements   (d) parfums   _____

2. (a) verrerie   (b) porcelaine   (c) lingerie   (d) orfèvrerie   _____

3. (a) linge de maison   (b) tapis   (c) super-terrasse   (d) meubles
   de cuisine   _____

313

VI. Oral Proficiency.

A. Getting and giving information. The name of the boy in the picture on page 308 is John. He is in your French class. Ask a boy in class to have a short conversation with you. Ask him what's the matter, if he has a toothache (**mal de dents**), and if he has pain. He will tell you that he has a toothache that hurts a lot, that he has to go to the dentist, but that he hates going there. Use the vocabulary and idiomatic expressions in this lesson and in previous ones.

B. Friendly persuasion. Persuade John to go to the dentist. If he refuses, give him one good reason why he has to go there.

VII. Lists. Write a list of words in French for each situation. Refer to the department store advertisement on p. 312.

A. You need to buy a wedding present and you are wondering what the bride would like. Write three things that you are considering.

1. _____   2. _____   3. _____

B. You need to furnish your new apartment. Write three things you plan to buy.

1. _____   2. _____   3. _____

La Tour Montparnasse, Paris.
Reprinted with permission of French Government Tourist Office, New York.

Le chat parti, les souris dansent.

L'appétit vient en mangeant.

Summaries of Word Order in a French Declarative Sentence in the Present Tense and in the Passé Composé

Do you know any proverbs in French? In English? Here are twenty common proverbs in French with their English equivalents.

Vingt proverbes

1. **Le chat parti, les souris dansent.** (When the cat is away, the mice will play.)

2. **L'appétit vient en mangeant.** (The more you have, the more you want.) (*i.e.,* Appetite comes while eating.)

3. **A bon chat, bon rat.** (Tit for tat). (*i.e.,* A good cat is entitled to a good rat.)

4. **Loin des yeux, loin du coeur.** (Out of sight, out of mind.)

5. **Bien faire et laisser dire.** (Do your work well and never mind the critics.)

6. **Tel père, tel fils.** (Like father, like son.)

7. **Telle mère, telle fille.** (Like mother, like daughter.)

8. **Il n'y a pas de fumée sans feu.** (Where there's smoke, there's fire.)

9. **Mains froides, coeur chaud.** (Cold hands, warm heart.)

10. **Mieux vaut tard que jamais.** (Better late than never.)

11. **Les murs ont des oreilles.** (Walls have ears.)

12. **A chacun son goût.** (To each his own.) (*i.e.,* Each person has his/her own tastes.)

13. **Tout est bien qui finit bien.** (All's well that ends well.)

14. **Qui se ressemble s'assemble.** (Birds of a feather flock together.)

15. **Qui ne risque rien n'a rien.** (Nothing ventured, nothing gained.)

16. **Vouloir, c'est pouvoir.** (Where there's a will, there's a way.)

17. **Beaucoup de bruit pour rien.** (Much ado about nothing.)

18. **Qui vivra verra.** (Time will tell.)

19. **L'habit ne fait pas le moine.** (Clothes don't make the person.)

20. **Rira bien qui rira le dernier.** (She/He who laughs last laughs best.)

Vocabulaire

l'appétit *n.,* the appetite
assembler *v.,* to assemble; **s'assembler** *refl. v.,* to gather, to meet
le bruit *n.,* the noise
le feu *n.,* the fire
la fumée *n.,* the smoke
l'habit *n. m.,* attire, costume, dress
loin *adv.,* far

mangeant *pres. part. of* **manger**; **en mangeant** while eating
le moine *n.,* the monk
le mur *n.,* the wall
l'oeil *n. m.,* the eye; **les yeux** the eyes
l'oreille *n. f.,* the ear
pouvoir *v.,* to be able
qui *pron.,* who (sometimes: he/she who)

se ressembler *refl. v.,* to resemble each other
rira *v. form of* **rire** (to laugh)
risquer *v.,* to risk
la souris *n.,* the mouse
tel *m.,* **telle** *f., adj.,* such
vaut *v. form of* **valoir** (to be worth)
verra *v. form of* **voir** (to see)
vivra *v. form of* **vivre** (to live)
vouloir *v.,* to want

Exercises

Review the proverbs and vocabulary before starting these exercises.

I. Write the French proverb for the English one.

1. When the cat is away, the mice will play. _____

2. Tit for tat. _____

3. Better late than never. _____

4. Where there's a will, there's a way. _____

5. To each his own. _____

II. Fill in the missing words in French. Refer to the proverbs in this unit.

1. Le _____ parti, les souris _____.

2. Loin des _____, loin _____ coeur.

3. Tel _____, tel _____.

4. Telle _____, telle _____.

III. Match the following.

1. Better late than never.   _____ A bon chat, bon rat.

2. To each his own.   _____ Mieux vaut tard que jamais.

3. Where there's a will, there's a way.   _____ Tout est bien qui finit bien.

4. All's well that ends well.   _____ Chacun son goût.

5. Tit for tat.   _____ Vouloir, c'est pouvoir.

IV. Compositions: Oral or Written. You may use your own ideas and words or those in this work unit.

A. Look at the two pictures at the beginning of this work unit. Choose either the three mice and the cat or the fat man eating an enormous amount of food. Describe the picture to a friend in at least ten words. If you choose the mice, tell how many mice there are in the picture, what they are doing and why, and something about the cat. If you choose the fat man, tell something about his appearance, what he is doing, and why.

B. State the French proverb about the mice and cat. Also, state the French proverb about the man eating.

V. Lists. Write a list of words in French for each situation.

A. Look again at the picture of the mice and cat. Write two verbs you would use if you described this picture.

1. _____   2. _____

B. Look again at the picture of the fat man eating. Write the names of four foods on the table.

1. _____   2. _____   3. _____   4. _____

Structures de la Langue

A. **Summary of word order of elements in a French declarative sentence in the present tense**

SUBJECT	ne	me	le	lui	y	en	VERB	pas
	n'	m'	la	leur				
		te	l'					
		t'	les					
		se						
		s'						
		nous						
		vous						

Models:

Affirmative

1. Janine lit le poème.
   Janine le lit.

2. Pierre écrit la lettre.
   Pierre l'écrit.

3. M. Richy me donne le ragoût.

Negative

1. Janine ne lit pas le poème.
   Janine ne le lit pas.

2. Pierre n'écrit pas la lettre.
   Pierre ne l'écrit pas.

3. M. Richy ne me donne pas le ragoût.

319

B. Summary of word order of elements in a French declarative sentence in the passé composé

SUBJECT	ne	me	le	lui	y	en	VERB	pas	past participle
	n'	m'	la	leur			(Auxiliary verb		
		te	l'				**avoir** or		
		t'	les				**être** in the		
		se					present		
		s'					tense)		
		nous							
		vous							

Models:

Affirmative	Negative
1. Louis a préparé le dîner. Louis l'a préparé.	1. Louis n'a pas préparé le dîner. Louis ne l'a pas préparé.
2. Pierre a préparé la salade. Pierre l'a préparée.	2. Pierre n'a pas préparé la salade. Pierre ne l'a pas préparée.
3. Louise a préparé les dîners. Louise les a préparés.	3. Louise n'a pas préparé les dîners. Louise ne les a pas préparés.
4. Rita a préparé les salades. Rita les a préparées.	4. Rita n'a pas préparé les salades. Rita ne les a pas préparées.

Exercises

Review the preceding material before starting these exercises.

I. The following sentences are scrambled. Each sentence is in the present tense and contains a subject, a verb, a direct object pronoun, a direct object noun, or an indirect object pronoun. Some contain **y** and some contain **en**; some contain both. Some are in the negative, some are in the affirmative. Rewrite them in correct word order. (Refer to Summary A above if you have to.)

1. Janine / la lettre / écrit. _____

2. Janine / écrit / l'. _____

3. Monique / la lettre / n' / pas / écrit. _____

4. Madame Richy / donne / me / un cadeau. _____

5. Le professeur / ne / donne / lui / pas / le stylo. _____

_____

6. Il / pas / n' / y / a / bon / un / restaurant / près d'ici. _____

_____

7. Il / a / une mouche / y / la soupe / dans. _____

8. Il / en / a / y / beaucoup / la soupe / dans. _____

_____

9. Je / donne / leur / de l'argent. _____

10. Je / vous / ne / pas / donne / l'éclair. _____

II. Do the same in this exercise as you did in the above one. (Refer to Summary B above if you have to.)

1. Louis / le dîner / préparé / a. _____

2. Marie / préparé / a / l'. _____

3. Il / pas / n' / préparé / a / le dîner. _____

4. Janine / la salade / préparé / a / pas / n'. _____

_____

5. Robert / préparé / a / les salades. _____

6. Jacques / a / préparées / les / ne / pas. _____

_____

7. Monique / lui / ne / pas / a / donné / les chocolats. _____

_____

8. Raymond / donné / a / vous / les disques. _____

_____

9. Madame Paquet / leur / ne / pas / donné / a / l'argent. _____

_____

10. Je / leur / ne / ai / donné / en / pas. _____

_____

III. **Oral Proficiency.** Respond orally in French to the situation described. (Later, you may write your responses for intensive practice.)

Situation: On the facing page is a photo of a famous sidewalk café in Paris, the **Café de Flore**, located in the **Quartier Latin** near the **Université de Paris (La Sorbonne)**. Describe the scene to a friend; for example, there are many people eating, drinking, and talking. You may also want to select one particular person and describe his or her appearance. You may use your own ideas and words or any of the following: **boire, manger, parler, lui, leur, il y a, étudiants**.

ADMINISTRATIVE MAP OF FRANCE

Reprinted with permission of French Embassy Press and Information Division, New York.

A sidewalk café in Paris.
Reprinted with permission of French Government Tourist Office, New York

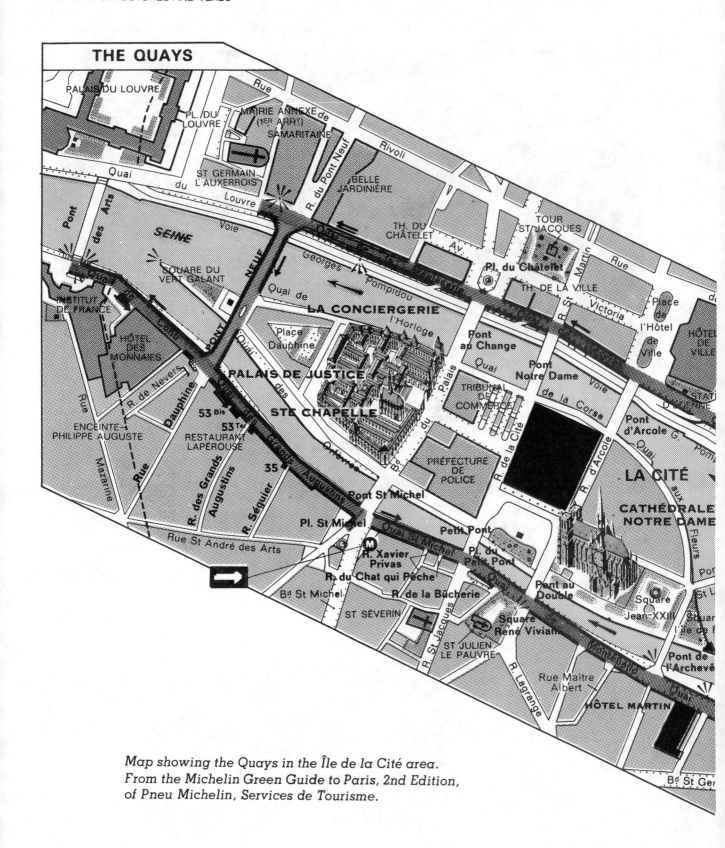

Map showing the Quays in the Île de la Cité area.
From the Michelin Green Guide to Paris, 2nd Edition,
of Pneu Michelin, Services de Tourisme.

La carte que vous voyez sur ces deux pages montre l'Île de la Cité. Cette île (island) est la partie la plus ancienne et la plus centrale de la ville de Paris.

Autrefois (formerly), Paris s'appelait (used to be called) Lutèce. Lutèce était (was) le village des Parisii, le nom d'une tribu gauloise (Gallic tribe). La ville de Paris a reçu son nom des Parisii.

L'Île de la Cité, le berceau (the cradle) de Paris, est une île de la Seine, le fleuve qui passe par Paris. Dans la Cité vous pouvez voir, par exemple (for example), la cathédrale Notre-Dame de Paris, la Sainte-Chapelle, le Palais de Justice, et la Préfecture de Police. Ici, il y a beaucoup de quais (quays) et beaucoup de ponts (bridges) magnifiques. Le Pont-Neuf, construit (built) de 1578 à 1607, est un des ponts les plus anciens de Paris.

Pouvez-vous trouver le Pont-Neuf sur cette carte? Et la cathédrale Notre-Dame de Paris?

Pour une belle vue (view) de cette île, tournez à la page **393** dans ce livre.

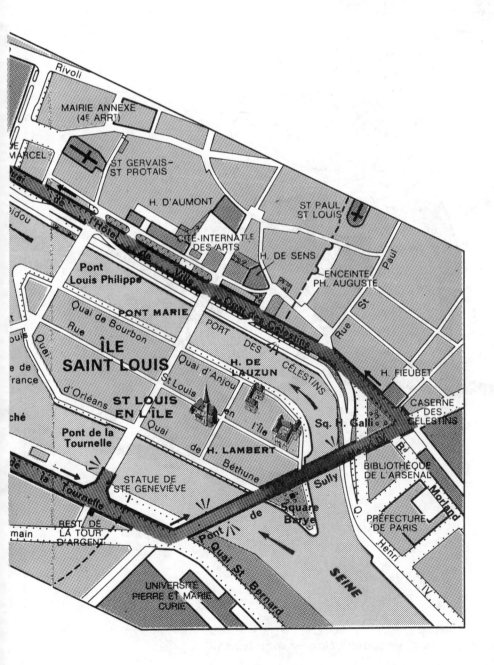

La fourmi répond à la cigale: "Ah! Vous avez chanté! Dansez maintenant!"

Summaries of Word Order of Elements in a French Imperative Sentence in the Affirmative and Negative

*Do you plan ahead like the cicada
or the ant?*

Une fable

La cigale et la fourmi

— adapté de la fable de Jean de La Fontaine

La cigale a chanté tout l'été.
Elle n'a pas travaillé.

L'hiver arrive et
Elle n'a rien à manger.

Elle n'a pas un seul petit morceau
De mouche ou de vermisseau.

Elle va chez la fourmi, sa voisine,
Et elle lui dit:

> — Ma chère amie, je n'ai rien à
> manger et j'ai faim. Pouvez-vous
> me prêter un grain de quelque chose
> jusqu'au printemps?

Mais la fourmi ne donne jamais
Rien à ses voisins.

Elle a travaillé pendant l'été
Pour avoir quelque chose à manger
Pendant l'hiver.

La fourmi demande à la cigale:

> — Qu'est-ce que vous avez fait
> pendant l'été? Avez-vous travaillé?

La cigale répond à la fourmi:

> — Je n'ai pas travaillé.
> J'ai chanté.

Et la fourmi lui dit:

> — Ah! Vous avez chanté! Dansez maintenant!

Vocabulaire

la cigale *n.,* the cicada (an insect; the male cicada makes a prolonged shrill, droning sound on hot days in the summer)

l'été *n. m.,* the summer
la fourmi *n.,* the ant
l'hiver *n. m.,* the winter
jusque *prep.,* as far as, up to;
  jusqu'au printemps until

spring
le printemps *n.,* the spring
travailler *v.,* to work
le vermisseau *n.,* the small worm

Exercises

Review the fable and vocabulary before starting these exercises.

I. Vrai ou Faux?

1. La cigale a chanté tout l'été.   _____

2. La cigale n'a pas travaillé pendant l'été.   _____

3. La fourmi n'a pas travaillé.   _____

4. La cigale n'a rien à manger.   _____

5. La fourmi a beaucoup à manger.   _____

6. Quand l'hiver arrive, la cigale a besoin de nourriture.   _____

7. La fourmi refuse de donner à manger à la cigale.   _____

8. La fourmi a chanté tout l'été.   _____

9. La cigale a faim.   _____

10. La fourmi dit à la cigale de danser.   _____

II. Fill in the squares by writing the French words across for the English words in the list.

1. to her or to him
2. dance!
3. hunger
4. fly (insect)
5. or
6. grain
7. to eat
8. the cicada

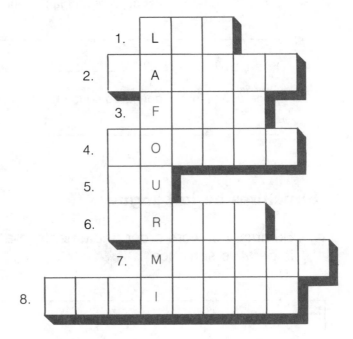

III. Fill in the missing words in French. (Refer to the fable if you have to.)

1. La cigale _____ _____ tout l'été.

2. Elle n'a _____ à manger.

3. Elle n'a _____ travaillé.

4. Elle n'a pas un seul petit morceau de _____ ou de vermisseau.

5. Elle _____ chez la fourmi, sa voisine.

6. La fourmi _____ donne _____ rien à ses voisins.

7. Qu'est-ce que vous _____ fait pendant l'été?

8. J'_____ chanté.

9. La fourmi demande _____ la cigale.

10. Ah! Vous _____ chanté! _____ maintenant!

IV. Answer the following questions in complete simple sentences (in French).

1. Qui a chanté tout l'été? _____ **329**

2. Est-ce que la cigale a travaillé? _____

3. Quand l'hiver arrive, est-ce que la cigale a quelque chose à manger? _____

_____

4. Qui a travaillé tout l'été? _____

5. Est-ce que la fourmi donne quelque chose à manger à la cigale? _____

_____

Structures de la Langue

A. Summary of word order of elements in a French affirmative imperative sentence

VERB	le	moi	lui	y	en
	la	m'	leur		
	l'	toi			
		t'			
	les	nous			
		vous			

Models: (Compare these affirmative imperatives with those in the negative below.)

1. **Répondez à la lettre!**
   Répondez-y!

2. **Écrivez la lettre!**
   Écrivez-la!

3. **Achetez les chocolats!**
   Achetez-les!

4. **Donnez-moi le livre!**

5. **Donnez-nous l'argent!**

6. **Donnez-le à Marie!**
   Donnez-lui le gâteau!

7. **Lève-toi!**

1. Answer the letter!
   Answer it!

2. Write the letter!
   Write it!

3. Buy the chocolates!
   Buy them!

4. Give me the book!

5. Give us the money!

6. Give it to Marie!
   Give (to) her the cake!

7. Get up!

8. **Écrivez-lui!**	8. Write to him (to her)!
9. **Parlez-leur!**	9. Speak to them!
10. **Allez à la plage!** **Allez-y!**	10. Go to the beach! Go there (to it)!
11. **Mangez du gâteau!** **Mangez-en!**	11. Eat some cake! Eat some!
12. **Donnez-m'en!**	12. Give me some!

B. Summary of word order of elements in a French negative imperative sentence

Ne	me, m'	le	lui	y	en	VERB	pas
N'		la	leur				
	te, t'	l'					
		les					
	nous						
	vous						

Models: (Compare these negative imperatives with those in the affirmative above.)

1. **Ne répondez pas à la lettre!** **N'y répondez pas!**	1. Don't answer the letter! Don't answer it!
2. **N'écrivez pas la lettre!** **Ne l'écrivez pas!**	2. Don't write the letter! Don't write it!
3. **N'achetez pas les chocolats!** **Ne les achetez pas!**	3. Don't buy the chocolates! Don't buy them!
4. **Ne me donnez pas le livre!**	4. Don't give me the book!
5. **Ne nous donnez pas l'argent!**	5. Don't give us the money!
6. **Ne le donnez pas à Marie!** **Ne lui donnez pas le gâteau!**	6. Don't give it to Marie! Don't give (to) her the cake!
7. **Ne te lève pas!**	7. Don't get up!
8. **Ne lui écrivez pas!**	8. Don't write to him (to her)!
9. **Ne leur parlez pas!**	9. Don't speak to them!
10. **N'allez pas à la plage!** **N'y allez pas!**	10. Don't go to the beach! Don't go there (to it)!

11.	**Ne mangez pas de gâteau!** **N'en mangez pas!**	11.	Don't eat any cake! Don't eat any of it!
12.	**Ne m'en donnez pas!**	12.	Don't give me any (of it)!

Exercises

Review the preceding material before starting these exercises.

I. The following sentences are scrambled. Rewrite them in correct word order. (Refer to Summary A above if you have to.)

1. Moi / donnez / le livre / ! _____

2. Lui / écrivez / la lettre / ! _____

3. Le gâteau / lui / donnez / ! _____

4. Y / répondez / ! _____

5. Vous / asseyez / et / donnez / la main / moi / ! _____

_____

II. The following sentences are scrambled. Rewrite them in correct word order. (Refer to Summary B above if you have to.)

1. Apprenez / l' / ne / pas / ! _____

2. Ne / pas / les / étudiez / ! _____

3. Donnez / m' / ne / en / pas / ! _____

4. N' / en / pas / mangez / ! _____

5. Leur / ne / pas / parlez / ! _____

III. Oral Proficiency. Respond orally in French to the situation described. (Later, you may write your responses for intensive practice.)

Situation: You and a girlfriend are at a party. You see a young man who is coming toward both of you. You know that he recently broke off with your friend, and you think he has a lot of nerve to come over to talk. Tell your friend not to get up, not to talk to him, not to answer him. When he approaches, tell him to go away. You may use your own ideas and words or any in this work unit.

PART TWO

VOCABULARY

School children in Paris, 18th district.
Reprinted with permission of Eric Kroll/Taurus Photos.

Unit 1

L'école

le banc *n.*, the seat, the bench

la bibliothèque *n.*, the library

le bureau *n.*, the desk, the office

le cahier *n.*, the notebook

le calendrier *n.*, the calendar

le carnet *n.*, the small notebook

la carte *n.*, the map

la classe *n.*, the class; la classe de français French class

le congé *n.*, leave, permission; jour de congé day off (from school or work)

la cour *n.*, the playground, the courtyard

la craie *n.*, the chalk

le crayon *n.*, the pencil; le crayon feutre the crayon

les devoirs *n. m.*, homework assignments

la dictée *n.*, the dictation

le drapeau *n.*, the flag

l'école *n. f.*, the school

écrire *v.*, to write

l'élève *n. m. f.*, the pupil

l'encre *n. f.*, the ink

étudier *v.*, to study; les études *n. f. pl.*, the studies

l'étudiant *m.*, l'étudiante *f.*, *n.*, the student

l'examen *n. m.*, the examination

l'exercice *n. m.*, the exercise

expliquer *v.*, to explain

la faute *n.*, the mistake

la leçon *n.*, the lesson; leçon de français French lesson

le livre *n.*, the book

le livret d'exercices *n.*, the workbook

le lycée *n.*, the high school

le maître *m.*, la maîtresse *f.*, *n.*, the teacher

le papier *n.*, the paper; une feuille de papier a sheet of paper

passer *v.*, to pass; passer un examen to take an exam

poser *v.*, to pose; poser une question to ask a question

le professeur *m.*, la professeur-dame, une femme professeur *f.*, *n.*, the professor

le pupitre *n.*, the desk (student's)

la règle *n.*, the rule, the ruler

répondre *v.*, to respond, to answer, to reply

la réponse *n.*, the answer

réussir *v.*, to succeed; réussir à un examen to pass an exam

la salle *n.*, the room; la salle de classe the classroom

le stylo *n.*, the pen

le tableau noir *n.*, the blackboard, the chalkboard

l'université *n. f.*, the university

le vocabulaire *n.*, the vocabulary

Exercises

Review the above material before doing these exercises.

I. Choose the word that does not belong in the group.

1. (a) élève (b) étudiant (c) maître (d) stylo _____

2. (a) écrire (b) répondre (c) université (d) expliquer _____

3. (a) crayon (b) drapeau (c) stylo (d) craie _____

4. (a) vocabulaire (b) école (c) lycée (d) université _____

5. (a) cahier (b) cour (c) carnet (d) livre _____

II. All the words in each group are either masculine or feminine, except one. Choose the word whose gender is not like the others.

1. (a) examen   (b) drapeau   (c) bureau   (d) dictée   _____

2. (a) règle   (b) stylo   (c) crayon   (d) cahier   _____

3. (a) exercice   (b) école   (c) cour   (d) faute   _____

4. (a) classe   (b) leçon   (c) bibliothèque   (d) bureau   _____

5. (a) banc   (b) pupitre   (c) carte   (d) stylo   _____

III. Choose the word that can be substituted for the italicized word and still give meaning to the sentence.

1. Janine veut lire *le livre*.

   (a) la leçon   (b) le tableau noir   (c) l'encre   (d) la cour   _____

2. Tu peux écrire dans *le cahier*.

   (a) la faute   (b) le stylo   (c) le carnet   (d) l'encre   _____

3. L'étudiant doit faire ses *études*.
   (a) pupitres   (b) devoirs   (c) craies   (d) lycées   _____

4. La maîtresse commence *la dictée*.
   (a) les bureaux   (b) le crayon   (c) la craie   (d) la leçon   _____

5. L'élève ne veut pas *répondre*.
   (a) poser une question   (b) réponse   (c) bibliothèque   (d) cahier   _____

IV. Match the following.

1. le stylo   _____ map

2. le cahier   _____ rule, ruler

3. la carte   _____ notebook

4. la cour   _____ pen

5. la règle   _____ playground

V. Under each drawing, write the French word for the object shown. Include the definite article; e.g., **le bureau**, **le cahier**, etc.

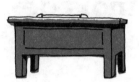

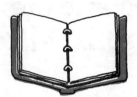

_____   _____   _____

_____   _____

VI. **Lists.** Write a list of words in French as required.

A. Write five things that are usually found in a classroom.

1. _____ 2. _____ 3. _____ 4. _____ 5. _____

B. Write four things you can use to write.

1. _____ 2. _____ 3. _____ 4. _____

Unit 2

Les jours de la semaine, les mois de l'année, les saisons, et les jours de fête

Les jours de la semaine:

le dimanche, Sunday
le lundi, Monday
le mardi, Tuesday
le mercredi, Wednesday
le jeudi, Thursday
le vendredi, Friday
le samedi, Saturday

Les saisons:

le printemps, spring
l'été *(m.),* summer
l'automne *(m.),* autumn, fall
l'hiver *(m.),* winter

Les mois de l'année:

janvier, January
février, February
mars, March
avril, April
mai, May
juin, June
juillet, July
août, August
septembre, September
octobre, October
novembre, November
décembre, December

Les jours de fête:

fêter *v.,* to celebrate a holiday; **bonne fête!** happy holiday!
l'anniversaire *m.,* anniversary, birthday; **bon anniversaire!** happy anniversary! *or* happy birthday!
le Jour de l'An, New Year's Day
Bonne année! Happy New Year!
les Pâques, Easter; **Joyeuses Pâques,** Happy Easter
la Pâque, Passover
le quatorze juillet (Bastille Day), July 14, French "Independence Day"
les grandes vacances, summer vacation
la Toussaint, All Saints' Day (le premier novembre)
le Noël, Christmas; **Joyeux Noël!** Merry Christmas!
à vous de même! the same to you!

Exercises

Review the above material before doing these exercises.

I. Choose the answer that is the best rejoinder.

1. C'est Noël!

    (a) Bonne année! (b) Joyeux Noël! (c) À vous de même!
    (d) Pâques!

2. C'est le Jour de l'An!

    (a) À vous de même!   (b) Bonne année!   (c) Joyeuses Pâques!
    (d) Fête!

3. Janine a seize ans aujourd'hui!

    (a) Bon anniversaire, Janine!   (b) Venez demain, Janine!
    (c) Ce n'est pas aujourd'hui, Janine!   (d) Au revoir, Janine!

II. **Choose the word or group of words that does not belong in the group.**

1. (a) samedi   (b) vendredi   (c) jeudi   (d) août   _____

2. (a) mai   (b) mardi   (c) juin   (d) février   _____

3. (a) printemps   (b) Noël   (c) été   (d) hiver   _____

4. (a) le Jour de l'An   (b) le Jour de la Bastille   (c) la Toussaint
    (d) anniversaire   _____

5. (a) le premier novembre   (b) le 14 juillet   (c) le premier janvier
    (d) les grandes vacances   _____

III. **Choose the word that can be substituted for the italicized word and still give meaning to the sentence.**

1. *Le printemps* est une saison.

    (a) L'anniversaire   (b) La fête   (c) L'hiver   (d) Le jour   _____

2. *Mardi* est un jour de la semaine.

    (a) Noël   (b) Pâques   (c) Mai   (d) Samedi   _____

3. *Décembre* est un mois de l'année.

    (a) Janvier   (b) Noël   (c) L'été   (d) Dimanche   _____

4. *Noël* est un jour de fête.

    (a) Décembre   (b) Le Jour de l'An   (c) Janvier   (d) L'automne   _____

5. Il y a des fleurs dans le jardin en *juin*.

    (a) juillet   (b) décembre   (c) janvier   (d) hiver   _____   **339**

IV. Write in French the season of the year that is suggested by the picture.

_____

_____

_____

_____

V. Compositions: Oral or Written.

A. Choose one of the holidays under the heading **Les jours de fête** in this unit, and say what you do to celebrate it. Use at least ten words in French.

B. Choose one of the months under the heading **Les mois de l'année** in this unit, and give two reasons why it is your favorite month of the year.

C. Choose one of the days of the week under the heading **Les jours de la semaine** in this unit, and state two things you do on that special day of the week.

Unit 3

Les légumes, les poissons, les viandes, les produits laitiers, les desserts, les fromages, et les boissons

Les légumes:

l'aubergine *f.*, the eggplant
la carotte, the carrot
le champignon, the mushroom
les épinards *m.*, the spinach
les haricots verts *m.*, the string beans
le maïs, the corn
l'oignon *m.*, the onion
les petits pois *m.*, the peas
la pomme de terre, the potato

Les viandes:

l'agneau *m.*, the lamb; **la côte d'agneau,** the lamb chop
le bifteck, the steak
le jambon, the ham
le porc, the pork
le poulet, the chicken
le rosbif, the roast beef
le veau, the veal; **la côte de veau,** the veal chop

Les poissons:

le maquereau, the mackerel
la morue, the cod
le saumon, the salmon
la sole, the sole
la truite, the trout

Les produits laitiers:

le beurre, the butter
la crème, the cream
le fromage, the cheese
le lait, the milk
l'oeuf *m.*, the egg

Les desserts:

le fruit, the fruit
le gâteau, the cake; **le gâteau sec,** the cookie
la glace, the ice cream
la pâtisserie, the pastry

Les fromages:

le brie
le camembert
le gruyère
le petit suisse
le port-salut
le roquefort

Les boissons:

la bière, the beer
le cacao, the cocoa
le café, the coffee
le chocolat chaud, the hot chocolate
le cidre, the cider
l'eau minérale *f.*, the mineral water
le jus, the juice; **le jus de tomate,** the tomato juice
le thé, the tea
le vin, the wine

Exercises

Review the above material before doing these exercises.

I. Choose the word that belongs in the same class as the italicized word.

1. Donnez-moi un *jus*, s'il vous plaît.

   (a) oignon   (b) oeuf   (c) gâteau   (d) café   _____

2. J'aime beaucoup la *truite*.

   (a) morue   (b) crème   (c) glace   (d) pâtisserie   _____

3. Je n'aime pas le *roquefort*.

   (a) beurre   (b) lait   (c) porc   (d) camembert   _____

4. Le *jambon* est délicieux!

   (a) vin   (b) thé   (c) port-salut   (d) rosbif   _____

5. Je préfère des *pommes de terre*.

   (a) petits pois   (b) fruits   (c) fromages   (d) oeufs   _____

II. Choose the word that does not belong in the group.

1. (a) veau   (b) pâtisserie   (c) rosbif   (d) jambon   _____

2. (a) bière   (b) thé   (c) roquefort   (d) vin   _____

3. (a) morue   (b) sole   (c) beurre   (d) saumon   _____

4. (a) haricot vert   (b) carotte   (c) aubergine   (d) crème   _____

5. (a) brie   (b) camembert   (c) porc   (d) gruyère   _____

III. In this puzzle, find the French words for the English words listed. Circle them.

1. eggs
2. milk
3. wine
4. eggplant
5. ham

V	O	C	A	F	E	L	V	S
I	E	V	E	A	U	A	I	O
A	U	B	E	R	G	I	N	E
L	F	J	A	M	H	T	U	I
I	S	J	A	M	B	O	N	L

IV. Choose the best answer that completes the sentence.

1. Monsieur Paquet aime boire

   (a) des fruits.   (b) du vin.   (c) de la glace.   (d) du veau.   _____

2. Madame Paquet aime manger

   (a) du jambon.   (b) du café.   (c) de la bière.   (d) du lait.   _____

3. Le poisson que j'aime mieux est

   (a) le porc.   (b) la pomme de terre.   (c) le port-salut.   (d) le saumon.   _____

4. Pour le petit déjeuner je prends du lait dans

   (a) mon café.   (b) mes oeufs.   (c) mes petits pois.   (d) ma glace.   _____

5. La pomme de terre est

   (a) un produit laitier.   (b) un légume.   (c) un fruit.   (d) une viande.   _____

V. Lists. Write a list of words as requested in each situation.

A. It is your turn to bring three different desserts to the next meeting of the French Club. Write your three choices.

   1. _____   2. _____   3. _____

B. You are in a restaurant. Write four things you would like to eat.

   1. _____   2. _____   3. _____   4. _____

343

VI. On the line write in French the name of the food shown in the drawing. Use the definite article; e.g., **le beurre**, **les petits pois**, etc.

Unit 4

Les animaux, les fleurs, les couleurs, les arbres, et les fruits

Les animaux:

l'**âne** *m.*, the donkey
le **chat** *m.*, la **chatte** *f.*, the cat
le **cheval**, the horse
le **chien** *m.*, la **chienne** *f.*, the dog
le **cochon**, the pig
le **coq**, the rooster
l'**éléphant** *m.*, the elephant
le **lapin**, the rabbit
le **lion**, the lion
l'**oiseau** *m.*, the bird
la **poule**, the hen
le **poulet**, the chicken
le **renard**, the fox
la **souris**, the mouse
le **tigre**, the tiger
la **vache**, the cow

Les fleurs:

l'**iris** *m.*, the iris
le **lilas**, the lilac
le **lis**, the lily
la **marguerite**, the daisy
l'**oeillet** *m.*, the carnation
la **rose**, the rose
la **tulipe**, the tulip
la **violette**, the violet

Les couleurs:

blanc, white
bleu, blue
brun, brown
gris, gray
jaune, yellow
noir, black
rouge, red
vert, green

Les arbres:

le **bananier,** the banana tree
le **cerisier,** the cherry tree
le **citronnier,** the lemon tree
l'**oranger** *m.*, the orange tree
le **palmier,** the palm tree
le **pêcher,** the peach tree
le **poirier,** the pear tree
le **pommier,** the apple tree

Les fruits:

la **banane,** the banana
la **cerise,** the cherry
le **citron,** the lemon; **citron vert,** lime
la **fraise,** the strawberry
la **framboise,** the raspberry
l'**orange** *f.*, the orange
le **pamplemousse,** the grapefruit
la **pêche,** the peach
la **poire,** the pear
la **pomme,** the apple
le **raisin,** the grape
la **tomate,** the tomato

Exercises

Review the above material before doing these exercises.

I. Choose the word that does not belong in the group.

1. (a) vache   (b) éléphant   (c) poire   (d) cochon   _____

2. (a) fraise   (b) banane   (c) poire   (d) gris   _____   **345**

3. (a) poirier   (b) pêcher   (c) cerisier   (d) pomme   _____

4. (a) tulipe   (b) oiseau   (c) marguerite   (d) rose   _____

5. (a) jaune   (b) bleu   (c) rouge   (d) oeillet   _____

II. Un acrostiche.   Complete the French words in the squares across in this puzzle.

1. green
2. carnation
3. horse
4. eggplant
5. banana
6. university
7. lilac
8. year
9. iris
10. grape
11. ink

III.   Choose the word that is defined or described in the sentence.

1. C'est un animal domestique.

    (a) tigre   (b) lion   (c) chat   (d) renard   _____

2. Cet animal donne du lait pour nous.

    (a) cochon   (b) vache   (c) oiseau   (d) chien   _____

3. Cet animal est plus grand que les autres.

    (a) âne   (b) éléphant   (c) chat   (d) cheval   _____

IV. Choose the word that belongs in the same class as the italicized word.

1. *Un poirier* est un arbre.

   (a) haricot vert   (b) banc   (c) renard   (d) cerisier   _____

2. Janine aime la jupe *verte* de Monique.

   (a) rouge   (b) poire   (c) morue   (d) oignon   _____

3. Pierre a donné un bouquet de *marguerites* à sa mère.

   (a) citrons   (b) fraises   (c) cerisiers   (d) roses   _____

4. *Une pomme* est un fruit.

   (a) un citron   (b) un oiseau   (c) un pêcher   (d) une tulipe   _____

5. *Un chat* est un animal.

   (a) un lilas   (b) un poirier   (c) une vache   (d) une fraise   _____

V. Oral Proficiency.

Describe this scene to a friend. Refer to the list of flowers under the heading **Les fleurs** at the beginning of this unit.

You may wish to use your own words or any of the following: **il y a, trois jeunes filles, heureuses, vendre, un marché aux fleurs** (flower market).

A flower market in Abidjan. Reprinted with permission of Ambassade de Côte d'Ivoire, Washington, D.C.

VI. Write the French words for what is shown in the drawings. Use the indefinite article; e.g. **un âne**, **une poule**, etc.

_____   _____   _____

_____   _____   _____

_____   _____   _____

Unit 5

Le corps humain, les vêtements, la toilette

Le corps humain:

la bouche, mouth
le bras, arm
les cheveux *m.*, hair
le cou, neck
les dents *f.*, teeth
le doigt, finger; **doigt de pied,** toe
l'épaule *f.*, shoulder
l'estomac *m.*, stomach
le genou, knee
la jambe, leg
la langue, tongue
les lèvres *f.*, lips
la main, hand
le menton, chin
le nez, nose
l'oeil *m.*, eye; **les yeux,** eyes
l'oreille *f.*, ear
la peau, skin
le pied, foot
la poitrine, chest
la tête, head
le visage, face

La toilette:

se baigner *v.*, to bathe oneself
la baignoire *n.*, the bathtub
le bain *n.*, the bath
la brosse *n.*, the brush; **brosse à dents,** toothbrush

brosser *v.*, to brush; **se brosser les dents,** to brush one's teeth
la cuvette *n.*, the toilet bowl
le dentifrice *n.*, the toothpaste
le déodorant *n.*, deodorant
déshabiller *v.*, to undress; **se déshabiller,** to undress oneself
la douche *n.*, the shower; **prendre une douche,** to take a shower
enlever *v.*, to remove, to take off
le gant de toilette *n.*, the washcloth
la glace *n.*, the hand mirror
s'habiller *v.*, to dress oneself
le lavabo *n.*, the washroom, washstand
laver *v.*, to wash; **se laver,** to wash oneself
mettre *v.*, to put on
le miroir *n.*, the mirror
ôter *v.*, to take off, to remove
le peigne *n.*, the comb; **se peigner les cheveux,** to comb one's hair
porter *v.*, to wear
la salle de bains *n.*, the bathroom
le savon *n.*, the soap
la serviette *n.*, the towel
le shampooing *n.*, the shampoo

Les vêtements:

le bas, stocking
le béret, beret
la blouse, blouse, smock
le blouson, jacket (often with zipper)
le chandail, sweater
le chapeau, hat
la chaussette, sock
la chaussure, shoe
la chemise, shirt
le complet, suit
le costume, suit
la cravate, necktie
l'écharpe *f.*, scarf
le gant, glove
la jupe, skirt
le maillot de bain, swim suit
le manteau, coat
le pantalon, trousers, pants
la pantoufle, slipper
le pardessus, overcoat
la poche, pocket
le pullover, pullover or long-sleeved sweater
la robe, dress
le soulier, shoe
le veston, (suit) coat

349

Exercises

Review the above material before doing these exercises.

I. **Choose the word that belongs in the same class as the italicized word.**

1. Lucille a *les cheveux* noirs.

   (a) les poches   (b) les yeux   (c) les gants   (d) les bains   _____

2. *Les oreilles* sont une partie de la tête.

   (a) les pantoufles   (b) les souliers   (c) les lèvres   (d) les bas   _____

3. Yolande a des *souliers* rouges.

   (a) jupes   (b) brosses   (c) savons   (d) serviettes   _____

4. Marthe aime les chemises *jaunes*.

   (a) gants   (b) blanches   (c) pantoufles   (d) robes   _____

5. *Le menton* se trouve sur le visage.

   (a) la poche   (b) le manteau   (c) l'écharpe   (d) le nez   _____

II. **Choose the word whose meaning completes the sentence.**

1. Je veux me brosser les dents mais il n'y a pas de

   (a) savon.   (b) déodorant.   (c) dentifrice.   (d) shampooing.   _____

2. Il y a un lavabo dans

   (a) le salon.   (b) la voiture.   (c) la salle de bains.   (d) la rue.   _____

3. Pour me laver les cheveux j'ai besoin d'un

   (a) peigne.   (b) nez.   (c) shampooing.   (d) oeil.   _____

4. Après une douche, j'emploie une

   (a) cuvette.   (b) glace.   (c) chaussette.   (d) serviette.   _____

5. Une personne porte des pantoufles

   (a) aux pieds.   (b) sur la tête.   (c) aux cheveux.   (d) aux mains.   _____

III. **Choose the word that does not belong in the group.**

1. (a) bouche   (b) jambe   (c) oeil   (d) complet   _____

2. (a) doigt   (b) bas   (c) bras   (d) menton   _____

3. (a) se peigner   (b) se baigner   (c) se laver   (d) mettre   _____

4. (a) dent   (b) dentifrice   (c) lèvres   (d) jambe   _____

5. (a) chaussette   (b) chaussure   (c) soulier   (d) chapeau   _____

IV. Complete the following sentences by choosing the best answer.

1. Nous entendons avec les

    (a) pieds.   (b) visages.   (c) mains.   (d) oreilles.   _____

2. Nous courons avec les

    (a) bras.   (b) jambes.   (c) doigts.   (d) lèvres.   _____

3. La main contient cinq

    (a) doigts.   (b) visages.   (c) yeux.   (d) langues.   _____

4. Je porte un pardessus

    (a) en été.   (b) au printemps.   (c) en hiver.   (d) en juillet.   _____

5. La langue est une partie de

    (a) l'estomac.   (b) la bouche.   (c) la jambe.   (d) l'oeil.   _____

6. Pour me peigner, je regarde dans

    (a) un savon.   (b) un peigne.   (c) un miroir.   (d) une serviette.   _____

7. Quand je nage, je porte

    (a) un gant.   (b) une écharpe.   (c) une cravate.   (d) un maillot.   _____

8. Nous portons des souliers aux

    (a) cheveux.   (b) pieds.   (c) jambes.   (d) nez.   _____

9. Je mets de l'argent dans

    (a) les dents.   (b) la poche.   (c) le pullover.   (d) la douche.   _____

10. J'emploie du savon pour

    (a) me brosser les dents.   (b) me laver.   (c) m'habiller.   (d) me peigner.   _____

V. Match the following.

1. bas   _____ tête

2. gant   _____ pied

3. soulier   _____ jambe

4. chapeau   _____ main

VI . Write in French the parts of the body where the arrows are pointing. Include the definite article, e.g., **la tête**, **le pied**, etc.

VII . Under each drawing, write in French the word for the article of clothing. Include the indefinite article; e.g., **un chapeau**, **une robe**, etc.

Unit 6
La famille, la maison, les meubles

La famille:

le cousin, la cousine,
   cousin
l'enfant m. f., child
l'époux m., l'épouse f.,
   spouse (husband/wife)
la femme, wife
la fille, daughter
le fils, son
le frère, brother; le
   beau-frère, brother-in-law
la grand-mère, grandmother
le grand-père, grandfather
les grands-parents,
   grandparents
le mari, husband
la mère, la maman, mother;
   la belle-mère,
   mother-in-law
le neveu, nephew
la nièce, niece
l'oncle m., uncle
le père, le papa, father; le
   beau-père, father-in-law
le petit-fils, grandson
la petite-fille,
   granddaughter
les petits-enfants,
   grandchildren
la soeur, sister; la
   belle-soeur, sister-in-law
la tante, aunt

La maison:

la cave, the cellar
la chambre, the room;
   chambre à coucher,
   bedroom
la cheminée, the fireplace,
   chimney
la cuisine, the kitchen
l'escalier m., the stairs,
   staircase
la fenêtre, the window
le mur, the wall
la pièce, the room
le plafond, the ceiling
le plancher, the floor
la porte, the door
la salle, the room; la salle à
   manger, the dining room;
   la salle de bains,
   bathroom
le salon, the living room
le toit, the roof

Les meubles:

l'armoire f., the wardrobe
   closet (movable)
le bureau, the desk
le canapé, the sofa, couch
la chaise, the chair
la commode, the dresser,
   chest of drawers
la couchette, the bunk
l'évier m., the kitchen sink
le fauteuil, the armchair
le four, the oven
la fournaise, the furnace
le fourneau, the kitchen
   stove, range
la lampe, the lamp
le lit, the bed
le phonographe, the
   phonograph
le piano, the piano
la radio stéréophonique,
   the stereophonic radio
la table, the table
le tapis, the carpet
le téléphone, the telephone
le téléviseur, the television
   (set)

Exercises

Review the preceding material before doing these exercises.

I. Choose the word whose meaning completes the statement.

1. La soeur de mon père est ma

    (a) cousine. (b) tante. (c) mère. (d) fille. _____

2. On s'assied sur une

    (a) pièce. (b) fenêtre. (c) cave. (d) chaise. _____

3. Le fils de mon oncle est mon

    (a) neveu. (b) frère. (c) cousin. (d) père. _____

4. On met les petits fours dans

    (a) un four. (b) un tapis. (c) une couchette. (d) une armoire. _____

5. La fille de ma tante est ma

    (a) mère (b) grand-mère. (c) soeur. (d) cousine. _____

6. Le frère de ma cousine est

    (a) mon cousin. (b) mon frère. (c) ma soeur. (d) mon père. _____

7. Je fais ma toilette dans

    (a) le salon. (b) la cuisine. (c) la cave. (d) la salle de bains. _____

8. On prépare les repas dans

    (a) la salle à manger. (b) le salon. (c) la cuisine. (d) la cave. _____

9. On prend les repas dans

    (a) l'évier. (b) la fournaise. (c) la salle à manger.
    (d) l'armoire. _____

10. J'allume la lampe pour

    (a) courir. (b) dormir. (c) lire. (d) entendre. _____

II. Choose the word that does not belong in the group.

1. (a) lit (b) tapis (c) fauteuil (d) salade _____

2. (a) grand-père (b) père (c) fils (d) fille _____

3. (a) mère (b) soeur (c) tante (d) neveu _____

4. (a) table   (b) oeil   (c) buffet   (d) radio   _____

5. (a) canapé   (b) téléphone   (c) couchette   (d) lit   _____

6. (a) phonographe   (b) table   (c) piano   (d) radio   _____

7. (a) salon   (b) cuisine   (c) toit   (d) chambre   _____

8. (a) épouse   (b) époux   (c) mari   (d) escalier   _____

9. (a) mur   (b) vin   (c) plafond   (d) plancher   _____

10. (a) mari   (b) soeur   (c) tante   (d) nièce   _____

III. Choose the word that belongs in the same class as the italicized word.

1. Il y a quatre *chaises* dans cette pièce.

     (a) tapis   (b) lampes   (c) fauteuils   (d) lits   _____

2. Madame Paquet a un bon *mari*.

     (a) chapeau   (b) soulier   (c) époux   (d) bureau   _____

3. Monsieur Paquet a une bonne *femme*.

     (a) épouse   (b) chambre   (c) radio   (d) cravate   _____

4. Il y a une *porte* dans cette chambre.

     (a) cuisine   (b) fenêtre   (c) salle   (d) cave   _____

5. Il y a une *douche* dans la salle de bains.

     (a) baignoire   (b) pièce   (c) cheminée   (d) couchette   _____

IV. Match the following.

1. le lit   _____ la salle de bains

2. le fourneau   _____ la salle à manger

3. le canapé   _____ la cuisine

4. la table   _____ le salon

5. la cuvette   _____ la chambre à coucher

V. Write the French word for what is shown in the drawings. Use the definite article; e.g., **la grand-mère**, etc.

_____ _____ _____

_____ _____ _____

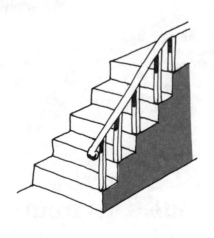 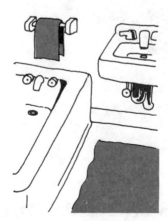

_____ _____

A chaque maman son cadeau

Le coffret casseroles 4 étoiles...
et un bien joli cadeau : 4 livres de recettes « la bonne cuisine des 4 saisons »

A vous de choisir la couleur : Grenade ou Orange, ou le décor : Pois ou Lotus.

Le plat à four :
Grenade ou Orange, à offrir sans hésiter aux championnes du poulet rôti et aux reines du gratin dauphinois.

Le service à fondue Bourguignonne :
pour celles qui aiment recevoir sans souci leurs amis autour d'une sympathique fondue.

Le croque gaufre :
recommandé à celles qui apprécieront de faire avec un seul et même appareil des croque-monsieur sympathiques et des gaufres savoureuses.

Le gril :
il sera apprécié particulièrement par toutes celles qui aiment les belles, les bonnes, les vraies grillades.

L'allume gaz électronique :
toujours à la portée de la main grâce à son support mural, il assure sans défaillance des millions d'allumages avec une parfaite fidélité.

TEFAL

des cadeaux pour toutes les mamans

Unit 7
La ville, les bâtiments, les magasins, les divers modes de transport

La ville:

l'avenue *f.*, the avenue
la boîte aux lettres, the mailbox
la bouche de métro, the subway entrance
le boulevard, the boulevard
le bruit, the noise
la chaussée, the road
défense d'afficher, post no bills
les feux *m.*, the traffic lights
le parc, the park
la pollution, the pollution
la rue, the street
le trottoir, the sidewalk
la voiture de police, the police car

Les bâtiments:

la banque, the bank
la bibliothèque, the library
le bureau de poste, the post office
la cathédrale, the cathedral
la chapelle, the chapel
le château, the castle
le cinéma, the movie theatre
l'école *f.*, the school
l'église *f.*, the church
la gare, the railroad station
la grange, the barn

le gratte-ciel, the skyscraper
l'hôpital *m.*, the hospital
l'hôtel *m.*, the hotel
l'hôtel de ville, the city hall
la hutte *f.*, the hut, cabin
l'immeuble d'habitation, the apartment building
le musée, the museum
le palais, the palace
la synagogue, the synagogue
le temple, the temple
le théâtre, the theatre
l'usine *f.*, the factory

Les divers modes de transport:

l'autobus *m.*, the city bus
l'autocar *m.*, the interurban bus
l'automobile *f.*, the car
l'avion *m.*, the plane
le bateau, the boat
la bicyclette, the bicycle
le camion, the truck
le chemin de fer, the railroad
le métro, the subway
la moto, the motorcycle
le train, the train
le transatlantique, the ocean liner
le vélo, the bike
la voiture, the car

Les magasins:

la bijouterie, the jewelry shop
la blanchisserie, the laundry
la boucherie, the butcher shop
la boulangerie, the bakery (mostly for bread)
la boutique, the (small) shop
le bureau de tabac, the tobacco shop
le café, the café
la charcuterie, the pork store, delicatessen
la crémerie, the dairy store
l'épicerie *f.*, the grocery store
le grand magasin, the department store
la librairie, the bookstore
le magasin, the store
la pâtisserie, the pastry shop
la pharmacie, the drugstore
le supermarché, the supermarket

359

Exercises

Review the above material before doing these exercises.

I. Choose the word that does not belong in the group.

1. (a) train   (b) vélo   (c) camion   (d) musée   _____

2. (a) trottoir   (b) bateau   (c) rue   (d) chaussée   _____

3. (a) palais   (b) épicerie   (c) charcuterie   (d) boulangerie   _____

4. (a) église   (b) temple   (c) synagogue   (d) gratte-ciel   _____

5. (a) boucherie   (b) charcuterie   (c) bijouterie   (d) pâtisserie   _____

6. (a) avion   (b) bateau   (c) boutique   (d) autobus   _____

7. (a) voiture   (b) bicyclette   (c) moto   (d) vélo   _____

8. (a) avenue   (b) rue   (c) boulevard   (d) grange   _____

9. (a) cathédrale   (b) bureau de tabac   (c) chapelle   (d) église   _____

10. (a) immeuble d'habitation   (b) autobus   (c) autocar
      (d) automobile   _____

II. Complete the following sentences by writing the appropriate word from the list below.

boulangerie   bruit   gratte-ciel   librairie   boucherie

musée   voitures   charcuterie   banque   transatlantique

1. On vend du pain dans une _____

2. Pour voir des objets d'art, je vais au _____

3. On achète du porc dans une _____

4. En général, on entend beaucoup de _____ dans une grande ville.

5. Pour acheter des livres j'entre dans une _____

6. Le trottoir est pour les personnes et la chaussée est pour les _____

7. Il y a de l'argent dans une _____

8. Pour acheter de la viande j'entre dans une _____

9. On peut aller de New York à Cherbourg dans un _____

360   10. On appelle un bâtiment à très grand nombre d'étages un _____

III. Choose the word that belongs in the same class as the italicized word.

1. J'entre dans *l'église* pour prier.

   (a) le théâtre   (b) la synagogue   (c) le cinéma   (d) l'hôtel   _____

2. Janine attend l'autobus pour aller *à la bibliothèque.*

   (a) au parc   (b) voir ses amies   (c) faire du shopping
   (d) à l'école   _____

3. Je préfère voyager de Cherbourg à New York dans un *bateau.*

   (a) avion   (b) transatlantique   (c) train   (d) métro   _____

4. Pour voir une représentation, je vais *à l'opéra.*

   (a) à une banque   (b) à un bureau de poste   (c) au théâtre
   (d) à la gare   _____

5. Pour acheter quelque chose à manger, j'entre dans une *boulangerie.*

   (a) librairie   (b) épicerie   (c) bijouterie   (d) blanchisserie   _____

IV. Choose the word that is defined or described in the sentence.

1. On trouve ce mode de transport dans une ville.

   (a) une grange   (b) un autobus   (c) les feux   (d) le bruit   _____

2. Dans ce magasin on vend des éclairs.

   (a) une charcuterie   (b) une bijouterie   (c) une blanchisserie
   (d) une pâtisserie   _____

3. Dans ce magasin on vend des médicaments.
   (a) un café   (b) une pharmacie   (c) une boucherie
   (d) une crémerie   _____

4. C'est un bâtiment à très grand nombre d'étages.

   (a) un temple   (b) une église   (c) un gratte-ciel   (d) une hutte   _____

5. C'est un mode de transport de marchandises.

   (a) une boîte   (b) un camion   (c) un magasin   (d) une usine   _____

V. Write the French word for what is shown in the drawing. Use the indefinite article; e.g., **un train**, **un parc**, etc.

_____ _____ _____

_____ _____ _____

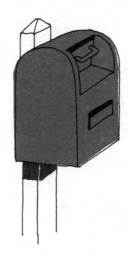 

_____ _____

VI. On the line write the French word for what is suggested. Choose from the following:

une gare	une boucherie	une voiture	un avion	un hôtel
un théâtre	un cinéma	une boulangerie	une pharmacie	

_____   _____   _____

_____   _____   _____

_____   _____   _____

Unit 8

Les métiers et les professions, les langues et les pays

Les métiers et les professions:

l'acteur m., **l'actrice** f.,
  actor, actress
l'agent de police m., police
  officer
l'auteur, author (of a book) or
  composer (of a song) or
  painter (of a picture)
l'avocat m., **la
  femme-avocat** f., lawyer
le bijoutier, la bijoutière,
  jeweler
**le blanchisseur, la
  blanchisseuse,** launderer
le boucher, la bouchère,
  butcher
**le boulanger, la
  boulangère,** baker
**le charcutier, la
  charcutière,** pork butcher
le chauffeur, driver,
  chauffeur
le coiffeur, la coiffeuse,
  hairdresser, barber
le, la dentiste, dentist
l'épicier, l'épicière, grocer
le facteur, letter carrier
le fermier, la fermière,
  farmer
le, la libraire, bookseller
le maître, la maîtresse,
  teacher
**le marchand, la
  marchande,** merchant
**le médecin, la
  femme-médecin,** doctor

le pâtissier, la pâtissière,
  pastry chef
**le pharmacien, la
  pharmacienne,**
  pharmacist
**le professeur, la
  femme-professeur,**
  professor
le sénateur, senator
le serveur, la serveuse,
  waiter, waitress
le tailleur, la tailleuse, tailor
le vendeur, la vendeuse,
  salesperson

Les langues
(all are masculine):

allemand, German
anglais, English
chinois, Chinese
danois, Danish
espagnol, Spanish;
  castillan, Castilian
  (Spanish)
français, French
grec ancien, Ancient Greek
grec moderne, Modern
  Greek
hébreu, Hebrew
italien, Italian
japonais, Japanese
latin, Latin
norvégien, Norwegian
portugais, Portuguese
russe, Russian
suédois, Swedish

Les pays:

l'Allemagne f., Germany;
  l'Allemagne de l'Ouest,
  West Germany;
  l'Allemagne de l'Est, East
  Germany
l'Angleterre f., England
la Belgique, Belgium
le Canada, Canada
la Chine, China
le Danemark, Denmark
l'Espagne f., Spain
les États-Unis m., United
  States
la France, France
la Grande-Bretagne, Great
  Britain
la Grèce, Greece
l'Israël m., Israel
l'Italie f., Italy
le Japon, Japan
le Mexique, Mexico
la Norvège, Norway
le Porto Rico, Puerto Rico
le Portugal, Portugal
la Russie, Russia; **U.R.S.S.,**
  Union des républiques
  socialistes soviétiques
  (U.S.S.R.)
la Suède, Sweden
la Suisse, Switzerland

> 1. Organisation des Nations Unies (ONU), Nations Unies — United Nations (UN)
>
> 2. Organisation des Nations Unies pour l'Éducation, la Science et la Culture (ONUESCO) — United Nations Educational, Scientific, and Cultural Organization (UNESCO)
>
> 3. Organisation Mondiale de la Santé (OMS) — World Health Organization (WHO)

Exercises

Review the above material before doing these exercises.

I. Choose the word that does not belong in the group.

1. (a) boucher   (b) charcutier   (c) boulanger   (d) dentiste   _____

2. (a) pharmacien   (b) dentiste   (c) médecin   (d) chauffeur   _____

3. (a) français   (b) Italie   (c) espagnol   (d) hébreu   _____

4. (a) Allemagne   (b) Angleterre   (c) portugais   (d) Belgique   _____

5. (a) bijoutier   (b) danois   (c) serveur   (d) serveuse   _____

II. Write in French the name of the language spoken in each of these countries.

    Model: États-Unis   **Answer: l'anglais**

1. l'Allemagne _____   5. l'Italie _____

2. l'Angleterre _____   6. le Porto Rico _____

3. la France _____   7. le Japon _____

4. l'Espagne _____   8. la Chine _____

III. Answer the following questions in French in complete sentences in the affirmative.

    Model: Est-ce qu'on parle hébreu   **Answer: Oui, on parle hébreu en**
              en Israël?   **Israël.**

1. Est-ce qu'on parle italien en Italie? _____

2. Est-ce qu'on parle anglais aux États-Unis? _____

3. Est-ce qu'on parle français et anglais au Canada? _____

365

4. Est-ce qu'on parle français en Belgique? _____

5. Est-ce qu'on parle français en France? _____

6. Est-ce qu'on parle espagnol en Espagne? _____

7. Est-ce qu'on parle français en Suisse? _____

8. Est-ce qu'on parle portugais au Portugal? _____

9. Est-ce qu'on parle espagnol au Mexique? _____

10. Est-ce qu'on parle grec en Grèce? _____

IV. Write the feminine form in French for each of the following occupations.

   Model: un boulanger   **Answer: une boulangère**

1. un boulanger _____   6. un pharmacien _____

2. un bijoutier _____   7. un maître _____

3. un serveur _____   8. un épicier _____

4. un fermier _____   9. un coiffeur _____

5. un acteur _____   10. un blanchisseur _____

V. Write in French the name of the store where the following persons ·work. Review the **vocabulary on page 359.**

   Model: un pâtissier   **Answer: une pâtisserie**

1. un pâtissier _____   4. un charcutier _____

2. une pharmacienne _____   5. un bijoutier _____

3. une libraire _____   6. une blanchisseuse _____

VI. Write in French the name of the store where you can buy the item given. Review the **vocabulary on page 359.**

   Model: un livre   **Answer: une librairie**

1. un livre _____   4. une tasse de café _____

2. du médicament _____   5. un gâteau _____

366 3. de la crème _____   6. du pain _____

VII . On the line write the French word for what is illustrated. Choose from the following:

un dentiste   un tailleur   une boulangère   une vendeuse   un facteur

une fermière   une maîtresse   un fermier   un coiffeur

_____ _____ _____

_____ _____ _____

_____ _____ _____

367

Unit 9

Poids, mesures, valeurs (Weights, Measures, Values*)

un gramme = 0.035274 ounce (1 gram)

28.3 grammes = 1 ounce

100 grammes = 3.52 ounces

453.6 grammes = 1 pound

500 grammes = 17.63 ounces
(about 1.1 pounds)

1000 grammes = 1 kilogram

un kilogramme = 2.2 pounds
(1 kilogram)

une livre = 17.63 ounces
(about 1.1 pounds)

un litre = 1.0567 quarts
(0.26417 gallon)

un franc = 20 cents
(There are **100 centimes** in
one franc.)

5 francs = $1.00

25 francs = $5.00

50 francs = $10.00

un kilomètre = 0.62137 mile
(about ⅝ mile or 1000
meters)

1.61 kilomètres = 1 mile

10 kilomètres = 6.21 miles

un centimètre = 0.39 inch
(1 centimeter)

2.54 centimètres = 1 inch

30.5 centimètres = 1 foot

91.4 centimètres = 1 yard

un mètre = 39.37 inches
(100 centimeters)

0.9144 mètre = 1 yard

1. To convert Fahrenheit degrees into Celsius (Centigrade): subtract 32, multiply by 5, and divide by 9.

2. To convert Celsius (Centigrade) into Fahrenheit: multiply by 9, divide by 5, and add 32.

3. A Fahrenheit degree is smaller than a Celsius degree. One F degree is $\frac{5}{9}$ of a C degree.

4. France uses the Celsius scale.

*All the equivalents given are approximate. For the current rate of exchange (French Francs for U.S. dollars), inquire at the international exchange office of a commercial bank.

Exercise

Review the preceding material before doing this exercise.

I. Match the following. The equivalent figures are all approximate.

1.	20 cents	_____	un gramme
2.	39.37 inches	_____	un kilogramme
3.	1.1 pounds	_____	une livre
4.	1 yard	_____	un litre
5.	2.2 pounds	_____	28.3 grammes
6.	1.0567 quarts	_____	1 French franc
7.	1 ounce	_____	un mètre
8.	0.62137 mile	_____	0.9144 mètre
9.	$1.00	_____	un kilomètre
10.	0.035274 ounce	_____	5 French francs

An aerial view of Charles de Gaulle Airport, in Roissy-en-France, about 12 miles north of central Paris
Reprinted with permission of Ambassade de France, Service de Presse et d'Information, New York.

Unit 10

Antonymes et synonymes

Antonymes

absent, absente *adj.*, absent — **présent, présente** *adj.*, present

acheter *v.*, to buy — **vendre** *v.*, to sell

agréable *adj.*, pleasant, agreeable — **désagréable** *adj.*, unpleasant, disagreeable

aimable *adj.*, kind — **méchant, méchante** *adj.*, mean, nasty

ami, amie *n.*, friend — **ennemi, ennemie** *n.*, enemy

beau, belle *adj.*, beautiful, handsome — **laid, laide** *adj.*, ugly

beaucoup (de) *adv.*, much, many — **peu (de)** *adv.*, little, some

beauté *n. f.*, beauty — **laideur** *n. f.*, ugliness

bête *adj.*, stupid — **intelligent, intelligente** *adj.*, intelligent

blanc, blanche *adj.*, white — **noir, noire** *adj.*, black

bon, bonne *adj.*, good — **mauvais, mauvaise** *adj.*, bad

bonheur *n. m.*, happiness — **malheur** *n. m.*, unhappiness

chaud, chaude *adj.*, hot, warm — **froid, froide** *adj.*, cold

content, contente *adj.*, glad, pleased — **mécontent, mécontente** *adj.*, displeased

court, courte *adj.*, short — **long, longue** *adj.*, long

dedans *adv.*, inside — **dehors** *adv.*, outside

dernier, dernière *adj.*, last — **premier, première** *adj.*, first

derrière *adv., prep.*, behind — **devant** *adv., prep.*, in front of

dessous *adv., prep.*, below, underneath — **dessus** *adv., prep.*, above, over

différent, différente *adj.*, different — **même** *adj.*, same

difficile *adj.*, difficult — **facile** *adj.*, easy

domestique *adj.*, domestic — **sauvage** *adj.*, wild

donner *v.*, to give — **recevoir** *v.*, to receive

étroit, étroite *adj.*, narrow — **large** *adj.*, wide

faible *adj.*, weak — **fort, forte** *adj.*, strong

fin *n. f.*, end — **commencement** *n. m.*, beginning

finir *v.*, to finish — **commencer** *v.*, to begin

gai, gaie *adj.*, gay, happy — **triste** *adj.*, sad

grand, grande *adj.*, large, tall, big — **petit, petite** *adj.*, small, little

gros, grosse *adj.*, fat — **maigre** *adj.*, thin

heureux, heureuse *adj.*, happy — **malheureux, malheureuse** *adj.*, unhappy

homme *n. m.*, man — **femme** *n. f.*, woman

inutile *adj.*, useless — **utile** *adj.*, useful

jamais *adv.*, never — **toujours** *adv.*, always

jeune *adj.*, young

jeune fille *n. f.*, girl

joli, jolie *adj.*, pretty

jour *n. m.*, day

lentement *adv.*, slowly

mal *adv.*, badly

moins *adv.*, less

oui *adv.*, yes

paix *n. f.*, peace

partir *v.*, to leave

pauvre *adj.*, poor

plein, pleine *adj.*, full

question *n. f.*, question

refuser *v.*, to refuse

rire *v.*, to laugh

sans *prep.*, without

silence *n. m.*, silence

sûr, sûre *adj.*, sure, certain

tôt *adv.*, early

travailler *v.*, to work

vieux, vieille *adj.*, old

garçon *n. m.*, boy

laid, laide *adj.*, ugly

nuit *n. f.*, night

vite *adv.*, quickly

bien *adv.*, well

plus *adv.*, more

non *adv.*, no

guerre *n. f.*, war

arriver *v.*, to arrive

riche *adj.*, rich

vide *adj.*, empty

réponse *n. f.*, answer, reply, response

accepter *v.*, to accept

pleurer *v.*, to cry, to weep

avec *prep.*, with

bruit *n. m.*, noise

incertain, incertaine *adj.*, unsure

tard *adv.*, late

jouer *v.*, to play

Synonymes

aimer mieux *v.*, **préférer** — to prefer

auteur *n. m.*, **écrivain** — author, writer

bâtiment *n. m.*, **édifice** — building, edifice

certain, certaine *adj.*, **sûr, sûre** — certain, sure

content, contente *adj.*, **heureux, heureuse** — content, happy

docteur *n. m.*, **médecin** — doctor, physician

erreur *n. f.*, **faute** — error, mistake

façon *n. f.*, **manière** — manner, way

fameux, fameuse *adj.*, **célèbre** — famous

favori, favorite *adj.*, **préféré, préférée** — favorite, preferred

femme *n. f.*, **épouse** — wife, spouse

finir *v.*, **terminer** — to finish, end, terminate

glace *n. f.*, **le miroir** — mirror

habiter *v.*, **demeurer** — to live (in), dwell, inhabit

image *n. f.*, **le tableau** — picture

lieu *n. m.*, **endroit** — place

maîtresse *n. f.*, **institutrice** — teacher (woman)

mari *n. m.*, **époux** — husband, spouse

pays *n. m.*, **la nation** — country, nation

rester *v.*, **demeurer** — to stay, to remain

sérieux, sérieuse *adj.*, **grave** — serious, grave

tout de suite *adv.*, **immédiatement** — right away, immediately

triste *adj.*, **malheureux, malheureuse** — sad, unhappy

vêtements *n. m.*, **habits** — clothes, clothing

vite *adv.*, **rapidement** — quickly, fast, rapidly

371

Exercises

Review the preceding material before doing these exercises.

I. Choose the word that completes the sentence.

1. La leçon pour aujourd'hui est

   (a) dedans   (b) étroite   (c) facile   (d) contente   _____

2. Cet arbre est

   (a) petit   (b) difficile   (c) bête   (d) triste   _____

3. Ce problème est bien

   (a) difficile   (b) dehors   (c) même   (d) présent   _____

4. Cette rue est longue et

   (a) certaine   (b) large   (c) dessous   (d) dessus   _____

5. J'aime ce manteau parce qu'il est

   (a) sauvage   (b) mécontent   (c) heureux   (d) joli   _____

II. Choose the word that can replace the italicized word and still give meaning to the sentence.

1. Pierre a *plus* d'argent que moi.

   (a) moins   (b) jamais   (c) toujours   (d) aussi   _____

2. Monsieur Paquet marche *vite.*

   (a) fort   (b) faible   (c) lentement   (d) inutile   _____

3. Je pense que *oui.*

   (a) tard   (b) mal   (c) devant   (d) non   _____

4. Michel va arriver *tôt.*

   (a) longtemps   (b) tard   (c) seulement   (d) étroit   _____

5. La voiture marche *mal.*

   (a) jamais   (b) faible   (c) fort   (d) bien   _____

III. Choose the word that is defined or described in the sentence.

1. Une chose qui plaît.

   (a) bête   (b) agréable   (c) désagréable   (d) malheureux   _____

2. Le contraire de froid.

   (a) chaud   (b) beau   (c) court   (d) grand   _____

3. Ce qui n'est pas difficile.

   (a) faible   (b) fort   (c) facile   (d) dessus   _____

4. Donner une réponse.

   (a) finir   (b) commencer   (c) répondre   (d) recevoir   _____

5. Le contraire de jamais.

   (a) toujours   (b) joli   (c) beau   (d) laid   _____

IV. Choose the response that is the best rejoinder.

   Model: Paul a perdu son petit chien.
   (a) Il est heureux.
   (b) Il est malheureux.
   (c) Il est riche.
   (d) Il est pauvre.

   _b_

1. Lucille a perdu son argent.

   (a) Elle pleure.
   (b) Elle refuse.
   (c) Elle accepte.
   (d) Elle arrive.

   _____

2. Veux-tu aller au parc avec moi?

   (a) Je n'ai pas le temps maintenant.
   (b) Il est utile.
   (c) Je veux monter.
   (d) Je n'aime pas la guerre.

   _____

3. La femme ouvre le tiroir.

   (a) Il est vide.
   (b) Elle est jolie.
   (c) Elle travaille mal.
   (d) Elle veut descendre.

   _____

4. Vous ne mangez pas beaucoup.

   (a) Vous aimez la paix.
   (b) Vous aimez les pommes de terre.
   (c) Vous êtes maigre.
   (d) C'est rare.

   _____

5. Pourquoi veux-tu travailler?

   (a) Pour jouer.
   (b) Pour recevoir de l'argent.
   (c) Pour faire du bruit.
   (d) Pour être sûr.

   _____   **373**

V. Fill in the blank lines by writing the French word for each picture given below. Use the indefinite article with the word.

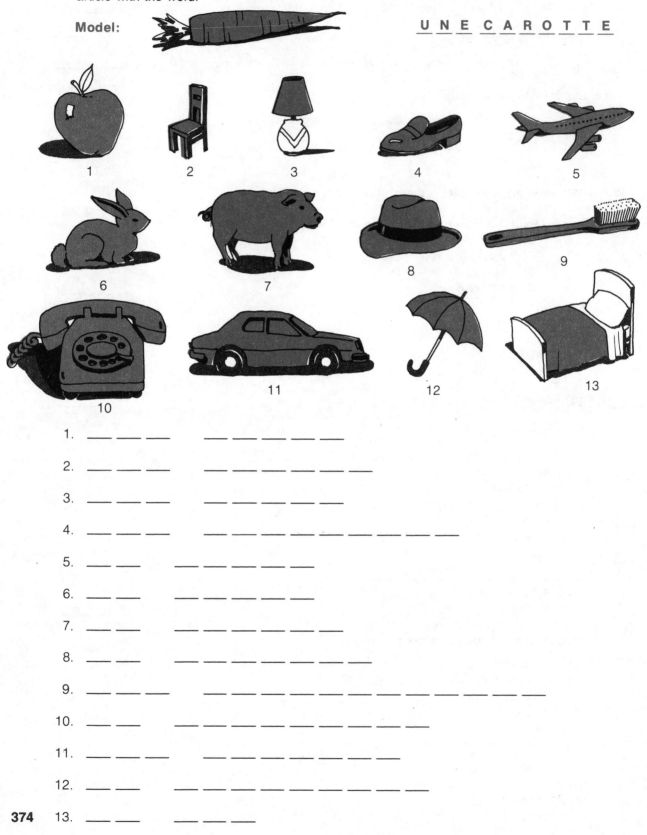

Model: U N E C A R O T T E

1. __ __ __   __ __ __ __ __

2. __ __ __   __ __ __ __ __

3. __ __ __   __ __ __ __

4. __ __ __   __ __ __ __ __ __ __ __ __

5. __ __   __ __ __ __ __

6. __ __   __ __ __ __ __

7. __ __   __ __ __ __ __

8. __ __   __ __ __ __ __ __

9. __ __   __ __ __ __ __ __ __ __ __

10. __ __   __ __ __ __ __ __ __ __

11. __ __ __   __ __ __ __ __ __ __

12. __ __   __ __ __ __ __ __ __

13. __ __   __ __ __

PART THREE

IDIOMS, VERBAL EXPRESSIONS, AND DIALOGUES

Unit 1

With à, with au

with **à**	with **au**
à bientôt so long, see you soon	**au bout de** at the end of, at the tip of
à cause de on account of, because of	**au contraire** on the contrary
à cette heure at the present moment	**au début** in the beginning
à côté de beside, next to	**au-dessous de** below, underneath
à demain see you tomorrow	**au-dessus de** above, over
à droite at (on, to) the right	**au lieu de** instead of
à gauche at (on, to) the left	**au milieu de** in the middle of
à haute voix aloud, in a loud voice	**au moins** at least
à la campagne at (in, to) the country(side)	**au printemps** in the spring
à la maison at home	**au revoir** good-bye
à la page . . . on page . . .	
à l'heure on time	
à mon avis in my opinion	
à propos by the way	
à temps in time	
à voix basse in a low voice, softly	
aller à pied to walk (go on foot)	
c'est-à-dire that is, that is to say	
jouer à to play (a game)	
peu à peu little by little	

Dialogue

This is a telephone conversation between Madame Paquet and Madame Banluc.

Madame Banluc: A propos, Claire, dis-moi, où est Madame Richy? Elle n'est pas à la maison.

Madame Paquet: Tu parles à voix basse, Joséphine. Je n'entends rien. Parle à haute voix!

Madame Banluc: J'ai dit: où est Madame Richy? Elle n'est pas à la maison.

Madame Paquet: Lucille Richy? Elle est à la campagne.

Madame Banluc: A mon avis, elle peut nous dire quand elle va à la campagne, au moins!

Madame Paquet: Au contraire, Joséphine, elle n'est pas obligée de nous dire où elle va.

Madame Banluc: Mais elle va toujours à la campagne au printemps. Pourquoi est-elle allée à la campagne maintenant?

Madame Paquet: A cause de la pluie. Il pleut beaucoup ici, mais il ne pleut pas à la campagne.

Madame Banluc: Où est-elle exactement?

Madame Paquet: Elle est à Denfert-Rochereau. C'est un village à côté du village de Val.

Madame Banluc: Est-ce que c'est à droite ou à gauche de Val en arrivant à Denfert-Rochereau?

Madame Paquet: Je pense que c'est à gauche. Pourquoi?

Madame Banluc: Parce que je voudrais aller la voir.

Madame Paquet: Ah, bon! Et moi, aussi, je veux aller la voir. Veux-tu y aller avec moi demain?

Madame Banluc: Oui. Nous pouvons aller la voir demain.

Madame Paquet: Au revoir, Joséphine.

Madame Banluc: Au revoir, Claire. A demain.

Exercises

Review the preceding material before starting these exercises.

I. Comment dit-on en français? Find these idioms and verbal expressions in the dialogue and write them in French.

1. by the way _____

2. at home _____

3. in a low voice _____

4. in my opinion _____

5. at least _____

6. good-bye _____

II. Fill in the blank line with either à or au, depending on which is required.

1. _____ contraire

2. _____ la campagne

3. _____ cause de

4. _____ côté de

5. _____ droite

6. _____ gauche

7. _____ revoir

8. _____ demain

9. _____ bientôt

10. _____ haute voix

11. _____ bout de

12. _____ lieu de

13. _____ l'heure

14. aller _____ pied

15. peu _____ peu

III. Complete the following dialogue by writing an appropriate response on the blank line. Use as many idioms and verbal expressions in this unit as you can. Refer to the dialogue in this unit if you have to.

Madame Banluc: A propos, où est Lucille?

Madame Paquet: _____

Madame Banluc: Pourquoi est-elle à la campagne?

Madame Paquet: _____

Madame Banluc: Où est-elle exactement?

378   *Madame Paquet:*   _____

Madame Banluc: Je veux aller la voir.

Madame Paquet: _____

Madame Banluc: Oui. A demain. Au revoir.

Madame Paquet: _____

IV.   Match the following.

1. at the present moment

2. instead of

3. below, underneath

4. to walk

5. in my opinion

6. little by little

7. in the spring

8. good-bye

9. on the left

10. to play (a game)

_____ au lieu de

_____ à mon avis

_____ au-dessous de

_____ à cette heure

_____ aller à pied

_____ jouer à

_____ peu à peu

_____ au printemps

_____ au revoir

_____ à gauche

Unit 2

With **comment,** with **en**

with **comment**	with **en**
Comment allez-vous? How are you?	**en français, en anglais,** *etc.* in French, in English
Comment vas-tu? How are you? *(familiar)*	**en automne, en hiver, en été** in the fall, in winter, in summer
Comment vous portez-vous? How do you feel?	**en bas** downstairs, below, at the bottom
Comment te portes-tu? How do you feel? *(familiar)*	**en face de** opposite
Comment ça va? How goes it?	**en même temps** at the same time
Comment vous appelez-vous? What's your name?	**en retard** late (*i.e.*, not on time)
Comment t'appelles-tu? What's your name? *(familiar)*	**en ville** downtown
Comment dit-on . . . ? How do you say . . . ?	**Je vous en prie!** I beg you! You're welcome!

Dialogue

Pierre meets a new friend in school. He is talking to him at lunch.

Pierre: Comment t'appelles-tu?

Jacques: Je m'appelle Jacques. Comment t'appelles-tu?

Pierre: Je m'appelle Pierre. Où demeures-tu, Jacques?

Jacques: 15, rue de Clichy. C'est en face du bureau de poste.

Pierre: C'est bien en ville, n'est-ce pas? C'est loin de l'école!

Jacques: Oui, je demeure loin de l'école. Aujourd'hui je suis arrivé en retard et le maître m'a envoyé en bas, au bureau du directeur.

Pierre: J'étais là, aussi. Nous sommes arrivés en même temps!

Jacques: Ah, oui, je t'ai vu là!

Pierre: Il faut aller en classe maintenant. A bientôt, Jacques!

Jacques: A bientôt, Pierre!

Exercises

Review the above material before doing these exercises.

I. **Lists.** Write a list of words as requested in French.

A. Write three idiomatic expressions that begin with **Comment** . . . ?

1. _____   2. _____   3. _____

B. Write three idiomatic expressions that begin with **en**.

1. _____   2. _____   3. _____

II. **Comment dit-on en français?** Find the following expressions either in the dialogue or preceding list and write them in French.

1. In French, in English, in Spanish _____

2. In the fall, in winter, in summer _____

3. It's far from school! _____

4. You're welcome! _____

5. What's your name? My name is Jacques. _____   **381**

Unit 3
With **avoir,** with **être**

with **avoir**	with **être**

avoir . . . an(s)   to be . . . year(s) old
  Quel âge a-t-il?   How old is he?
  Il a un an.   He is a year old.
  Il a dix-neuf ans.   He is 19 years old.
	être à l'heure
	  to be on time

avoir besoin de
  to need, have need (of)
	être en retard
	  to be late

avoir chaud
  to feel (be) warm
	Cela est égal.
	  It's all the same.
	  It doesn't matter.
	  It makes no difference.

avoir faim to feel (be) hungry	

avoir froid
  to feel (be) cold
	Cela m'est égal.
	  It doesn't matter to me.
	  It's all the same to me.

avoir l'habitude de
  to be in the habit of
	C'est dommage.
	  It's a pity.
	  It's too bad.

avoir l'intention de
  to intend (to)
	C'est entendu.
	  It's understood.
	  It's agreed.

avoir lieu to take place	

avoir mal
  to feel sick
	Quel jour est-ce aujourd'hui?
	  What day is it today?

avoir mal à. . .
  to have a pain (ache) in . . .
	C'est aujourd'hui lundi.
	  Today is Monday.

avoir peur (de)
  to be afraid (of)
	Quelle heure est-il?
	  What time is it?

avoir raison, avoir tort
  to be right, to be wrong
	Il est trois heures et quart.
	  It is 3:15.

avoir soif
  to be thirsty
	Qu'est-ce que c'est?
	  What is it?

avoir sommeil to be sleepy	

Dialogue

Janine forgot to study for a test in school. She wants to stay home in bed all day so she plays sick.

Janine: J'ai mal, maman. J'ai chaud, puis j'ai froid. J'ai mal au cou, je suis faible, et j'ai sommeil.

Madame Paquet: Tout cela? C'est dommage. Mais si tu veux être à l'heure, il faut te lever. Lève-toi, Janine!

Janine: Tu sais, maman, je n'ai pas l'habitude de dire des histoires. Je ne peux pas sortir aujourd'hui.

Madame Paquet: Alors, c'est entendu. Tu vas rester au lit toute la journée . . . À propos, tu ne peux pas aller chez Monique pour déjeuner avec elle aujourd'hui. Il faut lui téléphoner pour dire que tu es malade.

Janine: Quoi?! Quel jour est-ce aujourd'hui?

Madame Paquet: C'est aujourd'hui samedi.

Janine: Samedi?! Ce n'est pas vendredi?! Je vais me lever.

Madame Paquet: Ah non! Non, non, non! Tu as raison. Aujourd'hui tu es malade et tu restes au lit.

Janine: Oh, je suis bête!

Exercises

Review the above material before doing these exercises.

I. Answer the following questions in French in complete sentences.

1. Quel jour est-ce aujourd'hui? _____

2. Quelle heure est-il? _____

3. Avez-vous peur des serpents? _____

4. Comment vous appelez-vous? _____

5. Où demeurez-vous? _____

383

II. Answer the following questions in the affirmative in complete French sentences. In answer (a) use **Oui**. In answer (b) use **aussi**. Study the models. Use subject pronouns in your answers.

Models: (a) **Avez-vous l'intention d'aller au cinéma?**
(b) **Et Pierre?**

Answer: (a) **Oui, j'ai l'intention d'aller au cinéma.**
(b) **Il a l'intention d'aller au cinéma aussi.**

1. (a) Avez-vous l'intention d'aller au cinéma? _____

   (b) Et Pierre? _____

2. (a) Avez-vous l'habitude d'étudier dans la bibliothèque? _____

   _____

   (b) Et vos amis? _____

3. (a) Avez-vous chaud dans cette classe? _____

   (b) Et les autres étudiants? _____

4. (a) Avez-vous faim en ce moment? _____

   (b) Et votre amie Monique? _____

5. (a) Avez-vous soif en ce moment? _____

   (b) Et Pierre et Jacques? _____

III. Complete the following dialogue by writing an appropriate response on the blank line. Use as many idioms and verbal expressions in this unit as you can. Refer to the dialogue in this unit if you have to.

Pierre doesn't want to go to school today, so he plays sick.

Pierre: _____

Sa mère: C'est dommage. Tu es vraiment malade?

Pierre: _____

Sa mère: Il est difficile de trouver un docteur parce que c'est dimanche.

Pierre: _____

Sa mère: Oui, oui. C'est bien dimanche aujourd'hui!

Pierre: _____

Sa mère: Es-tu malade ou non?!

Pierre: _____

Unit 4
With **de, du, d'**

with **de**	
de bon appétit with good appetite	**jouer de** to play (a musical instrument) **Ma soeur joue du piano.** My sister plays the piano.
de bonne heure early	**près de** near
de cette façon in this way	**de quelle couleur . . .** what color . . .
de façon à + inf. so as to	**De quelle couleur est ta nouvelle chemise?** What color is your new shirt?
de jour en jour from day to day	**quelque chose de + adj.** something + adj.
de l'autre côté (de) on the other side (of)	**J'ai mangé quelque chose de bon!** I ate something good!
de nouveau again	**quoi de neuf?** what's new?
de plus en plus more and more	**rien de neuf!** nothing new!
de rien you're welcome	**venir de + inf.** to have just + past part.
de temps en temps from time to time	**Elle vient de partir.** She has just left.
pas de mal! no harm!	**Il n'y a pas de quoi!** You're welcome!

385

with **du**	with **d'**

du matin au soir
   from morning until night
 	
pas du tout!
   not at all!
	d'abord
	   first, at first
	
	d'accord
	   agreed, O.K.
	
	d'aujourd'hui en huit
	   a week from today
	
	d'habitude *or* **d'ordinaire**
	   ordinarily, usually

Dialogue

In this conversation, Pierre is telling Paul about his new shirt. Then Janine arrives on the scene to tell Pierre what their father has just done.

Pierre: Quoi de neuf?

Paul: Rien de neuf! Et toi?

Pierre: J'ai une nouvelle chemise.

Paul: De quelle couleur est ta nouvelle chemise?

Pierre: D'habitude, j'aime les chemises blanches, mais cette chemise blanche a un peu de vert et un peu de bleu.

Paul: Et tu aimes ça?

Pierre: Oui. Je vais la porter du matin au soir!

(Janine arrive.)

Janine: Pierre! Papa a fait quelque chose de terrible! Il vient de peindre les murs de la cuisine en jaune et il a employé ta chemise pour nettoyer le pinceau!

Pierre: Encore? Il a fait la même chose hier quand il a peint les murs de la salle de bains en bleu et en vert!

(Pierre rit.)

Janine: Tu n'es pas fâché?

Pierre: Non, pas du tout. Maintenant ma nouvelle chemise blanche a les couleurs d'un arc-en-ciel!

Exercises

Review the preceding material before doing these exercises.

I. Answer the following questions in French in complete sentences. They are based on the dialogue in this unit.

1. Qui a une nouvelle chemise? _____

2. Qui vient de peindre les murs de la cuisine? _____

_____

3. Pourquoi y a-t-il un peu de vert, de bleu et de jaune sur la nouvelle chemise blanche de

Pierre? _____

II. Write three simple sentences in French using each of the following expressions. If you need to, review the idioms, verbal expressions, and dialogue in this unit.

1. venir de + inf. _____

2. de bonne heure _____

3. de quelle couleur _____

III. Find the following idiomatic expressions in French in this puzzle and circle them.

1. not at all
2. at first
3. ordinarily
4. O.K.
5. no harm
6. again
7. from time to time

P	D	D	P	A	S	P	D	E	N	E	M	A	L
A	U	A	U	D	H	A	B	I	T	U	D	E	U
D	E	T	E	M	P	S	E	N	T	E	M	P	S
A	M	A	P	A	S	D	U	T	O	U	T	D	E
B	D	U	D	O	D	E	N	O	U	V	E	A	U
O	T	E	M	P	S	M	T	U	T	E	M	P	S
R	C	C	O	R	D	A	C	C	O	R	D	D	U
D	E	N	O	U	V	L	P	A	S	M	L	A	E

Unit 5

With **par**, with **tout**, with **tous**, and miscellaneous

with **par**	with **tout**	with **tous**
par bonheur fortunately	**tout à coup** suddenly	**tous les deux** both
par ci par là here and there	**tout d'un coup** all of a sudden	**tous les jours** every day
par conséquent consequently	**tout à fait** completely, entirely	**tous les matins** every morning
par exemple for example	**tout à l'heure** in a little while, a little while ago	**tous les soirs** every evening
par ici this way	**tout d'abord** first of all	Miscellaneous
par jour per day, daily	**tout de suite** immediately, at once, right away	**s'il vous plaît** please *(polite form)*
par là that way	**tout le monde** everybody	**s'il te plaît** please *(familiar form)*
apprendre par coeur to memorize, learn by heart	**tout le temps** all the time	**vouloir bien** to be willing **Je veux bien sortir avec vous.** I'm willing to go out with you.
		vouloir dire to mean **Que veut dire ce mot?** What does this word mean?

Dialogue

Janine and Pierre are in a museum because they want to see the dinosaurs.

Pierre: Pour aller voir les dinosaures, c'est par ici, Janine.

Janine: Non, Pierre. Ils sont par là.

Pierre: Je te dis que c'est par ici. Je sais, moi!

Janine: Non, Pierre. Ils ont tout changé dans ce musée. Maintenant les dinosaures sont par là.

Pierre: Es-tu folle?! Ils ne changent jamais les expositions dans ce musée.

Janine: Je te dis que tous les jours ils changent tout.

Pierre: Je vais demander au gardien.

(Pierre s'approche du gardien.)

Pierre: Excusez-moi, monsieur, mais où sont les dinosaures aujourd'hui?

Gardien: Il n'y a pas de dinosaures ici. Ils sont dans le petit musée de l'autre côté de la rue. Il est ouvert maintenant. Vous pouvez y aller tout de suite parce qu'il ferme à cinq heures.

(Pierre et Janine se regardent l'un à l'autre.)

Pierre et Janine: Tu vois! Tu vois!

Exercises

Review the above material before doing these exercises.

I. Answer the following questions in French in complete sentences. They are based on the dialogue in this unit.

1. Où sont Janine et Pierre? _____

2. Pourquoi sont-ils dans le musée? _____

3. Est-ce qu'il y a des dinosaures dans ce musée? _____

_____

4. Est-ce que Pierre a raison? _____

5. Est-ce que Janine a tort? _____

6. Est-ce que tous les deux ont tort? _____ **389**

II. Find these idiomatic expressions in the dialogue and write them in French.

1. this way _____ 3. every day _____

2. that way _____ 4. across the street _____

III. Match the following.

1. vouloir bien   _____ please

2. par exemple   _____ everybody

3. vouloir dire   _____ for example

4. tout le monde   _____ daily

5. par jour   _____ to mean

6. s'il vous plaît   _____ to be willing

The Louvre stop on the Métro.
Reprinted with permission of Eric Kroll/Taurus Photos.

Unit 6
With faire

with **faire**	
faire attention to pay attention	**faire ses bagages** to pack one's baggage
faire de l'autostop to hitchhike	**faire un voyage** to take a trip
faire de son mieux to do one's best	**faire une malle** to pack a trunk
faire des emplettes **faire des courses** } to do (go) shopping **faire du shopping**	**faire une promenade** to take a walk
faire des progrès to make progress	**faire une promenade en voiture** to go for a drive
faire jour to be daylight	**Quel temps fait-il?** What's the weather like?
faire le ménage to do housework	**Il fait beau.** The weather is nice.
faire les valises to pack the suitcases	**Il fait mauvais.** The weather is bad.
faire nuit to be night(time)	**Il fait chaud.** It's warm (hot).
faire peur to frighten	**Il fait froid.** It's cold.
	Il fait frais. It's cool.
	Il fait du soleil. It's sunny.
	Il fait du vent. It's windy.
	Cela ne fait rien. It doesn't matter. It makes no difference.

Dialogue

Dad is home because he has the day off from work. Mom wants him to take her out.

Maman: Il fait beau aujourd'hui, n'est-ce pas?

Papa: Oui.

Maman: Il fait du soleil aujourd'hui, n'est-ce pas?

Papa: Oui.

Maman: Je veux faire une promenade.

Papa: Oui.

Maman: Je veux faire une promenade en voiture. Et toi? Et TOI??!

Papa: Que dis-tu?

Maman: Tu ne fais pas attention! Moi, je te parle, et tu ne fais pas attention.

Papa: Tu as tort, ma chérie. Je t'écoute. Que dis-tu?

Maman: Je dis que je veux faire une promenade en voiture. Enfin, je veux sortir!

Papa: Bon! Alors, tu vas faire les bagages. Moi, je vais faire la malle, et nous allons faire un voyage! D'accord?

Maman: Tu te moques de moi!

Papa: Où veux-tu aller?

Maman: Moi, je sais où je veux aller; et toi, tu sais où **tu veux aller!**

Papa: Terrible, terrible. Tu t'es fâchée. Tu me fais peur. Je travaille tous les jours, je fais de mon mieux, les samedis je fais des courses avec toi. Et aujourd'hui . . . et aujourd'hui, j'ai un jour de congé et je ne peux pas rester tranquillement à la maison.

Maman: Et moi? Et MOI?? Je travaille aussi; je fais le ménage dans cette maison tous les jours, je fais de mon mieux aussi. Je dors quand il fait nuit, je travaille quand il fait jour. Aujourd'hui tu as un jour de congé et tu ne veux pas sortir avec moi!

Papa: Veux-tu aller au cinéma?

Maman: Oui, si c'est un bon film, pourquoi pas?

Papa: Bon! Nous allons au cinéma. Le film est *Un Homme et une femme*.

Exercises

Review the preceding material before doing these exercises.

I. Find these idiomatic expressions in the dialogue and write them in French.

1. The weather is nice today, isn't it? _____

2. It's sunny today, isn't it? _____

3. I want to take a walk. _____

4. I want to go for a drive. _____

5. You are going to pack the bags, I am going to pack the trunk, and we are going to take a trip.

_____

An aerial view of l'Île de la Cité, Paris
Reprinted with permission of Ambassade de France, Service de Presse et d'Information, New York.

II. Complete the following dialogue in French. The conversation is between a man and a woman. They can't decide on what to do or where to go.

Lui: Veux-tu sortir ce soir?

Elle: _____

Lui: Si tu ne veux pas sortir, que veux-tu faire?

Elle: _____

Lui: Pourquoi veux-tu rester à la maison?

Elle: _____

Lui: Veux-tu une aspirine?

Elle: _____

Lui: M'aimes-tu?

Elle: _____

III. **Le Mot Mystère** (Mystery Word). In order to find the mystery word, you must first find and circle in this puzzle the French words given next to it. The letters that remain in the puzzle are scrambled. Unscramble them to find **le mot mystère**.

à	me
attention	mieux
autostop	non
beau	nuit
chaud	oui
emplettes	peur
faire	se
jour	soleil
la	tu
mauvais	y

A	M	N	O	N	À	N	U	I	T
T	I	F	A	I	R	E	M	E	O
T	E	M	A	U	V	A	I	S	U
E	U	C	H	A	U	D	Y	P	I
N	X	S	O	L	E	I	L	E	J
T	S	M	A	U	O	R	A	U	O
I	E	B	E	A	U	T	U	R	U
O	A	U	T	O	S	T	O	P	R
N	E	M	P	L	E	T	T	E	S

PART FOUR

SKILL IN LISTENING COMPREHENSION

Part Four: Skill in Listening Comprehension

I. Auditory-pictorial stimuli. Listen to the questions that will be read to you based on the pictures shown. Then choose the correct answer and write the letter on the blank line. Each statement or question will be read twice only.

1. (a) deux (b) trois (c) quatre (d) cinq _____

2. (a) dans une salle (b) dans un train (c) dans un autobus
   (d) dans un autocar _____

3. (a) un agent de police (b) un facteur (c) un contrôleur
   (d) un prêtre _____

Ernest Amato, Photographer
Division Public Information, City of Rochester, N.Y.

Courtesy of *New York State Education Journal*.

4. (a) deux   (b) trois   (c) quatre   (d) cinq   _____

5. (a) Ils courent   (b) Ils marchent   (c) Ils sautent   (d) Il fait beau   _____

6. (a) de chez eux   (b) du cinéma   (c) du théâtre   (d) de l'école   _____

7. (a) sur les arbres   (b) dans l'école   (c) sur le toit
   (d) sur le trottoir   _____   **397**

There are four pictures on this page. Under each picture there is a letter identifying it. Your teacher will read a series of four statements, numbered 8 to 11. Match each statement that you hear with the appropriate picture by writing the letter of the picture on the blank line.

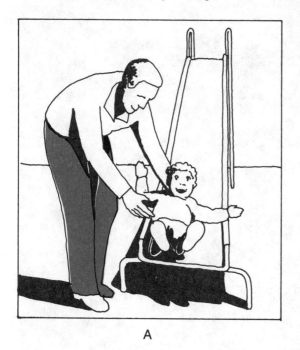

A

B

C

D

8. _____   9. _____   10. _____   11. _____

l'Arc de Triomphe à Paris

Courtesy of French Cultural Services, New York

Instructions: Do the same here as on the previous pages. This is practice in listening comprehension. Study carefully the picture above.

12. (a) à la Place Charles de Gaulle   (b) à la Place de la Concorde
     (c) à l'Opéra   (d) aux Invalides   _____

13. (a) Napoléon Ier (b) Louis XIV   (c) Louis XVI   (d) les Romains   _____

14. (a) Avenue des Champs-Elysées   (b) Boulevard St. Michel
     (c) Rue du Bac   (d) Avenue Foch   _____

15. (a) dix   (b) onze   (c) douze   (d) treize   _____

16. (a) de Jeanne d'Arc   (b) de Napoléon   (c) du Soldat Inconnu
     (d) de Louis XIV

399

"Lilies of the Field"   Released through United Artists Corp.

Instructions: Do the same here as on the previous pages. This is practice in listening comprehension. Study carefully the picture above.

17. (a) un grand livre (b) un petit livre (c) des lunettes (d) un verre   _____

18. (a) une croix (b) des lunettes (c) un livre (d) une bague   _____

19. (a) un tout petit livre (b) un gros livre (c) une chaise (d) des fleurs   _____

400

There are four pictures on this page. Under each picture there is a letter identifying it. Your teacher will read a series of four statements, numbered 20 to 23. Match each statement that you hear with the appropriate picture by writing the letter of the picture on the blank line.

A

B

C

D

20. _____   21. _____   22. _____   23. _____   **401**

II. Differentiating sounds. Choose the word which is pronounced and write the letter on the blank line. Each will be read three times only.

1. (a) coeur
   (b) cour
   (c) car
   (d) cure _____

2. (a) pour
   (b) pur
   (c) par
   (d) peur _____

3. (a) de
   (b) du
   (c) des
   (d) doux _____

4. (a) vent
   (b) vigne
   (c) vin
   (d) viens _____

5. (a) deux
   (b) Dieu
   (c) de
   (d) dur _____

6. (a) ceci
   (b) ceux-ci
   (c) souci
   (d) sucer _____

7. (a) heure
   (b) heureux
   (c) heureuse
   (d) eurent _____

8. (a) grand
   (b) grain
   (c) grande
   (d) gris _____

9. (a) du
   (b) doux
   (c) deux
   (d) des _____

10. (a) était
    (b) été
    (c) thé
    (d) tu _____

III. Choosing the correct answer to a question. Listen carefully to each question. Then choose the correct answer and write the letter on the blank line. Each will be read three times only.

1. (a) sept
   (b) huit
   (c) neuf
   (d) dix _____

2. (a) onze
   (b) douze
   (c) treize
   (d) quatorze _____

3. (a) Fontainebleau
   (b) Arc de Triomphe
   (c) Paris
   (d) Versailles _____

4. (a) dix-sept
   (b) sept
   (c) treize
   (d) quarante _____

5. (a) Comment allez-vous?

    (b) Bonjour

    (c) Au revoir

    (d) De rien   _____

6. (a) une fourchette

    (b) un couteau

    (c) un plat

    (d) une cuillère   _____

7. (a) Paris

    (b) Bordeaux

    (c) Marseille

    (d) Domrémy   _____

8. (a) On boit

    (b) On dort

    (c) On court

    (d) On mange   _____

9. (a) septembre

    (b) mai

    (c) janvier

    (d) décembre   _____

10. (a) une valise

    (b) un parapluie

    (c) une canne

    (d) une leçon   _____

IV. Pattern responses. Listen carefully to each statement or question that is read to you. Then choose the correct response and write the letter on the blank line. Each will be read three times only.

1. (a) Je vais à la porte aussi.

    (b) Je vois la porte aussi.

    (c) Je ferme la porte aussi.

    (d) J'ouvre la porte aussi.   _____

2. (a) Elles les lèvent aussi.

    (b) Elles les lavent aussi.

    (c) Elles les aiment aussi.

    (d) Elles ont lavé les chemises aussi.   _____

3. (a) Je le fais tous les matins aussi.

    (b) J'ai pris le petit déjeuner aussi.

    (c) Je le prends tous les matins aussi.

    (d) Je le prépare tous les matins aussi.   _____

4. (a) Il a eu peur des lions.

    (b) Il adore les lions.

    (c) Il a peur des lions.

    (d) Il déteste les lions.   _____

5. (a) Je vais l'étudier aussi.

    (b) J'ai étudié la leçon aussi.

    (c) Je veux bien l'étudier aussi.

    (d) J'aime étudier mes leçons aussi.   _____

6. (a) Je ne peux pas lire.

    (b) Je ne sais pas lire.

    (c) Je sais écrire.

    (d) Elle a lu un livre aussi.   _____

403

7.   (a) Il n'a pas de devoir.

   (b) Il n'étudie jamais.

   (c) Il va étudier sa leçon
       dans le train.

   (d) Il étudie.   _____

8.   (a) On met une voiture dans
       un garage.

   (b) Le garage est blanc
       aussi.

   (c) Si on n'a pas de voiture,
       on n'a pas de garage.

   (d) Le garage est vert
       aussi.   _____

V.   Choosing rejoinders to statements or questions.   Listen carefully to each statement or question. Then choose the correct response and write the letter on the blank line. Each will be read three times only.

1.   (a) Oui, il pleut aujourd'hui.

   (b) Non, je ne crois pas.

   (c) Très bien, merci, et
       vous?

   (d) Je vais faire des
       emplettes.   _____

2.   (a) Alors, dépêchez-vous.

   (b) Alors, couchez-vous.

   (c) Alors, téléphonez-moi.

   (d) Alors, allez-y.   _____

3.   (a) Je vais mettre mon
       pardessus.

   (b) Il faut ouvrir les fenêtres.

   (c) J'aime beaucoup l'été.

   (d) J'adore le printemps
       quand il fait frais.   _____

4.   (a) Elles sont belles.

   (b) Elles coûtent cher.

   (c) Elles sont rouges.

   (d) Elles sont grandes.   _____

5.   (a) Très bien, merci.

   (b) Au revoir, monsieur.

   (c) Bonjour, monsieur.

   (d) Oui, il fait beau jour.   _____

6.   (a) Suzanne dit "bonjour."

   (b) Je dis "bonjour."

   (c) Au revoir, Suzanne.

   (d) Bonjour, Suzanne.   _____

7.   (a) Il est midi.

   (b) Il est tôt.

   (c) Il fait du bruit.

   (d) Il fait beau.   _____

8.   (a) Demandez-moi quel
       temps il fait.

   (b) Je ne sais pas quel
       temps il fait.

   (c) Quel temps fait-il?

   (d) Il fait mauvais.   _____

VI. Choosing the word or words whose meaning completes each statement. Listen carefully to each incomplete statement. Then choose the correct answer and write the letter on the blank line. Each will be read three times only.

1. (a) joue bien au tennis

   (b) obéit à ses parents

   (c) se couche tard

   (d) désobéit à ses parents _____

2. (a) heureux

   (b) confus

   (c) bête

   (d) malade _____

3. (a) j'ai mangé

   (b) j'ai bu

   (c) je vais me lever

   (d) je vais me coucher _____

4. (a) la raison

   (b) la clef

   (c) la balle

   (d) l'adresse _____

5. (a) couchez-vous

   (b) peignez-vous

   (c) dépêchez-vous

   (d) lavez-vous _____

6. (a) une chaise

   (b) une table

   (c) un lit

   (d) un trottoir _____

7. (a) laver

   (b) lever

   (c) coucher

   (d) amuser _____

8. (a) s'amuser

   (b) défendre son pays

   (c) prendre le train

   (d) apprendre le français _____

VII. Choosing the word that belongs in the same class as the word that is read to you. Listen carefully to the word that your teacher pronounces. Then choose the word that belongs in the same class and write the letter on the blank line. Each word will be read three times only.

1. (a) chat

   (b) chien

   (c) lion

   (d) oiseau _____

2. (a) tablier

   (b) fleurs

   (c) pain

   (d) couteau _____

3. (a) panorama

   (b) vélo

   (c) crayon

   (d) marquis _____

4. (a) soleil

   (b) vent

   (c) lis

   (d) ferme _____

5. (a) pluie

    (b) pommes

    (c) orages

    (d) art   _____

6. (a) complet

    (b) genou

    (c) conte

    (d) ruban   _____

7. (a) main

    (b) tête

    (c) chapeau

    (d) pied   _____

8. (a) panier

    (b) congé

    (c) salon

    (d) épingle   _____

VIII. **Choosing the word that is defined.** Listen carefully to the definition which your teacher reads to you. Then choose the word which is defined and write the letter on the blank line. Each definition will be read three times only.

1. (a) la cuisine

    (b) la salle à manger

    (c) la chambre

    (d) la salle de bains   _____

2. (a) un chanteur

    (b) un camionneur

    (c) un conducteur

    (d) un pâtissier   _____

3. (a) mon neveu

    (b) mon cousin

    (c) ma tante

    (d) mon oncle   _____

4. (a) un professeur

    (b) un agent de police

    (c) un avocat

    (d) un étudiant   _____

5. (a) un stylo

    (b) une craie

    (c) un petit bâton

    (d) une lettre   _____

6. (a) le lapin

    (b) le cheval

    (c) la vache

    (d) le chat   _____

7. (a) une boulangerie

    (b) une épicerie

    (c) un musée

    (d) une pâtisserie   _____

8. (a) de la soupe

    (b) de la glace

    (c) des petits pois

    (d) des pommes de terre   _____

IX. Choosing the synonym of the word which is pronounced. Listen carefully to the word which your teacher pronounces. Then choose the synonym of it and write the letter on the blank line. Each word will be read three times only.

1. (a) la femme
   (b) le prêtre
   (c) l'instituteur
   (d) l'agent de police _____

2. (a) demeurer
   (b) me reposer
   (c) détester
   (d) travailler _____

3. (a) mot
   (b) réponse
   (c) phrase
   (d) erreur _____

4. (a) commencer
   (b) rompre
   (c) préparer
   (d) terminer _____

5. (a) guérir
   (b) demeurer
   (c) dîner
   (d) descendre _____

6. (a) nuire
   (b) interroger
   (c) désirer
   (d) voler _____

7. (a) fâché
   (b) heureux
   (c) fatigué
   (d) malheureux _____

8. (a) les pieds
   (b) les mains
   (c) le chapeau
   (d) la figure _____

X. Choosing the idiom or expression whose meaning completes each statement. Listen carefully to each incomplete statement. Then choose the answer which completes the thought and write the letter on the blank line. Your teacher will read each incomplete statement three times only.

1. (a) j'ai raison
   (b) j'ai tort
   (c) j'ai sommeil
   (d) je veux faire des emplettes _____

2. (a) a raison
   (b) a froid
   (c) est arrivé à l'heure
   (d) a tort _____

A MARSEILLAISE

By Rouget de Lisle

I

Allons, enfants de la Patrie,
Le jour de gloire est arrivé!
Contre nous de la tyrannie
L'étendard sanglant est levé,
L'étendard sanglant est levé!
Entendez-vous dans les campagnes
Mugir ces féroces soldats?
Ils viennent jusque dans nos bras
Egorger nos fils, nos compagnes.

> Aux armes, citoyens!
> Formez vos bataillons!
> Marchons, marchons!
> Qu'un sang impur
> Abreuve nos sillons!

II

Amour Sacré de la Patrie,
Conduis, soutiens, nos bras vengeurs.
Liberté, liberté chérie
Combats avec tes défenseurs!
Combats avec tes défenseurs!
Sous nos drapeaux, que la victoire
Accours à tes mâles accents!
Que tes ennemis expirants
Voient ton triomphe et notre gloire.
> Aux armes, etc.

III

Nous entrerons dans la carrière
Quand nos aînés n'y seront plus.
Nous y trouverons leur poussière
Et la trace de leurs vertus,
Et la trace de leurs vertus,
Bien moins jaloux de leur survivre
Que de partager leur cercueil
Nous aurons le sublime orgueil
De les venger ou de les suivre.
> Aux armes, etc.

IV

Que veut cette horde d'esclaves
De traîtres, de rois conjurés?
Pour qui ces ignobles entraves
Ces fers dès longtemps préparés?
Ces fers dès longtemps préparés?
Français! pour vous, ah! quel outrage!
Quels transports il doit exciter!
C'est nous qu'on ose méditer
De rendre à l'antique esclavage!
> Aux armes, etc.

V

Quoi! ces cohortes étrangères
Feraient la loi dans nos foyers!
Quoi! les phalanges mercenaires
Terrasseraient nos fiers guerriers!
Terrasseraient nos fiers guerriers!
Grand Dieu! par des mains enchaînées
Nos fronts sous le joug se ploiraient
De vils despotes deviendraient
Les maîtres de nos destinées!
> Aux armes, etc.

VI

Tremblez, tyrans! et vous perfides,
L'opprobre de tous les partis,
Tremblez! vos projets parricides
Vont enfin recevoir leur prix!
Vont enfin recevoir leur prix!
Tout est soldat pour vous combattre,
S'ils tombent nos jeunes héros,
La France en produit de nouveau,
Contre vous tout prêts à se battre!
> Aux armes, etc.

VII

Français, en guerriers magnanimes,
Portez ou retenez vos coups!
Epargnez ces tristes victimes,
A regret s'armant contre nous.
A regret s'armant contre nous.
Mais ces despotes sanguinaires
Mais ces complices de Bouillé,
Tous ces tigres qui, sans pitié,
Déchirent le sein de leur mère!
> Aux armes, etc.

3. (a) fait froid ici

   (b) fait chaud ici

   (c) vient ici

   (d) fait du vent ici   _____

4. (a) à voix basse

   (b) à haute voix

   (c) au moins

   (d) à mon avis ·   _____

5. (a) corriger

   (b) envoyer

   (c) lire

   (d) écrire   _____

6. (a) faire des emplettes

   (b) aller à pied

   (c) faire attention

   (d) aller en ville   _____

7. (a) le soleil brille

   (b) je n'ai pas fait la leçon

   (c) je travaille trop

   (d) c'est un jour de congé _____

8. (a) j'ai chaud

   (b) j'ai faim

   (c) j'ai sommeil

   (d) j'ai peur   _____

XI. Choosing the antonym of the word which is pronounced.   Listen carefully to the word which your teacher pronounces. Then choose the antonym of it and write the letter on the blank line. Each word will be read three times only.

1. (a) vent

   (b) pluie

   (c) neige

   (d) chaud   _____

2. (a) le bonheur

   (b) la laideur

   (c) la vente

   (d) la richesse   _____

3. (a) vieux

   (b) difficile

   (c) faible

   (d) courte   _____

4. (a) avant

   (b) debout

   (c) nouveau

   (d) avec   _____

5. (a) la tristesse

   (b) le bonheur

   (c) la guerre

   (d) le bonbon   _____

6. (a) vendre

   (b) emprunter

   (c) acheter

   (d) écrire   _____

7. (a) mieux

   (b) meilleur

   (c) fort

   (d) cher   _____

8. (a) le bonheur

   (b) la pluie

   (c) le silence

   (d) le vent   _____

XII. Choosing the word or words that are suggested by the situation described in a sentence. Listen carefully to the statement which your teacher reads to you. Then choose the word or words that are suggested by the situation described and write the letter on the blank line. Each statement will be read three times only.

1. (a) la salle à manger
   (b) la rue
   (c) le toit
   (d) la cave _____

2. (a) un livre
   (b) une addition
   (c) un repas
   (d) un voyage _____

3. (a) rire
   (b) sourire
   (c) manger
   (d) étudier _____

4. (a) la danse
   (b) le bal
   (c) le parc
   (d) la maison _____

5. (a) la boucherie
   (b) la boulangerie
   (c) la pâtisserie
   (d) la bijouterie _____

6. (a) chez le coiffeur
   (b) chez le dentiste
   (c) chez l'avocat
   (d) chez le médecin _____

7. (a) la France et l'Angleterre
   (b) heureux
   (c) malheureux
   (d) triste _____

8. (a) le trottoir
   (b) le toit
   (c) la cave
   (d) le mur _____

XIII. True-False statements. Listen carefully to the statement that your teacher reads to you. Then on the blank line write **vrai** if the statement is true or **faux** if the statement is false. The teacher will read each statement only three times.

1. _____ 3. _____ 5. _____ 7. _____ 9. _____

2. _____ 4. _____ 6. _____ 8. _____ 10. _____

XIV. Responding to statements on content. Your teacher will read a statement to you. Listen carefully. Then choose the best response based on the content of the statement and write the letter on the blank line. Each statement will be read three times only.

1. L'enfant
   (a) veut quelque chose
   (b) refuse quelque chose
   (c) écrit quelque chose
   (d) mange quelque chose _____

2. L'enfant va le donner à
   (a) un animal
   (b) son frère
   (c) sa soeur
   (d) une personne _____

411

3. L'enfant

   (a) a maintenant de l'argent

   (b) ne fait rien

   (c) ne veut rien

   (d) ne demande rien   _____

4. L'enfant

   (a) dit *merci*

   (b) ne dit rien

   (c) regarde l'heure

   (d) est fâché   _____

5. L'enfant

   (a) dort

   (b) sort

   (c) parle

   (d) écoute   _____

6. L'enfant est

   (a) courageux

   (b) généreux

   (c) diligent

   (d) scrupuleux   _____

XV. Determining who the two speakers are in a short dialogue. Your teacher will read a short dialogue to you. It will be read three times. Listen carefully. Then choose the answer which indicates who the two speakers are and write the letter on the blank line.

1. (a) un docteur et une personne malade

   (b) un vendeur et un client

   (c) un maître et un élève

   (d) un père et son fils   _____

2. (a) un dentiste et une femme

   (b) un chef et un client

   (c) un garçon et une fille

   (d) une mère et son enfant   _____

3. (a) deux jeunes filles

   (b) une concierge et un professeur

   (c) un agent de police et une femme

   (d) un astronome et son élève   _____

4. (a) un facteur et un homme

   (b) un médecin et un malade

   (c) un client et une vendeuse

   (d) deux acteurs   _____

PART FIVE

SKILL IN READING COMPREHENSION

Massed dancers and chorus present Maurice Dejart's
interpretation of Beethoven's Ninth Symphony.
Courtesy of Photo News Services.

Part Five:
Skill in Reading Comprehension

I. True-False statements. Read the following statements and on the blank lines write **vrai** if the statement is true or **faux** if the statement is false.

1. Il y a sept jours dans une semaine.   _____

2. Il y a treize mois dans une année.   _____

3. Trois et quatre font sept.   _____

4. Quand on dit *merci,* on répond *de rien.*   _____

5. Quand on dit *bonjour,* on répond *c'est ça.*   _____

6. Quand on dit *au revoir,* on répond *bonjour.*   _____

7. Le jour de la semaine qui précède jeudi est vendredi.   _____

8. Quand on a froid, on porte un maillot de bain.   _____

9. La Loire est un fleuve.   _____

10. Le jour de la semaine qui suit vendredi est samedi.   _____

11. Quand on a faim on mange.   _____

12. Janvier est le premier mois de l'année.   _____

13. Le boulanger vend du lait.   _____

14. Quand il pleut, on prend un parapluie.   _____

15. Une vache donne du lait.   _____

16. Les Pyrénées se trouvent entre la France et l'Italie.   _____

17. On emploie un crayon pour écrire au tableau noir.   _____

18. La cerise est un fruit.   _____

19. Quand on a soif on boit.   _____

20. Pour prendre le train on va à la gare. _____

21. Le printemps est une saison. _____

22. Il neige généralement en été. _____

23. Le chat est un animal domestique. _____

24. Le boucher vend de la viande. _____

25. Il y a soixante minutes dans une heure. _____

II. Pictorial stimuli. Choose the correct statement and write the letter on the blank line.

1. (a) Il est une heure.

   (b) Il est midi.

   (c) Il est douze heures.

   (d) Il est une heure cinq. _____

2. (a) Il est six heures.

   (b) Il est midi cinq.

   (c) Il est une heure et demie.

   (d) Il est midi. _____

3. (a) Il est neuf heures et demie.

   (b) Il est cinq heures.

   (c) Il est neuf heures vingt-cinq.

   (d) Il est cinq heures moins quinze. _____

Renoir — "La Fin du déjeuner"   French Cultural Services, New York

4. Dans ce tableau la femme au chapeau
    blanc tient à la main

    (a) un petit verre.

    (b) une cigarette.

    (c) une glace.

    (d) une lorgnette.   _____

5. Dans ce tableau le monsieur

    (a) allume sa cigarette.

    (b) éteint sa cigarette.

    (c) cherche son argent.

    (d) parle à la femme de
         son côté.   _____

6. Dans ce tableau

    (a) on prépare le déjeuner.

    (b) on finit le déjeuner.

    (c) on commence le
         déjeuner.

    (d) on chante.   _____

7. Ce tableau est une oeuvre de

    (a) Degas.

    (b) Renoir.

    (c) Toulouse-Lautrec.

    (d) Dufy.   _____

416

Degas — "Danseuse au repos"   French Cultural Services, New York

8. Dans ce tableau la danseuse

(a) se repose.

(b) mange.

(c) danse

(d) regarde le plafond. _____

9. Dans ce tableau la danseuse

(a) est debout.

(b) est assise.

(c) est couchée par terre.

(d) chante. _____

10. Cette danseuse a la main droite sur

(a) le pied gauche.

(b) le pied droit.

(c) le genou.

(d) la tête. _____

417

AS11-40-5902

Edwin Aldrin, astronaute américain, photographié par Neil Armstrong sur le sol lunaire.

Official NASA Photograph.

11. Dans cette photo l'astronaute   (a) marche. (b) danse. (c) monte.
(d) court.   _____

12. L'astronaute se trouve sur   (a) la terre. (b) la plage. (c) la lune.
(d) un tapis.   _____

A l'heure des petites filles en fleurs
Des petites robes d'été pratiques
comme des tee-shirts, faciles à porter, et très romantiques.

ROBE coton,
haut style "Tee-shirt",
jupe et manches
toile écrue imprimée
"fleurs".
Coloris écru/rose
ou écru/bleu.
Du 18 mois au 8 ans.
Le 4 ans.

AUX TROIS QUARTIERS

boulevard de la Madeleine
ouvert tous les jours de 9 h 45 à 18 h 30
4 parkings gratuits :
Madeleine, Concorde,
Garages de Paris, Malesherbes.

III. Match the following. Study the French words in the picture on this page.

1. petites filles	6. manche	_____ to wear	_____ skirt
2. fleurs	7. jupe	_____ easy	_____ sleeve
3. porter	8. robe	_____ dress	_____ little girls
4. facile	9. chapeaux	_____ to smile	_____ summer
5. sourire	10. été	_____ flowers	_____ hats

419

IV. Oui ou Non? Study the picture on page 419, then answer.

1. Ces deux petites filles portent des robes d'été. _____

2. Leurs robes sont longues. _____

3. Ces jolies petites filles portent des chapeaux. _____

4. La plus petite regarde la main de son amie. _____

5. Les deux petites filles tiennent des fleurs à la main. _____

V. Choose the best answer. Study the picture on this page; then answer the questions.

1. L'homme dans cette image porte sur la tête   (a) un journal.   (b) deux yeux.   (c) une main.   (d) un chapeau. _____

2. Il tient   (a) un chapeau.   (b) une main.   (c) un détective.   (d) un journal. _____

3. Il est probablement dans   (a) sa maison.   (b) une église.   (c) un autobus.   (d) une grange. _____

4. L'homme est sans doute   (a) prêtre.   (b) conducteur.   (c) détective.   (d) religieux. _____

5. Sans doute, il observe   (a) le journal.   (b) une personne pas très loin de lui.   (c) le ciel.   (d) son chapeau. _____

VI. There are two pictures on this page. Under each picture there is a letter identifying it. Match each statement that you read with the appropriate picture by writing the letter of the picture on the blank line opposite each statement.

Vacances en Afrique Noire.

Demandez ici le nouveau guide gratuit Vacances Air Afrique.

AIR AFRIQUE
Les jets du soleil.

A

Demandez ici le nouveau guide Vacances Air Afrique.

En 64 pages couleurs, toutes vos possibilitiés de vacances en Afrique Noire. A partir de 1400 F.

AIR AFRIQUE
Les jets du soleil.

B

Both photos reprinted with permission of AIR AFRIQUE.

1. Dans cette photo il y a des personnes qui dansent. _____

2. Un homme lit un magazine. _____

3. Une personne au milieu d'un groupe. _____

4. Un homme qui sourit. _____

5. Une femme dans l'eau jusqu'aux épaules. _____

6. Un homme qui joue du tambour. _____ **421**

VII. Pattern responses. Choose the correct response and write the letter on the blank line.

1. Albertine va à la porte. Et vous?

   (a) Je vais à la porte aussi.

   (b) Je vois la porte aussi.

   (c) Je ferme la porte aussi.

   (d) J'ouvre la porte aussi. _____

2. Cette femme lave les chemises. Et les autres femmes?

   (a) Elles les lèvent aussi.

   (b) Elles les lavent aussi.

   (c) Elles les aiment aussi.

   (d) Elles ont lavé les chemises aussi. _____

3. Je prends le petit déjeuner tous les matins. Et vous?

   (a) Je le fais tous les soirs aussi.

   (b) J'ai pris le petit déjeuner aussi.

   (c) Je le prends tous les matins aussi.

   (d) Je le prépare tous les matins aussi. _____

4. Paul a peur des lions. Et toi?

   (a) J'ai eu peur des lions aussi.

   (b) J'adore les lions aussi.

   (c) J'ai peur des lions aussi.

   (d) Il a peur des lions aussi. _____

5. J'ai étudié la leçon. Et toi?

   (a) Je vais l'étudier aussi.

   (b) J'ai étudié le livre aussi.

   (c) Je veux bien étudier aussi.

   (d) J'ai étudié la leçon aussi. _____

6. J'ai un livre. Et Antoine?

   (a) Nous avons un livre aussi.

   (b) Il a un livre aussi.

   (c) Je n'ai pas de livre.

   (d) Elle a un livre aussi. _____

7. Hélène est bien fatiguée. Et vous?

   (a) Je vais me reposer aussi.

   (b) Je suis fatigué aussi.

   (c) Je suis bien content aussi.

   (d) Je vais travailler aussi. _____

8. Louis sait jouer du piano. Et les autres garçons?

   (a) Ils aiment jouer du piano aussi.

   (b) Ils savent jouer du piano aussi.

   (c) Ils entendent la musique aussi.

   (d) Ils ont un piano aussi. _____

9. Cette maison est blanche. Et le garage?

   (a) Il y a une voiture dans le garage.

   (b) Il est blanc aussi.

   (c) Si on n'a pas de voiture, on n'a pas de garage.

   (d) Le garage est vert aussi. _____

10. Ils vont faire un voyage. Et vous?

    (a) Nous allons rester chez nous aussi.

    (b) Nous allons faire un voyage aussi.

    (c) Quand on voyage, on apprend.

    (d) Je vais faire la malle aussi. _____

422

VIII. Choosing rejoinders to statements or questions. Choose the best rejoinder that is logically related to the statement or question.

1. Bonjour, Janine. Comment allez-vous?

   (a) Oui, il pleut aujourd'hui.

   (b) Je vais à l'école.

   (c) Très bien, merci, et vous?

   (d) Je vais faire des emplettes. _____

2. Je suis bien fatigué.

   (a) Alors, dépêchez-vous.

   (b) Alors, couchez-vous.

   (c) Alors, téléphonez-moi.

   (d) Alors, allez-y. _____

3. Je dois sortir et il fait froid.

   (a) Je vais mettre mon pardessus.

   (b) Il faut ouvrir les fenêtres.

   (c) Il faut fermer les fenêtres.

   (d) Il fait beau en été. _____

4. La femme refuse d'acheter les pommes. Elle dit:

   (a) Elles sont belles.

   (b) Elles coûtent cher.

   (c) Elles sont rouges.

   (d) Elles sont grandes. _____

5. Le maître dit: Pierre, dis-moi "bonjour." — Pierre répond:

   (a) Très bien, merci.

   (b) Au revoir, monsieur.

   (c) Bonjour, monsieur.

   (d) Oui, il fait beau jour. _____

6. La maîtresse dit: André, dis "bonjour" à Suzanne. — André dit:

   (a) Suzanne dit "bonjour."

   (b) Je dis "bonjour."

   (c) Au revoir, Suzanne.

   (d) Bonjour, Suzanne. _____

7. Quel temps fait-il aujourd'hui?

   (a) Il est midi.

   (b) Il est tôt.

   (c) Il fait du bruit.

   (d) Il fait beau. _____

8. La maîtresse dit: Charles, demande-moi quel temps il fait. — Charles dit:

   (a) Demandez-moi quel temps il fait.

   (b) Je ne sais pas.

   (c) Quel temps fait-il?

   (d) Il fait mauvais. _____

9. Le maître dit: Denise, combien font dix et trois? — Denise répond correctement:

   (a) Ils font onze.

   (b) Dix et trois font douze.

   (c) Dix et trois font treize.

   (d) Dix et trois font quatorze. _____

10. Le professeur dit: Joseph, combien font dix moins un? — Joseph répond correctement:

    (a) Dix moins un font onze.

    (b) Dix moins un font sept.

    (c) Dix moins un font huit.

    (d) Dix moins un font neuf. _____

423

11. Madame Jodelle est dans la cuisine.

    (a) Elle fait le lit.

    (b) Elle vend des pommes.

    (c) Elle prépare le dîner.

    (d) Elle efface le tableau. _____

12. Un homme enseigne le français à un groupe d'élèves.

    (a) C'est un médecin.

    (b) C'est un avocat.

    (c) C'est un pâtissier.

    (d) C'est un professeur. _____

13. Dominique dit: Je sais qu'il va faire beau le jour du match. Vous dites:

    (a) Je sais qu'il va faire beau aussi.

    (b) Moi, aussi, je vais aller au match.

    (c) Oui, il fait beau aujourd'hui.

    (d) Il pleut. _____

14. Simone dit: Paul, qu'est-ce que tu fais avec ces valises? — Il répond:

    (a) Il vaut mieux être en retard.

    (b) Je suis rentré hier soir.

    (c) Je vais faire un voyage.

    (d) Vous avez des valises. _____

IX. Choosing the word or words whose meaning completes a sentence.

1. En été il fait généralement

   (a) froid.

   (b) chaud.

   (c) mauvais.

   (d) un temps terrible. _____

2. Hier soir je suis allé à un bal et j'ai

   (a) rappelé.

   (b) dansé.

   (c) coupé.

   (d) couché. _____

3. Le petit déjeuner est un repas qu'on prend

   (a) le soir.

   (b) le matin.

   (c) l'après-midi.

   (d) le midi. _____

4. Un bon enfant

   (a) joue bien au tennis.

   (b) se couche tard.

   (c) obéit à ses parents.

   (d) désobéit à ses parents. _____

5. Tu as les mains sales. Va te

   (a) laver.

   (b) lever.

   (c) coucher.

   (d) coiffer. _____

6. Généralement on se couche sur

   (a) une chaise.

   (b) une table.

   (c) un lit.

   (d) un trottoir. _____

7. Le train va partir et si vous voulez l'attraper,

   (a) couchez-vous.

   (b) coiffez-vous.

   (c) dépêchez-vous.

   (d) lavez-vous. _____

8. Pauline ne peut pas ouvrir la porte parce qu'elle a perdu

   (a) la raison.

   (b) la clef.

   (c) la balle.

   (d) l'adresse. _____

424

9. Le réveil a sonné et

   (a) j'ai mangé.

   (b) j'ai bu.

   (c) je vais me lever

   (d) je vais me coucher   _____

10. Monsieur Bernard ne peut pas marcher parce qu'il est très

   (a) malade.

   (b) heureux.

   (c) confus.

   (d) bête.   _____

X. Choosing the word that belongs in the same class as the italicized word.

1. La maîtresse écrit avec *un crayon*.

   (a) une cravate

   (b) une jupe

   (c) un stylo

   (d) une leçon   _____

2. *Le tigre* est un animal sauvage.

   (a) le chat

   (b) le chien

   (c) l'oiseau

   (d) le lion   _____

3. La mère met *une fourchette* sur la table.

   (a) un tablier

   (b) des fleurs

   (c) du pain

   (d) un couteau   _____

4. Il a lu *un conte*.

   (a) un panorama

   (b) un vélo

   (c) un crayon

   (d) une histoire   _____

5. Madame Boileau a de belles *roses* dans son jardin.

   (a) soleil

   (b) vent

   (c) tulipes

   (d) ferme   _____

6. Madame Duval adore *les cerises*.

   (a) la pluie

   (b) les pommes

   (c) les orages

   (d) l'art   _____

7. Monsieur Paquet a acheté un nouveau *costume*.

   (a) complet

   (b) genou

   (c) conte

   (d) chapeau   _____

8. Le pauvre garçon a mal à *l'épaule*.

   (a) l'école

   (b) la tête

   (c) la veste

   (d) l'église   _____

9. Cette maison a une grande *cuisine*.

   (a) salle de bains

   (b) porte

   (c) fenêtre

   (d) table   _____

10. J'ai lu plusieurs livres de cet *auteur*.

   (a) éclair

   (b) écrivain

   (c) arbre

   (d) hôtel   _____   **425**

XI. Choosing the word that is defined or described.

1. La pièce où on prend une douche.

    (a) la cuisine

    (b) la salle à manger

    (c) la chambre

    (d) la salle de bains _____

2. L'homme qui prépare des gâteaux.

    (a) chanteur

    (b) boucher

    (c) conducteur

    (d) pâtissier _____

3. Le frère de mon père.

    (a) mon neveu

    (b) mon cousin

    (c) ma tante

    (d) mon oncle _____

4. Une personne qui enseigne.

    (a) professeur

    (b) agent de police

    (c) détective

    (d) étudiant _____

5. On les met aux mains.

    (a) souliers

    (b) gants

    (c) chaussettes

    (d) manteau _____

6. On emploie cette chose pour écrire au tableau noir.

    (a) stylo

    (b) craie

    (c) bâton

    (d) lettre _____

7. On l'emploie pour parler.

    (a) jambes

    (b) yeux

    (c) langue

    (d) pieds _____

8. Animal qui donne du lait.

    (a) lapin

    (b) cheval

    (c) vache

    (d) chat _____

9. C'est un dessert.

    (a) soupe

    (b) glace

    (c) petits pois

    (d) pommes de terre _____

10. Où on voit des objets d'art

    (a) boulangerie

    (b) épicerie

    (c) musée

    (d) boucherie _____

XII. Choosing the synonym of the italicized word.

1. Je vois *le maître*.

    (a) la femme

    (b) le monsieur

    (c) la maîtresse

    (d) le boulanger _____

2. Je préfère *rester* chez moi aujourd'hui.

    (a) demeurer

    (b) me reposer

    (c) détester

    (d) travailler _____

3. Rose-Marie a fait *une faute* dans ses devoirs.

    (a) une réponse

    (b) un mot

    (c) une phrase

    (d) une erreur   _____

4. Jules va *finir* sa leçon ce soir.

    (a) commencer

    (b) terminer

    (c) lire

    (d) écrire   _____

5. Monsieur et Madame Girard *demeurent* près d'ici.

    (a) jouent

    (b) habitent

    (c) dînent

    (d) descendent   _____

6. Qu'est-ce que vous *voulez* faire?

    (a) refusez de

    (b) pouvez

    (c) désirez

    (d) oubliez de   _____

7. La pauvre petite fille est *triste*.

    (a) fâchée

    (b) heureuse

    (c) fatiguée

    (d) malheureuse   _____

8. Paul a *le visage* sale.

    (a) les mains

    (b) le chapeau

    (c) la figure

    (d) les pieds   _____

9. Elle se lève, *puis* elle se lave.

    (a) ensuite

    (b) avant

    (c) avec

    (d) naturellement   _____

10. Monsieur Roche marche *rapidement*.

    (a) lentement

    (b) facilement

    (c) vraiment

    (d) vite   _____

XIII. Choosing the idiom or expression whose meaning completes the sentence.

1. Je n'ai pas pris mon déjeuner ce matin et maintenant

    (a) j'ai chaud.

    (b) j'ai faim.

    (c) j'ai sommeil.

    (d) j'ai peur.   _____

2. Je vais me coucher parce que

    (a) j'ai raison.

    (b) j'ai sommeil.

    (c) j'ai tort.

    (d) j'ai du travail.   _____

3. J'ai rendez-vous chez le dentiste parce que

    (a) je veux m'amuser.

    (b) j'ai besoin d'argent.

    (c) je veux être à l'heure.

    (d) j'ai mal aux dents.   _____

4. Richard fait ses excuses parce qu'il

    (a) a raison.

    (b) a froid.

    (c) a tort.

    (d) est arrivé à l'heure.   _____

427

5. Je vais ouvrir la fenêtre parce qu'il
   (a) fait froid ici.
   (b) fait chaud ici.
   (c) vient ici.
   (d) fait du vent ici. _____

6. Je n'ai pas une voiture, alors je vais
   (a) faire des emplettes.
   (b) aller à pied.
   (c) faire attention.
   (d) aller en ville. _____

7. André a fait beaucoup de fautes dans ses devoirs et il va les
   (a) corriger.
   (b) lire.
   (c) écrire.
   (d) envoyer. _____

8. Il n'y a pas de classes aujourd'hui parce que
   (a) le soleil brille.
   (b) je n'ai pas fait la leçon.
   (c) je travaille beaucoup.
   (d) c'est un jour de _____
       congé.

9. Edmond ne comprend pas et il demande au professeur:
   (a) Comment vous appelez-vous, monsieur?
   (b) Comment allez-vous, monsieur?
   (c) Qu'est-ce que cela veut dire, monsieur?
   (d) Que faites-vous, monsieur? _____

10. Madame Paquet ne peut pas bien entendre parce qu'on lui parle
    (a) à voix basse.
    (b) à haute voix.
    (c) à mon avis.
    (d) au moins. _____

XIV. Choosing the antonym of the italicized word.

1. Janine a *ouvert* le livre à la page dix.
   (a) déchiré
   (b) commencé
   (c) fini
   (d) fermé _____

2. Monsieur et Madame Picot vont sortir *après* le dîner.
   (a) avant
   (b) en même temps
   (c) à droite
   (d) à gauche _____

3. Il y a du *bruit* dans la rue.
   (a) silence
   (b) vent
   (c) froid
   (d) large _____

4. Cet animal est *sauvage*.
   (a) beau
   (b) mauvais
   (c) bon
   (d) domestique _____

5. Cet étudiant est *mécontent.*

   (a) content

   (b) intelligent

   (c) bête

   (d) grand   _____

6. Cette rue est *large.*

   (a) longue

   (b) étroite

   (c) petite

   (d) courte   _____

7. C'est un *bon* garçon.

   (a) mauvais

   (b) grand

   (c) petit

   (d) beau   _____

8. Hugo a *acheté* un vélo.

   (a) envoyé

   (b) vendu

   (c) nettoyé

   (d) reçu   _____

XV. Choosing the missing word or words in each sentence that contains a particular structure or idiom.

1. Janine vient _____ partir.

   (a) pour

   (b) dans

   (c) de

   (d) à   _____

2. Le sénateur parle _____ haute voix.

   (a) de

   (b) pour

   (c) à

   (d) avec   _____

3. Gigi a peur _____ chien.

   (a) du

   (b) au

   (c) à

   (d) de   _____

4. Monsieur le Président _____ toujours raison.

   (a) affirme

   (b) fait

   (c) est

   (d) a   _____

5. Alfred a répondu: "Il n'y a pas de _____, monsieur."

   (a) qui

   (b) que

   (c) quel

   (d) quoi   _____

6. L'élève a appris le poème _____ coeur.

   (a) de

   (b) par

   (c) pour

   (d) du   _____

7. Ce livre est _____ moi.

   (a) le

   (b) au

   (c) aux

   (d) à   _____

8. Je pense _____ un voyage.

   (a) prendre

   (b) venir

   (c) aller

   (d) faire   _____ **429**

9. Hugo aime jouer _____ la balle.

    (a) de

    (b) du

    (c) à

    (d) des   _____

10. Louise aime jouer _____ piano.

    (a) du

    (b) de la

    (c) à

    (d) au   _____

XVI.   Summarizing.   Read the following paragraphs. Then choose the statement that best summarizes the main point of each and write the letter on the blank line.

1.   Mon père a un ami très intéressant. Il est vieux maintenant, mais quand il était *(was)* jeune, il voyageait *(used to travel)* dans tous les coins du monde. Quand il nous rend visite, je passe beaucoup de temps avec lui.

    (a) Les meilleurs amis de mon père sont vieux.

    (b) Mon père a fait beaucoup de voyages avec son ami intéressant.

    (c) J'aime les visites de l'ami de mon père parce qu'il est très intéressant.

    (d) L'ami de mon père ne peut plus voyager parce qu'il est vieux maintenant.   _____

2.   En hiver je me lève tard le samedi matin. Je descends à la cuisine où je prends le petit déjeuner avec mon frère et ma soeur. Je lis le journal, surtout la page comique. Puis je vais en ville acheter des choses pour ma mère. J'achète des légumes, des fruits, de la viande, du fromage et du pain.

    (a) Je prends toujours mon petit déjeuner dans la cuisine.

    (b) Ma mère achète des légumes et des fruits et je les mange.

    (c) Mon frère et ma soeur n'aiment pas aller en ville.

    (d) Après le petit déjeuner je lis un peu et puis je vais acheter des choses pour ma mère.   _____

XVII.   Answering questions on content.   Read each of the following passages. Then choose the best answer to each question and write the letter on the blank line.

I

    Jean est un garçon de quinze ans. Il a une amie, appelée Marie avec qui il passe beaucoup de temps. Dans quelques jours, Marie va célébrer son anniversaire. Jean veut lui donner un très beau cadeau mais il n'a pas d'argent. Il en demande à son père, mais il lui répond:
— Il faut travailler pour recevoir de l'argent.
    Maintenant Jean cherche des idées. Comment trouver du travail pour avoir de l'argent? A ce moment-là il regarde par la fenêtre. Que voit-il? Il neige. Il neige beaucoup. Maintenant il a du travail.

1. Pourquoi Jean veut-il donner un cadeau à la jeune fille?

   (a) C'est son anniversaire.

   (b) C'est une très jolie fille.

   (c) Elle a fait beaucoup pour Jean.

   (d) Il l'aime.   _____

2. Pourquoi est-ce que Jean n'a pas encore acheté un cadeau pour elle?

   (a) Il neige.

   (b) Il n'a pas d'argent.

   (c) Il ne l'aime pas.

   (d) Son père ne l'aime pas.   _____

3. Qu'est-ce que son père lui dit?

   (a) Maintenant Jean cherche des idées.

   (b) Jean, cherche des idées.

   (c) Il faut faire du travail.

   (d) Il neige beaucoup.   _____

II

Un diplomate de Chine représente son pays aux États-Unis. Ce monsieur est un homme très intelligent et il prend beaucoup de plaisir à parler américain comme un Américain. Un jour une dame lui écrit une lettre pour l'inviter à dîner chez elle. Sa lettre est très élégante.

Plusieurs jours après, la dame a une réponse dans un télégramme. Imaginez sa surprise! Au lieu d'écrire une longue lettre, le diplomate a répondu simplement "O.K."

1. De quel pays est le diplomate?

   (a) de Chine.   (c) de l'Amérique du Sud.

   (b) des États-Unis.   (d) Il est Américain.   _____

2. Qu'est-ce qu'il aime faire?

   (a) Il aime représenter son pays.

   (b) Il aime beaucoup les invitations.

   (c) Il aime écrire des télégrammes.

   (d) Il aime parler américain comme un Américain. _____

3. Pourquoi est-ce que la dame lui écrit?

   (a) Pour avoir le plaisir de parler avec lui.

   (b) Pour l'inviter aux États-Unis.

   (c) Pour l'inviter à dîner chez elle.

   (d) Pour représenter son pays.   _____   **431**

4. Qu'est-ce qu'elle a reçu quelques jours après?

    (a) Une lettre.

    (b) Un télégramme.

    (c) Un cadeau.

    (d) Un dîner.

    _____

III

Une jeune dame entre dans un petit magasin. Elle passe beaucoup de temps devant un miroir où elle essaye un chapeau après l'autre, mais elle n'achète pas de chapeau. La vendeuse n'est pas contente d'attendre si longtemps. Elle devient impatiente et enfin elle demande:
— Avez-vous choisi un chapeau, madame?
La jeune femme répond:
— Je ne suis pas venue pour acheter. Je suis venue pour m'amuser.

1. Où entre la jeune dame?

    (a) Dans une église.

    (b) Dans une maison.

    (c) Dans une boutique.

    (d) Dans une chapelle.

    _____

2. Que fait-elle dans le magasin?

    (a) Elle passe longtemps devant le magasin.

    (b) Elle devient impatiente.

    (c) Elle est venue pour acheter.

    (d) Elle essaye beaucoup de chapeaux.

    _____

3. Pourquoi la vendeuse est-elle impatiente?

    (a) La jeune dame passe beaucoup de temps devant le miroir.

    (b) Elle aime bien attendre.

    (c) La jeune dame ne veut pas payer.

    (d) La jeune dame achète trois chapeaux.

    _____

4. Pourquoi la dame est-elle entrée dans ce magasin?

    (a) Pour acheter un chapeau.

    (b) Pour s'amuser.

    (c) Pour devenir impatiente.

    (d) Pour manger quelque chose.

    _____

Le Sacré-Coeur, Paris. Reprinted with permission of French Cultural Services, New York City.

Part Six: Skill in Writing

I. Copying sentences.   First, read each sentence in French silently or aloud. Do not translate. After you have understood it, copy it accurately on the blank line. Then, compare your sentence with the one you copied. Make any necessary corrections yourself.

1. La cerise est un fruit. _____

2. Quand on a soif on boit. _____

3. Le boulanger vend du pain. _____

4. Janine est une belle jeune fille. _____

5. Hugo est un beau jeune homme. _____

6. Pierre est un bon garçon. _____

7. Le printemps est une saison. _____

8. Il y a sept jours dans une semaine. _____

9. Il neige généralement en hiver. _____

10. Trois et quatre font sept. _____

II. Dictées.   Your teacher will read a few sentences to you in French. Each will be read three times only. During the first reading, just listen. Write during the second reading. Check what you have written during the third reading. Do not answer or translate. Just write what you hear.

1. _____

_____

_____

2. _____

_____

_____

3. _____

_____

_____

4. _____

_____

_____

5. _____

_____

_____

III. Writing the word that your teacher reads to you; choosing the word that is the antonym of the word you write. Your teacher will pronounce a word and will repeat it twice. Write it on the blank line. Then choose the antonym of that word from among the words given and write the letter on the short blank line.

Model: (your teacher says the word *long*)

You hear and write:

_____**long**_____ (a) large   (b) étroit   (c) court   (d) haut   __c__

1. _____ (a) mauvais   (b) bon   (c) frais   (d) chaud   _____

2. _____ (a) presque   (b) jamais   (c) tout   (d) rien   _____

3. _____ (a) tôt   (b) en retard   (c) toujours   (d) encore   _____

4. _____ (a) heureux   (b) joyeux   (c) malheur   (d) de bonne heure   _____

5. _____ (a) jeune   (b) vieille   (c) content   (d) mauvais   _____   **435**

6. _____ (a) paysage   (b) vérité   (c) visage   (d) figure   _____

7. _____ (a) pleurer   (b) gagner   (c) jouer   (d) travailler   _____

8. _____ (a) offrir   (b) venir   (c) partir   (d) naître   _____

9. _____ (a) travailler   (b) commencer   (c) faire   (d) oublier   _____

10. _____ (a) sortie   (b) entrée   (c) neige   (d) bruit   _____

IV. **Combining short sentences into one sentence.**   Rewrite the two sentences as a single sentence by adding one or two words. Make any required changes.

   Model: Je danse. Je chante.   Answer: Je danse et je chante.

1.   J'ai soif. J'ai faim. _____

2.   Je suis dans la maison. Je suis malade. _____

     _____

3.   La mère est dans la cuisine. L'enfant est dans la cuisine. _____

     _____

4.   Monsieur Christian est beau. Monsieur Christian est grand. _____

     _____

5.   Madame Bernard veut faire un voyage. Madame Bernard n'a pas d'argent. _____

     _____

V. **Forming a sentence from word cues.**   Write a sentence using the following words.

   Model: acheter . . . pain . . . ma mère

   Je vais acheter du pain pour ma mère. _____

1.   acheter . . . pain . . . ma mère

     _____

2.   avoir . . . quinze ans

     _____

3.   père . . . vendre . . . maison

_____

4. poire . . . fruit

_____

5. boulanger . . . vendre . . . pain

_____

6. vache . . . donner . . . lait

_____

7. trois . . . quatre . . . sept

_____

8. printemps . . . saison

_____

9. neiger . . . généralement . . . hiver

_____

10. aller . . . plage . . . se baigner

_____

VI. Writing the word that your teacher reads to you; choosing the word that is the synonym of the word you write. Your teacher will pronounce a word and will repeat it twice. Write it on the blank line. Then choose the synonym of that word from among the words given and write the letter on the short blank line.

Model: (**your teacher says the word** *bâtiment*)

You hear and write:

_____**bâtiment**_____ (a) boulevard (b) avenue (c) édifice (d) clef __C__

1. _____ (a) désirer (b) oublier (c) voler (d) avoir _____

2. _____ (a) incertain (b) sûr (c) plusieurs (d) beaucoup _____

3. _____ (a) mécontent (b) content (c) malheureux
(d) retard _____

4. _____ (a) soulier (b) chapeau (c) chaussette (d) pied _____

5. _____ (a) oublier (b) finir (c) commencer (d) entendre _____

6. _____ (a) pharmacien (b) boulanger (c) pâtissier
(d) docteur _____

437

7. _____ (a) image   (b) fourchette   (c) plat   (d) lit   ____

8. _____ (a) complet   (b) repas   (c) chemise   (d) jupe   ____

9. _____ (a) cour   (b) centre   (c) sous   (d) sur   ____

10. _____ (a) habiter   (b) aimer mieux   (c) demeurer
     (d) sortir   ____

VII. Converting sentences. Change the following sentences to the singular or plural, as indicated.

   Model: Change to the singular: **Answer: La leçon est difficile.**
   Les leçons sont difficiles.

(a) Change to the singular.

1. Ces livres sont faciles. _____

2. Elles sont descendues vite. _____

3. Les garçons ont bien mangé. _____

4. Ils ont écrit à leurs amis. _____

5. Elles ont acheté deux chapeaux. _____

(b) Change to the plural.

1. Cette femme est heureuse. _____

2. Cet homme est beau. _____

3. Cette jeune fille est jolie. _____

4. Le garçon a joué avant d'étudier. _____

5. La maîtresse a corrigé le devoir. _____

VIII. Parallel writing. Write a simple sentence in French of your own imitating the model sentence. If you are not ready to do this, then copy the model sentence.

   Model: Je m'appelle Robert.   **Answer: Je m'appelle** (and add your name).

1. Je m'appelle Bob.

 _____

2. J'ai quinze ans.

_____

3. Je me lève à sept heures.

_____

4. Je vais à l'école avec Marilyn.

_____

5. Je m'assieds dans l'autobus avec elle.

_____

6. Nous arrivons à l'école à huit heures et quart.

_____

7. Ma première classe commence à neuf heures moins le quart.

_____

8. J'aime beaucoup ma classe de français.

_____

9. Je suis un bon élève.

_____

10. J'étudie le soir avant le dîner.

_____

IX. **Writing a substitute for a certain portion of a sentence.** Copy each sentence on the blank line, except for the words in italics. In place of them, write your own words.

    Model: **J'ouvre** *la porte.*   **Answer:** **J'ouvre le livre.**

1. J'ouvre *la porte.* _____

2. Je ferme *la fenêtre.* _____

3. Je vais à *la gare ce soir.* _____

4. Mon ami raconte *des histoires intéressantes.* _____

_____

5. Il y a *du café* dans la tasse. _____ **439**

6. Je commence *mes devoirs* à six heures. _____

7. Ils écoutent *des disques*. _____

8. Mon père m'a donné *deux cents francs*. _____

9. Madame Molet vient *nous* voir *souvent*. _____

10. Guy lève *les bras*. _____

X. Building a sentence.   Expand the first sentence which is given to you in (a) by adding one or two words in each step (b), (c) and (d).

Model: (a) Monsieur Bernard parle.
          (b) Monsieur Bernard parle lentement.
          (c) Monsieur Bernard parle lentement aux élèves.
          (d) Monsieur Bernard parle lentement aux élèves dans la classe.

1. (a) Monsieur Marin parle.

    (b) _____

    (c) _____

    (d) _____

2. (a) Madame Duval chante.

    (b) _____

    (c) _____

    (d) _____

3. (a) Monique arrive.

    (b) _____

    (c) _____

    (d) _____

4. (a) Jacques joue.

    (b) _____

    (c) _____

    (d) _____

5. (a) Nicolette étudie.

    (b) _____

    (c) _____

    (d) _____

XI. Writing an appropriate response to one line of dialogue. On the blank line write an appropriate response to the line of dialogue which is given.

    Model: Dialogue: Bonjour, Pierre.   **Answer: Très bien, merci, et toi?**
              Comment vas-tu?

1. Bonjour, Anne. Comment vas-tu?

    _____

2. Oh! J'ai perdu mes devoirs!

    _____

3. Veux-tu aller au cinéma avec moi?

    _____

4. Quel âge avez-vous?

    _____

5. Où est le musée, s'il vous plaît?

    _____

XII. Writing a response which would logically fit in with two lines of dialogue.

    Model: Dialogue: Bonjour, Mimi.
              Bonjour, Anne. Où vas-tu?   **Answer: Je vais chez moi.**

1. Jean: Bonjour, Georges.
    Georges: Bonjour, Jean. Où vas-tu?

    Jean: _____

2. Marie: Que fais-tu, Anne?
    Anne: Mes devoirs. Et toi?

    Marie: _____

3. Jeanne: Aimez-vous votre classe de français?
   Paul: Oui, beaucoup. Et vous?

   Jeanne: _____

4. Pierre: Est-ce qu'il fait froid dehors?
   Albert: Non. Pourquoi veux-tu savoir?

   Pierre: _____

5. Le Voyageur: A quelle heure arrive le train pour Paris?
   Le Porteur: A deux heures, monsieur.

   Le Voyageur: _____

XIII. Writing pattern responses. Write an automatic response in the affirmative for each of the following questions.

   Model: Question: Marguerite va à la **Answer: Je vais à la porte aussi.**
   porte. Et vous?

1. Marguerite va à la porte. Et vous?

   _____

2. Alfred s'assied près de la fenêtre. Et vous?

   _____

3. Robert prend le petit déjeuner tous les matins. Et vous?

   _____

4. Paul a peur des lions. Et vous?

   _____

5. Marie a étudié la leçon. Et vous?

   _____

6. Philippe lit un livre. Et vous?

   _____

7. Suzanne est bien fatiguée. Et vous?

_____

8. Louis sait jouer du piano. Et vous?

_____

9. Marc a lu un livre. Et vous?

_____

10. Mimi a faim. Et vous?

_____

XIV. **Writing answers to written questions.** Answer each question in a complete sentence in French.

1. Quel est votre nom?

_____

2. Quel âge avez-vous?

_____

3. Où demeurez-vous?

_____

4. Avec qui allez-vous à l'école?

_____

5. A quelle heure arrivez-vous à l'école?

_____

XV. **Writing answers to oral questions.** Your teacher will ask you a question in French and will then repeat it. Write your answer in French after you hear the question for the second time. When the question is repeated the third time, check your answer.

1. _____

2. _____

3. _____

4. _____

5. _____ **443**

XVI. Answering questions on content. Read the following selections. Then, on the lines provided, answer in French the questions based on them.

I

Dans beaucoup de villages français il y a de la musique au parc le soir. Plusieurs fois par semaine, quand il fait beau, toute la famille va au parc après le dîner. On y trouve toujours beaucoup d'amis assis *(seated)* à un café pour prendre une glace en écoutant la musique. Papa parle avec ses amis des nouvelles du jour. Les femmes parlent de chapeaux et de robes. Les jeunes hommes et jeunes filles vont se promener dans le parc ensemble. Tout le monde s'amuse bien.

1. Qu'est-ce qu'il y a au parc le soir dans beaucoup de villages français? _____

   _____

2. Où va la famille après le dîner? _____

   _____

3. Où sont assis beaucoup d'amis? _____

   _____

4. De quoi Papa parle-t-il avec ses amis? _____

   _____

5. De quoi les femmes parlent-elles? _____

   _____

II

Tous les jours, pour aller en classe, Paul passe dans la même rue. C'est une petite rue charmante et il l'aime beaucoup. C'est une rue tranquille quand il est en classe, mais quand il sort de l'école, il y a beaucoup de bruit. Quelquefois il y a des autos qui passent. Il aime bien les voir, et souvent il va au grand garage près de sa maison pour les regarder. C'est pourquoi il arrive à l'école en retard!

1. Pourquoi Paul aime-t-il la petite rue? _____

   _____

2. Comment est la rue quand Paul est en classe? _____

   _____

3. Comment est la rue quand il sort de l'école? _____

_____

4. Qu'est-ce qu'il aime bien voir? _____

_____

5. Pourquoi arrive-t-il à l'école en retard? _____

_____

III

Le Ciel est, par-dessus le toit . . .

Le ciel est, par-dessus le toit,
   Si bleu, si calme!
Un arbre, par-dessus le toit,
   Berce sa palme.

La cloche, dans le ciel qu'on voit,
   Doucement tinte.
Un oiseau sur l'arbre qu'on voit
   Chante sa plainte.

Mon Dieu, mon Dieu, la vie est là,
   Simple et tranquille.
Cette paisible rumeur-là
   Vient de la ville.

— Qu'as-tu fait, ô toi que voilà
   Pleurant sans cesse,
Dis, qu'as-tu fait, toi que voilà
   De ta jeunesse?

(Paul Verlaine, *Sagesse*)

1. De quelle couleur est le ciel? _____

2. Que fait l'arbre? _____

3. Que fait la cloche? _____

4. Que fait l'oiseau? _____

5. D'où vient la paisible rumeur? _____

6. Le poète est-il heureux? _____

445

XVII. **Writing three simple sentences as directed.** Write three sentences about yourself in French. State your name, your age, and your nationality.

> **Model:** **Je m'appelle Bob Jones. J'ai quinze ans. Je suis Américain.**

1. Write three sentences about yourself. State your name, your age, and your nationality.

_____

_____

2. Write three sentences about what you do in the mornings. State at what time you get up,

that you wash your face and hands, and that you get dressed. _____

_____

_____

_____

3. Write three sentences about what you do in the evenings. State at what time you have

dinner, that you do your homework, and that you go to bed early. _____

_____

_____

_____

_____

XVIII. **Writing a question, then answering it; both in French, of course.**

> **Model:** **Quel temps fait-il aujourd'hui? Il fait beau.**

1. _____

2. _____

3. _____

XIX. **Writing two sentences based on an opening sentence.** Read the opening sentence. Then write two sentences of your own continuing the thought expressed in the first sentence.

> **Model:** **Georges sait nager. Il nage bien. Il aime la natation.**

1. Georges a étudié. _____

_____

2. Je vais en ville. _____

_____

3. J'aime beaucoup le français. _____

_____

4. Madame Bernard est malade. _____

_____

5. Nous allons faire un voyage.

_____

XX. Graphic stimuli. Answer the following questions in French on the lines provided.

Models:

Quelle heure est-il? Il est neuf heures.   1. Quelle heure est-il? _____

_____

2. Quelle heure est-il? _____   3. Quelle heure est-il? _____

_____   _____ **447**

XXI. Pictorial stimuli.

Guadeloupe: Caribbean dancers doing the "Merengue."
Reprinted with permission of French Government Tourist Office, New York.

1. Write at least three sentences in French describing the above scene.

_____

_____

_____

_____

_____

AS11-40-5868   Official NASA Photograph

Edwin Aldrin, astronaute américain, photographié par Neil Armstrong sur le sol lunaire. Reprinted with permission of NASA.

2. Write at least three sentences in French describing the above scene.

_____

_____

_____

_____

_____   **449**

French-English

A

à *prep.* at, to; **à bientôt** see you soon; **à ce moment-là** at that moment; **à couvert** covered; **à tout à l'heure** see you in a little while; *see also* idioms with **à**, Part III, Unit 1

a *v. form of* **avoir; il, elle a**/he, she, it has; **a eu** *v. form,* passé composé of **avoir**

abîmer *v.* to spoil, to damage

accepté *past part. of* **accepter** (to accept)

achat *n. m.* purchase; **achète** *v. form of* **acheter** (to buy); **acheté** *past part.*

addition *n. f.* bill, check

adieu *n. m.* farewell, good-bye

Afrique *n. f.* Africa

agent de police *n. m.* policeman

agréable *adj.* pleasant

ai *v. form of* **avoir; j'ai**/I have; **je n'ai pas**/I don't have

aidé *past part. of* **aider** (to help)

ail *n. m.* garlic

aile *n. f.* wing

aime *v. form of* **aimer** (to love, to like); **aimé** *past part.;* **aimer bien** to like; **aimer mieux** to prefer, to like better

ainsi que *conj.* as well as, (just) as

ajoute, ajoutez *v. forms of* **ajouter** (to add)

aliment *n. m.* **alimentation** *n. f.* food, nourishment

allé *past part. of* **aller** (to go); **allez, allons** *v. forms of* **aller; allez-y!** go there! go to it! **allez!** go! **n'allez pas!** don't go! **allons!** let's go!

allemand *n. m.* German (language); **Allemagne** *n. f.* Germany

allô *interj.* hello (used when answering a telephone)

allumer *v.* to turn on, switch on (an apparatus), to light

alors *adv.* so, then, well

américain *n. m.* American (language); **l'Amérique** *n. f.* America

ami *n. m.* **amie** *n. f.* friend; **amitié** *n. f.* friendship

amour *n. m.* love; **amoureux, amoureuse** *adj. m. f.* in love; **amoureuse de** in love with; **nous sommes amoureux** we are in love

amusant, amusante *adj.* amusing, enjoyable; **amuser** *v.* to amuse; **s'amuser** *refl. v.* to have a good time, amuse oneself, enjoy oneself; **nous allons beaucoup nous amuser** we are going to have a very good time; **amusez-vous bien!** have a good time! **ils se sont bien amusés** they had a very good time

an *n. m.* **année** *n. f.* year

ananas *n. m.* pineapple

ancien *adj, m. s.* **ancienne** *adj. f. s.* ancient, old, former

anglais *n. m.* English (language)

Angleterre *n. f. England*

animaux *n. m. pl.* animals

anniversaire *n. m.* birthday, anniversary

annoncé *past part. of* **annoncer** (to announce)

août *n. m.* August

appareil *n. m.* apparatus (telephone)

appelé *past part. of* **appeler** (to call); *s'appeler* to be called, be named; **Comment vous appelez-vous?** *What is your name?* **Je**

m'appelle Janine/My name is Janine

apporte *v. form of* **apporter** (to bring); **apporté** *past part.;* **apporte!**/bring!

apprendre *v.* to learn; **appris** *past part.;* **Je n'ai rien appris de nouveau**/I didn't learn anything new

s'approcher (de) *refl. v.* to approach, come (go) near

après *prep.* after; **après-midi** *n. m.* afternoon; **l'après-midi** in the afternoon

arbre *n. m.* tree

arc-en-ciel *n. m.* rainbow

argent *n. m.* money

armoire *n. f.* closet

arracher *v.* to pull (away)

arrêt *n. m.* stop; **arrêt d'autobus** bus stop; **arrêté** *past part. of* **arrêter** (to arrest), **s'arrêter** (to stop)

arrivent *v. form of* **arriver** (to arrive); **arrivé** *past part.*

as *v. form of* **avoir** (to have); **tu as**/you have; **as-tu?**/do you have?

s'assembler *refl. v.* to gather together

s'assied *v. form of* **s'asseoir** (to sit down); **assis** *past part.;* **assis(e)** *adj.* seated, sitting; **assieds-toi!**/sit down! **asseyez-vous!**/sit down!

assiette *n. f.* plate, dish

assister à *v.* to attend, be present at

assourdissant(e) *adj. m. (f.) s.* deafening (very loud)

attendre *v.* to wait (for), expect

attention *n. f.* **à** watch out for

attraper *v.* to catch

au (combining of **à + le**) at the, to the, in the, with; *see also* idioms with **au**, Part III, Unit 1; **au caissier**/at the cashier's; **au courant**/in the know; **au four**/in the oven; **au guichet**/at the ticket window; **au lit**/in bed; **au mois de**/in the month of; **au régime**/on a diet; **au revoir**/good-bye, until we meet again

aujourd'hui *adv.* today

aussi *adv.* also, too, as

auteur *n. m.* author, writer

autobus *n. m.* city bus; **autocar** *n. m.* interurban bus

automne *n. m.* autumn, fall

autour *adv.* around

autre(s) *adj., pron.* other(s), another; **l'autre** the other one; **un (une) autre** another one

aux (combining of **à** + **les**) to the, in the, at the, with; **aux États-Unis** to (in) the United States

avancer *v.* to advance

avant *prep.* before; **avant de sortir** before going out

avec *prep.* with; **avec eux** with them

avez *v. form of* **avoir** (to have); **vous avez** you have, you do have

avion *n. m.* airplane

avis *n. m.* opinion; **avisé** *adj.* shrewd, smart

avocat *n. m.* lawyer

avoir *v.* to have; *see also idioms with* **avoir,** Part III, Unit 3

avoué *n. m.* attorney, lawyer

B

bague *n. f.* ring

se baigner *v. refl.* to bathe oneself

bal *n. m.* dance

balai *n. m.* broom

balançoire *n. f.* swing, see-saw

balle *n. f.* ball, bullet

ballon *n. m.* ball, balloon, football

banc *n. m.* bench (seat)

bar *n. m.* **rapide** snack-bar

barrière *n. f.* fence

bas *n. m.* stocking; *adj.* low; *adv.* low, down; **les plus bas** the lowest

basse *adj. f.* low

bat *v. form of* **battre** (to beat)

bâti *past part. of* **bâtir** (to build); **bâtiment** *n. m.* building

bâton *n. m.* wand, stick, baton

beau *adj. m. s.* beautiful, handsome; **beaux** *pl.*

beaucoup (de) *adv.* much, a lot, many

beauté *n. f.* beauty

bébé *n. m.* baby

belge *adj.* Belgian; **Belgique** *n. f.* Belgium; **Il est Belge, Elle est Belge**/He (She) is Belgian

belle *adj. f. s.* beautiful

bercer *v.* to rock, lull

besoin *n. m.* need; *see also* idioms with **avoir** in Part III, Unit 3

bête *adj.* foolish, dumb; **bêtise** *n. f.* foolish thing, dumb thing

beurre *n. m.* butter

bibliothèque *n. f.* library

bien *adv.* well; **bien sûr** of course; **bientôt** *adv.* soon

bière *n. f.* beer

billet *n. m.* ticket

blanc *adj. m. s.* **blanche** *adj. f. s.* white

blé *n. m.* wheat

blesser *v.* to hurt, injure

bleu *n. m., adj. m. sing.* **bleus** *adj. m. pl.* blue

boire *v.* to drink

bois *n. m.* woods

boisson *n. f.* drink, beverage

boit *v. form of* **boire**

boîte *n. f.* tin can, box

bon *adj. m. s., bons pl.; bonne adj. f. s., bonnes pl.* good

bon voyage! have a good trip! **bon retour!** have a good return trip!

bonbon *n. m.* candy

bonheur *n. m.* happiness

bonhomme *n. m.* **de neige** snowman

bonjour *n. m.* hello, good day, good morning, good afternoon

bonne *adj. f. s.* good; **bonne chance!** good luck! **de bonne heure** early; **bonnes nouvelles!** good news!

bonsoir *n. m.* good night, good evening

bouche *n. f.* mouth

boucher *n. m.* butcher; **boucherie** *n. f.* butcher shop

bouillir *v.* to boil

boulanger *n. m.* baker; **boulangerie** *n. f.* bakery

bouteille *n. f.* bottle

boutique *n. f.* boutique, small shop

bras *n. m.* arm

brave *adj. m.* good, fine, honest (when **brave** follows a noun, it means *brave:* **c'est un homme brave** he's a brave man; **c'est une femme brave** she's a brave woman)

briller *v.* to shine

brosse *n. f.* brush

bruit *n. m.* noise

brûler *v.* to burn; **brûlé** burned

bu *past part. of* **boire**

buffet *n. m.* china closet, hutch, sideboard

bureau *n. m.* desk, office

but *n. m.* goal

C

ça *dem. pron.* that (**ça** is short for *cela*); **Ça ne fait rien!** That doesn't matter! **Ça va!** (I'm) fine!

caché *adj. m. s.* hidden

cadeau *n. m.* present, gift

café *n. m.* coffee, café (coffee house)

cahier *n. m.* notebook

caisse *n. f.* cash box (register); **caissier** *n. m.* **caissière** *n. f.* cashier

451

camarade *n. m. f.* comrade, buddy, pal, mate

camembert *n. m.* camembert (name of a cheese)

camion *n. m.* truck; **camionneur** *n. m.* truck driver

campagne *n. f.* countryside

Canada *n. m.* Canada; **Il est Canadien**/He is Canadian; **Elle est Canadienne**/She is Canadian

canne *n. f.* cane

carte *n. f.* map, menu

cas *n. m.* case

casser *v.* to break; **sans la casser** without breaking it

cave *n. f.* cellar

ce *dem. adj. m. s.* this, that; **ce n'est pas** . . . it isn't . . . , **ce que** *pron.* that which, what; **ce qui** *pron.* that which; **ce soir** tonight; **ce sont** . . . they are . . . *or* it's . . .

ceci *dem. pron.* this; **cela** *dem. pron.* that; **Cela n'a pas d'importance** That has no importance; That's not important.

céleri *n. m.* celery; **blanc de céleri** celery stalk

cent *adj.* one hundred

cerise *n. f.* cherry

ces *dem. adj. m. f. pl.* these, those

cesse *n. f.* ceasing, stopping

c'est . . . he's . . . she's . . . it's . . . **c'est aujourd'hui le premier décembre** today is December 1st; **c'est ça!** that's right! **c'est bien ça!** that's quite right! **c'est fait!** it's done! **c'est fini!** it's finished

cet *dem. adj. m. s.* **cette** *f. s.* this

chacun *pron.* each one; **chacune** *fem.*

chaise *n. f.* chair

chambre *n. f.* room; **chambre à coucher** bedroom

champ *n. m.* field

champignon *n. m.* mushroom

chance *n. f.* luck, chance, fortune

changement *n. m.* change

chanté *past part.* of **chanter** (to sing); **chanteur** *n. m.,* **chanteuse** *n. f.* singer

chapeau *n. m.* hat

chapelle *n. f.* chapel

chaque *adj.* each

charmante *adj. f.* charming

chasser *v.* to chase away, hunt

chat *n. m.,* **chatte** *n. f.* cat

château *n. m.* castle

chaud, chaude *adj. m. f.* hot; *see also* idioms with **avoir** in Part III, Unit 3

chaussettes *n. f.* socks; **chaussure** *n. f.* shoe

cheminée *n. f.* chimney

chemise *n. f.* shirt

cher, chère *adj. m. s., f. s.* dear; **cher** *adj., adv.* expensive; **chéri, chérie** *n. m. f.* darling, honey

cherché *past part.* of **chercher** to look (for), search (for), get

cheval *n. m.* horse

cheveux *n. m. pl.* hair

chez *prep.* at (to) the home (place) of; **chez moi** at my house; **chez le dentiste** to (at) the dentist's; **chez le coiffeur** to (at) the hairdresser's, barber's; **chez le médecin** to (at) the doctor's; **chez vous** to (at) your house (place)

chien *n. m.* dog

choisi *past part.* of **choisir** (to choose, select)

choisit, choisissez *v. forms* of **choisir; il choisit** he chooses; **choisissez!** choose!

chose *n. f.* thing

chuchoter *v.* to whisper

ciel *n. m.* sky

cigale *n. f.* cicada

cinéma *n. m.* movies

cinq *adj.* five; **cinquième**

fifth; **cinquante** fifty

clair *adj. m. s.* clear

clef *n. f.* key

client *n. m.* customer

cloche *n. f.* bell

coeur *n. m.* heart

coiffeur *n. m.* hairdresser, barber; **coiffure** *n. f.* hair style; **se coiffer** *v. refl.* to comb one's hair, style one's hair

coin *n. m.* corner

combien *adv.* how many, how much

comme *adv.* like, as; **comme il faut** as it should be, proper and correct

commencé *past part.* of **commencer** (to begin, commence)

comment *adv.* how; *see also* idioms with **comment** in Part III, Unit 2

commode *n. f.* dresser

comprendre *v.* to understand; **compris** *past part.* understood

confiture *n. f.* jam, preserves

congé *see* jour de congé

connaissez-vous . . . ? *v. form of* **connaître** (to know someone, be acquainted with); do you know . . . ? **Est-ce que Pierre connaît Robert?** Does Pierre know Robert? (pres. indicative: **je connais, tu connais, il (elle) connaît, nous connaissons, vous connaissez, ils (elles) connaissent**)

conte *n. m.* story, tale

contraire *n. m., adj.* contrary, opposite

contre *prep.* against

contrôleur *n. m.* ticket taker, train conductor

cordiaux *adj. m. pl.* cordial

corps *n. m.* body

corriger *v.* to correct

côté *n. m.* side; **à côté de** next to

cou *n. m.* neck

couché *adj.* lying down; **se coucher** *v.* to go to bed

couleur *n. f.* color; **de quelle couleur est . . . ?** what color is . . . ?

couloir *n. m.* hallway, corridor

se couper *v. refl.* to cut oneself

courent, court *v. forms of* **courir** (to run)

cours *n. m.* course; **cours de français** French course

court, courte *adj. m. s., f. s.* short

couteau *n. m.* knife

coûter *v.* to cost

couvert *past part. of* **couvrir** (to cover)

craie *n. f.* chalk

cravate *n. f.* necktie

crayon *n. m.* pencil

crémeux *adj. m.* creamy

crie, crient *v. forms of* **crier** (to shout, to cry out)

crois *v. form of* **croire** (to believe); **je n'y crois pas.** I don't believe in it.

croix *n. f.* cross

cru *past part. of* **croire**

cuiller, cuillère *n. f.* spoon; **cuillère à soupe** soup spoon

cuire *v.* to cook; **cuit** *past part.*

cuisine *n. f.* kitchen, cooking (food)

cuisson *n. f.* cooking (time)

D

d' *prep. (contraction of* **de**); *see idioms with* **d'** *in Part III, Unit 4*

d'abord *advl. expr.* at first, first

d'accord agreed, okay

d'ailleurs *adv.* besides

dame *n. f.* lady

dangereux *adj. m.*, **dangereuse** *adj. f.* dangerous

dans *prep.* in

dansé *past part. of* **danser**

(to dance); **danseur** *n. m.*, **danseuse** *n. f.* dancer

davantage *adj.* more

de *prep.* of, from, with; **de bonne heure** *adv.* early; *see also* idioms with **de** in Part III, Unit 4

de quelle couleur est . . . what color is . . .

de rien you're welcome

debout *adv.* standing

décembre *n. m.* December

déchirer *v.* to tear

décision *n. f.* decision

décréter *v.* to decree, to enact, to give an executive order

dedans *adv.* inside

défendre *v.* to defend, forbid; **défendu,** *past part.*

dégoûtant *adj. m. s.* disgusting, revolting

dehors *adv.* outside

déjà *adv.* already

déjeuner *v.* to have lunch, to eat lunch, to lunch; *n. m.* lunch; **le petit déjeuner** breakfast

délicieux *adj. m. s. pl.*, **délicieuse** *adj. f. s.* delicious

demain *adv.* tomorrow

demander *v.* to ask (for); **demandé** *past part.*

demeurer *v.* to live, reside, inhabit, stay, remain

demi *m.*, **demie** *f., adj.* half

d'en face opposite

dent *n. f.* tooth

se dépêcher *refl. v.* to hurry

depuis *adv., prep.* since

déranger *v.* to disturb

dernier *m.*, **dernière** *f., adj.* last; **la dernière mise** the last bid

derrière *adv., prep.* behind

descendre *v.* to go down, come down; **descendu** *past part.*

désir *n. m.* desire; **désirer** *v.* to desire

désobéir *v.* to disobey

dessert *n. m.* dessert

dessus *adv.* on top, above

détail *n. m.* detail

détective *n. m.* detective

détester *v.* to detest, to hate

deux *n. m., adj.* two; **tous les deux** both

deuxième *n. m. f., adj.* second

devant *prep.* before, in front of

devenir *v.* to become; **devenu** *past part.*

deviens, devient *v. forms of* **devenir; je deviens folle! je deviens fou!** I'm going crazy!

devinette *n. f.* riddle

devoir *v.* to owe, ought to, must, have to

devoirs *n. m. pl.* homework, assignments, duties

dictionnaire *n. m.* dictionary

Dieu *n. m.* God

difficile *adj. m. f.* difficult

diligent *adj. m.* diligent, industrious

dîné *past part. of* **dîner**

dîner *v.* to dine, to have dinner; *n. m.* dinner

dire *v.* to say, to tell; **dire des histoires** to tell stories, make up stories, fibs

directeur *n. m.*, **directrice** *n. f.* director, principal

dis, disent *v. forms of* **dire; je dis** I say; **tu dis** you say; **ils, elles disent** they say; **dis-moi** tell me

disposer *v.* to dispose, arrange, prepare

disque *n. m.* phonorecord, disc, recording

distinctement *adv.* distinctly

dit *v. form of* **dire; il/elle dit** he/she says, tells; *also past part. of* **dire**

dites-moi tell me; **dites-nous** tell us

divers *adj.* diverse, different

dix *n. m., adj.* ten

docteur *n. m.* doctor

dodo *n. m.* sleep; **fais dodo** go to sleep (child's language)

doigt *n. m.* finger

dois, doit, doivent *v. forms*

453

of **devoir; je dois** I have to; **il/elle doit** he/she has to; **ils/elles doivent** they have to

domestique *adj.* domestic; **domestiqué** *adj.* domesticated

donne *v. form of* **donner; donne!** give! **donne-moi/donnez-moi** *give me;* **donné** *past part. of* **donner**

donner *v.* to give

dormir *v.* to sleep; **dors** *v. form of* **dormir**

dos *n. m.* back

dossier *n. m.* brief, file of papers

douane *n. f.* customs (duty or tax on imported goods)

douce *adj. f.* sweet, soft

doucement *adv.* softly, sweetly, gently (low flame)

douche *n. f.* shower

doute *n. m.* doubt; **sans doute** undoubtedly, without a doubt

doux *adj. m.* sweet, soft

drapeau *n. m.* flag

droite *n. f.* right (*as opposed to left*); **à droite, à la droite** to (on) the right

drôle *adj. m. f.* funny, droll

dû *past part. of* **devoir**

du (*contraction of* **de** + **le**); *see* idioms with **du** in Part III, Unit 4

E

eau *n. f.* water

échapper *v.* to escape, to get away; **le chapeau échappé** the hat that got away

éclair *n. m.* eclair

éclairant *pres. part. of* **éclairer** illuminating

éclairer *v.* to illuminate, to light up

école *n. f.* school

écouter *v.* to listen (to)

écraser *v.* to crush

écrire *v.* to write

écrit, écrivent, écrivez *v. forms of* **écrire**

écrivain *n. m.* writer, author

effacer *v.* to erase

église *n. f.* church

eh bien! *exclam.* well now!

élève *n. m. f.* pupil, student

elle *per. pron. f.* she, her, it; **elles** *per. pron. f. pl.* they, them; **avec elles**/with them

embarras *n. m.* embarrassment, hindrance, fuss, distress

émission *n. f.* TV program, show

emplette *n. f.* purchase; *see also idioms with* **faire** in Part III, Unit 6

employer *v.* to use, to employ

emporter *v.* to take along, to take (carry) away

en *prep.* in, into, on, while; *see also idioms with* **en** in Part III, Unit 2; *as pron.,* some (of it, of them), of them; *see* Work Unit 13

en arrivant on (upon) arriving; **en courant** running; **en disposant** arranging; **en forme** in good shape; **en tenue d'exercice** in a gym suit; **en ville** downtown, into town

enchère *n. f.* bid, bidding

encore *adv.* again; **encore une fois** once more, yet, still

endroit *n. m.* place

enfant *n. m. f.* child

enfin *adv.* finally, at last, in short

engager *v.* to apply to, to put into gear

enlever *v.* to remove, to take off

ennuyer *v.* to annoy, to bore

enseignement *n. m.* teaching, instruction

enseigner *v.* to teach

ensemble *adv.* together

ensuite *adv.* then, after, next

entendre *v.* to hear; **entendu** *past part.*

entracte *n. m.* intermission

entraîneur *n. m.* coach, sports instructor

entre *prep.* between; **entre eux et nous** between them and us

entrer (dans) *v.* to enter, to go (into), to come in; **entré** *past part.;* **entrée** *n. f.* entrance

envoyer *v.* to send

épais *adj.* thick

épaule *n. f.* shoulder

épicerie *n. f.* grocery store; **épicier** *m.* **épicière** *f.,* grocer

épingle *n. f.* pin

épouse *n. f.* wife; **époux** *n. m.* husband

équipe *n. f.* team

érection *n. f.* construction, erection

erreur *n. f.* error, mistake

es *v. form of* **être; tu es** you are (familiar use); **es-tu . . . ?** are you . . . ?

espagnol *n. m.* Spanish

espérer *v.* to hope

esprit *n. m.* spirit

essayer *v.* to try

essence *n. f.* gasoline

est *v. form of* **être; il/elle est** he/she/it is

est-ce . . . ? is it . . . ?

estomac *n. m.* stomach

et *conj.* and

étage *n. m.* floor (of a building designated by number)

étais *v. form of* **être** (*imperfect indicative*); **j'étais** I was

États-Unis *n. m. pl.* United States; **aux États-Unis** in (to) the United States

été *n. m.* summer; *also past part. of* **être** (been); **j'ai été** I was, I have been

éteindre *v.* to extinguish, to snuff out

êtes *v. form of* **être; vous êtes** you are

être *v.* to be; *see also idioms*

with **être,** Part III, Unit 3

étroit *adj. m. s.* narrow

étudiant *n. m.* **étudiante** *n. f.,* student

étudié *past part. of* **étudier**

étudier *v.* to study

eu *past part. of* **avoir; j'ai eu** I had, I have had

eux *disj. pron. m. pl.* them

éviter *v.* to avoid

exactement *adv.* exactly

examiner *v.* to examine

exclamer, s'exclamer *v., refl. v.* to exclaim

excuser *v.* to excuse

expliquer *v.* to explain

exposition *n. f.* exhibit

extraordinaire *adj. m. f. s.* extraordinary, unusual

extrêmement *adv.* extremely

F

fable *n. f.* fable

fâché *adj.* angry; **se fâcher** *refl. v.* to get angry

facile *adj.* easy; **facilement** *adv.* easily

façon *n. f.* way; **de façon à** so as to

facteur *n. m.* mailman, postman

faible *adj.* weak

faim *n. f.* hunger; **avoir faim** to be hungry; **j'ai faim** I'm hungry; *see also* other idioms with **avoir** in Part III, Unit 3

faire *v.* to do, to make; **faire bouillir** to boil; **faire connaissance** to meet, to become acquainted with; **faire de la gymnastique** to do gymnastics, to do exercises; **faire la toilette** to wash and dress oneself; **se faire lire les lignes de la main** to have one's palm read, to have the lines of one's hand read; **se faire mal** to hurt oneself; **faire**

réparer to have repaired; **faire trop cuire** to overcook; **faire visite** to visit, to pay a visit; *see also idioms with* **faire,** Part III, Unit 6

fais, fait, faites *v. forms of* **faire; fais dodo** go to sleep (child's langauge); **il/elle fait** he/she/it does (makes); **c'est fait** it's done, it's finished; **fait** *past part. of* **faire; elle a fait la leçon** she did (has done) the lesson; **faites le travail!** do the work! **faites bouillir l'eau, s'il vous plaît!** boil the water, please!

famille *n. f.* family

farine *n. f.* flour

fatigué *m.* **fatiguée** *f., adj.* tired

faut *v. form of* **falloir** (to be necessary, must); **il faut** it is necessary, you must, you have to, one must, we must, we have to, *etc., etc.* (This is an impersonal verb and the subject is always **il**); **faut-il?** is it necessary?

faute *n. f.* mistake, error

fauteuil *n. m.* armchair

faux *adj.* false

favori *m.* **favorite** *f., adj.* favorite

femme *n. f.* woman, wife

fenêtre *n. f.* window

ferme *n. f.* farm

fermé *past part. of* **fermer** (to close)

fête *n. f.* holiday, feast, birthday

feu *n. m.* fire, traffic light

feuille *n. f.* leaf; **feuille de papier** sheet of paper

figure *n. f.* face

filer *v.* to go (away) quickly (*used familiarly*); **filez!** go away! beat it!

filet *n. m.* net

fille *n. f.* daughter; **une jeune fille** a girl

film *n. m.* film, movie

fils *n. m.* son

fin *n. f.* end

fini *m.,* **finie** *f. adj.* finished; **fini** *past part. of* **finir** (to finish)

finis, finissent, finissons, finit *v. forms of* **finir; finissons!** let's finish!

fixement *adv.* intently, fixedly

fleur *n. f.* flower; **fleuriste** *n. m. f.* florist

fleuve *n. m.* river

foire *n. f.* fair (as at a county or state fair)

fois *n. f.* time; **une fois** one time, once; **deux fois** two times, twice, etc.; **mille fois** a thousand times; **la prochaine fois** the next time

folle *adj. f. s.* crazy; **fou** *adj. m. s.*

font *v. form of* **faire**

football *n. m.* soccer (in the U.S.A.)

forme *n. f.* form, shape

formidable *adj.* terrific

fort *m.* **forte** *f., adj.* strong; **votre qualité la plus forte** your strongest quality; **le (la) plus fort (forte)** the strongest

fou *adj. m. s.* crazy

four *n. m.* oven

fourchette *n. f.* fork

fourmi *n. f.* ant

foyer *n. m.* foyer

frais *m. s. pl.,* **fraîche** *f. s. adj.* fresh; **il fait frais** it's cool

fraise *n. f.* strawberry

franc *n. m.* franc (5 francs equal about $1)

français *n. m.* French (language); **Il est français**/He is French; **Elle est française**/She is French; **Je parle français**/I speak French

France *n. f.* France

fréquence *n. f.* frequency

frère *n. m.* brother

froid *n. m., adj.,* **froide** *f.,*

455

adj. cold; *see idioms with* **faire** in Part III, Unit 6

fromage *n. m.* cheese

fumé *past part. of* **fumer** (to smoke); **la fumée** the smoke

furieux *m. s. pl.,* **furieuse** *adj. f. s.* furious

G

gagner *v.* to win

galant *m.,* **galante** *f., adj.* gallant

gant *n. m.* glove

garagiste *n. m.* auto mechanic

garçon *n. m.* boy; **garçon (de restaurant);** (Nowadays, a customer addresses a waiter as *Monsieur*, not *garçon*; address a waitress as *Mademoiselle* or *Madame*)

garder *v.* to guard, keep

gardien *n. m.* guard; **un gardien (une gardienne) d'enfants** babysitter; **un gardien (une gardienne) de but** goalie

gare *n. f.* station (bus, train, *etc.*)

gâteau *n. m.* cake

gauche *n. f.* left (as opposed to *right*); **à gauche** on (to) the left

généralement *adv.* generally

généreux *adj., m. s. pl.* generous

génie *n. m.* genius

genou *n. m.* knee

gentil *adj., m. s.,* **gentille** *adj., f. s.* nice, kind

géographie *n. f.* geography

gilet *n. m.* vest

girafe *n. f.* giraffe

glace *n. f.* ice, ice cream, mirror; **glacé** *adj., m. s.,* **glacée** *adj., f. s.* glazed, frosted

gousse *n. f.* clove; **une gousse d'ail** clove of garlic

goût *n. m.* taste, flavor; **goûter** *v.* to taste; **goûtez-en!** taste some!

gouverner *v.* to govern

grain *n. m.* grain

gramme *n. m.* gram; 1 gram = about .035 ounce; 500 grams = about 1.1 lbs.; *see also* Part II, Unit 9

grand *adj., m. s.,* **grande** *adj., f. s.* great, big, large, tall; **grand faim (J'ai grand faim** I'm very hungry); **grand magasin** *n. m.* department store; **grand prix** *n. m.* grand prize

Grande Bretagne *n. f.* Great Britain

grande salle *n. f.* auditorium

grange *n. f.* barn

grave *adj., m. f.* grave, serious; **gravement** *adv.* seriously, gravely

grillé *adj., m. s.,* **grillée** *adj., f. s.* toasted, grilled

gris *adj., m. s. pl.,* **grise** *adj., f. s.* gray

gros *adj., m. s. pl.,* **grosse** *adj., f. s.* big, huge, large, fat

groupe *n. m.* group

guérir *v.* to cure

gueule *n. f.* mouth (of an animal)

guichet *n.m.* ticket window

gymnase *n. m.* gymnasium, gym; **gymnastique** *n. f.* gymnastics

H

habillement *n. m.* clothing; **s'habiller** *refl. v.* to get dressed, to dress

habit *n. m.* clothing, attire (habit, *i.e.,* robe and hood of a monk)

habitant *n. m.* inhabitant

habite *v. form of* **habiter** (to live, to reside, to inhabit)

halte! *interj.* halt! stop!

haut *adv.* high, tall; **à haute**

voix in a loud voice; **un chapeau haut de forme** top hat

herbe *n. f.* grass

heure *n. f.* hour; **heureux, heureuse** *adj., m. f.* happy

hideux *adj. m. s. pl.* hideous

hier *adv.* yesterday

histoire *n. f.* story, history

hiver *n. m.* winter; **en hiver** in winter

homme *n. m.* man

honneur *n. m.* honor

honte *n. f.* shame, disgrace

hôpital *n. m.* hospital

horizontalement *adv.* horizontally

horloge *n. f.* clock

horreur *n. f.* horror

hôtel *n. m.* hotel

huile *n. f.* oil

huit *adj.* eight

humain, humaine *adj.* human

humble *adj.* humble

hutte *n. f.* hut

I

ici *adv.* here; **ici Monique** this is Monique here

idée *n. f.* idea

identifier *v.* to identify

il *pron.* he *or* it; **il faut** it is necessary; **il y a** there is *or* there are; **il y en a beaucoup** there are many of them; **il n'y a pas (de) . . .** there isn't *or* aren't (any) . . . **il y a un an** a year ago

ils *pron. m.* they

image *n. f.* picture

immédiatement *adv.* immediately

immeuble *n. m.* building

incertain, incertaine *adj.* uncertain

incroyable *adj.* unbelievable

inquiet, inquiète *adj.* upset

s'inquiéter *refl. v.* to worry, to be upset; **ne t'inquiète pas!** don't worry!

insister *v.* to insist
insolent, insolente *adj., m. f.* insolent
intelligent, intelligente *adj., m. f.* intelligent; **l'élève le (la) plus intelligent (intelligente) de la classe** the most intelligent student in the class
intéressant, intéressante *adj., m. f.* interesting
interroger *v.* to interrogate, to question
inventif, inventive *adj., m. f.* inventive
invitation *n. f.* invitation
inviter *v.* to invite
irlandais, irlandaise *adj., m. f.* Irish
italien, italienne *adj., m. f.* Italian

J

j' (je) *per. pron.* I; **j'ai** I have; **j'ai grand faim** I'm very hungry; **j'ai seize ans** I'm sixteen years old
jamais *adv.* never, ever
jambe *n. f.* leg
jambon *n. m.* ham
jaquette *n. f.* jacket
jardin *n. m.* garden
jaune *n. m.* yellow
je *per. pron.* I; **je n'ai rien à faire** I have nothing to do; **je ne fais rien ce soir** I'm not doing anything tonight
jeter *v.* to throw
jeune *adj. m. f. s.* young; **jeune fille** *n. f.* girl
jeunesse *n. f.* youth
joli *adj. m. s.*, **jolie** *adj. f. s.* pretty
jouer *v.* to play; **joué** *past part.*
jouet *n. m.* toy
joueur *n. m.*, **joueuse** *n. f.* player
jour *n. m.* day; **jour de congé** day off (no school, no work); **Jour de la Bastille** Bastille Day (le 14 juillet)

journal *n. m.* newspaper
journée *n. f.* day; **toute la journée** all day long
joyeux, joyeuse *adj.* joyous, happy
juge *n. m.* judge
juillet *n. m.* July
jupe *n. f.* skirt
jus *n. m.* juice
jusque *prep.* until; **jusqu'à, jusqu'aux** until, up to; **jusqu'au printemps** until spring
juste *adj.* accurate, correct, exact

K

kangourou *n. m.* kangaroo
kilogramme *n. m.* kilogram; **1 kilogramme** = about 2.2 lbs.
kilomètre *n. m.* kilometer; **1 kilomètre** = about 0.621 mile

L

l' (le, la) *def. art. m., f.* the; *also, dir. obj. pron.* **Je la vois** (I see her *or* I see it.)
là *adv.* there; **là-bas** *adv.* over there
laideur *n. f.* ugliness
laisser *v.* to let, allow, leave (something behind); **laisse-moi!** let me!
lait *n. m.* milk
lamelle *n. f.* thin slice
lampe *n. f.* lamp
lancer *v.* to throw
langue *n. f.* language, tongue
lapin *n. m.* rabbit
large *n. m.* width, breadth; *adj.* wide
laver *v.* to wash; **se laver** *refl. v.* to wash oneself
le *def. art. m. s.* the; *also, dir. obj. pron.* **Je le vois** (I see him *or* I see it.)
leçon *n. f.* lesson
légume *n. m.* vegetable
lendemain *adv.* following day, next day

lentement *adv.* slowly
les *def. art. m. or f. pl.* the; *also, dir. obj. pron.* **Je les vois** (I see them.)
lettre *n. f.* letter
leur *indir. obj. pron.* (to) them; *also, poss. adj.* their; **Je leur parle** (I'm talking to them.); **J'aime leur voiture** (I like their car); **J'aime leurs amis** (I like their friends.)
lever *v.* to raise, lift; **se lever** *refl. v.* to get up; **elle lève la main** (she raises her hand); **levez-vous!** get up! **lève-toi!** get up!
libéré *adj. m.* **libérée** *adj. f.*, liberated
liberté *n. f.* liberty
lieu *n. m.* place; *see also* idioms with **avoir** in Part III, Unit 3 and with **au** in Part III, Unit 1
ligne *n. f.* line
lire *v.* to read
lis, lit *v. forms of* **lire**
lit *n. m.* bed; **au lit** in bed
livre *n. m.* book; *n. f.*, pound
loi *n. f.* law
loin *adv.* far
long *adj. m. s.*, **longue** *adj. f. s.* long
Louisiane *n. f.* Louisiana
lu *past part. of* lire; **Je n'ai pas lu le livre.** (I haven't read the book/I didn't read the book.)
lui *indir. obj. pron.* (to) him, (to) her; *also, disj. pron.* him; **avec lui** with him; **avec elle** with her
lumière *n. f.* light
lunaire *adj.* lunar
lune *n. f.* moon
lunettes *n. f. pl.* eye glasses
lustre *n. m.* chandelier

M

m' (me) *refl. pron., dir. and indir. obj. pron.* myself, me, to me

457

ma *poss. adj. f. sing.* my **(ma maison)**

madame *n. f. (pl. mesdames)* Mrs., madam

mademoiselle *n. f. (pl. mesdemoiselles)* Miss

magasin *n. m.* store; **grand magasin** department store

magazine *n. m.* magazine

magicien *n. m.,* **magicienne** *n. f.* magician

magnifique *adj.* magnificent, wonderful

maillot *n. m.* **de bain** swim suit

main *n. f.* hand

maintenant *adv.* now

mais *conj.* but; **mais non!** of course not! why, no! **mais oui!** of course!

maison *n. f.* house

maître *n. m.,* **maîtresse** *n. f.* teacher

mal *n. m.* pain, harm; *adv.* badly, poorly; **se faire mal** to hurt oneself; *see also* idioms with **avoir** in Part III, Unit 3

malade *adj.* sick, ill

malheur *n. m.* unhappiness, misfortune

malheureux *adj. m.,* **malheureuse** *adj. f.* unhappy

malle *n. f.* trunk (luggage)

maman *n. f.* mama, mom

manche *n. f.* sleeve; **La Manche** English Channel

manger *v.* to eat; **mangeant** *pres. part.* **en mangeant** while eating

manquer *v.* to miss, be missing (lacking)

manteau *n. m.* coat

marchand *n. m.,* **marchande** *n. f.* merchant

marchandise *n. f.* merchandise, goods

marché *n. m.* market; **le marché aux puces** flea market

marcher *v.* to walk; to work, run (an apparatus or machine)

mari *n. m.* husband; **le mariage** marriage

match *n. m.* game, match (sport)

mathématiques *n. f. pl.* mathematics

matin *n. m.* morning; **le matin** in the morning

matinée *n. f.* morning (all morning long); early afternoon theater performance

mauvais *adj. m.,* **mauvaise** *adj. f.* bad

me *refl. pron., dir. and indir. obj. pron.* myself, me, to me

méchant *adj. m.,* **méchante** *adj. f.* mean, nasty

mécontent *adj. m.* **mécontente** *adj. f.* unhappy, discontent, malcontent

médecin *n. m.* doctor

médicament *n. m.* medicine

Méditerranée *n. f.* Mediterranean (Sea)

se méfier *refl. v.* to beware; **méfiez-vous de . . .** beware of . . .

meilleur, meilleure *adj.* better; **le meilleur, la meilleure** the best

mélange *n. m.* mixture

même *adj.* same, self; **moi-même** myself; **la même chose** the same thing; **tout de même** all the same, just the same; **pas même** not even

ménagère *n. f.* housewife

mensonge *n. m.* lie, untruth, falsehood

merci *n. m.* thanks, thank you

mère *n. f.* mother

merveilleux, merveilleuse *adj., m. f.* marvelous, wonderful

mes *poss. adj. pl.* my **(mes livres)**

mesdames *n. f. pl.* ladies

mesdemoiselles *n. f. pl.* young ladies, Misses

messieurs *n. m. pl.* gentlemen

mesure *n. f.* measure

met *v. form of* **mettre; elle met** she puts

métal *n. m.* metal

métier *n. m.* trade, occupation

métro, (métropolitain) *n. m.* subway

mettez *v. form of* **mettre** *v.* to put (on), place, wear; **mettre en marche** to put into operation, to start (a machine, apparatus)

meuble(s) *n. m.* furniture

midi *n. m.* noon; **le Midi** southern France

mieux *adv.* better; **j'aime mieux** I prefer, I like better

mignon, mignonne *adj., m. f.* darling, cute

milieu *n. m.* middle; **au milieu de** in the middle of

mille *adj.* thousand

minéral, minérale *adj., m. f.* mineral

minuit *n. m.* midnight

mis *past part. of* **mettre** (to put on); **ils ont mis . . .** they put on . . .

misérable *adj., m. or f.* miserable

mode *n. m.* method, mode, kind

modeste *adj.* modest

moi *stressed per. pron.* me **(avec moi)**

moine *n. m.* monk

moins *adv.* less; **le moins, la moins . . .** the least; **au moins** at least; *see also idioms with* **au** *in Part III, Unit 1*

mois *n. m.* month; **au mois de** in the month of

mon *poss. adj. m. sing.* my **(mon livre)**

monde *n. m.* world; **tout le monde** everybody

monsieur *n. m.* sir, gentleman, Mr., mister

monstrueux, monstrueuse *adj., m. f.* monstrous

montant *n. m.* amount, sum

monté *past part. of* **monter** (to get in, go up, come up)

montre *n. f.* watch (wrist)

montrer *v.* to show

se moquer de *v. refl.* to make fun of

morceau *n. m.* piece, morsel

mort *past part. of* **mourir** (to die)

mot *n. m.* word; **un petit mot** a note

moteur *n. m.* motor

mouche *n. f.* fly (insect)

mouchoir *n. m.* handkerchief

mourir *v.* to die

mouton *n. m.* mutton

mouvement *n. m.* action, movement

muet, muette *adj.* mute

mur *n. m.* wall

musée *n. m.* museum

musique *n. f.* music

N

nager *v.* to swim

naissance *n. f.* birth; **l'anniversaire** (*n. m.*) **de naissance** birthday

naître *v.* to be born

nappe *n. f.* tablecloth

naturellement *adv.* naturally

né *past part. of* **naître**

ne mangez rien don't eat anything

ne pas + *inf.* not to; **de ne pas révéler** not to reveal

nécessaire *adj.* necessary

neige *n. f.* snow; **neiger** *v.* to snow

n'est-ce pas? isn't that so? isn't it? *see Work Unit 20*

nettoyer *v.* to clean

neuf *adj.* nine; **neuf, neuve** *adj., m. f.* new

neveu *n. m.* nephew

nez *n. m.* nose

Noël *n. m.* Christmas

noir, noire *adj.* black

nom *n. m.* name

nombre *n. m.* number; **nombreux, nombreuse** *adj., m. f.* numerous

non *adv.* no; **non plus** neither; **moi non plus** me neither

notre *poss. adj.* our; *pl.,* **nos** (**nos livres**)

nourriture *n. f.* nourishment, food

nous *per. pron.* we, us

nouveau, nouveaux *adj.* new; **Je n'ai rien appris de nouveau**/I didn't learn anything new; **un nouveau livre** (a new book)

nouvel, nouvelle *adj.* new; **un nouvel étudiant, une nouvelle étudiante**/ a new student

Nouvelle-Orléans *n. f.* New Orleans

nouvelles *n. f. pl.* news; **bonnes nouvelles!** good news!

nuage *n. m.* cloud; **nuageux, nuageuse** *adj.* çloudy

nuire *v.* to harm, hurt

O

obéir *v.* to obey

objet *n. m.* object, article

obscur, obscure *adj.* dark, obscure

observer *v.* to observe

occasion *n. f.* occasion

oeil *n. m.* eye; **yeux** *pl.*

oeuf *n. m.* egg; **oeuf à la coque** soft-boiled egg

oeuvre *n. f.* work; **une oeuvre d'art** a work of art

offre *v. form of* **offrir** (to offer); *past part.* **offert**

oignon *n. m.* onion

oiseau *n. m.* bird; **oiseaux** *pl.*

on *indef. per. pron.* one, people, you, someone, they; **On vous demande au téléphone**/You're wanted on the phone.

ont *v. form of* **avoir** (to have); **ils (elles) ont** they have, they do have

opéra *n. m.* opera

orage *n. m.* storm

ordures *n. f. pl.* garbage

oreille *n. f.* ear

ou *conj.* or; **où** *adv.* where

oublié *past part. of* **oublier** (to forget)

oui *adv.* yes

ouvert, ouverte *adj., m. f.* open; *also past part. of* **ouvrir** (to open)

ouvre *v. form of* **ouvrir; elle ouvre** she opens

P

page *n. f.* page

pain *n. m.* bread; **pain grillé** toast

paisible *adj.* peaceful

paix *n. f.* peace

palme *n. f.* palm branch

palmier *n. m.* palm tree

pamplemousse *n. m.* grapefruit

panier *n. m.* basket

papa *n. m.* papa, daddy, dad

papier *n. m.* paper; **une feuille de papier** a sheet of paper

par *prep.* by, through; **par terre** on the floor, on the ground; *see also idioms with* **par,** Part III, Unit 5

paraître *v.* to appear, seem

parapluie *n. m.* umbrella

parc *n. m.* park

parce que *conj.* because

par-dessous *adv.* underneath, below

par-dessus *adv.* over, above; **pardessus** *n. m.* coat, overcoat

parfait, parfaite *adj., m. f.* perfect

parle *v. form of* **parler** (to talk, to speak); **Qui parle?** Who is talking? **parlé** *past part.*

part *n. f.* part, behalf; **de la part de lui**/on his behalf (from him)

part *v. form of* **partir** (to

459

leave, to go away); **tout le monde part** everybody is leaving; **parti** *past part. of* **partir**

participe *n. m.* participle

partie *n. f.* part

partir *v.* to leave, to go away; **partons-nous?** are we leaving?

partout *adv.* everywhere

paru *past part. of* **paraître**

pas *adv.* not, none, no; **pas loin** not far; **pas du tout** not at all; **pas même** not even; *see also* **ne pas; Je n'ai pas de bananes**/I haven't any bananas, I don't have any bananas, I have no bananas

passage *n. m.* passage, passage way; **passage clouté** *n. m.* crosswalk

passé *n. m.* past; *also past part. of* **passer**

passe-moi le pain, passez-moi le beurre/pass me the bread, pass me the butter

passer *v.* to spend (time), to pass by, to go by

pâte *n. f.* dough, paste, "pasta" (macaroni, spaghetti, etc.)

patiemment *adv.* patiently

pâtisserie *n. f.* pastry, pastry shop

pâtissier, pâtissière *n. m. f.* pastry cook

patrie *n. f.* country (nation)

paupière *n. f.* eyelid

pauvre *adj.* poor

payer *v.* to pay, to pay for; **payé** paid for

pays *n. m.* country (nation)

paysage *n. m.* countryside

peau *n. f.* skin

pêche *n. f.* peach

se peigner *v. refl.* to comb one's hair

peindre *v.* to paint; **peint** *past part.*

pendant *prep.* during; **pendant que** *conj.* while

perdre *v.* to lose; **perdu** *past part.*

père *n. m.* father; **Père Noël** *n. m.* Santa Claus

permettre *v.* to permit, to allow; **permis** *past part.*

personne *n. f.* person

petit, petite, petits, petites *adj.* small, little; **le plus petit, la plus petite, les plus petits, les plus petites** the smallest, the littlest; **le petit déjeuner** breakfast; **le petit four** little cake (usually square in shape with icing); **petits pois** *n. m. pl.* peas

peu *adv.* little, few, not much

peuple *n. m.* people (of a nation)

peur *n. f.* fear

peut *v. form of* **pouvoir**

peut-être *adv.* maybe, perhaps

peux *v. form of* **pouvoir**

pharmacie *n. f.* pharmacy, drug store

pharmacien, pharmacienne *n.* pharmacist, druggist

photo *n. f.* photo

phrase *n. f.* sentence, phrase

pièce *n. f.* room, piece

pied *n. m.* foot; *see also idioms with* **à**, Part III, Unit 1

pinceau *n. m.* artist's brush

piquer *v.* to poke, puncture

piste *n. f.* track

pistolet *n. m.* pistol

place *n. f.* place, seat, plaza

plafond *n. m.* ceiling

plage *n. f.* beach

plainte *n. f.* lamentation

plaire *v.* to please

plaisir *n. m.* pleasure

plaît *v. form of* **plaire; s'il vous plaît** please (if it is pleasing to you)

plat *n. m.* plate, dish

pleurer *v.* to cry, to weep

pleut *v. form of* **pleuvoir** (to rain); **il pleut** it's raining, it rains

pluie *n. f.* rain

plume *n. f.* feather

plus *adv.* more; **le plus, la plus, les plus** the most; **plus petit, plus petite** smaller; **plus tard** later; **ne . . . plus**/no . . . longer, no . . . more

plusieurs *adv.* several

poche *n. f.* pocket

poème *n. m.* poem

poète, poétesse (femme poète) *n.* poet

poids *n. m.* weight

poire *n. f.* pear

pois *n. m.* pea; **les petits pois** peas

poisson *n. m.* fish

poivre *n. m.* pepper

pôle nord *n. m.* North Pole

pomme *n. f.* apple; **une pomme de terre** potato

pommes frites *n. f. pl.* French fries

pommier *n. m.* apple tree

porc *n. m.* pork

port *n. m.* port

porte *n. f.* door

porte *v. form of* **porter** (to wear, to carry)

poser *v.* to pose, to place; **poser une question** to ask a question

poubelle *n. f.* rubbish can

poulet *n. m.* chicken; **une poule** a hen

pour *prep.* for, in order (to)

pourquoi *adv.* why; **pourquoi pas?** why not?

pouvez, pouvons *v. forms of* **pouvoir** (can, to be able, may); **pu** *past part.;* **vous pouvez**/you can; **vous pouvez être**/you can be; **pouvez-vous?** can you?

précéder *v.* to precede

préféré *past part. of* **préférer** (to prefer)

premier, première *adj., m. f.* first

prendre *v.* to take, to have (a meal); **Que prenez-vous pour le petit déjeuner?** What do you have for breakfast?

préparatoire *adj.* preparatory, preliminary

préparé *past part. of*
préparer (to prepare); **se**
préparer to prepare
oneself
près (de) *adv.* near
présent *n. m.* present
presque *adv.* almost
prêt, prête *adj.* ready,
prepared
prêté *past part. of* **prêter**
(to lend)
prêtre, prêtresse *n.* priest,
priestess
prier *v.* to beg, to request, to
ask
printemps *n. m.* spring
(season)
pris *past part. of* **prendre**
prise *n. f.* **de courant**
electric outlet (wall)
prix *n. m.* price, prize; **le**
grand prix the first prize
probablement *adv.* probably
prochain, prochaine *adj.*
next; **la prochaine**
fois/the next time
produits laitiers *n. m. pl.*
dairy products
professeur, professeur-
dame *n.* professor, teacher
profession *n. f.* profession
profiter *v.* to profit, to take
advantage (of); **il faut**
profiter du moment/you
(one) must take advantage
of the moment
programme *n. m.* program
projet *n. m.* project
se promener *v. refl.* to go for
(to take) a walk, to stroll
promettre *v.* to promise;
promis *past part.*
prononcer *v.* to pronounce
propriété *n. f.* property
proverbe *n. m.* proverb
pu *past part. of* **pouvoir**
public *n. m.* public; **public,**
publique *adj.* public
puce *n. f.* flea; **le marché**
aux puces flea market
puis *adv.* then
punit *v. form of* **punir** (to
punish); **il punit**/he
punishes
pupitre *n. m.* desk (pupil's)

Q

qualité *n. f.* quality; **la**
qualité la plus forte/the
strongest quality
quand *adv. when*
quatorze *adj.* fourteen
que *conj.* than, that; *interrog.*
pron. what
quel *adj. m. s.* what, which;
quel sport?/what (which)
sport? **quel âge ont les**
enfants?/how old are the
children? what (a) . . . !
what (an) . . . ! **quel**
déjeuner!/what a lunch!
quel embarras!/what an
embarrassment!
quelle *adj. f. s.* what, which;
quelle maison?/what
(which) house? what
(a) . . . ! what (an) . . . !
quelle classe!/what a
class! **quelle idée!**/what
an idea! **Quelle heure**
est-il?/What time is it?
Quelle est la date
aujourd'hui?/What's the
date today? **De quelle**
couleur est . . . ? What
color is . . . ?
quelles *adj. f. pl.* what,
which; **quelles**
maisons?/what (which)
houses? **quelles**
idées!/what ideas!
quelque *adj.* some;
quelques some, a few;
quelque chose/
something
quelquefois *adv.* sometimes
quels *adj. m. pl.* what, which;
quels livres?/what
(which) books?
qu'est-ce que c'est? what is
it?
qu'est-ce que je suis? *or*
que suis-je? what am I?
question *n. f.* question
qui *pron.* who, whom, which,
that; *in proverbs* he
who/she who **Qui**
suis-je?/Who am I? **Avec**
qui sortez-vous?/With
whom are you going

out? **Le livre qui est**
sur la table est à
moi/The book which (that)
is on the table is mine.
quinze *adj.* fifteen; **j'ai**
quinze ans/I am fifteen
years old.
quitte, quittent *v. forms of*
quitter (to leave); **quitté**
past part.; **Elle a quitté la**
maison à huit heures/
She left the house at 8
o'clock.
quoi *pron.* what; **Quoi?!**/
What?! **Quoi de neuf?**
What's new?

R

R.S.V.P. Répondez, s'il
vous plaît/Reply, please.
raconter *v.* to tell, to relate
ragoût *n. m.* stew
raisin *n. m.* grape
raison *n. f.* reason; **avoir**
raison/to be right; **Vous**
avez raison/You are right;
Tu as raison/You (*fam.*
sing.) are right.
raisonnable *adj.* reasonable
rang *n. m.* rank, row
rapide *adj.* rapid;
rapidement *adv.* rapidly,
fast, quickly
se rappeler *v.* to remember,
to recall
rare *adj.* rare; **rarement** *adv.*
rarely
rayonner *v.* to radiate
symmetrically
recette *n. f.* recipe
recevoir *v.* receive; **reçu**
past part.
refuser *v.* to refuse
regarder *v.* to look, to look
at, to watch;
Regarde!/Look!
Regardez!/Look! **se**
regarder (l'un à l'autre) *v.*
to look at each other
régime *n. m.* diet
règle *n. f.* rule, ruler
regretter *v.* to regret, to be
sorry

religieuse *n. f.* nun (sister);
adj. religious

religieux *n. m.* monk, friar;
adj. religious

rembourser *v.* to reimburse

remercier *v.* to thank; **Je
vous remercie**/I thank you.

remplir *v.* to fill, fulfill

remuer *v.* to stir

rendez-vous *n.m.* appointment

rendre *v.* return (something),
give back; **Rendez-moi
mes disques**/Give me
back my (phono) records.

rendre visite à quelqu'un to
visit someone

rentrer *v.* to go in again, to
return (home)

réparer *v.* to repair

repas *n. m.* meal

répéter *v.* to repeat

répondre *v.* to answer, to
reply, to respond;
répondu, *past part.*

réponse *n. f.* answer,
response, reply

repos *n. m.* rest, repose
(sleep); **au repos** at rest

se reposer *v. refl.* to rest

reprendre *v.* to take back,
get back, to resume

représentation *n. f.*
presentation, show,
performance

requin *n. m.* shark

se ressembler *v. refl.* to
resemble each other, to
look alike

restaurant *n. m.* restaurant

reste *n. m.* rest, remainder

rester *v.* to remain, to stay;
resté *past part.;*
restons-nous?/are we
staying?

retard *n. m.* delay; **être en
retard**/to be late

retentir *v.* to resound, to ring

retourner *v.* to return, to go
back

réussir *v.* to succeed

réveille-matin *n. m.* alarm
clock

révéler *v.* to reveal

revenir *v.* to return, to come
back; **revenu,** *past part.*

rêver *v.* to dream

**reviens, revient,
reviennment** *v. forms of*
revenir

revoir *v.* to see again; **au
revoir** good-bye

ri *past part. of* **rire**

riche *adj.* rich

ridicule *adj.* ridiculous

rien *indef. pron.* nothing;
ne . . . rien nothing; **Je
n'étudie rien**/I study
nothing (I don't study
anything); **de rien** you're
welcome

rient, rira *v. forms of* **rire;**
Tous les élèves rient/All
the students laugh.

rire *v.* to laugh

risquer *v.* to risk

rit *v. form of* **rire; Il rit tout le
temps**/He laughs all the
time.

robe *n. f.* dress

rompre *v.* to break

rond, ronde *adj.* round;
ronde *n. f.* round,
roundelay

roue *n. f.* wheel

rouge *adj.* red

rougit *v. form of* **rougir** (to
blush); **Pierre rougit**/Peter
blushes.

route *n. f.* road

ruban *n. m.* ribbon

rue *n. f.* street

rumeur *n. f.* stir, stirring,
muffled din, hum

S

s' *contraction of* **se,** *refl.
pron.*

sa *poss. adj., f. sing.* his, her,
its, one's; **sa voiture**/his
(her, *etc.*) car

sagesse *n. f.* wisdom,
discretion

sais *v. form of* **savoir; je
sais**/I know, **tu sais**/you
know, **vous savez**/you
know; **je ne sais pas**/I
don't know.

saisir *v.* to seize, to grasp

saison *n. f.* season

sait *v. form of* **savoir; elle
(il, on), sait**/she (he, one)
knows

sale *adj.* soiled, dirty; **le plus
sale**/the dirtiest

salle *n. f.* (large) room; **une
salle des ventes**/ auction
sales room; **une salle à
manger**/dining room; **une
salle de bains**/bathroom;
**une salle de
classe**/classroom; **une
grande salle**/auditorium

salon *n. m.* living room

samedi *n. m.* Saturday

sans *prep.* without; **sans
doute**/ without doubt,
undoubtedly; **sans la
casser**/without breaking it

santé *n. f.* health

satisfaire *v.* to satisfy

saucisse *n. f.* sausage;
saucisson *n. m.* bologna

sauter *v.* to jump, to leap

sauvage *adj.* wild, savage

savent, savez, savons *v.
forms of* **savoir**

savoir *v.* to know (how), to
find out; **savez-vous
lire?**/ do you know how to
read?

scrupuleux, scrupuleuse
adj. scrupulous

se *refl. pron.* himself, herself,
oneself, themselves;
(reflexive verbs are not
alphabetized in this
vocabulary under the refl.
pron. **se**; they are
alphabetized under the
first letter of the verb, e.g.
se dépêcher is listed
under the **D**'s)

sec *adj. m. s.* dry; **sèche** *f.*

Seine *n. f.* Seine River (flows
through Paris)

séjour *n. m.* stay, visit

sel *n. m.* salt

semaine *n. f.* week

sénateur *n. m.* senator

sent *v. form of* **sentir** (to
smell); **Il sent bon!** It
smells good!

sentiment *n. m.* feeling

serpent n. m. snake

service n. m. service

servir v. to serve; **se servir (de)** to serve oneself, to use

ses poss. adj. pl. his, her, its, one's; (**ses livres, ses parents**)

seul adj. m. s. alone, single

seulement adv. only

si adv. so; **si** conj. if

s'il te plaît please (fam. use); **s'il vous plaît** (polite use)

silence n. m. silence

snob n. m. snob

soeur n. f. sister

soif n. f. thirst

soigneusement adv. carefully

soir n. m. evening; **ce soir** tonight; **le soir** in the evening

soirée n. f. evening party

sois v. form of **être**; **Sois sage!** Be good!

soixante adj. sixty

sol n. m. ground, soil

soldat n. m. soldier

soleil n. m. sun

sommeil n.m. slumber, sleep; see also idioms with **avoir**, Part III, Unit 3

sommes v. form of **être**; **nous sommes** we are

son n. m. sound

son poss. adj. m. s. his, her, its, one's; (**son livre**)

sonne v. form of **sonner** (to ring); **la cloche sonne** the bell rings

sont v. form of **être**; **ils, elles sont** they are

sors, sort v. forms of **sortir** (to go out, to leave); **Je sors** I go out/I do go out/I am going out; **Je ne sors jamais** I never go out.

sortez v. form (Imperative) of **sortir**; **Ne sortez pas!** Don't go out!

sorti past part. of **sortir**

sortie n. f. exit

sortir v. to go out, to leave

souffrante adj. f. s. sick

souffrir v. to suffer

soulier n. m. shoe

soupe n. f. soup

sourire n. m. smile; as a v. to smile

souris n. f. mouse

sourit v. form of **sourire**

sous prep. under

souvent adv. often

soyez, soyons v. forms of **être** (Imperative); **Soyez à l'heure!** Be on time! **Soyez prudent!** Be prudent! **Soyons sérieux!** Let's be serious!

spécial, spéciale adj. special

spectacle n. m. show (entertainment, e.g., movie, theater)

spectateur, spectatrice n. spectator (person in an audience)

splendide adj. splendid

sport n. m. sport

stade n. m. stadium

stupéfié(e) adj. stupefied, dumbfounded

stylo n. m. pen

su past part. of **savoir**

suffit v. form of **suffire** (to suffice, to be enough)

suis v. form of **être**; **je suis**/I am; **je ne suis pas**/I am not

suisse adj. Swiss; **la Suisse** Switzerland

suit v. form of **suivre** (to follow); **Il suit la route**/He is following the route.

supermarché n. m. supermarket

superstitieux, superstitieuse adj. superstitious

sur prep. on, upon

sûr, sûre adj. sure, certain

sûrement adv. surely

surtout adv. especially, above all

T

t' contraction of **te**, refl. pron.; (**Est-ce que tu t'appelles Janine?** Is your name Janine?)

ta poss. adj., f. sing. your (fam. use); **ta maison** your house

tableau n. m. chalk board, picture, painting

tablier n. m. apron

tambour n. m. drum

tante n. f. aunt

tapis n. m. carpet, rug

tard adv. late; **plus tard** later

tarte n. f. tart

tasse n. f. cup; **une tasse de café** a cup of coffee; **une tasse à café** a coffee cup

te refl. pron., dir. and indir. obj. pron. (fam.) yourself, you, to you

tel, telle adj. such

télégramme n. m. telegram

téléphone n. m. telephone; **au téléphone** to the telephone, on the telephone

téléviseur n. m. television set (apparatus)

télé n. f. TV; **la télévision** television; **à la télévision** on television

temps n. m. tense, time (duration), weather; **Quel temps fait-il?** What's the weather like? **Il a beaucoup de temps**/He has a lot of time.

tendrement adv. tenderly

tenir v. to hold

tenu past part. of **tenir**

tenue n. f. suit, attire; **en tenue d'exercice** in a gym suit

terminé past part. of **terminer** (to terminate, to end, to finish)

terrasse n. f. terrace; **une terrasse de café** a sidewalk café

tes poss. adj. pl (fam.) your; (**tes livres**/your books)

tête n. f. head

théâtre n. m. theater

tiennent v. form of **tenir**

tiens! here! look!

tiens v. form of **tenir**

tiers one third (1/3)

tigre n. m. tiger

tinte v. form of **tinter** (to ring, to toll)

463

tiroir *n. m.* drawer

toi *pron. (fam.)* you; **avec toi** with you; **toi que voilà . . .** you there . . .

toilette *n. f.* washing and dressing; **faire sa toilette** to groom oneself (wash and dress)

toit *n. m.* roof

tolérer *v.* to tolerate

tomate *n. f.* tomato

tombé *past part. of* **tomber** (to fall)

tombeau *n. m.* tombe, grave

ton *poss. adj. m. sing.* your *(fam. use);* (**ton stylo**/your pen)

tort *n. m.* wrong; **vous avez tort** you are wrong; *see also idioms with* **avoir,** Part III, Unit 3

tortue *n. f.* turtle

tôt *adv.* early

toujours *adv.* always, still

tour *n. m.* turn, tour; **un tour de force** trick

tourner *v.* to turn, to turn sour

tournevis *n. m.* screw driver

tous *adj. m. pl.* all; *see also idioms with* **tous,** Part III, Unit 5; **tous les deux** both; **toutes les deux** *(fem.)* both; **tous les élèves** all the pupils; **tous les élèves rient** all the pupils laugh; **tous les enfants** all the children; **tous les matins** every morning; **tous les soirs** every evening

tout *adj., pron., adv.* all, everything, every; *see also idioms with* **tout,** Part III, Unit 5; **tout de même** just the same, all the same; **tout de suite** immediately; **tout d'un coup** all of a sudden; **Tout est bien qui finit bien!** All's well that ends well! **tout le monde** everybody; **tout l'été** all summer

toute, toutes *adj., f.* all; **toute la classe** the whole class; **toutes les jeunes filles** all the girls; **toute la bôite de** chocolats the whole box of chocolates; **toute la cocotte!** the whole pot! **toute la journée** the whole day, all day long; **toute la matinée** all morning long, the whole morning

tranquille *adj.* calm, quiet, tranquil

tranquillement *adv.* calmly, peacefully, quietly

transporter *v.* to transport

travail *n. m.* work

travaillé *past part. of* **travailler** (to work)

traverser *v.* to cross, to go through, to traverse; **à travers** through, across

très *adv.* very *(Note: never use* **très** *with* **beaucoup**)

tricolore *n. m. adj.* tricolor (French flag, consisting of 3 vertical bands of blue, white, red)

triompher *v.* to triumph

triste *adj. m. f.* sad, unhappy

trois *adj.* three; **troisième** *adj.* third

trop *adv.* too, too much, too many; **trop facile**/too easy; **il travaille trop**/he works too much; **il a trop d'argent**/he has too much money; **il fait trop de fautes**/he makes too many mistakes; *(Note: never say* **trop beaucoup**)

trottoir *n. m.* sidewalk

trouve *v. form of* **trouver** (to find); **il trouve**/he finds; **se trouver** to be located; **la bibliothèque se trouve près du parc**/the library is located near the park

tu *per. pron. fam.* you

U

un, une *adj.* one; *also, indef. art.* a, an; **j'ai un père**/I have a (one) father; **j'ai une mère**/I have a (one) mother; **j'ai un livre**/I have a (one) book; **j'ai une pomme**/ I have an (one) apple

usine *n. f.* factory

usuel, usuelle *adj.* usual

utile *adj.* useful

V

va *v. form of* **aller; il, elle va**/he, she, it goes, does go, is going; **va te coucher!** go to bed! *(fam. use)*

vache *n. f.* cow

vais *v. form of* **aller; je vais**/I'm going, I do go, I go; **je vais me faire lire les lignes de la main**/I'm going to have my palm read

valeur *n. f.* value

valise *n. f.* suitcase, valise

valoir *v.* to be worth

vanille *n. f.* vanilla; **j'aime la glace à la vanille**/I like vanilla ice cream

vas *v. form of* **aller; tu vas**/you go, you do go, you are going *(fam. use);* **comment vas-tu?**/how are you? *(fam. use)*

vas-y! go to it!/go there!

vaut *v. form of* **valoir; il vaut mieux**/it is better

veau *n. m.* veal

vélo *n. m.* bike

venant *v. form of* **venir**

vend, vends, vendez, vendu *v. forms of* **vendre**

vendeur, vendeuse *n. m. f.* salesman, saleslady

vendre *v.* to sell

vendu *past part. of* **vendre**

venez *v. form of* **venir** (to come); **venir de** *see idioms with* **de,** Part III, Unit 4

vent *n. m.* wind; *see also idioms with* **faire,** Part III, Unit 6

vente *n. f.* sale; **une vente aux enchères** auction

venu *past part. of* **venir**

vérité *n. f.* truth

vermisseau *n. m.* small worm

verra *v. form of* **voir; il, elle verra**/he, she will see

verre *n. m.* glass (drinking); **je bois un verre de lait**/I'm drinking a glass of milk

vers *prep.* toward

vert *n. m., adj.* green; **aimez-vous le vert?**/do you like green? **j'aime les petites automobiles vertes**/I like small green cars.

vêtements *n. m. pl.* clothing

veut, veux *v. forms of* **vouloir** (to want); **je veux, tu veux, il** *ou* **elle** *ou* **on veut**/I want, you (fam.) want, he *or* she *or* it wants

viande *n. f.* meat

vie *n. f.* life

vieille *adj. f. s.* old; **une vieille dame**/an old lady; **vieux** *adj. m. s. pl.* old

viens, vient *v. forms of* **venir** (to come)

vigueur *n. f.* force

ville *n. f.* town, city; *see also idioms with* **en,** *Part III, Unit 2*

vin *n. m.* vine

vingt *adj.* twenty; **vingtième** twentieth

violence *n. f.* violence

vis *n. f.* screw

visage *n. m.* face

visite *n. f.* visit; **rendre visite à quelqu'un** to visit someone

visiter *v.* to visit

vite *adv.* quickly, fast

vitesse *n. f.* speed; **à toute vitesse** at full speed, quickly

vitre *n. f.* window (glass) pane

vive, vivent *v. forms of* **vivre** (to live); **Vive le quatorze juillet!**/Hurrah for the 14th of July! **Vive la France!**/Long live France! **Vive l'Amérique!**/Long live America!

vivra *v. form of* **vivre; il** *ou* **elle vivra**/he *or* she will live

vivre *v.* to live

vocabulaire *n. m.* vocabulary

voici here is, here are; **voici les livres!**/here are the books! **voici Robert!**/Here's Robert!

voient *v. form of* **voir** (to see); **ils** *ou* **elles voient**/they see

voilà there is, there are; **voilà les livres!**/there are the books! **voilà Robert!**/There's Robert!

voir *v.* to see

voisin, voisine *n. m., f.* neighbor

voisinage *n. m.* neighborhood

voit *v. form of* **voir; il** *ou* **elle voit**/he *or* she sees, does see, is seeing

voiture *n. f.* car, automobile

voix *n. f.* voice; **à voix basse**/in a low voice, softly; **à haute voix**/in a loud voice

vol *n. m.* flight

voler *v.* to fly, to steal

vont *v. form of* **aller; ils** *ou* **elles vont**/they go, do go, are going

vos *poss. adj. pl.* your; **Voici vos livres!**/Here are your books!

votre *poss. adj. s.* your; **Voici votre livre!**/Here's your book!

voudrais *v. form (Conditional) of* **vouloir** (to want); **je voudrais une tasse de café**/I would like a cup of coffee

voulez *v. form of* **vouloir;**

Voulez-vous aller au cinéma avec moi?/Do you want to go to the movies with me?

vouloir *v.* to want; **vouloir dire** to mean, to signify; **Que veut dire ce mot?**/What does this word mean?

voulu *past part. of* **vouloir**

vous *per. pron.* you; **vous deux**/you two

voyage *n. m.* trip; **faire un voyage** to take a trip

voyageons *v. form of* **voyager; nous voyageons**/we are travelling

voyager *v.* to travel

voyez-vous? do you see?

vrai *adj. m.,* **vraie** *f.* true, real

vraiment *adv.* really, truly

vu *past part. of* **voir** (to see); **Avez-vous vu Janine?**/Have you see Janine?

Y

y *advl. pron., adv. of place* there ; **il y a** there is, there are; **il y a vingt élèves dans cette classe**/there are 20 pupils in this class; **y a-t-il vingt étudiants dans cette classe?**/are there 20 students in this class? **il y a quelqu'un à la porte**/there is someone at the door.

yeux *n. m. pl.* eyes; **l'oeil** *n. m. s.* the eye

Z

zèbre *n. m.* zebra

zodiaque *n. m.* zodiac

zut *interj.* darn it!

English-French

A

a **un, une; un homme**/a man; **une femme**/a woman
above **au-dessus, en haut**
absolutely **absolument**
to accept **accepter**
accident **un accident**
acrostic **un acrostiche**
actor, actress **un acteur, une actrice**
to add **ajouter**
address **une adresse**
to adore **adorer**
to advance **avancer**
to affirm **affirmer**
after **après;** afternoon/**un après-midi;** in the afternoon/**l'après-midi**
again **encore, de nouveau**
age **un âge**
agreed **d'accord**
airplane **un avion**
airport **un aéroport;** air terminal/**une aérogare**
alarm clock **un réveille-matin**
all **tout, toute, toutes, tous;** all of a sudden/**tout d'un coup;** All's well that ends well/**Tout est bien qui finit bien;** all summer/**tout l'été;** all day long/**toute la journée;** all morning long/**toute la matinée;** all the girls/**toutes les jeunes filles;** all the boys/**tous les garçons**
to allow **permettre** (past part., **permis**)
almost **presque**
already **déjà**
also **aussi**
always **toujours**
American (language) **l'américain** n. m.; He is American, She is American/**Il est américain, Elle est américaine**
to amuse **amuser;** to amuse oneself/**s'amuser**

amusing **amusant, amusante**
an **un, une; un tablier**/an apron; **une pomme**/an apple
ancient **ancien, ancienne**
and **et**
angry **fâché, fâchée;** to get angry/**se fâcher**
animal **un animal;** animals/**animaux**
to announce **annoncer**
to annoy **ennuyer**
another **un autre, une autre**
answer **une réponse;** to answer/**répondre** (past part., **répondu**)
ant **une fourmi**
apparatus **un appareil**
appetite **un appétit**
apple **une pomme**
apple tree **un pommier**
appointment **un rendez-vous**
to appreciate **apprécier**
to approach **s'approcher (de)**
arm **un bras**
armchair **un fauteuil**
around **autour;** he is traveling around the world/**il voyage autour du monde;** it is around two o'clock/**il est vers deux heures**
to arrange **arranger, disposer**
arrested **arrêté**
to arrive **arriver**
art **l'art,** m.
artist **l'artiste,** m. f.
as **comme**
as well as (just as) **ainsi que**
to ask (for) **demander**
to ask a question **poser une question**
aspirin **une aspirine**
to assert **affirmer**
assignments **les devoirs,** m.
astronomer **un astronome**
at **à** (see also idioms with **à,** Part III, Unit 1)
at first **d'abord**
at last **enfin**
at that moment **à ce moment-là**

to attend **assister à**
auditorium **une grande salle**
August **août,** m.
aunt **une tante**
author **un auteur, une femme auteur**
auto mechanic **un garagiste, une garagiste**
autograph **un autographe**
automobile **une automobile, une voiture**
autumn **l'automne,** m.
to avoid **éviter**

B

baby **un bébé**
babysitter **une gardienne d'enfants, un gardien d'enfants**
bad **mauvais, mauvaise**
badly **mal**
baker **un boulanger, une boulangère**
bakery **une boulangerie**
ball **une balle, un ballon**
balloon **un ballon**
banana **une banane**
barber **un coiffeur, une coiffeuse**
basket **un panier**
Bastille Day **Le Jour de la Bastille**
to bathe **baigner;** to bathe oneself **se baigner**
bathroom **une salle de bains**
baton **un bâton**
to be **être** (see also idioms with **être,** Part III, Unit 3)
to be able **pouvoir** (past part., **pu**)
to be born **naître** (past part., **né**)
to be late **être en retard**
to be located **se trouver**
to be present at **assister à, être présent(e) à**
to be right **avoir raison**
to be sorry **regretter**
to beat **battre** (past part., **battu**)
beautiful **beau, beaux, bel,**

belle, belles (un beau cadeau, de beaux cadeaux, un bel arbre, une belle femme, de belles femmes)

beauty **la beauté**

because **parce que**

to become **devenir**

bedroom **une chambre à coucher**

before **avant;** before going out/**avant de sortir**

to beg **prier**

to begin **commencer (à + inf.);** **je commence à travailler**/I'm beginning to work.

behind **derrière** (*in back of*)

Belgian **belge;** He is Belgian, She is Belgian/**Il est belge, Elle est belge**

Belgium **la Belgique**

to believe **croire** (*past part., cru*)

below **par-dessous, au-dessous**

bench (seat) **un banc**

besides **d'ailleurs**

better *as an adj.,* **meilleur, meilleure;** *as an adv.,* **mieux;** the best **le meilleur, la meilleure, les meilleurs, les meilleures; cette pomme est meilleure**/this apple is better; **cette pomme est la meilleure**/this apple is the best; **Paul travaille mieux que Robert**/Paul works better than Robert.

between **entre; entre eux et nous**/between them and us

beverage **un boisson**

to beware **se méfier de; méfiez-vous des obstacles dangereux**/beware of dangerous obstacles

bid, bidding **une enchère**

bike **un vélo; une bicyclette**/a bicycle

bill **une addition**

bird **un oiseau**

birth **une naissance;**

birthday/**un anniversaire de naissance**

black **noir, noire, noirs, noires**

blue **bleu, bleue, bleus, bleues**

body **un corps**

to boil **bouillir, faire bouillir**

book **un livre**

both **tous les deux, toutes les deux**

bottle **une bouteille**

boutique **une boutique**

box **une boîte**

boy **un garçon**

to break **briser, casser, rompre**

breakfast **le petit déjeuner**

to bring **apporter**

broom **un balai**

brother **un frère**

to brush **brosser, se brosser; je brosse le manteau**/I'm brushing the coat; **je me brosse les dents**/I brush my teeth

brush **une brosse**

to build **bâtir**

building **un bâtiment, un immeuble**

to burn **brûler**

bus **un autobus** (city bus); **un autocar** (interurban, long distance bus)

but **mais**

butcher **un boucher, une bouchère**

butcher shop **une boucherie**

butter **le beurre**

to buy **acheter**

by **par**

C

cake **un gâteau, des gâteaux**

to call **appeler;** to be called, to be named **s'appeler; j'appelle le médecin**/I'm calling the doctor; **je m'appelle Janine, je m'appelle Pierre**/My name is Janine, my name is Peter.

can (may) **pouvoir; vous pouvez entrer**/you can (may) come in

Canada **le Canada**

Canadian **canadien, canadienne; un livre canadien**/a Canadian book; **Madame Dupont est canadienne**/Mrs. Dupont is Canadian.

candy **un bonbon**

capital **une capitale**

capricious **capricieux, capricieuse**

car **une voiture, une automobile**

carefully **soigneusement**

carpet **un tapis**

to carry **porter**

to carry away **emporter**

cash box (register) **une caisse**

cashier **un caissier, une caissière**

castle **un château**

cat **un chat, une chatte**

to catch **attraper**

ceiling **un plafond**

to celebrate **célébrer**

cellar **une cave**

center **un centre**

certain **certain, certaine, sûr, sûre**

chair **une chaise**

chalk **une craie**

change **un changement**

chapel **une chapelle**

charming **charmant, charmante**

to chase, to chase away **chasser**

check (bill) **une addition**

cheese **un fromage**

cherry **une cerise**

chicken **un poulet**

child **un enfant, une enfant**

chimney **une cheminée**

chocolate **un chocolat**

to choose **choisir**

Christmas **le Noël;** Merry Christmas/**Joyeux Noël**

church **une église**

city **une ville**

class **une classe;** classroom/**une salle de** **467**

classe; a French class/**une classe de français**

to clean **nettoyer**

clear **clair, claire**

clock **une horloge**; alarm clock/**un réveil**

to close **fermer**

closet **une armoire**

clothing **un vêtement, des vêtements**

cloud **un nuage**; cloudy/**nuageux, nuageuse**; a cloudy sky/**un ciel nuageux**

coat (overcoat) **un manteau, un pardessus**

coffee **le café**

cold **froid, froide**; the cold/**le froid**; **j'ai froid**/I'm cold, I feel cold; **il fait froid ici**/It's cold here.

color **la couleur**; what color is . . . /**de quelle couleur est . . .**

comb **un peigne**; to comb one's hair/**se peigner les cheveux**

to come **venir**; to come back/**revenir**

to come down **descendre**

to come in **entrer (dans)**

to confess **confesser**

contrary **contraire**

to cook **cuire, faire la cuisine**

to correct **corriger**

to cost **coûter**

country **un pays, une nation**

countryside **un paysage**

courageous **courageux, courageuse**

course **un cours**; a French course/**un cours de français**

cousin **un cousin, une cousine**

to cover **couvrir**; *past part.,* **couvert**

cow **une vache**

crazy **fou, fol, folle**

cross **une croix**; to cross/**traverser**

468 cruel **cruel, cruelle**

to crush **écraser**

to cry **pleurer**; to cry out/**crier**

cup **une tasse**; a coffee cup/**une tasse à café**; a cup of coffee/**une tasse de café**

curious **curieux, curieuse**

customer **un client, une cliente**

to cut **couper**; to cut oneself/**se couper**; **j'ai coupé le pain**/I cut the bread; **je me suis coupé le doigt**/I cut my finger.

cute **mignon, mignonne,** *adj. m. f.*

D

dad, daddy **un papa**

dance **un bal**; to dance/**danser**

dancer **un danseur, une danseuse**

dangerous **dangereux, dangereuse**

dark **obscur, obscure**

darling **chéri, chérie**

darn it! **zut alors!**

daughter **une fille**

day **un jour, une journée**; all day long/**toute la journée**

dear **cher, chère**

December **le décembre**

decision **une décision**

to defend **défendre**

delicious **délicieux, délicieuse**

department store **un grand magasin**

desire **un désir**; to desire/**désirer**

desk **un bureau**; desk (pupil's, student's)/**un pupitre**

dessert **un dessert**

detail **un détail**

detective **un détective**

to detest **détester**

dictionary **un dictionnaire**

to die **mourir**; *past part.,* **mort**

diet **un régime**; on a diet/**au régime**

difficult **difficile**

to dine **dîner**

dining room **une salle à manger**

dinner **le dîner**

dirty **sale**

disk (record) **un disque**

disgusting **dégoûtant, dégoûtante**

dish **un plat, une assiette**

to disobey **désobéir (à)**

to dispose **disposer**

distinctly **distinctement**

to disturb **déranger**

to do **faire**; *see also idioms with* **faire,** Part III, Unit 6

to do gymnastics **faire de la gymnastique**

doctor **un docteur, un médecin, une femme docteur, une femme médecin**

dog **un chien, une chienne**

door **une porte**

doubt **un doute**; to doubt/**douter, se douter**

dream **un rêve**; to dream/**rêver**

dress **une robe**; to dress/**s'habiller**

drink **une boisson**; to drink/**boire**; *past part.,* **bu**

drug store **une pharmacie**

druggist **un pharmacien, une pharmacienne**

drum **un tambour**

dry **sec, sèche**

dumb **bête**; a dumb (stupid, foolish) thing/**une bêtise**

during **pendant**

E

each **chaque**; each one **chacun, chacune**

ear **une oreille**

early **de bonne heure, tôt**

easily **facilement**

easy **facile**

to eat **manger**

egg **un oeuf**; soft-boiled egg/**un oeuf à la coque**

eight **huit**

to employ **employer**

to end **finir, terminer;** the end/**la fin**

English (language) **l'anglais,** *n. m.* He is English, She is English/**Il est anglais, Elle est anglaise**

English Channel **La Manche**

to enjoy oneself **s'amuser**

enjoyable **amusant, amusante**

to enter (in, into) **entrer (dans)**

entrance **une entrée**

to erase **effacer**

error **une faute, une erreur**

to escape **échapper, s'échapper**

evening **le soir;** in the evening/**le soir;** this evening, tonight/**ce soir;** every evening/**tous les soirs**

evening party **une soirée**

everybody **tout le monde**

everything **tout, toutes les choses**

everywhere **partout**

exactly **exactement**

to examine **examiner**

to exclaim **exclamer, s'exclamer**

to excuse **excuser, s'excuser**

exhibit **une exposition**

to expect **attendre**

to explain **expliquer**

extraordinary **extraordinaire**

extremely **extrêmement**

eye **un oeil;** eyes/**les yeux**

eye glasses **les lunettes,** *f.*

eyelid **la paupière**

F

face **le visage, la figure**

to fall **tomber**

false **faux, fausse**

family **la famille**

far **loin**

farewell **adieu**

farm **la ferme**

fast **vite, rapidement**

father **le père**

favorite **favori, favorite**

fear **la peur;** to have fear, to be afraid/**avoir peur;** *see also other idioms with* **avoir,** Part III, Unit 3

feast **la fête**

feel hungry **avoir faim**

fifteen **quinze**

to fill **remplir**

film **le film**

finally **enfin**

to find **trouver**

finger **le doigt**

to finish **finir, terminer**

fire **le feu**

first **premier, première;** at first/**d'abord**

fish **le poisson**

flag **le drapeau**

flea **la puce;** flea market/**le marché aux puces**

floor **le plancher;** floor (of a building designated by a number)/**un étage;** ground floor/**le rez de chaussée;** the first floor/**le premier étage**

florist **le, la fleuriste**

flour **la farine**

flower **la fleur**

fly (insect) **la mouche**

to fly **voler**

to follow **suivre**

food **la nourriture, l'aliment,** *m.,* **l'alimentation,** *f.*

foolish **bête;** a foolish thing/**une bêtise**

foot **le pied;** *see also idioms with* **à,** Part III, Unit 1

football **un ballon; jouer au football**/to play soccer

for **pour**

to forbid **défendre**

to forget **oublier**

fork **la fourchette**

fourteen **quatorze**

franc **un franc** (5 francs equal about $1)

French (language) **le français;** He is French, She is French/**Il est français, Elle est française**

French fries **les pommes frites,** *f.*

fresh **frais, fraîche**

friend **un ami, une amie**

friendship **une amitié**

from **de;** *see also idioms with* **de,** Part III, Unit 4

to fulfill **remplir**

funny **drôle**

furious **furieux, furieuse**

furniture **le meuble**

G

game **le match**

garage **le garage**

garbage **les ordures,** *f.*

garden **le jardin**

garlic **l'ail,** *m.*

gasoline **l'essence,** *f.*

generally **généralement**

generous **généreux, généreuse**

genius **un génie**

gentleman **le monsieur; les messieurs,** *pl.*

geography **la géographie**

German (language) **l'allemand,** *m.*

to get angry **se fâcher**

to get away **échapper, s'échapper**

to get dressed **s'habiller**

girl **la jeune fille**

to give **donner**

to give back **rendre**

glass (drinking) **un verre**

glove **le gant**

to go **aller**

to go away **partir, s'en aller**

to go back **retourner**

to go by **passer**

to go down **descendre**

to go for a walk **se promener**

to go in (into) **entrer dans**

to go out **sortir**

to go through **traverser**

to go to bed **se coucher;** go to bed!/**va te coucher! allez vous coucher!**

goalie **le gardien de but, la gardienne de but**

God **le Dieu**

469

good **bon, bonne**
good afternoon, good day, good morning **bonjour**
good-bye **au revoir**
good evening, good night **bonsoir**
good luck **bonne chance**
grape **le raisin** (raisin/**le raisin sec**)
grapefruit **le pamplemousse**
Great Britain **la Grande Bretagne**
green **vert, verte**
grocer **un épicier, une épicière**
grocery store **une épicerie**
group **un groupe**
to guard **garder**
guard **un gardien, une gardienne**

H

hair **les cheveux,** m.
hairdresser **le coiffeur, la coiffeuse**
half **demi, demie**
ham **le jambon**
hand **la main**
handkerchief **le mouchoir**
handsome **bel, beau, beaux; un bel homme**/a handsome man
happiness **le bonheur**
happy **heureux, heureuse, joyeux, joyeuse**
to harm **nuire**
harm **le mal**
hat **le chapeau**
to hate **détester**
to have **avoir;** see also idioms with **avoir,** Part III, Unit 3
to have a good time **s'amuser;** have a good time!/**amusez-vous bien!**
have a good trip! **bon voyage!**
have a good return trip! **bon retour!**
to have a meal **prendre un repas**
to have dinner **dîner**

to have lunch **déjeuner**
to have to **devoir**
he **il**
head **la tête**
health **la santé**
to hear **entendre**
heart **le coeur**
hello **bonjour; allô** (used when answering the telephone)
to help **aider**
her as a poss. adj., **son, sa, ses** (**Alice a son livre**/Alice has her book; **Hélène lit sa leçon**/Helen is reading her lesson; **Marie a ses livres**/Mary has her books); as a dir. obj. pron., **la** (**Voyez-vous Marie? Oui, je la vois**/Do you see Mary? Yes, I see her); as obj. of a prep., **elle** (**avec elle**/with her); as an indir. obj. pron., **lui**/to her (**Je lui donne le livre**/I'm giving [to] her the book)
here **ici**
here is, here are **voici** (**Voici Robert!**/Here's Robert!); (**Voici les livres!**/Here are the books!)
herself **se** (**Monique se lave**/Monique is washing herself)
to hide **cacher**
him as a direct obj. pron., **le** (**Je le vois**/I see him); as obj. of a prep., **lui** (**avec lui**/with him); as an indir. obj. pron., **lui**/to him (**Je lui donne le livre**/I'm giving [to] him the book)
himself **se** (**Robert se lave**/Robert is washing himself)
his **son, sa, ses** (**Robert a son livre**/Robert has his book; **Henri lit sa leçon**/Henry is reading his lesson; **Raymond a ses livres**/Raymond has his books)
to hold **tenir**
holiday **la fête**

homework **le devoir, les devoirs**
honor **l'honneur,** m.
to hope **espérer**
horse **le cheval**
hospital **l'hôpital,** m.
hot **chaud, chaude**
hotel **l'hôtel,** m.
hour **l'heure,** f.
house **la maison**
how **comment;** see also idioms with **comment,** Part III, Unit 2
how many, how much **combien (de)**
human **humain, humaine**
hunger **la faim;** to be hungry/**avoir faim;** see also idioms with **avoir,** Part III, Unit 3
to hunt **chasser**
to hurry **se dépêcher**
to hurt **blesser, nuire;** to hurt oneself/**se faire mal, se blesser**
husband **le mari, l'époux,** m.

I

ice **la glace**
ice cream **la glace;** vanilla ice cream/**la glace à la vanille;** chocolate ice cream/**la glace au chocolat**
idea **l'idée,** f.
if **si**
ill **malade**
to illuminate **éclairer**
immediately **tout de suite, immédiatement**
in **dans**
in front of **devant**
in love **amoureux, amoureuse;** in love with/**amoureux de, amoureuse de**
in order (to) **pour**
industrious **diligent, diligente, industrieux, industrieuse**
inhabit **demeurer, habiter**
to injure **blesser**

inside **dedans**

instruction **l'enseignement,** *m.*

intermission **l'entracte,** *m.*

Irish **irlandais, irlandaise;** Irish style/**à l'irlandaise**

isn't it? isn't that so? **n'est-ce pas?** *see also* Work Unit 20

it *per. pron. f., as subj.,* **elle** (**elle est ici**); *per. pron. m., as subj.,* **il** (**il est ici**); *as obj. of prep., m.,* **lui** (**avec lui**); *f.,* **elle** (**avec elle**); *dir. obj. pron. f.,* **la** (**Voyez-vous la maison? Oui, je la vois**); *dir. obj. pron. m.,* **le** (**Voyez-vous le garage? Oui, je le vois**)

it is necessary **il faut, il est nécessaire (de)**

it's (it is) **C'est ...** (**C'est samedi**/It's Saturday)

its **son, sa, ses,** *poss. adj.* (**Le petit chat a son jouet, sa nourriture, et ses rubans**/The little cat has its toy, its food, and its ribbons)

Italian (language) **l'italien,** *m.; as an adj.,* **italien, italienne**

J

jacket **la jaquette**

joyous **joyeux, joyeuse**

juice **le jus**

July **juillet,** *m.*

to jump **sauter**

K

kangaroo **le kangourou**

to keep **garder**

key **la clef**

kilogram **le kilogramme** (1 kilogram equals about 2.2 lbs.)

kilometer **le kilomètre** (1 kilometer equals about 0.621 miles)

kind **gentil, gentille**

kitchen **la cuisine**

knee **le genou, les genoux**

knife **le couteau, les couteaux**

to know (how) **savoir; Savez-vous lire?**/Do you know how to read? **Savez-vous la leçon?**/Do you know the lesson?

to know (to be acquainted with) **connaître; Connaissez-vous Monique?**/Do you know Monique? **Connaissez-vous Paris?**/Do you know Paris?

L

lady **la dame, les dames;** young lady/**la demoiselle;** *in direct address,* **mesdames, mesdemoiselles**

lamp **la lampe**

language **la langue**

last **dernier, dernière**

late **tard;** later/**plus tard;** to be late/**être en retard**

to laugh **rire;** *past part.,* **ri**

lawyer **un avocat, une (femme) avocate**

leaf **la feuille**

to leap **sauter**

to learn **apprendre**

to leave **partir, quitter, laisser; elle est partie**/she left; **j'ai quitté mes amis à six heures**/I left my friends at six o'clock; **j'ai laissé mon livre à l'école**/I left my book at school; **sortir** (to go out); **elle est sortie sans argent**/she went out without any money

left (as opposed to right) **gauche; à gauche**/on (to) the left

leg **la jambe**

to lend **prêter**

less **moins; au moins**/at least; *see also idioms with*

au, Part III, Unit 1

lesson **la leçon**

let's go! **allons!**

letter **la lettre**

liberty **la liberté**

library **la bibliothèque**

life **la vie**

light **la lumière;** to light/**allumer, éclairer**

to like **aimer bien;** to like better/**aimer mieux, préférer**

line **la ligne**

to listen (to) **écouter;** to listen to music/**écouter la musique**

little (small) *adj.* **petit, petite, petits, petites**

little (not much) *adv.* **peu;** a little/**un peu;** a little sugar/**un peu de sucre**

to live **demeurer, vivre**

living room **le salon**

long *adj.* **long, longue, longs, longues**

to look (at) **regarder;** I'm looking at the sky/**je regarde le ciel**

to look (for) **chercher;** I'm looking for the book/**je cherche le livre**

to lose **perdre**

to love **aimer;** love/**l'amour** *n. m.*

low *adj.* **bas, basse, bas, basses**

luck **la chance;** you're lucky/**vous avez de la chance**

lunch, luncheon **le déjeuner;** to lunch, to have lunch/**déjeuner**

M

magazine **le magazine, la revue**

magnificent *adj.* **magnifique**

mailman **le facteur**

to make **faire;** *see idioms with* **faire,** Part III, Unit 6

to make fun of **se moquer de**

mama **la maman**

man **un homme**

many **beaucoup (de)**; I have many friends/**J'ai beaucoup d'amis**

map **la carte**

marriage **le mariage**

mathematics **les mathématiques** *n. f.*

may (can) *v.* **pouvoir**; you may come in/**vous pouvez entrer**

maybe *adv.* **peut-être**

me *pron.* **me, moi** (when stressed); he knows me/**il me connaît**; she is talking to me/**elle me parle**; give me the book/**donnez-moi le livre**

meal **le repas**

to mean **vouloir dire**; What do you mean?/**Que voulez-vous dire?**

meat **la viande**

medicine **le médicament**

to meet **rencontrer, faire connaissance, faire la connaissance de**; I met my friend at the movies/**J'ai rencontré mon ami au cinéma**; Today I met a new student/**Aujourd'hui j'ai fait la connaissance d'une nouvelle étudiante**

menu **la carte**

merchant **le marchand, la marchande**

middle **le milieu**; in the middle of/**au milieu de**

midnight **le minuit**

milk **le lait**

mirror **une glace** (hand mirror); **un miroir** (wall mirror)

mistake **une erreur, une faute**

mister **monsieur**

mom **la maman**

money **l'argent** *n. m.*

month **le mois**; in the month of/**au mois de**

moon **la lune**

more **plus**

morning **le matin**; in the morning/**le matin**; I worked all morning/**J'ai travaillé toute la matinée**; every morning/**tous les matins**

mother **la mère**

motor **le moteur**

mouth **la bouche**

movie (film) **le film**; movies (theater)/**le cinéma**

Mr. **Monsieur, M.**

Mrs. **Madame, Mme.**

much **beaucoup (de)**

museum **le musée**

mushroom **un champignon**

music **la musique**

must *v.* **devoir, falloir**; I must work now/**Je dois travailler maintenant**; One must be honest/**Il faut être honnête**; One must not lie/**Il ne faut pas mentir**

my *poss. adj.* **mon, ma, mes**; my book/**mon livre**; my room/**ma chambre**; my friends/**mes amis**

myself *pron.* **me, moi-même**; I wash myself/**Je me lave**; I did it myself/**Je l'ai fait moi-même**

N

name **le nom**

naturally *adv.* **naturellement**

near *adv.* **près (de)**

necessary *adj.* **nécessaire**; it is necessary/**il est nécessaire**

neck **le cou**

necktie **la cravate**

need **le besoin**; to need/**avoir besoin (de)**; I need a pen/**J'ai besoin d'un stylo**

neighbor **le voisin, la voisine**

neighborhood **le voisinage**

neither **ni . . . ni**; I have neither pen nor pencil/**Je n'ai ni stylo ni crayon**

nephew **le neveu**

net **le filet**

never *adv.* **jamais**

new *adj.* **nouveau, nouvel, nouvelle**; a new book/**un nouveau livre**; a new friend (boy)/**un nouvel ami**; a new friend (girl)/**une nouvelle amie**; a (brand) new suit/**un complet neuf**; a (brand) new dress/**une robe neuve**

New Orleans **la Nouvelle-Orléans**

news **la nouvelle, les nouvelles**; good news!/**bonnes nouvelles!**

newspaper **le journal**

next *adj.* **prochain, prochaine**; next time/**la prochaine fois**

next to **à côté de**

nice *adj.* **gentil, gentille**

nine *adj.* **neuf**

no *adv.* **non**

noise **le bruit**

noon **le midi**

nose **le nez, les nez**

not at all **pas du tout**; not far/**pas loin**

notebook **le cahier**

nourishment **la nourriture, l'aliment,** *m.,* **l'alimentation,** *f.*

now *adv.* **maintenant**

O

to obey **obéir (à)**; I obey my mother and father/**J'obéis à ma mère et à mon père**

of *prep.* **de**; *see also idioms with* **de,** *Part III, Unit 4*

of course **bien sûr, mais oui**; of course not!/**mais non!**

to offer **offrir**

office **le bureau**

often *adv.* **souvent**

okay **d'accord**

old *adj.* **ancien, ancienne, vieux, vieil, vieille**

on *prep.* **sur**

once **une fois;** once more/**encore une fois**

one *adj.* **un, une;** one book/**un livre;** one apple/**une pomme**

oneself *refl. pron.* **se;** One washes oneself here/**On se lave ici**

onion **un oignon**

only *adv.* **seulement, ne . . . que;** I have only two francs/**J'ai seulement deux francs; Je n'ai que deux francs**

to open **ouvrir**

opinion **un avis, une opinion**

opposite *adv.* **d'en face**

or *conj.* **ou**

orange **une orange**

other **autre;** the other/**l'autre;** another/**un autre, une autre**

ought to **devoir**

our *poss. adj.* **notre, nos;** our house/**notre maison;** our book/**notre livre;** our books/**nos livres**

outside *adv.* **dehors**

oven **un four**

over *adv.* **par-dessus;** over there/**là-bas**

overcoat **le pardessus**

to overcook **faire trop cuire**

to owe **devoir**

P

pain **un mal**

to paint **peindre**

paper **le papier;** sheet of paper/**une feuille de papier;** newspaper/**le journal;** paper airplane/**un avion en papier**

park **le parc**

to pass (by) **passer**

past **le passé**

pastry **la pâtisserie;** pastry shop/**une pâtisserie;** pastry cook/**un pâtissier, une pâtissière**

patiently *adv.* **patiemment**

to pay a visit **faire visite**

to pay attention **faire attention**

to pay (for) **payer;** I paid for the book/**J'ai payé le livre**

pea **le pois;** peas/**les petits pois**

peace **la paix**

peach **la pêche**

pear **la poire**

pen **le stylo**

pencil **le crayon**

pepper **le poivre**

perfect *adj.* **parfait, parfaite**

perhaps *adv.* **peut-être**

to permit **permettre**

person **une personne**

pharmacist **le pharmacien, la pharmacienne**

pharmacy **la pharmacie**

phonorecord **le disque**

picture **le tableau, une image**

piece **la pièce**

pin **une épingle**

pineapple **un ananas**

place **un endroit, un lieu**

to place **mettre**

plate **un plat, une assiette**

to play **jouer;** to play (a musical instrument)/**jouer de;** to play the piano/**jouer du piano;** to play (a sport)/**jouer à;** to play tennis/**jouer au tennis**

player **un joueur, une joueuse**

pleasant *adj.* **agréable**

please **s'il vous plaît** (polite form); **s'il te plaît** (familiar form)

to please **plaire (à)**

pocket **la poche**

poem **le poème**

poet **un poète, une poétesse**

policeman **un agent de police**

poor *adj.* **pauvre**

postman **le facteur**

potato **une pomme de terre**

pound **une livre**

to prefer **préférer, aimer mieux**

to prepare **préparer;** to

prepare oneself/**se préparer**

present (gift) **un cadeau;** the present (time)/**le présent**

pretty *adj.* **joli, jolie**

priest **un prêtre;** priestess/**une prêtresse**

principal **un directeur, une directrice**

probably *adv.* **probablement**

to profit **profiter;** to take advantage of the moment/**profiter du moment**

promise **une promesse;** to promise/**promettre**

to pull (away), to pull (out) **arracher**

to punish **punir**

pupil **un élève, une élève**

purchase **un achat, une emplette;** to purchase/**acheter**

to put **mettre;** to put on/**mettre**

Q

quality **la qualité**

quick *adj.* **rapide**

quickly *adv.* **vite, rapidement**

R

R.S.V.P. **R**épondez, **s**'il **v**ous **p**laît/Reply, please (please reply)

rabbit **le lapin**

rain **la pluie;** to rain/**pleuvoir;** it's raining/**il pleut**

rainbow **un arc-en-ciel**

to read **lire**

real *adj.* **vrai, vraie**

really *adv.* **vraiment**

to receive **recevoir**

record, recording **le disque**

red *adj.* **rouge**

to regret **regretter**

to relate **raconter;** to tell, to

473

relate a story/**raconter une histoire**

religious *adj.* **religieux, religieuse**

to remain **rester, demeurer**

to remember **se rappeler, se souvenir (de)**

to remove **enlever**

to repair **réparer;** to have something repaired/**faire réparer quelque chose**

to repeat **répéter**

reply **la réponse;** to reply/**répondre (à)**

to request **demander, prier**

to reside **demeurer**

to respond **répondre (à)**

to return **retourner, revenir;** to return (home)/**rentrer;** to return something/ **rendre quelque chose;** I returned the book to the library/**J'ai rendu le livre à la bibliothèque**

to reveal **révéler**

ribbon **le ruban**

riddle **une devinette**

to be right **avoir raison;** Janine is right!/**Janine a raison!**

right (*as opposed to left*) **la droite;** on (to) the right/**à droite, à la droite**

to ring **sonner**

ring (*worn on finger*) **une bague**

river **un fleuve**

roast beef **le rosbif**

room **la chambre, la pièce**

to ruin **abîmer**

ruler **une règle**

to run **courir**

S

sad *adj.* **triste, malheureux, malheureuse**

salt **le sel**

same *adj.* **même;** all the same, just the same/**tout de même**

Santa Claus **le Père Noël**

to satisfy **satisfaire**

to say **dire**

474 school **une école**

season **la saison**

seat **la place;** seated/**assis, assise**

second **une seconde;** Wait a second, please/ **Attendez une seconde, s'il vous plaît;** *adj.,* **deuxième, second(e);** February is the second month of the year/**Février est le deuxième mois de l'année;** the Second Empire/**le Second Empire**

to see **voir;** to see again/**revoir;** see you in a little while!/**à tout à l'heure!** see you soon/**à bientôt;** *see also* Part III, Unit 5

to seize **saisir**

to send **envoyer**

sentence **la phrase**

serious *adj.* **sérieux, sérieuse, sérieux, sérieuses;** seriously/**sérieusement**

several *adj.* **plusieurs**

shame **la honte**

shark **un requin**

she *per. pron. f.* **elle**

to shine **briller**

shirt **la chemise**

shoe **la chaussure, le soulier**

shoo! shoo! **Ch! Ch!**

shop (small) **une boutique**

short *adj.* **court, courte**

shoulder **une épaule**

to shout **crier**

to show **montrer**

shower **une douche;** to take a shower/**prendre une douche**

sick *adj.* **malade, souffrant, souffrante**

sidewalk **le trottoir**

since **depuis**

to sing **chanter**

singer **un chanteur, une chanteuse**

sister **une soeur**

to sit down **s'asseoir;** sit down!/**assieds-toi!** *or* **asseyez-vous!** (polite form)

sixty *adj.* **soixante**

skin **la peau**

skirt **la jupe**

sky **le ciel**

to sleep **dormir**

sleeve **une manche**

slow *adj.* **lent, lente;** slowly/**lentement**

small *adj.* **petit, petite**

to smell **sentir**

smoke **la fumée;** to smoke/**fumer**

snack bar **un bar rapide**

snow **la neige;** to snow/**neiger;** it is snowing!/**il neige!**

snowman **un bonhomme de neige**

so *adv.* **alors;** so as to/**de façon à**

soccer (in the U.S.A.) **le football**

socks **les chaussettes,** *n.f.*

soft *adj.* **doux, douce, doux, douces**

soiled *adj.* **sale**

some (partitive) **de l', de la, du, des;** I drink some water/**Je bois de l'eau;** I eat some meat/**Je mange de la viande;** I drink some milk/**Je bois du lait;** I eat some potatoes/**Je mange des pommes de terre;** some (of it, of them) **en;** I am eating some/**J'en mange;** *see also* pp. 49-50

something *indef. pron.* **quelque chose**

sometimes *adv.* **quelquefois**

son **le fils** (pronounce as *feess*)

soon *adv.* **bientôt**

to be sorry **regretter**

soup **la soupe, le potage**

Spain **l'Espagne,** *n. f.*

Spanish (language) **l'espagnol** *n. m.*

to speak **parler**

speed **la vitesse;** at full speed, quickly/**à toute vitesse**

to spend (time) **passer;** I am

spending one week in Paris/**Je passe une semaine à Paris**

spirit **l'esprit,** *n. m.*

to spoil **abîmer**

spoon **une cuiller, une cuillère**

spring (season of the year) **le printemps**

standing *adv.* **debout**

station (bus, train, *etc.*) **une gare**

to stay **demeurer, rester**

to steal **voler**

still *adv.* **toujours, encore**

stocking **le bas**

stomach **l'estomac,** *n. m.*

to stop **arrêter;** to stop (oneself) **s'arrêter;** I am stopping the bus/**J'arrête l'autobus;** I'm stopping to take the bus/**Je m'arrête pour prendre l'autobus**

store **le magasin;** department store/**le grand magasin**

storm **un orage**

story **un conte, une histoire**

strawberry **la fraise**

street **la rue**

strong *adj.* **fort, forte;** the stongest/**le plus fort, la plus forte;** your strongest quality/**votre qualité la plus forte**

student **un étudiant, une étudiante, un élève, une élève**

to study **étudier**

subway **le métro** (short for **métropolitain**)

to succeed **réussir (à)**

suit **le complet, le costume**

suitcase **la valise**

summer **l'été,** *n. m.*

sun **le soleil**

supermarket **le supermarché**

sure *adj.* **sûr, sûre, certain, certaine**

sweet *adj.* **doux, douce**

to swim **nager**

swim suit **un maillot de bain**

to swing, to sway **se balancer;** a swing/**une balançoire**

Switzerland **la Suisse**

T

table **la table**

tablecloth **la nappe**

to take **prendre;** to take a walk/**faire une promenade, se promener;** to take advantage of/**profiter (de);** to take along; to take away/**emporter;** to take off, to remove/**enlever**

to talk **parler**

taste **le goût;** to taste/**goûter;** taste some!/**goûtez-en!**

to teach **enseigner**

teacher **un maître, une maîtresse, un professeur, un professeur-dame, une femme professeur**

team **une équipe**

to tear **déchirer**

television **la télévision, la télé, la TV, la T.V.;** on television/**à la télévision;** television set/**le téléviseur**

to tell **dire**

ten *adj.* **dix**

tense (verb) **le temps;** present indicative/**le présent à l'indicatif**

to terminate **terminer, finir**

terrific *adj.* **formidable**

than *conj.* **que;** She is taller than her sister/**Elle est plus grande que sa soeur**

to thank **remercier;** thank you/**Je vous remercie** *or* **merci**

that I know *that* you are right/**Je sais que vous avez raison;** The book *that* is on the table is mine/**Le livre *qui* est sur la table est à moi;** that

book/**ce livre-là;** that tree/**cet arbre-là;** that lady/**cette dame-là;** *That* is not important/*Cela* **n'est pas important**

that's right! **c'est ça!**

the *def. art.* **l', le, la, les;** the tree/**l'arbre;** the man/**l'homme;** the boy/**le garçon;** the girl/**la jeune fille;** the children/**les enfants**

theater **le théâtre**

their *poss. adj.* **leur, leurs;** their house/**leur maison;** their houses/**leurs maisons**

them *dir. obj. pron.* **les;** I like them/**Je les aime;** *as obj. of a prep.,* for them/**pour elles** (*fem.*), for them/**pour eux** (*masc.*)

themselves *refl. pron.* **se;** They wash themselves every morning/**Ils se lavent tous les matins**

then *adv.* **puis, alors**

there *adv. of place; advl. pron.* **y;** Janine va à l'école/Janine is going to school; She is going there/**Elle y va; Où est Janine?**/Where is Janine? She's there/**Elle est là;** there is, there are/**il y a;** There is a fly in the soup/**Il y a une mouche dans la soupe;** There are many flowers in the garden/**Il y a beaucoup de fleurs dans le jardin;** there isn't, there aren't/**il n'y a pas;** There's Paul!/**Voilà Paul!**

these *dem. adj.* **ces;** these boys/**ces garçons;** these girls/**ces jeunes filles**

they *per. pron.* **ils, elles**

thick *adj.* **épais, épaisse**

thing **une chose**

third *adj.* **troisième**

thirst **la soif;** to be thirsty/**avoir soif;** I'm thirsty/**J'ai soif**

this *dem. adj.* **ce, cet, cette;** this boy/**ce garçon;** this

475

tree/**cet arbre;** this girl/**cette jeune fille;** *dem. pron.,* **ceci;** this is true/**ceci est vrai**

those *dem. adj.* **ces;** those boys/**ces garçons-là;** those girls/**ces jeunes filles-là**

three *adj.* **trois**

through *prep.* **par, à travers**

to throw **jeter, lancer**

ticket **le billet**

time (hour, time of day) **l'heure,** *n. f.;* What time is it?/**Quelle heure est-il?**

time (duration) **le temps;** Paul spent a lot of time in France/**Paul a passé beaucoup de temps en France**

time (different instances) **la fois;** one time, once/**une fois;** two times, twice/**deux fois;** many times/**beaucoup de fois;** next time/**la prochaine fois**

tired *adj.* **fatigué, fatiguée**

to *prep.* **à**

toast **le pain grillé**

today *adv.* **aujourd'hui**

together *adv.* **ensemble**

tomato **la tomate**

tomorrow *adv.* **demain**

tongue **la langue**

tonight **ce soir**

too **aussi, trop (de);** Robert is coming too/**Robert vient aussi;** Janine works too much/**Janine travaille trop;** There is too much noise here/**Il y a trop de bruit ici;** There are too many people here/**Il y a trop de personnes ici**

tooth **la dent**

town **la ville;** *see also idioms with* **en,** Part III, Unit 2

toy **le jouet**

traffic light **le feu;** red traffic light/**le feu rouge;** green traffic light/**le feu vert**

tree **un arbre**

476   trip **un voyage;** to take a

trip/**faire un voyage**

truck **le camion;** truck driver/**le camionneur**

true *adj.* **vrai, vraie**

truly *adv.* **vraiment**

to try **essayer (de)**

to turn on (light) **allumer**

twentieth *adj.* **vingtième**

twenty *adj.* **vingt**

two *adj.* **deux**

U

umbrella **le parapluie**

unbelievable *adj.* **incroyable**

uncle **un oncle**

under *prep.* **sous;** underneath/**dessous, par-dessous, en dessous**

to understand **comprendre**

undoubtedly *adv.* **sans doute**

unhappy *adj.* **malheureux, malheureuse, triste**

United States **les États-Unis;** to the United States/**aux États-Unis**

until *prep.* **jusque;** until spring/**jusqu'au printemps**

unusual *adj.* **extraordinaire**

upset *adj.* **inquiet, inquiète**

us *per. pron.* **nous;** for us/**pour nous**

to use **employer**

useful *adj.* **utile**

useless *adj.* **inutile**

V

vase **un vase**

vegetable **un légume**

very *adv.* **très**

vest **un gilet**

to visit **faire visite, visiter;** to visit someone/**rendre visite à quelqu'un**

voice **une voix;** in a loud voice/**à haute voix;** in a low voice, softly/**à voix basse**

W

to wait (for) **attendre**

waiter **un garçon (de café, de restaurant);** (Nowadays, a customer addresses a waiter as *Monsieur,* not *garçon*)

to walk **marcher, aller à pied**

wall **un mur**

to want **vouloir**

to wash **laver;** I washed the car/**J'ai lavé la voiture;** to wash oneself/**se laver;** I washed myself/**Je me suis lavé(e)**

to wash and get dressed **faire la toilette**

to watch **regarder;** to watch television/**regarder la télévision**

water **l'eau,** *n. f.*

way **la façon;** I like your way of talking/**J'aime votre façon de parler**

we *per. pron.* **nous;** We like French/**Nous aimons le français**

weak *adj.* **faible**

to wear **porter**

weather **le temps;** What's the weather like today?/**Quel temps fait-il aujourd'hui?**

week **la semaine**

to weep **pleurer**

well *adv.* **bien;** She works well with her sister/**Elle travaille bien avec sa soeur**

what   *What* are you saying?/*Que* **dites-vous?** *What* am I?/*Que* **suis-je?** or *Qu'est-ce que* **je suis?** *What* you are saying is right/*Ce que* **vous dites est juste;** *What* is on the table is mine/*Ce qui* **est sur la table est à moi;** *what* book?/*quel* **livre?** *what* books?/*quels* **livres?** *what* house?/*quelle* **maison?** *what* houses?/*quelles* **maisons?** *What* time is it?/*Quelle* **heure est-il?** *What?!/***Quoi?!** *What is it?/*Qu'est est-ce que **c'est?** What's new?/**Quoi de neuf?** *What is the* date today?/*Quelle* **est la date aujourd'hui?** *What* day is it today?/*Quel* **jour est-ce aujourd'hui?** *What* color is your house?/**De** *quelle* **couleur est votre maison?**

wheel **la roue**

when *adv.* **quand**

where *adv.* **où**

which *pron.* The book *which* is on the table is mine/**Le livre** *qui* **est sur la table est à moi;** *as an adj.,* **quel, quelle, quels, quelles;** which boy?/**quel garçon?** which books?/ **quels livres?** which girl?/**quelle jeune fille?** which colors?/**quelles couleurs?**

while *conj.* **pendant que**

white *adj.* **blanc, blanche**

who *pron.* **qui;** Who are you?/**Qui êtes-vous?**

whom *pron.* **qui, que;** Whom do you see?/**Qui voyez-vous?** with whom/**avec qui** The boy whom you see over there is my brother/**Le garçon que vous voyez là-bas est mon frère**

why **pourquoi;** why not?/**pourquoi pas?**

wife **une femme, une épouse**

to win **gagner**

wind **le vent;** It is windy/**Il fait du vent;** *see also idioms with* **faire,** Part III, Unit 6

window **une fenêtre**

wine **le vin**

wing **une aile**

winter **l'hiver,** *n. m.;* in winter/**en hiver**

with *prep.* **avec**

without *prep.* **sans**

woman **la femme**

wonderful *adj.* **magnifique, merveilleux, merveilleuse**

woods **le bois, les bois**

word **le mot; la parole** (the spoken word)

work **le travail, l'oeuvre,** *n. f.;* a work of art/**une oeuvre d'art**

to work **travailler**

world **le monde**

to worry **s'inquiéter;** Don't worry!/**Ne vous inquiétez pas!** *or* **Ne t'inquiète pas!**

to write **écrire**

writer **un écrivain, une femme écrivain**

wrong **un tort;** to be wrong/**avoir tort;** You are wrong/**Vous avez tort;**

see also idioms with **avoir,** Part III, Unit 3

Y

year **un an, une année**

yellow *adj.* **jaune**

yes *adv.* **oui**

yesterday *adv.* **hier**

you *pron.* Where are you going?/**Où vas-tu? Où allez-vous?** with you/**avec toi, avec vous;** I am giving this book to you/**Je te donne ce livre, Je vous donne ce livre**

young *adj.* **jeune**

your *poss. adj.* **ton, ta, tes, votre, vos;** your book/**ton livre, votre livre;** your mother/**ta mère, votre mère;** your books/**tes livres, vos livres**

you're welcome **de rien, il n'y a pas de quoi**

yourself *refl. pron.* **te, vous;** You wash yourself every morning, don't you?/**Tu te laves tous les matins, n'est-ce pas? Vous vous lavez tous les matins, n'est-ce pas?**

Z

zodiac **le zodiaque**

Index

Numbers refer to pages.

PHYSICAL MAP OF FRANCE

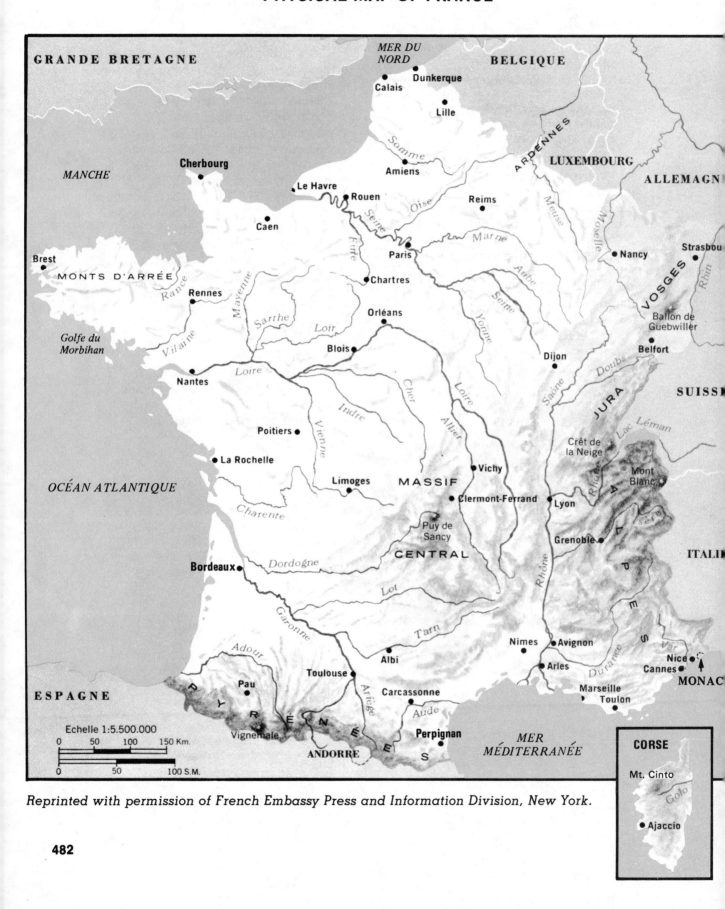

Reprinted with permission of French Embassy Press and Information Division, New York.